Klaus Bringmann

IM SCHATTEN DER PALÄSTE

Klaus Bringmann

IM SCHATTEN DER PALÄSTE

GESCHICHTE DES FRÜHEN GRIECHENLANDS

Von den Dunklen Jahrhunderten
bis zu den Perserkriegen

VERLAG C.H.BECK

Mit 23 Abbildungen und 7 Karten, teils in Farbe

1. Auflage. 2016

Satz: Fotosatz Amann, Memmingen
Druck und Bindung: CPI – Ebner & Spiegel, Ulm
Umschlaggestaltung: Kunst oder Reklame, München
Umschlagabbildung: Rückenansicht eines Kouros aus Anavyssa, Attika.
Archäologisches Nationalmuseum, Athen.

Gedruckt auf säurefreiem, alterungsbeständigem Papier
(hergestellt aus chlorfrei gebleichtem Zellstoff)
Printed in Germany
ISBN Buch 978 3 406 69716 6
ISBN eBook 978 3 406 69717 3

IN MEMORIAM
EBERHARD RUSCHENBUSCH

1924–2007

INHALT

VORWORT

Eine griechische Geschichte der archaischen Zeit von den Anfängen bis zu den Perserkriegen in Form einer fortlaufenden Ereignisgeschichte zu schreiben ist unmöglich. Dies liegt nicht nur an dem Mangel an authentischen Zeugnissen, ohne die das Dunkel der Vergangenheit nicht erhellt werden kann. Für die Frühgeschichte Roms ist die Quellenlage auch nicht besser, eher noch schlechter. Aber Rom war ein Stadtstaat, der als kollektives Subjekt in Erscheinung trat und eine letztlich gradlinige Entwicklung von kleinen Anfängen zur Herrin Italiens und zum Mittelpunkt eines Weltreiches nahm. Nichts von alledem gilt für Griechenland mit seinen Hunderten von Stadtstaaten und Stammesgemeinden. Und was die Anfänge ihrer Geschichte anbelangt, glaubten die Römer zu wissen, dass ihre Stadt am 21. April des Jahres 753 v. Chr. gegründet worden sei. Auch wenn die moderne Geschichtswissenschaft dieses Datum in Frage stellt, so ist doch unstrittig, dass die Geschichte Roms ihren Anfang mit einer Stadtgründung nahm. Für die Bestimmung der Anfänge der griechischen Geschichte sind einzelne Daten von Stadtgründungen bedeutungslos. Die Frage ist also: Ab wann können wir von griechischer Geschichte sprechen? Beginnt sie mit der mykenischen Palastkultur des zweiten Jahrtausends, deren schriftliche Zeugnisse, wie man seit der Entzifferung des Schriftsystems Linear B weiß, in griechischer Sprache abgefasst sind, oder mit der Zerstörung dieser Palastkultur um 1200 v. Chr.? Oder sollte man griechische Geschichte mit dem achten Jahrhundert beginnen lassen, als die Griechen wie aus dem Nichts zu neuen Ufern, im wortwörtlichen und im übertragenen Sinn, aufbrachen, und eine Schriftkultur neu entstand, die unseren Einblick in die Lebensverhältnisse der Zeit wesentlich erweitert? Zumindest ist die Zeit vom achten Jahrhundert bis zu den Perserkriegen die Epoche, in der die Bildung der spezifisch griechischen Lebensform in der Antike stattfand und die vorhandenen Quellen, die schriftliche Überlieferung und die Überreste der materiellen Kultur, die Darstellung dieses Prozesses in großen Zügen erlauben.

Wie dem auch sei: Die griechische Geschichte seit dem achten Jahrhundert beruht ebenso wie die Epoche der mykenischen Palastkultur im zweiten Jahrtausend auf älteren Voraussetzungen, auf der Entwicklung der materiellen Kultur seit der Jungsteinzeit, auf der Differenzierung der indogermanischen Sprachfamilie und auf Wanderbewegungen, die Griechisch sprechende Stämme in die südlichen Ausläufer der Balkanhalbinsel brachten. Dies alles gehört ebenso wie die von einer vorgriechischen Bevölkerung getragene minoische Palastkultur auf Kreta, die der mykenischen vorausging, zur Vorgeschichte der mit dem achten Jahrhundert beginnenden Zeit der Geschichte Griechenlands, die seit Alfred Heuß als die archaische bezeichnet zu werden pflegt. Entsprechend dieser Einschätzung bin ich in der Darstellung verfahren und habe die Voraussetzungen und Anfänge der Geschichte der archaischen Zeit, soweit dies möglich ist, in einem gesonderten Kapitel erläutert.

Wie bereits oben angedeutet worden ist, verfügen wir zur Geschichte der archaischen Zeit Griechenlands, anders als für die vorhergehenden Epochen, über einen Fundus an Schriftquellen. Gewiss bleiben Bodenfunde auch für die Zeit, in der Schriftzeugnisse existieren, eine wichtige, zur Kenntnis bestimmter Teilaspekte Grundlegendes beitragende Quellengattung. Doch mit den Schriftzeugnissen erweitert sich für den Historiker die Möglichkeit, vergangene Lebenswirklichkeit in ihrer Komplexität zu erkennen und darzustellen. Dies gilt freilich nicht für die Ereignisgeschichte. Historische Überlieferung entstand erst im fünften Jahrhundert mit Herodot, dem ersten Historiker im Kosmos der griechischen Literatur. Was an Dichtung der verschiedenen Gattungen, an Inschriften und Gesetzesfragmenten vorhanden ist, beleuchtet Lebensverhältnisse, erlaubt aber keine an der Ereignisgeschichte orientierte fortlaufende Erzählung. So habe ich es für sinnvoll gehalten, traditionelle Erzählungen nicht variierend nachzuerzählen, sondern mich anhand der Quellen der Epoche auf die Darstellung der Zeitverhältnisse und ihres Wandels zu konzentrieren. Um dabei größtmögliche Anschaulichkeit zu erreichen, habe ich eine große Zahl von Übersetzungen aus Schriftquellen und Abbildungen von Werken der bildenden Kunst in dieses Buch aufgenommen. Die Namen der Übersetzer sind jeweils hinzugefügt, ohne Namensnennung bleiben eigene Übertragungen bzw. solche, deren Urheber nicht festgestellt werden konnten. An einigen wenigen Stellen habe ich mich nicht gescheut, den Abdruck eines Zitats zu wiederholen, wenn es unter einem anderen Gesichtspunkt als beim ersten Mal betrachtet wird.

Der Leser dieses Buches möge entscheiden, ob es mit dieser Methode gelungen ist, ein anschauliches Bild der Verhältnisse zu schildern, unter denen die spezifisch griechische Lebensweise entstanden ist.

Zum Schluss sage ich denen herzlichen Dank, ohne deren Hilfe ich dieses Buch nicht hätte vollenden können. Frau Janine Aures hat mich bei der Erstellung der Endfassung unterstützt, mein Freund Prof. Dr. Dieter Flach hat das Manuskript kritisch durchgesehen und manche Verbesserung beigesteuert. Frau Dr. Ursula Mandel, Universität Frankfurt, hat mich bei der Auswahl, Beschaffung und Präsentation der Abbildungen beraten und unterstützt. Besonderen Dank schulde ich dem Lektorat des Verlags. Frau Andrea Morgan hat sich um die Drucklegung des Bands verdient gemacht, und ohne die Ermutigung und Unterstützung von Herrn Dr. Stefan von der Lahr wäre das Buch, das nach menschlichem Ermessen mein letztes sein wird, nicht entstanden.

Bad Homburg, im März 2016 Klaus Bringmann

ZUR EINFÜHRUNG

Eine Geschichte der Griechen in der Antike zu schreiben ist mindestens ebenso schwierig, vielleicht noch schwieriger als eine Geschichte der Deutschen. Das vor einigen Jahren von Morgens Herman Hansen und Thomas Heine Nielsen herausgegebene Handbuch der griechischen Staatenwelt, *An Inventory of Archaic and Classical Poleis*, führt insgesamt, wenn ich richtig gezählt habe, 1035 politische Einheiten auf. Vergleichbar war die territoriale Zersplitterung des Heiligen Römischen Reiches deutscher Nation in der frühen Neuzeit, als unter Einschluss der Reichs- und Freien Städte sowie der Reichsritterschaft knapp zweitausend Landesherrschaften existierten. Aber diese waren eingebunden in eine übergreifende, durch den Dualismus von Kaiser und Reich geprägte Organisation zur Verteidigung nach außen und zur Friedenswahrung im Inneren. Eine politische Geschichte Deutschlands vor der Reichsgründung des Jahres 1871 zu schreiben, ist unter diesen Umständen ein schwieriges Problem, das weder von den schwach ausgebildeten übergreifenden Institutionen noch von den einzelnen, halbsouveränen Territorien oder, seit dem Ende des Heiligen Römischen Reiches, völlig souveränen Staaten her zu lösen möglich erscheint. Nicht ohne Grund hat deshalb der Neuzeithistoriker Hagen Schulze seine Erörterung des Problems unter die provokative Frage gestellt: «Gibt es überhaupt eine deutsche Geschichte?»

Mit noch größerem Recht könnte man die Frage in Hinblick auf die Geschichte der Griechen in der Antike stellen. Die rund tausend griechischen Gemeinden besaßen keine übergreifenden politischen Institutionen, die für zwischenstaatlichen Frieden oder für Verteidigung gegen Angriffe von außen sorgen konnten. Krieg und Gewaltanwendung zwischen Nachbarn waren je nach Umständen jederzeit ebenso möglich wie die strikte Beschränkung auf die eigenen Angelegenheiten. Die rund tausend Geschichten der einzelnen Gemeinden würden, wenn sie denn, von Ausnahmen wie Athen abgesehen, überhaupt geschrieben werden könnten, noch keinen geschichtlichen Zusammenhang konstituieren, der es erlaubte, von einer griechischen Geschichte zu sprechen. Wegen des Mangels an Quellen ist es jedoch schier unmöglich, die Geschichte jeder einzelnen Gemeinde zu schreiben. Was möglich wäre, sind günstigenfalls einzelne Fallstudien, wie sie unter anderem jüngst Elke Stein-Hölkeskamp vorgelegt hat, das meiste ginge jedoch nicht über eine lexikonartige Zusammenstellung von Artikeln hinaus, wie sie das oben genannte, von Hansen und Nielsen herausgegebene Handbuch enthält.

Einen Ausweg aus dem beschriebenen Dilemma bietet die Konzentration auf die gemeinsamen Züge griechischer Geschichte. Dies sind die Entstehung einer in Dialekte gegliederten sprachlichen Einheit aus dem Differenzierungsprozess des Indogermanischen, die Voraussetzungen und der Vollzug der Landnahme auf den südlichen Ausläufern der Balkanhalbinsel einschließlich der Inseln der Ägäis und der Westküste Kleinasiens sowie die Kolonisation an den Küsten des Mittelmeeres und des Schwarzen Meeres vom achten bis sechsten Jahrhundert als Teil der Migrationsgeschichte der Menschheit, die Entfaltung der griechischen Kultur, die prägende Rolle, die der gesamtgriechische Adel in Politik und Kultur der archaischen Zeit gespielt hat, die Überwindung von Eigengewalt und Adelswillkür durch Ausbildung von Rechtsordnungen und staatlichen Strukturen zur Durchsetzung des Willens der Bürgergemeinde sowie die Stellung des Griechentums im Umfeld von fremden Kulturen und Großreichen. Am Ende der hier vorgelegten *Geschichte des frühen Griechenlands* wird die Darstellung der erfolgreichen Abwehr der Perser stehen, die das griechische Gemeinschaftsbewusstsein politisierte und die griechische Geschichte in neue Bahnen lenkte. Damit bin ich der inhaltlichen Bestimmung und der zeitlichen Begrenzung der archaischen Epoche verpflichtet, die

Alfred Heuß in einem richtungsweisenden Artikel unmittelbar nach dem Ende des Zweiten Weltkriegs begründet hat (die bibliographischen Angaben sind in den Hinweisen zu Quellen und weiterführender Literatur zu finden), gehe jedoch insofern über ihn hinaus, als ich die Abwehr der Perser als Abschluss und Übergang zu einer neuen Epoche, der klassischen, in meine Darstellung mit einbeziehe.

Einen besonderen Hinweis verdient die Quellenlage, die die Grundlage und die Grenzen jedes Versuchs historischer Darstellung bildet. Für die sogenannten Dunklen Jahrhunderte der griechischen Geschichte, das heißt die Epoche vom zwölften bis neunten Jahrhundert, gibt es keine schriftlichen Zeugnisse. Für diese Zeit sind die einzige Quellengattung, über die wir verfügen, die sogenannten Überreste, wie sie in der Terminologie des Historikers Johann Gustav Droysen (1808–1884) heißen, das heißt in diesem Falle Bodenfunde, die Zeugnis von der materiellen Kultur, von untergegangenen Siedlungen und Gräberfeldern vergangener Epochen ablegen. Die Bergung dieser Funde und ihre Auswertung sind einer der archäologischen Wissenschaften aufgegeben, die im akademischen Fächerkanon traditionellerweise die Bezeichnung *Vor- und Frühgeschichte* trägt. Dies ist durch die alte, um nicht zu sagen: veraltete Vorstellung bedingt, dass erst schriftliche Quellen das Fach Geschichte im vollen Wortsinn konstituieren. Die mit den Methoden der Archäologie arbeitende sogenannte Vor- und Frühgeschichte hat zwar in erster Linie die Geschichte schriftloser Zeiten zum Gegenstand, doch sind es große Themen der Menschheitsgeschichte, in die sie Licht gebracht hat. Dazu gehört nicht zuletzt der Übergang von der Nahrungsaneignung durch Jagen und Sammeln zur Nahrungsproduktion durch Ackerbau und Viehzucht im sogenannten Neolithikum. Dabei handelte es sich um einen Prozess, der – von mehreren Zentren ausgehend – nach und nach die ganze Welt erfasste. Von ihm kann mit gutem Recht gesagt werden, dass er die Geschichte der Menschheit wohl noch grundlegender revolutionierte als Industrialisierung und Digitalisierung in neuerer

Geschichte und Gegenwart. Aber auch für die Epochen nach Erfindung der Schrift und der Entstehung schriftlicher Überlieferung bleibt die auf die Untersuchung materieller Überreste bezogene archäologische Forschung eine grundlegende historische Disziplin. Die Geschichte des archaischen Griechenland, die Gegenstand dieses Buches ist, ist dafür eines der besten Beispiele. Denn ohne Berücksichtigung der Ergebnisse der mit archäologischen Methoden arbeitenden Wissenschaften wäre eine griechische Geschichte der archaischen Zeit noch lückenhafter, als sie ohnehin schon ist.

Doch seit dem achten Jahrhundert v. Chr. erweitern schriftliche Zeugnisse das Spektrum historischer Erkenntnismöglichkeiten, ob es sich bei diesen Zeugnissen um die homerischen Gedichte oder andere Werke der Sängerzunft, um lyrische Dichtung oder Dokumente des privaten oder öffentlichen Lebens handelt. Deren Zahl erhöht sich kontinuierlich nach dem siebten Jahrhundert v. Chr. Auch diese schriftlichen Zeugnisse sind wie die materiellen Überreste lückenhaft, aber sie beleuchten vielfach Aspekte und Zusammenhänge, die die archäologischen Zeugnisse im Dunkeln lassen. Bei der Benutzung von Schriftzeugnissen ist freilich zu beachten, dass primär solche als Quellen herangezogen werden dürfen, die der jeweils betreffenden Periode angehören, spätere nur dann, wenn sie die Kontinuität eines älteren Zustandes bezeugen.

Was jedoch in der gesamten archaischen Epoche fehlt, ist Historiographie, diejenige literarische Gattung also, die der historischen Überlieferung dient. Ihre Entstehung ist geknüpft an zwei Ereigniszusammenhänge, die die Geschichte der Griechen in neue Bahnen lenkten: die Abwehr der Perser und den folgenden athenisch-spartanischen Dualismus des fünften Jahrhunderts, der für Athen mit einer totalen Niederlage endete. Der erste Historiker, der aus dem kleinasiatischen Halikarnassos stammende Herodot (ca. 485–425 v. Chr.), der seine *Historien*, das heißt Erkundungen, im dritten Viertel des fünften Jahrhunderts schrieb, galt der Antike zu Recht als der Erfinder der neuen Gattung. Cicero (106–43 v. Chr.) nennt ihn in einem um das Jahr 50 v. Chr. geschriebenen Rückblick auf die griechisch-römische Historiographie den «Vater der Geschichtsschreibung», aber er verschweigt nicht, dass Herodot auch als Erfinder «zahlloser Fabeln» galt.

Herodot ist ein hinreißender Erzähler, aber sein Werk ist zustande gekommen durch Befragung von Leuten, die ihm vortrugen, was sie aus mündlicher Überlieferung in Erinnerung behalten hatten. Mündliche Überlieferung verfährt höchst selektiv, und ihre Bruchstücke reichen im besten Fall etwa hundert Jahre zurück. Einem späteren griechischen Historiker, Polybios von Megalopolis (ca. 200–120 v. Chr.), war sie so fragwürdig, dass er als belastbare Information nur gelten lassen wollte, was Gewährsleute seiner Generation oder die der Väter gesehen oder erlebt hatten, alles Frühere und anders zustande Gekommene erklärte er zu bloßem Hörensagen und damit für unzuverlässig. Herodots Geschichtswerk reicht bis in die Mitte des sechsten Jahrhunderts zurück. Es ist orientiert am Wachstum des persischen Großreiches und ordnet in diesen Rahmen alles ein, was er an mündlicher Überlieferung zur griechischen Geschichte zusammentragen konnte. Aber er besaß – was in den Anfängen historischer Erkundungen nicht anders sein konnte – noch keinen rechten Maßstab historischer Kritik. Mit dieser Herausforderung ist der moderne Historiker konfrontiert. Dennoch ist es Herodots Werk zu verdanken, dass zumindest für die Epoche der Perserkriege mit Abstrichen eine zusammenhängende Ereignisgeschichte erzählt werden kann.

I. VORAUSSETZUNGEN

1. Der Schauplatz: Land und Meer

Das Kernland des griechischen Siedlungsgebiets umfasste die Südspitze der Balkanhalbinsel. Im Norden war es durch eine Linie begrenzt, die ungefähr von der Südgrenze des heutigen Albanien im Westen bis an den Olympos, den höchsten Berg Griechenlands (2918 Meter), im Osten reicht. Die Oberfläche dieses Landes ist durch Ketten von Kalksteingebirgen geprägt, die von Nordwesten nach Südosten verlaufen und deren Höhe allmählich abnimmt, bis die Gipfel nur noch als Inseln aus dem ägäischen Meer herausragen. Die antike und heutige Verteilung von Festland, Meer und Inseln ist erst nach dem Ende der letzten Eiszeit entstanden. Vor ungefähr dreißigtausend Jahren lag der Meeresspiegel 120 Meter tiefer als heute, das Klima war kälter und trockener, die großen Küstenebenen waren Grasland, und es gab nur einen geringen Baumbestand. Dann folgten bis etwa 6000 v. Chr. eine langsame Erwärmung des Klimas und als Folge ein Anstieg des Meeresspiegels, der die Küstenebenen unter Wasser setzte und in der Ägäis die zahlreichen Inseln entstehen ließ. Auf dem verbleibenden Festland entstanden ausgedehnte Wälder aus Laub- und Nadelbäumen. In neolithischer Zeit kam es durch Menschenhand zu einer erheblichen Lichtung des Waldbestandes. In den letzten dreitausend Jahren hat sich im Großen und Ganzen wenig an der Verteilung von Land und Meer, am Klima und an der natürlichen Vegetation geändert. Durch den Anstieg des Meeresspiegels ist eine vielgestaltige Küstenlinie entstanden mit der Folge, dass das Festland und das Meer mit seinen zahlreichen Inseln eng miteinander verzahnt sind. Das Relief des Landes ist durch schroffe Gebirgszüge mit Hochtälern bestimmt, die nur an Küsten und in Flusstälern Raum für Ebenen lassen.

Griechenland als Ganzes liegt in der mediterranen Klimazone, aber das differenzierte Bodenrelief bedingt erhebliche lokale Unterschiede des Klimas, die von der subtropischen über die gemäßigte bis zur nordisch-alpinen Klimazone reichen. Der Wechsel von heißen, trockenen Sommern und feuchten Winterhalbjahren (Oktober bis März), der für das mediterrane Klima typisch ist, fällt in Griechenland je nach Bodenrelief und Himmelsrichtung unterschiedlich aus: Generell ist der Westen feuchter, der Süden und Osten heißer und trockener. Die Küsten südlich von Thessalien waren (und sind) baumlos. Das übrige Land war im Unterschied zu heute im Altertum dichter mit Nadelbaumwäldern bewachsen, in tieferen Lagen mit der Aleppo-Kiefer, die Harz und Brennholz lieferte, aber nicht zu Bauholz taugte. Besser geeignet für diesen Zweck war die in Griechenland in höheren Lagen vorkommende Schwarzkiefer (*pinus nigra*). Die griechische Tanne (*abies cephalonica)*, die in Attika, Boiotien und im nördlichen Griechenland in Höhen zwischen 600 und 2000 Meter wächst, wurde wegen ihres leichteren Gewichts und ihrer Stärke für den Bau von Schiffen sowie für die Anfertigung von Rudern genutzt. Aber als Schiffsbauholz bevorzugt wurde die in Makedonien vorkommende Silbertanne (*abies alba*).

Das Bodenrelief und die Verschränkung von Festland, Meer und Inseln hatten erhebliche Auswirkungen auf menschliche Besiedlung und Verkehr. Mehr oder weniger hohe Gebirge umschlossen zahlreiche Siedlungskammern und trennten sie voneinander, so dass der menschlichen Kommunikation große, unter Umständen unüberwindliche Hindernisse in den Weg gelegt waren. Unter diesen Voraussetzungen machten die Nähe vieler Siedlungskammern zum Meer und die zahlreichen Inseln das Schiff und die Seefahrt zum bevorzugten Mittel des Transports und der Kommunikation. Die Folgen liegen auf der Hand: Die Natur des Landes begünstigte die Entstehung zahlreicher politischer Einheiten, von Stammesorganisationen und Stadtstaaten, sogenannter *Poleis* – das griechische Wort *polis* bedeutet Burg, Stadt, Bürgerschaft beziehungsweise Stadtstaat. Die Landesnatur verwies die Bewohner auf das Meer, um miteinander zu verkehren und angesichts der begrenzten Ressourcen des gebirgigen Landes ihren Unterhalt durch Handel und Piraterie zu sichern – oder neues Land in Übersee zur Ansiedlung zu gewinnen. Die Griechen sind zu allen Zeiten ein Volk von Bauern und Seefahrern gewesen. Das Meer war ein notwendiges Lebenselement, aber es zu befahren war gefährlich, und angesichts dieser Gefährlichkeit war es meist der materiellen Not beziehungsweise der Notwendigkeit geschuldet, dass man sich dem unsicheren Element des Meeres um des Zweckes willen anvertraute, mit Gewinn wieder in den sicheren Hafen der Heimat einzulaufen. Niemand hat dies um 700 v. Chr. klarer und prägnanter zum Ausdruck gebracht als der Dichter und Sänger Hesiod in dem Gedicht *Werke und Tage*, mit dem er seinem Bruder, der ihn um einen Teil seines Erbes gebracht hatte, den Weg zu gerechtem Erwerb durch Arbeit weisen wollte:

> «Hast du dem Handel jedoch die törichte Seele verschrieben,
> Dass du Mangel vermeidest und unerfreulichen Hunger,
> Will ich dir weisen die Bahnen des lautaufrauschenden Meeres,
> Hab ich auch wenig Erfahrung in Seefahrt oder mit Schiffen,
> Denn noch niemals befuhr ich im Seeschiff die Weiten des Meeres.»
> (Hes. erg. 646–650. Übersetzung nach Th. von Scheffer)

Hesiods eigene Erfahrung beschränkte sich auf die Überquerung des schmalen Sundes zwischen dem boiotischen Aulis und der Stadt Chalkis auf Euboia, wo er erfolgreich an einem Sängerwettbewerb teilgenommen und einen Preis gewonnen hatte. Der Hauptteil des Mahngedichtes an den Bruder ist der bäuerlichen Arbeit gewidmet, doch für den Fall, dass dieser es vorziehen würde, sein Glück auf dem Meer zu suchen, gab er ihm den Rat, den Gewinn möglichst schnell in die Sicherheit eines bäuerlichen Hofes zu investieren. Dies hatte der Vater getan, der von Kyme an der kleinasiatischen

Küste aus «segelte in dem Schiff, nach edlen Gütern zu spähen» (Hes. erg. 634), je nach Gelegenheit als Händler oder Seeräuber, bis er sich im boiotischen Askra als Bauer niederließ:

«Einstmals kam er hierher auf weit sich dehnender Meerfahrt;
Das aiolische Kyme verließ er im schwärzlichen Seeschiff,
Nicht aus reicher Habe noch Wohlstand und Segen entwich er,
Nein, aus bitterer Armut, wie Zeus sie den Menschen gegeben,
Nahe dem Helikon ließ er sich nieder im ärmlichen Askra,
Übel im Winter, beschwerlich im Sommer und niemals erfreulich.»
(Hes. erg. 635–640. Übersetzung nach Th. von Scheffer)

Aber die Verlockungen des Meeres brachten auch den Typus des Abenteurers hervor, wie ihn Homer in der Odyssee geschildert hat. Als Odysseus nach langer, gefährlicher Irrfahrt auf Ithaka, seiner Heimat, landete und verbergen wollte, wer er war, erzählte er Eumaios, dem alten Schweinehirten des väterlichen Gutes, der ihn nicht wiedererkannt hatte, auf die Frage nach seiner Herkunft eine Seemannsgeschichte, die, obwohl erfunden, für den Zuhörer den Stempel der Glaubwürdigkeit trug. Es handelt sich um die Erlebnisse eines den Kampf liebenden, auf Krieg und Seeraub ausgehenden Abenteurers:

«Also war ich im Kampf und liebte weder den Feldbau
Noch das Leben im Haus, das treffliche Kinder heranzieht;
Sondern das Ruderschiff war meine Freude beständig,
Und der Kampf, und die Speere mit blinkendem Schaft und die Pfeile
...
Eh' der Achaier Söhne hinauf nach Troia gesegelt,
Führt' ich neunmal Männer in schnell geruderten Schiffen
Gegen entlegenes Volk und gewann gar reichliche Beute.»
(Hom. Od. XIV, 222–225 und 228–231. Übersetzung nach J. H. Voß)

Nach der Teilnahme am Troianischen Krieg wurde, so seine Geschichte, das unstete Leben wieder aufgenommen. Ziel des Plünderungszugs war diesmal Ägypten. Aber im Nildelta trafen die Abenteurer auf organisierten Widerstand, und nach eigenem Bericht konnte sich der Erzähler nur retten, indem er schutzflehend dem siegreichen Pharao zu Füßen fiel. Dann lebte er sieben Jahre in Ägypten, bis das Erscheinen eines phoinikischen Seefahrers seinem Leben eine neue Wendung gab:

> «Doch wie das achte Jahr im Laufe der Zeiten herankam,
> Kam ein phoinikischer Mann daher, im Betrügen erfahren,
> Ein Erzgauner, der anderen schon viel Schlimmes erwiesen,
> Der beredete mich, mit ihm nach Phoinike zu fahren ...»
> (Hom. Od. XIV,287–290. Übersetzung nach J. H. Voß)

Nach einem dort verbrachten Jahr begleitete er den phoinikischen Schiffsherrn auf neuer Fahrt nach Afrika, doch dieser plante, ihn als Sklaven zu verkaufen:

> «Führt' er gen Libyen mich auf dem meerdurchfahrenden Schiffe,
> Da er log, ich sollte mit ihm die Ladung geleiten:
> Aber er dachte, mich dort mit hohem Gewinn zu verkaufen.»
> (Hom. Od. XIV,295–297. Übersetzung nach J. H. Voß)

Doch der Plan scheiterte. Als das Schiff die Südküste Kretas passiert hatte, kam heftiger Sturm auf, das Schiff wurde nach Norden abgetrieben und sank. Nur der Erzähler konnte sich als Schiffbrüchiger an die Küste im Land der Thesproten gegenüber der Insel Ithaka, seiner Heimat, retten.

Das Meer zu befahren war lohnend und gefährlich zugleich. Gewiss fuhren Schiffe nach Möglichkeit in Sichtweite der Küsten des Festlandes oder von Insel zu Insel. Doch gab es bereits befahrene Hochseerouten. Sie führten von Griechenland zum Nildelta sowie von Phoinikien, dem heutigen Libanon, südlich an Kreta vorbei über die gefürchtete «Wüste des Meeres» nach dem heutigen Tunesien und weiter zu den «Säulen des Herakles», der Straße von Gibraltar. In Fernand Braudels schönem Buch *Das Mittelmeer und die mediterrane Welt in der Epoche Philipps II.* ist nachzulesen, dass noch im 16. Jahrhundert die Mittelmeerfahrer sich dieser Seewege bedienten, wenn sie sich denn auf die hohe See hinauswagten – denn ein Wagnis war es immer. Stürme und Klippen konnten Seefahrern zum Verhängnis werden, und zur Winterszeit war es geradezu Selbstmord, in See zu stechen, so dass im Winter von November bis März die Seefahrt ruhte. Aber im Sommerhalbjahr wurde das Risiko um der Gewinne willen, die Handel und Piraterie einbrachten, in Kauf genommen. Piraterie und Handel waren miteinander verschwistert, denn zu einem nicht unerheblichen Teil nährte der Seeraub den Handel. Seeraub ist indes ein zumindest missverständlicher Begriff, denn Beute wurde durch Plünderung des küstennahen Landes gemacht, nicht oder nur selten, indem Schiffe auf hoher See aufgebracht wurden. Die Beute bestand neben Gegenständen und Tieren vor allem aus geraubten Menschen, die Lösegeld einbrachten oder als Sklaven verkauft werden konnten. Handel und Seeraub aber haben vielfach zu fester Ansiedlung geführt, nicht nur in der angestammten Heimat, sondern auch in Übersee, wo immer die Verhältnisse es zuließen. Dass Griechen und Phoiniker Träger dieser überseeischen Auswandererbewegung in der Zeit vom achten bis zum sechsten Jahrhundert wurden, erklärt sich in erster Linie aus den geringen Ressourcen, die die jeweilige Heimat in Griechenland und an den Küsten der Levante bot. Armut und die aus Not und Konkurrenz geborenen Streitigkeiten mit den Nachbarn im Inneren und im Umland waren die Ursachen. In der Odyssee ist die Gemeinde der Phaiaken auf der Insel Scheria der Prototyp einer auf diese Weise entstandenen Auswandererstadt:

> «... Aber Athene
> Ging hinein in das Land zur Stadt der phaiakischen Männer.
> Diese bewohnten zuvor das weite Gefild' Hyperaia,

Nahe bei den Kyklopen, den übermütigen Männern,
Welche sie immer beraubten und mächtiger waren und stärker.
Aber sie führte von dannen Nausithoos, ähnlich den Göttern,
Brachte gen Scheria, fern von den erfindsamen Menschen,
Und umringte mit Mauern die Stadt und richtete Häuser,
Baute Tempel der Götter und teilte dem Volke die Äcker.»
(Hom. Od. VI,2–10. Übersetzung nach J. H. Voß)

Der letzte Halbvers «und teilte dem Volke die Äcker» zeigt an, dass die Landwirtschaft die Hauptlebensgrundlage des – im vorliegenden Fall fiktiven – neuen Gemeinwesens bildete. Das war seit der Neolithischen Revolution, die vor etwa zwölftausend Jahren begann, überall der Fall. Landwirtschaft aber bedeutete Rodung von Wäldern, Anbau von Pflanzen und Haltung von Tieren. Wie und in welchem Umfang dies alles möglich war, hing von natürlichen Gegebenheiten ab, von der Beschaffenheit von Boden und Klima. Was Griechenland anbelangt, so beschränkte der gebirgige Charakter des Landes Anbaufläche und Nutzungsmöglichkeiten. An Hanglagen musste dem Verlust von Mutterboden durch Terrassierung gewehrt werden. In vielen Gegenden waren nicht Weizenarten, sondern Gerste und Hülsenfrüchte die wichtigsten Nutzpflanzen. Auf den nicht zum Ackerbau geeigneten Böden wurden je nach Lage entweder Ölbäume und Weinstöcke kultiviert oder Vieh gehalten, vor allem Schafe und Ziegen, die genügsam sind und alles fressen, auch Gebüsch, Blätter und Äste von Bäumen. So sorgten sie für einen besonderen Bewuchs des beweideten Landes mit aromatischen Pflanzen wie Salbei und Thymian. In welchem Maße menschliche Aktivitäten in den letzten drei Jahrtausenden die Erosion gefördert haben, ist umstritten und muss hier außer Betracht bleiben.

Was die agrarische Produktivität in vormoderner Zeit anbelangt, haben uns Untersuchungen über die traditionelle Landwirtschaft, wie sie auf den Inseln Amorgos und Karpathos noch bis vor kurzem betrieben wurde, Einblick verschafft. Allein für die Getreideernte eines Hektars einschließlich Dreschen und Worfeln benötigt eine

Arbeitskraft dreißig Tage. Dieser Ertrag reicht nur für den jährlichen Nahrungsmittelbedarf eines Erwachsenen. Umgekehrt kann die Arbeitskraft eines erwachsenen Mannes auf zwei Hektar so viel erzeugen, wie für die Ernährung von zwei, allenfalls drei Erwachsenen im Jahr ausreicht. Setzt man die drei Faktoren Land, Arbeitskraft und Ertrag zueinander in Beziehung, so bedeutet das: Eine Familie mit mehreren Kleinkindern und alten hinfälligen Eltern geriet, eine hinreichend große Bodenfläche vorausgesetzt, unweigerlich unter den Druck mangelnder Arbeitskraft. Umgekehrt konnte eine Familie mit erwachsenen, noch unverheirateten Kindern und alten arbeitsfähigen Eltern einen erheblichen Überschuss erwirtschaften – vorausgesetzt genügend Bodenfläche war vorhanden –, das Doppelte von dem, was die Arbeitsfähigen verbrauchten, oder noch mehr. Zusätzliche Arbeitskraft konnte für die Zeit erhöhten Arbeitsanfalls, Ernte und Bodenbestellung, durch Anwerbung von Saisonarbeitern oder auf dem Weg der Nachbarschaftshilfe mobilisiert werden. Sklaven zu halten lohnte sich in einer kleinteiligen Landwirtschaft nur bei Viehhaltung. Der oben erwähnte Schweinehirt Eumaios war als Kind von Seeräubern entführt und als Sklave an den König von Ithaka verkauft worden. Landbesitz war freilich in der Regel nicht nur nicht vermehrbar, sondern sein Umfang konnte sich in der Generationenfolge durch die übliche Erbteilung verkleinern, sofern zwei oder mehr Söhne vorhanden waren. Die Fortsetzung einer Familie stellte unter den Bedingungen der vormodernen Subsistenzwirtschaft und des herrschenden Prinzips der Erbteilung ein schwieriges, ja, im Grunde unlösbares Problem dar. Missernten, Verschuldung und der Ausfall der Hauptarbeitskraft durch Krankheit oder frühen Tod konnten die Existenzgrundlage ganzer Familien auslöschen. Diese Beschränkung der Möglichkeit, von den Ressourcen des Landes zu leben, konnte bis zu einem gewissen Grad durch die Nutzung des Meeres in Gestalt von Fischfang, Piraterie, Handel und Auswanderung kompensiert werden. Ohne Berücksichtigung der einander ergänzenden Faktoren – Familiengröße, Bodenfläche und Arbeitsproduktivität, Seefahrt, Handel und

Piraterie – bliebe, wie im Folgenden gezeigt werden soll, die Geschichte der Griechen in archaischer Zeit und darüber hinaus unerklärlich.

2. *Die Vorgeschichte*

Die Griechen waren in der Antike niemals in einem Staat geeint. Sie bildeten zu keinem Zeitpunkt das, was man ein Staatsvolk nennt. Wenn gegenwärtig häufig zu hören oder zu lesen ist, dass die Griechen die Erfinder der Demokratie und damit die Väter der Staatsform waren, die heutzutage als die einzig legitime gilt, so ist dies eine ungenaue Redeweise. Nicht *die* Griechen, sondern die Athener, eines der vielen ‹Staatsvölker› des griechischen Siedlungsraumes, waren die Erfinder der Demokratie. Begriff und Sache gehören der athenischen Geschichte vom ausgehenden sechsten bis zum fünften Jahrhundert v. Chr. an. Die Zersplitterung der politischen Landkarte des griechischen Siedlungsraumes erfuhr ihre letzte Steigerung durch die Kolonisationsbewegung in der Zeit vom achten bis zum sechsten Jahrhundert v. Chr. Von den rund 1000 selbständigen Gemeinden waren mehr als 350 an den Küsten des Schwarzen und des Mittelmeeres kolonialen Ursprungs. Mit gutem Recht sprach also Platon im vierten Jahrhundert davon, dass die Griechen um das Meer säßen wie Frösche um einen großen Teich.

Auch wenn die Griechen in der Antike nie in einer gemeinsamen politischen Ordnung geeint waren, bildete sich doch eine griechische Kulturnation *avant la lettre*. Als dieser Prozess bereits weit fortgeschritten war, prägte der berühmte athenische Redner und Publizist Isokrates (436–338 v. Chr.) im vierten Jahrhundert das vielzitierte Wort, dass Zugehörigkeit zum Griechentum weniger eine Frage der Abstammung als einer Teilhabe an attischer Bildung sei. Aber diese spezifisch attische Bildung der klassischen Zeit im fünften und vierten Jahrhundert setzt eine gemeingriechische Kulturentwicklung voraus, deren Grundlagen in archaischer Zeit gelegt worden waren. Die allgemeinste dieser Grundlagen lag freilich aller bewussten Kulturgestaltung, derjenigen der archaischen Zeit ebenso wie der attischen des fünften und vierten Jahrhunderts, voraus. Gemeint ist die Existenz einer gemeinsamen, freilich in verschiedene Dialekte gegliederten griechischen Sprache. Dem Einfluss attischer Bildung in klassischer Zeit war es dann geschuldet, dass schließlich die attische Variante des Griechischen in hellenistischer Zeit seit dem Ende des vierten Jahrhunderts v. Chr. zur Sprache der Literatur und zur Umgangssprache aller Gebildeten wurde.

Sprachen sind dem geschichtlichen Wandel unterworfen und sie sind in vielem ein Spiegel der allgemeinen Geschichte. Griechisch gilt als die älteste der indogermanischen Sprachen Europas. Seine Geschichte kann dank der Schrifttäfelchen des sogenannten Linear-B-Typs aus der Mitte des zweiten Jahrtausends v. Chr. und aus der seit dem achten Jahrhundert allmählich ansteigenden Flut von privaten und öffentlichen Inschriften und Papyri sowie von literarischen Texten über viertausend Jahre bis auf den heutigen Tag verfolgt werden. Alle indogermanischen Sprachen gehen auf eine rekonstruierbare Ursprache zurück. Deren Verbreitungsgebiet ist aller Wahrscheinlichkeit nach in der heutigen Ukraine beziehungsweise im südlichen Russland zu suchen. In dem Wortschatz der aus dieser Ursprache abgeleiteten Einzelsprachen, zu denen auch das Griechische gehört, bilden sich die Flora und Fauna des betreffenden ost- beziehungsweise nordeuropäischen Raumes ab, während diejenigen Tiere und Pflanzen, die in Nordeuropa unbekannt sind, mit Namen bezeichnet werden, die einem vorindogermanischen Sprachsubstrat angehören. Verursacht ist dieses Phänomen durch Wanderbewegungen, die Angehörige der indogermanischen Sprachfamilie in Weltgegenden mit bis dahin unbekannten und also unbenannten Tieren und Pflanzen brachten. Die Griechen übernahmen von der vorindogermanischen Bevölkerung die Namen der Tiere und Pflanzen, die sie kennenlernten, als sie am Mittelmeer heimisch wurden. Das gilt etwa für Esel, Löwe und Krokodil ebenso wie für Olive, Wein, Efeu, Feige, Minze, Narzisse und Zypresse.

Der indogermanische Wortschatz lässt erkennen, dass die von der Sprachwissenschaft rekonstruierte Ursprache bereits das Ergebnis einer Revolution aller Lebensverhältnisse abbildet, nämlich den Übergang von der Nahrungsaneignung durch Sammeln und Jagen zur Nahrungsproduktion durch Ackerbau und Nutztierhaltung. Die Bezeichnungen für Getreide und Dreschen, für Pflug, Wagen, Rad und Deichsel sowie für den Haustierbestand, Hund, Rind, Schaf, Schwein und Ziege, stammen aus dieser Ursprache. Das in den mediterranen Ländern so wichtige Last- und Transporttier, der zahme Esel, ergänzte den Haustier- und Wortbestand der Griechen erst nach ihrer Zuwanderung in die nach ihnen benannte Mittelmeerregion. Hinsichtlich der Technologie lässt der Wortschatz der indogermanischen Ursprache erkennen, dass sie der metallurgischen Revolution des zweiten Jahrtausends, der Verhüttung und Verarbeitung von Metall, vorausliegt. Zwar zeigt der Wortstamm *(h)ájes*, davon abgeleitet altindisch *ájas*, lateinisch *aes*, dass Kupfer bereits bekannt war, aber es fehlen gemeinsame Worte im Umfeld der Gewinnung und Verarbeitung von Metallen zu Werkzeugen und Waffen.

Der Prozess der Sprachentrennung dürfte nicht vor der Mitte des vierten Jahrtausends eingesetzt haben. Dies ist daraus zu erschließen, dass alle Folgesprachen des Urindogermanischen ein gemeinsames Wort für *Rad* kennen und die Archäologie die erste gesicherte Benutzung von Rädern im angenommenen Sprachgebiet in diese Zeit datiert. Der ersten Phase der Ausdifferenzierung des Indogermanischen gehört nach einer plausiblen sprachwissenschaftlichen Theorie die gemeinsame Vorstufe des Griechischen, Phrygischen und Armenischen an, die in der ersten Hälfte oder in der Mitte des dritten Jahrtausends entstand. Nach dem angenommenen Siedlungsgebiet ist für diese rekonstruierte Sprache die Bezeichnung *Balkanindogermanisch* gewählt worden. Auf der Suche nach neuem Siedlungsland kamen Angehörige der betreffenden Sprachgemeinschaft seit dem zweiten Jahrtausend v. Chr. in die südlichen Ausläufer der Balkanhalbinsel und nach Kleinasien und bildeten voneinander getrennt unterschiedliche neue Sprachen aus: Griechisch im Süden der Balkanhalbinsel, auf den Inseln der Ägäis und an der kleinasiatischen Ägäisküste, Phrygisch im Nordwesten und Armenisch im Osten Kleinasiens. Herodot, der erste griechische Historiker, erwähnt mit Berufung auf eine Erzählung aus Makedonien, dass die Phryger unter dem Namen *Briger* ursprünglich in jenem Land gewohnt und erst nach ihrer Übersiedlung nach Kleinasien den Namen gewechselt hätten, und fügt hinzu, dass die Armenier Abkömmlinge der Phryger seien (Historien VII,73). Es ist zumindest möglich, dass in dieser Erzählung eine Erinnerung an längst vergangene Zeiten steckt.

Der Übergang von der Nahrung sammelnden zur Nahrung produzierenden Wirtschaftsweise vollzog sich in Vorderasien und Europa im Neolithikum, der letzten Phase der Steinzeit, ungefähr vom zehnten bis zum fünften Jahrtausend v. Chr. Trotz der langen Dauer dieses Prozesses ist der Begriff einer Neolithischen Revolution in Hinblick auf die Wirkung gerechtfertigt, weil die neue Wirtschaftsweise alle Lebensbedingungen umstürzend veränderte. Ackerbau und Viehzucht vermehrten das Nahrungsangebot und schufen die Voraussetzung für eine signifikante Vermehrung der Menschheit. Deutlich ist auch, dass die neue Wirtschaftsweise die Bildung eines vererblichen Familieneigentums an Land und Vieh sowie die Entstehung der vaterrechtlich organisierten Gesellschaft bewirkte. An der Spitze einer die Generationen übergreifenden Arbeitsorganisation stand das Familienoberhaupt, der *pater familias,* wie es im Lateinischen heißt, Herr des Hofes und der Familie. Das Erbe ging an die Söhne und deren Abkömmlinge, beim Fehlen direkter Nachkommen an die nächsten Verwandten in männlicher Linie. Nicht die Blutsverwandtschaft als solche, die *kognatische*, sondern die *agnatische*, das heißt die Abstammung von einem gemeinsamen Vater, bestimmte den Erbgang. Erbteilung war die Regel. Fiel das Familiengut an zwei oder mehrere Söhne, führte das oft dazu, dass die den einzelnen Erben zufallenden Teile nicht zur Ernährung der neu entstehenden Familien ausreichten. Andererseits konnte die unterschiedlich große Zahl der erbberechtigten Kinder auch die Ent-

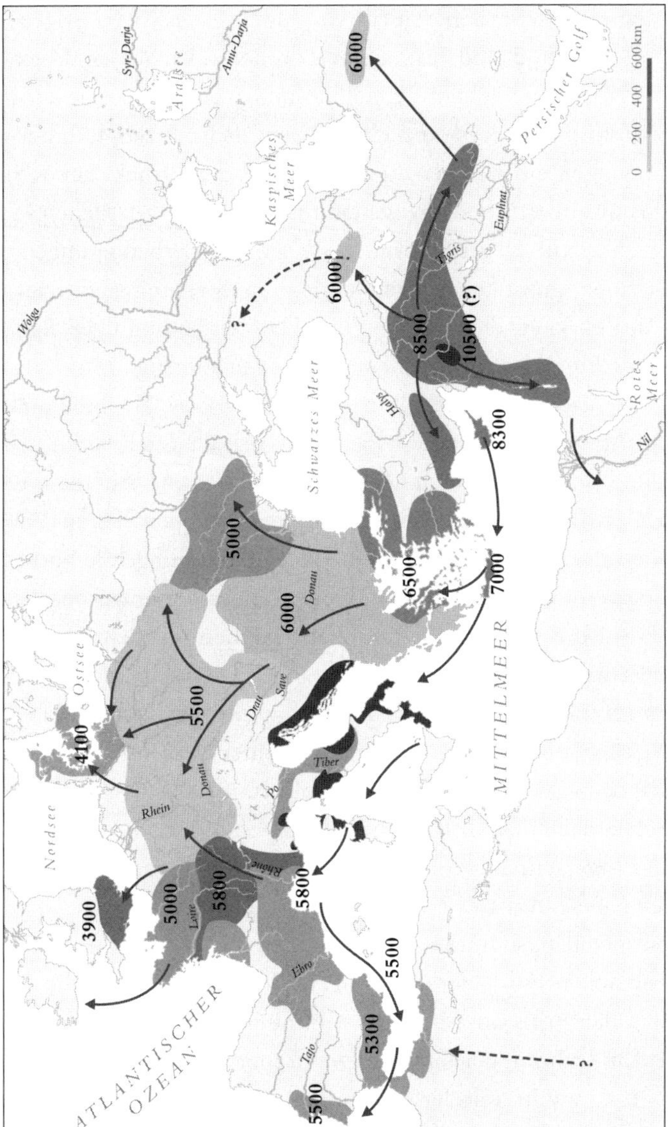

Die Ausbreitung von Ackerbau und Viehzucht vollzog sich im Neolithikum zwischen ungefähr 9000 und 4000 v. Chr. vom Vorderen Orient ausgehend bis Ost- und Nordeuropa.

stehung einer schmalen Schicht von Hofbesitzern begünstigen, die mehr Grund und Boden und einen größeren Viehbestand besaßen als die Mehrheit. Beides, Erbteilung und Akkumulierung der Produktionsmittel in der Hand einer Oberschicht, erzeugte unter den Bedingungen einer reinen Agrarwirtschaft den Druck, neues Siedlungsland außerhalb der angestammten Heimat zu suchen, nach Möglichkeit in Gegenden mit besseren Umweltbedingungen, das heißt einem günstigeren Klima und gutem Siedlungsland. Dies war die Antriebskraft, die Ackerbau und Haustierhaltung über die Jahrtausende hinweg in immer neue Weltgegenden trug.

Auch nachdem dieser Prozess am Ende des Neolithikums zu einem Abschluss gekommen war, setzte sich die Suche nach neuem Siedlungsland und besseren Lebensbedingungen fort. Auf diese Weise kam es zu neuen Landnahmen einzelner Gruppen, ja, zu Völkerwanderungen, in deren Verlauf die Neuankömmlinge die Vorbevölkerung verdrängten, unterwarfen oder sich in der einen oder anderen Form mit ihr arrangierten. Zwar können wir den Prozess der Wanderungen und Landnahmen mangels aussagekräftiger Quellen nicht im Einzelnen verfolgen. Doch wenn das Griechische, das Phrygische und das Armenische aus einer gemeinsamen Wurzel entstanden sind, so liegt die Schlussfolgerung nahe, dass sich die drei Sprachgemeinschaften nach Abschluss von Wanderbewegungen in räumlicher Trennung voneinander seit dem zweiten Jahrtausend gebildet haben müssen. Zuwanderer, die Frühformen des Griechischen sprachen, sind im zweiten Jahrtausend in mehreren Wellen in die südlichen Ausläufer der Balkanhalbinsel und über die Inselbrücke der Ägäis an die West- und Südküste Kleinasiens gelangt. Ihre Landnahme begann um 2000/1900 v. Chr. und kam um 1100/1000 v. Chr. mit der sogenannten Dorischen Wanderung zum Abschluss. Anhaltspunkte für Verlauf und Datierung dieses langdauernden, sich über ein ganzes Jahrtausend erstreckenden Prozesses bietet die Dialektgeographie des Griechischen. Wie die in dem Alphabet Linear B geschriebenen Texte aus dem Bereich der mykenischen Palastkultur zeigen, wurde um die Mitte des zweiten Jahrtausends von der Peloponnes über Mittelgriechenland bis nach Thessalien das sogenannte Ostgriechisch gesprochen. Bei diesem handelt es sich um die Vorstufe der eng miteinander verwandten Dialekte des Attischen und des Ionischen, die in historischer Zeit in Attika sowie auf den Inseln der mittleren Ägäis und an der gegenüberliegenden Westküste Kleinasiens gesprochen wurden, sowie um das Arkadische im Inneren der Peloponnes und das Kyprische auf Zypern. Nördlich und westlich von diesem Sprachgebiet wurde ein davon deutlich geschiedener Dialekt gesprochen, das Nordwestgriechische. Seit etwa 1200/1100 v. Chr. verbreitete es sich auf der Peloponnes, in Mittelgriechenland und auf den südlichen Inseln der Ägäis wie Kreta und Rhodos (um nur die größten zu nennen) sowie an der Südwestküste Kleinasiens. Durch Vermischung des Ost- und Nordwestgriechischen entstand in Thessalien ein Mischdialekt, das Uraiolische, das um 1250 v. Chr. nach Boiotien sowie um 1000 v. Chr. über die Insel Lesbos an die gegenüberliegende kleinasiatische Küste, in die sogenannte Aiolis, gelangte.

Diese Schichtung der griechischen Dialekte ist das Ergebnis einer höchst komplexen Besiedlungsgeschichte. Zunächst kamen die Ostgriechisch sprechenden Einwanderer, die in der Zeit von 1450 bis 1200 v. Chr. zu Trägern der mykenischen Palastkultur wurden. In der zweiten Hälfte dieser Epoche setzten, getragen von Angehörigen Nordwestgriechisch sprechender Gruppen, neue Zuwanderungswellen ein, die nacheinander Thessalien, das mittelgriechische Boiotien und dann über die Inselbrücke von Lesbos die nördliche Zone der kleinasiatischen Küste erreichten. Das Ergebnis war ein Mischdialekt, gebildet aus ost- und nordwestgriechischen Anteilen. Dieser sprachliche Befund erlaubt die Schlussfolgerung, dass sich in diesem Dialektgebiet die Ansiedlung der Zuwanderer aus dem nordwestgriechischen Sprachraum im Wesentlichen ohne Vertreibung der eingesessenen Bevölkerung vollzog und dass aus dem Zusammenleben beider Gruppen im Ergebnis ein neuer Dialekt des Griechischen entstand, eben das Aiolische. Ganz anders verlief die Entwicklung in anderen Teilen Griechenlands in der Zeit der großen Wanderung, die um 1200 v. Chr. vom Balkan ausging und wie eine Lawine den östlichen Mittelmeerraum heimsuchte. Nordwestgriechische Stammesgruppen fielen nach Mittelgriechenland und in die Peloponnes ein und verdrängten in weitem Umfang die vorgefundene, im Kernland der mykenischen Palastkultur ansässige griechische Bevölkerung. Mittelgriechenland westlich von Boiotien, große Teile der Peloponnes sowie die Inseln in der südlichen Ägäis und die südwestliche Küste Kleinasiens wurden zur Dialektzone des Dorischen – dies ist die von der Landschaft Doris in Mittelgriechenland abgeleitete Bezeichnung für das in den eroberten Gebieten gesprochene Nordwestgriechisch. Im griechischen Mutterland hielt sich die vordorische Bevölkerung nur in wenigen Rückzugsgebieten, in Arkadien, im unfruchtbaren Inneren der Peloponnes und in Attika. Von dort aus erfolgte über die Ägäis eine Auswanderung, die zur Besiedlung zahlreicher Ägäisinseln und des mittleren Abschnitts der kleinasiatischen Westküste führte – die sogenannte Ionische Wanderung. Auf diese Weise bildete sich in den betreffenden Gebieten aus ostgriechischen Wurzeln die Dialektzone des Attisch-Ionischen. Die Fluchtbewegung der vordorischen Bevölkerung führte von Kreta und den Inseln der Südägäis aus nach Zypern. Dort entstand ein neuer Außenposten griechischer Besiedlung, in dem bis in historische Zeit wie in Arkadien ein aus dem Griechisch der mykenischen Zeit abgeleiteter altertümlicher Dialekt weiterlebte. Die in der Zeit der sogenannten Dorischen Wanderung ausgelösten gewaltsamen Veränderungen haben sich archäologisch in der Zerstörung der mykenischen Burganlagen, in einem Rückgang der Bevölkerung und in einer Verarmung der materiellen Kultur und der allgemeinen Lebensverhältnisse niedergeschlagen. Wie dies alles im Einzelnen geschah, ist unbekannt und Gegenstand unsicherer Hypothesen.

Der langdauernde Prozess griechischer Landnahme fiel in eine Zeit, in der, ausgehend von Vorderasien, in ganz Europa die Technologie der Herstellung von Bronze aus Kupfer und Zinn ihren Siegeszug antrat. Um 2200 v. Chr. erreichte ihre Kenntnis die Mitte, um 1800 v. Chr. den Norden Europas. Durch die Legierung mit Zinn im Verhältnis 10:1 erhält das weiche Kupfer jenen Härtegrad, der Metall zur Produktion von Waffen und Geräten geeignet macht. Der neue Werkstoff revolutionierte das Kriegswesen, da er die Erfindung effektiver Angriffs- und Verteidigungswaffen ermöglichte, des Schwertes, der Speerspitze aus Metall und der Rüstung zum Schutz des Körpers gegen Verwundungen. Aus der Überlegenheit der neuen Bewaffnung resultierte der Zwang, sich in den Besitz des neuen Werkstoffs zu setzen. Das war nicht möglich ohne eine Intensivierung des Fernhandels und der gesellschaftlichen Arbeitsteilung. Kupfer und Zinn mussten je nach Vorkommen getrennt voneinander abgebaut und dann über lange Transportwege zusammengebracht werden, damit Bronze hergestellt und zu Waffen und Geräten geschmiedet werden konnte. Kupfer und Zinn mussten freilich nicht nur transportiert, sondern auch bezahlt werden. So entstand ein Warenaustausch über große Entfernungen, nicht ausschließlich, aber doch vornehmlich über das Meer mit seetüchtigen Schiffen. Der glückliche Zufallsfund eines vor Kap Uluburun an der kleinasiatischen Südwestküste gesunkenen Schiffes aus der Bronzezeit hat uns einen anschaulichen Beleg für diesen Überseehandel geliefert.

Im Jahre 1982 entdeckte ein Schwammtaucher an der betreffenden Stelle vor der Küste unter der Meeresoberfläche schwere kupferne Gegenstände. Zwei Jahre später begann die Bergung und wissenschaftliche Auswertung des Fundmaterials. Sie erstreckte sich über insgesamt zehn Jahre. Die Artefakte, vor allem die Keramik, die von der Ladung geborgen wurden, konnten in das vierzehnte Jahrhundert v. Chr. datiert werden. Dazu stimmt auch der Fund eines Skarabäus der berühmten ägyptischen Königin Nofretete (ca. 1360–1335 v. Chr.). Der Hauptteil der Ladung bestand aus Kupfer und Zinn in dem Verhältnis 10:1, in dem es zur Herstellung von Bronze gebraucht wurde. Das Kupfer stammte, wie durch Isotopenanalyse des Bleianteils geklärt wurde, aus Zypern, das Zinn möglicherweise aus Zentralasien oder dem kleinasiatischen Taurusgebirge. Daneben

Spätgeometrische Kanne, 2. Hälfte des 8. Jahrhunderts v. Chr.:
Darstellung eines Schiffbruchs

München, Staatliche Antikensammlungen und Glyptothek

fanden sich Keramik und Schmuck aus der Levante und Ägypten sowie 175 blaue und türkisgrüne Glaszylinderbarren, die vermutlich aus dem syrisch-palästinensischen Raum stammten. Dieses Material wurde, wie Funde aus Ägypten und dem mykenischen Griechenland zeigen, zur Herstellung von Edelsteinimitaten verwendet. Erwähnenswerte Einzelstücke sind Rollsiegel aus Assur, das bereits erwähnte ägyptische Siegel in Form eines Skarabäus sowie ein goldenes Pektorale, ein Brustschmuck in Gestalt eines Falken, zwei Schwerter und Keramik aus dem mykenischen Griechenland, Elfenbeinarbeiten und viele tausend Perlen aus Achat, Karneol, Bergkristall und Gold. Unikate stellen eine Bernsteinperle aus dem Ostseeraum und ein steinerner Szepterkopf dar, zu dem Vergleichsstücke an der bulgarischen Schwarzmeerküste gefunden worden sind.

Dieser Befund ist ein eindrucksvoller Beleg für den Fernhandel der Bronzezeit. Handelsgegenstände waren vor allem Metalle, daneben ein breites Spektrum von Luxuswaren. Sie stammten, mit der bemerkenswerten Ausnahme der Bernsteinperle, aus dem östlichen

Mittelmeerraum, von Ägypten über den Vorderen Orient bis zum mykenischen Griechenland. Wie diese Ladung, von der sich der Schiffsherr gewiss reichen Gewinn versprochen hat, zustande gekommen ist, wissen wir ebenso wenig, wie wir den Heimathafen des Schiffes kennen. Vielleicht war es im Etappenhandel eingesetzt, wie ihn Fernand Braudel in seinem Werk über das Mittelmeer zur Zeit Philipps II. von Spanien für das sechzehnte Jahrhundert beschreibt. Die Handelsschiffe fuhren damals noch wie in der Antike an der Küste entlang, legten in den auf ihrem Kurs gelegenen Häfen an, schlugen einen Teil ihrer Waren um, nahmen neue auf und setzten ihre Reise fort, bis der erzielte Gewinn sie zur Rückfahrt bestimmte. Mit der Annahme, dass die Ladung des Schiffes von Uluburun das Ergebnis eines solchen Etappenhandels repräsentiert, lässt sich ihre Zusammensetzung am zwanglosesten erklären.

Die Zusammensetzung der Ladung ist in doppelter Hinsicht aufschlussreich – einerseits als eindrucksvoller Beleg für die Bedeutung des Metallhandels. Kupfer gab es nicht überall, und Zinn war extrem selten. Beide Metalle mussten über weite Strecken zu den Zentren der Herstellung und der Verarbeitung von Bronze transportiert werden, und da es sich bei Metall um ein schweres Massengut handelt, war das Schiff aufgrund seiner Ladekapazität und Schnelligkeit das Transportmittel der ersten Wahl. Der Bedarf an dem Werkstoff Bronze aber intensivierte – dies ist der zweite Gesichtspunkt – mit Notwendigkeit den Austausch von Rohstoffen und Fertigprodukten beziehungsweise Luxusgütern. So entstand eine globale Arbeitsteilung der drei Segmente ökonomischer Tätigkeit: Urproduktion, Verarbeitung und Güteraustausch im Handelsverkehr. Die globale Vernetzung dieser drei Segmente besorgte im Mittelmeerraum das seetüchtige Schiff mit einer Ladekapazität von 20 bis 150 Tonnen. Schon seit dem dritten Jahrtausend sind auf Abbildungen und in Funden Ruder und Segel als Antriebsmittel von Schiffen archäologisch nachweisbar. Wie erwähnt, war noch in der frühen Neuzeit im Mittelmeerraum Küstenschifffahrt von Handelsplatz zu Handelsplatz üblich, doch Ausnahmen bestätigen die Regel. Zwischen der

Ägäis und Ägypten ermöglichten Wind- und Strömungsverhältnisse die Fahrt über das offene Meer. Die Verbindung von Osten nach Westen führte von der Levante entlang der Küsten von Kreta und Nordafrika zur Straße von Gibraltar beziehungsweise durch die Straße von Messina über Sardinien und die Balearen nach Spanien.

Ackerbau, Metallurgie und Handel waren die Antriebskräfte nicht nur einer gesellschaftlichen Arbeitsteilung, sondern – dank ungleicher Güterverteilung – auch zur Bildung von Oberschichten, die an Reichtum und Macht über die Masse der Bevölkerung herausragten. Dies war die Entstehungsbedingung von Hochkulturen und von Formen politischer Herrschaft. Ihre Bildung geschah zeitlich und räumlich in Relation zur Ausbreitung von Ackerbau und Viehzucht sowie zum Siegeszug der Metallurgie. Während im dritten Jahrtausend im Zweistromland und im Niltal bereits Hochkulturen mit monarchischer Herrschaft und zentraler Arbeitsorganisation existierten, verharrten der Westen und Norden Europas noch auf einer primitiveren Entwicklungsstufe. Hier gab es im Unterschied zu Ägypten, Mesopotamien und zum Vorderen Orient weder steinerne Tempel noch Paläste, weder ein vergleichbar hochdifferenziertes Handwerk noch Formen der Schriftlichkeit, weder Städte noch großräumige Herrschaftsbildung. Monumente des Totenkultes in einer Größenordnung, die Formen koordinierter Arbeitsorganisation voraussetzen, gab es auch im Norden Europas, aber nirgends erreichten sie die gewaltigen Dimensionen der im dritten Jahrtausend in Ägypten errichteten Pyramiden. Für die Errichtung der 140 Meter hohen Cheopspyramide waren nach moderner Berechnung rund 13 Millionen Arbeitstage nötig. Ohne die Herrschaft des göttergleichen Pharaos, der mit Hilfe eines Stabes von Schreibern und Priestern über die Ressourcen Ägyptens einschließlich des dort vorhandenen Potentials an Arbeitskräften herrschte, wäre ein solcher Riesenbau nicht zustande gekommen.

Die Kenntnis der Hochkulturen des Nahen Ostens verbreitete sich durch Handel und Seefahrt in den Randzonen, und so kam es, dass um 2000 v. Chr. als erste Hochkultur auf europäischem Boden die sogenannte minoische auf Kreta entstand, die ihrerseits auf die Inseln der Ägäis und auf die gegenüberliegenden Küsten des Festlandes ausstrahlte. Geschaffen wurde diese Hochkultur von einem Volk vorindogermanischer Herkunft, dessen in der Linear-A-Schrift verfasste Schriftzeugnisse wir lesen, aber nicht verstehen können. Hervorstechendstes Kennzeichen dieser Kulturepoche sind die Überreste großartiger, unbefestigter Palastanlagen inmitten städtischer Siedlungen. Der bedeutendste dieser Paläste ist der von Knossos auf Kreta, den zum Beginn des vorigen Jahrhunderts der englische Archäologe Sir Arthur Evans ausgegraben hat. Er war es, der die gesamte durch diesen Palast repräsentierte Kulturepoche nach Minos, dem mythischen Herrscher von Knossos, als die minoische bezeichnete. Dies tat er in Anknüpfung an den griechischen Historiker Thukydides, der fast ein Jahrtausend nach dem Untergang der minoischen Palastkultur der Sage von Minos mit der Zuschreibung einer ausgebreiteten Seeherrschaft einen realistischen Hintergrund zu geben bemüht war. Diese Deutung ist das Produkt einer konstruktiven Phantasie, die vom Interesse an einer Geschichte der Akkumulierung von Macht geleitet war. Aber sie trifft insofern etwas Richtiges, als die Palastherrschaft auf Kreta in weitgespannte Handelswege über das Meer eingebunden war. Was den Palast von Knossos anbelangt, so waren die zum Wohnen und Repräsentieren bestimmten Raumfolgen von zahlreichen Lagerräumen und Werkstätten umgeben. Der Palast war Zentrum einer Wirtschaftsorganisation, die von der landwirtschaftlichen Produktion des Umlandes über die Herstellung von Waffen, Gerätschaften und Luxusgütern wie Schmuck, bemalter Keramik und purpurgefärbter Stoffe bis zum Austausch der produzierten Güter alle drei Sektoren der Ökonomie umfasste. Begünstigt waren Knossos und die übrigen Plätze mit zentral organisierter Wirtschaft durch ihre Lage an den Seewegen zu den Metalllagerstätten im Osten und Westen. Der Zwischenhandel mit den Metallen, auf denen die bronzezeitliche Metallurgie beruhte, Kupfer und Zinn, bildete nicht nur die Voraussetzung für die Herstellung von Waffen und Geräten aus Bronze, sondern bewirkte auch die Entstehung einer handwerklichen Kunst, mit deren Produkten die begehrten Metalle eingekauft werden konnten. Wie im Vorderen Orient wurde eine Schrift als Hilfsmittel der Wirtschaftsverwaltung, das sogenannte Linear A, entwickelt. Somit kommen alle Elemente zusammen, die es rechtfertigen, in dem Verbreitungsgebiet der minoischen Palastkultur den Randsaum der fortgeschrittenen bronzezeitlichen Hochkulturen Ägyptens und Vorderasiens auf europäischem Boden zu sehen.

Dieses Verbreitungsgebiet blieb nicht auf Kreta beschränkt. Die archäologischen Befunde lassen die Schlussfolgerung zu, dass dem Handel mit den Ägäisinseln und dem gegenüberliegenden Festland eine kulturelle Expansion nach Norden folgte, zuerst nach Kythera an der Südspitze der Peloponnes und zu den Kykladen wie Melos und Thera, dann, in der sogenannten Neupalastzeit (ca. 1700–1400 v. Chr.), auch nach dem Festland, vor allem in die Küstenregionen der Argolis und Messeniens auf der Peloponnes. Um die Mitte des zweiten Jahrtausends gerieten dann einwandernde Griechen in den Einflussbereich der minoischen Kultur, überzogen den Süden Griechenlands mit befestigten Herrensitzen und wurden auf Kreta die Erben der vorindogermanischen Begründer der minoischen Palastherrschaft. Nach der in der Argolis gelegenen Burg von Mykene wird diese von Griechen getragene Fortsetzung der minoischen Kultur als die mykenische bezeichnet. Wie sich das im Einzelnen abgespielt hat, wissen wir nicht. Aber wir besitzen für die Ablösung der vorindogermanischen Träger dieser Palastkultur ein gesichertes sprachliches Zeugnis in Gestalt der Ersetzung der für uns unverständlichen Silbenschrift von Linear A durch Linear B, das zur Wiedergabe von Worten eines frühen Griechisch entwickelt wurde. Wie aus allerneuesten Funden hervorgeht, wurde Linear B bereits um 1650 v. Chr. auf dem griechischen Festland verwendet – kurz bevor das der griechischen Sprache angepasste Schriftsystem auch auf Kreta das ältere Linear A der minoischen Palastverwaltung ablöste. Die zahlreich erhaltenen in Linear B geschriebenen Texttafeln enthalten, von einigen Weihinschriften abgesehen, Inventare, Abrechnungen und Bestätigungen. Es handelt sich also um Zeugnisse einer zentralen Wirtschaftsverwaltung nicht nur der auf Kreta, sondern auch der auf dem griechischen Festland gelegenen Paläste. Dank der Entzifferung von Linear B ist es möglich geworden, ein genaueres Bild von der gesellschaftlich-politischen Struktur dieser mykenischen Welt zu gewinnen. Paläste wie die von Mykene und Tiryns in der Argolis oder Pylos an der Westküste der Peloponnes waren die Residenzen von lokalen Herrschern, die mit Hilfe einer adligen Gefolgschaft das in Bezirke mit eigenen Vorstehern gegliederte Umland kontrollierten und über dessen Ressourcen verfügten. Die herrschaftlich organisierte Gesellschaft war in der Lage, zahlreiche Arbeitskräfte für große Bauvorhaben zu mobilisieren, für die Errichtung von Palästen, Burgen und pompösen Grabbauten wie den sogenannten Tholosgräbern, runden Grabdenkmälern, sowie für aufwendige Maßnahmen der Landmeliorisierung. Zu letzteren zählen die Errichtung einer Talsperre und die Umleitung eines die Siedlung von Tiryns mit Überschwemmungen bedrohenden kleinen Flusses oder die der Gewinnung von Ackerland dienende Trockenlegung des Kopaisbeckens im mittelgriechischen Boiotien.

Die Palastkultur erwies sich als regenerationsfähig bei Naturkatastrophen wie Erdbeben oder dem verheerenden Vulkanausbruch um 1628 v. Chr. (?), dem die Insel Thera (heutiger Name Santorin) ihre Entstehung verdankt. Sie war auch fähig, Zuwanderer wie die frühen Griechen zu integrieren und sie in die Lage zu versetzen, die vorgefundene Hochkultur fortzusetzen. Aber in dem Völkersturm, der um 1200 v. Chr. die östliche Mittelmeerwelt erschütterte, ist sie untergegangen. Von der kriegerischen Völkerwanderung, die vom Balkan ihren Ausgang nahm, wurden selbst die Großreiche des Vorderen Orients betroffen. Das Hethiterreich in Anatolien erlag dem Ansturm der Phryger und Palaister. Ägypten geriet beim Ansturm der sogenannten Seevölker, zu denen unter anderem auch Palaister gehörten, in große Bedrängnis, konnte sich ihrer aber letztlich erwehren. Von den Ägyptern zurückgeschlagen, bemächtigten sich die Palaister, im Alten Testament Philister genannt, der Ägypten

Tontafel mit Linear-B-Inschrift aus Knossos, um 1400 v. Chr.

Linear B war das Alphabet, mit dem in mykenischer Zeit griechische Texte geschrieben wurden.

Heraklion, Archäologisches Museum

benachbarten palästinensischen Küstenebene – das Land heißt bis heute nach den Eroberern Palästina. In diesem Zusammenhang ist der Palastkultur samt der sie tragenden Wirtschafts- und Herrschaftsstruktur ein Ende gesetzt worden. Ein Indiz für den Seevölkersturm dürfte die archäologisch gesicherte Metallarmut der betreffenden Zeit sein. Der Metallhandel und die Herstellung des Werkstoffs scheinen unterbrochen gewesen zu sein. Wir wissen nicht, was im Einzelnen alles geschah. Was wir mit Sicherheit fassen können, ist der Niederschlag einer grundstürzenden Katastrophe: einen Zerstörungshorizont, der alle mykenischen Paläste betroffen hat. Auf ihren Trümmern entstanden nur noch kleine ein- bis zweistöckige Häuser. Es gab zwar eine Siedlungskontinuität, aber mit deutlich geringerer Bevölkerung. Eine zentral organisierte Ökonomie existierte nicht mehr. Mit ihr kam auch die Kenntnis der Schrift, die ihren Zweck mit dem Ende der Palastwirtschaft verloren hatte, abhanden. Was folgte, waren die sogenannten Dunklen Jahrhunderte.

3. Die Dunklen Jahrhunderte

Für die sogenannten Dunklen Jahrhunderte gibt es keinerlei zeitgenössische Schriftquellen. Nicht einmal eine Schreibschrift war nach dem Untergang von Linear B vorhanden. Wir sind für unsere Kenntnis der Geschichte jener Epoche in erster Linie auf ihre materiellen Überreste angewiesen, auf Gräber und Siedlungsspuren sowie auf Gebrauchsgegenstände wie Gefäße aus Ton und Metall, Geräte und Waffen sowie Schmuck aus Grabbeigaben. Die Sicherung und Deutung dieses Materials ist den mit den Methoden der Archäologie arbeitenden Disziplinen, der Vor- und Frühgeschichte und speziell der Klassischen Archäologie, aufgegeben. Sie ermitteln durch Ausgrabungen und Surveys, das heißt Untersuchungen der Bodenoberfläche einzelner Landschaften, den Befund, datieren ihn, vornehmlich mit Hilfe der gefundenen Tonkeramik, deren relative Chronologie anhand der sich wandelnden Formen und Dekorationen erforscht werden kann, und deuten ihn im Licht historischer beziehungsweise kunsthistorischer Fragestellungen. Althistoriker sind, was die Geschichte der Dunklen Jahrhunderte anbelangt, Kostgänger dieser beiden archäologischen Nachbardisziplinen, doch sie sind, wie es sich für jede Wissenschaft von selbst versteht, nicht von einer kritischen Prüfung der von diesen ermittelten Befunde und ihrer Deutung dispensiert.

Oben ist bereits darauf hingewiesen worden, dass am Anfang der Epoche ein gewaltiger Zerstörungshorizont zu beobachten ist. Diesem folgte ein Neubeginn auf einem erheblich geringeren kulturellen und ökonomischen Niveau. Gewiss wirkten die Formen und Verzierungen mykenischer Keramik noch nach, und ebenso gab es, in der Regel in reduziertem Umfang, Siedlungskontinuität. Aber die mykenischen Burgen auf der Peloponnes und auf Kreta wurden nicht wiederaufgebaut. Nicht einmal die Kenntnis der mykenischen Mauerbautechnik überlebte, und mit den Palästen gingen die hochentwickelte Palastwirtschaft und die sie tragende politische Herrschaftsstruktur zugrunde. Die Schreibschrift Linear B, die ihre Funktion als Hilfsmittel einer komplexen Wirtschaft verloren hatte, geriet in Vergessenheit. Wie aus den Siedlungsüberresten hervorgeht, war die Bevölkerung geschrumpft und siedelte in einfachen Bauernhäusern. Die prachtvollen Tholosgräber der mykenischen Epoche wurden von Einzelgräbern mit ärmlichen Beigaben abgelöst, ein sprechender Beweis für das Fehlen einer reichen Herrenschicht. Der Befund ist insoweit eindeutig. Doch welches die Ursachen jener Katastrophe waren, die einen so deutlichen Niederschlag in den archäologischen Befunden hinterlassen hat, ist eine Frage, deren Beantwortung durch die Wissenschaft alles andere als eindeutig ausfällt.

Vor allem zwei einander ausschließende Deutungen werden vertreten. Die ältere bringt den Abbruch der mykenischen Palastkultur in Zusammenhang mit einem großen Völkersturm, der die östliche Mittelmeerwelt erschütterte, und einen durch ihn ausgelösten Einwanderungsschub. Die neuere Deutung tendiert dagegen zu der

Annahme, dass das gewaltsame Ende der Palastkultur von Aufständen der dem mykenischen Herrschaftssystem unterworfenen Bevölkerung bewirkt worden sei. Weder für die eine noch für die andere Interpretation gibt es angesichts des Fehlens einer glaubwürdigen schriftlichen Überlieferung direkte Beweise. Die Archäologie hilft in diesem Fall nur bedingt weiter. Sie ist aufgrund datierbarer materieller Überreste in der Lage, das kulturelle Niveau und die soziale Schichtung einer Gesellschaft festzustellen. Die gesicherten Befunde zeigen den Abbruch der mykenischen Palastkultur, eine Desintegration der Gesellschaft und das Fehlen einer reichen Elite, nicht mehr und nicht weniger. Aber indem diese Befunde mit den späteren Erzählungen konfrontiert werden, die Wanderungen und Landnahmen als das Werk mythischer Heroen und als Kolonisationsvorgänge darstellen, besteht heute die Tendenz zu behaupten, dass die Archäologie dies mit Sicherheit widerlege. Es bedarf jedoch keiner umständlichen Erörterung, dass die Archäologie gemäß ihrer oben genannten Prämissen die betreffenden mythischen Erzählungen weder bestätigen noch widerlegen kann. Ebenso wenig hat sie bisher einen Beweis zugunsten der These führen können, dass die Vernichtung der mykenischen Palastkultur inneren Aufständen einer Unterschicht und nicht einer Einwanderung zuzuschreiben ist, die von dem um 1200 v. Chr. vom Balkan ausgehenden sogenannten Seevölkersturm ausgelöst wurde.

Die Frage nach den Urhebern des Zerstörungshorizonts und der Identität der danach unter verhältnismäßig ärmlichen Bedingungen lebenden Bevölkerung kann nicht direkt, sondern nur indirekt aufgrund einzelner Indizien beantwortet werden. Da ist zuerst das zeitliche Zusammentreffen der Zerstörung der Paläste auf der Peloponnes und auf Kreta mit den Invasionen der sogenannten Seevölker, die das Staatensystem des Vorderen Orients zum Einsturz brachten und bis an die Küsten Ägyptens und Palästinas vordrangen. Ägypten konnte sich des Ansturms von Völkern aus dem Westen erwehren, aber das Hethiterreich in Kleinasien brach zusammen, und auch das Mittelassyrische Reich, das damals von der aramäischen Einwanderung nach Mesopotamien erschüttert wurde, erlitt eine politische Zersplitterung, die erst im späten zehnten Jahrhundert durch das Neuassyrische Reich überwunden wurde. Was Griechenland anbelangt, so gibt die Dialektgeographie des Griechischen einmal mehr einen Hinweis darauf, was dort geschah. Wie die Untersuchung der in Linear B geschriebenen Täfelchen ergeben hat, wurden sie in einer Frühform des sogenannten Ostgriechischen abgefasst. Spuren des Nordwestgriechischen, zu dem auch das Dorische zählt, fehlen in den sprachlichen Dokumenten aus mykenischer Zeit. Aber in den Jahrhunderten nach der Zerstörung der Paläste wurde in den Kernräumen der mykenischen Palastkultur, auf der Peloponnes und auf Kreta, Dorisch gesprochen. Diese Dialektform verbreitete sich von Nordwest- über Mittelgriechenland – hier blieb die *Doris* genannte Landschaft eine dorische Sprachinsel – bis in die Peloponnes, nach Kreta, über die Inselbrücke von dort nach Rhodos und bis an die Südwestküste Kleinasiens. Dass diesem Prozess eine Wanderbewegung von Nordwesten nach Süden und Südosten zugrunde lag, beweisen die Rückzugsgebiete der vordorischen Bevölkerung. Sie lagen, wie die sprachlichen Zeugnisse zeigen, im Inneren der Peloponnes, in der wenig fruchtbaren Landschaft Arkadien, und auf der Insel Zypern im äußersten Osten, die sich die ein altertümliches Griechisch sprechenden Griechen mit den Phoinikern teilten. Ebenso gab es auf Kreta vereinzelte Rückzugsgebiete der vordorischen Bevölkerung. Dies ist der frühesten Schilderung Kretas zu entnehmen, die uns Odysseus, der Held der Odyssee, gibt:

> «Kreta ist ein Land inmitten des wogenden Meeres,
> Schön und fruchtbar und rings umflossen. Es wohnen der Menschen
> Viele, unzählige dort und ihrer Städte sind neunzig.
> Dort sind Völker und Sprachen gemischt; dort wohnen Achaier,
> Die Altkreter sind dort, die gewaltigen; dort die Kydonen,
> Dorer auch, die dreifach geteilt sind, und edle Pelasger.»
> (Hom. Od. XIX,172–177. Übersetzung nach J. H. Voß)

Genannt werden zwei Völker vorgriechischen Ursprungs: die auch im festländischen Griechenland bezeugten *Pelasger* und die *Altkreter* beziehungsweise *Urkreter*, wie sie auch genannt werden. Diese lebten im Osten der Insel um die Stadt *Praisos*, in dem wie in dem weiter westlich gelegenen *Dreros* Inschriften aus der Zeit vom achten bis dritten Jahrhundert gefunden worden sind. Sie sind mit griechischen Buchstaben in einer nichtgriechischen, uns unverständlichen Sprache abgefasst. Die *Kydonier*, die die Stadt *Kydonia*, das heutige Chania, im Nordwesten der Insel bewohnten und bereits in den Linear B-Texten erwähnt werden, gehören ebenso wie die *Achaier* der frühen Schicht griechischer Einwanderer aus der Mitte des zweiten Jahrtausends an. Die Dorer, die griechischen Zuwanderer der letzten Welle, kamen um die Jahrtausendwende als Eroberer und begründeten eine Lebensordnung, die der spartanischen glich. Sie sprachen wie diese einen dorischen Dialekt, und sie waren wie die Spartaner in drei Stammesabteilungen (griechisch *phylai*) mit gleichen Namen gegliedert. Darauf ist im letzten der oben zitierten Verse angespielt. Diese Phylen waren Gliederungen des Heeresaufgebots. Eine fragmentarisch erhaltene Elegie des Dichters Tyrtaios aus dem siebten Jahrhundert, in der die Spartaner zu tapferem Kampf gegen die Feinde aufgerufen werden, lässt an dieser Funktion der dorischen Phylen keinen Zweifel. Es heißt:

> «Also auf, geschirmt von den hohlen Schilden,
> Getrennt nach *Pamphylern, Hylleis* und *Dymanen*,
> in den Händen die männertötenden Eschenspeere haltend.
> Also wollen wir alles den unsterblichen Göttern anheimstellen
> … und der Standfestigkeit unserer Führer folgen.»
> (Tyrt. F 1 51–54 Diehl)

Phylen mit diesen Namen begegnen auch in den dorischen Niederlassungen auf Kreta, doch in keinem Fall alle drei zusammen in einer Gemeinde. Der Grund dürfte sein, dass dorische Siedler in kleinen Gruppen nach Kreta kamen und dass diese nicht das ganze Spek-

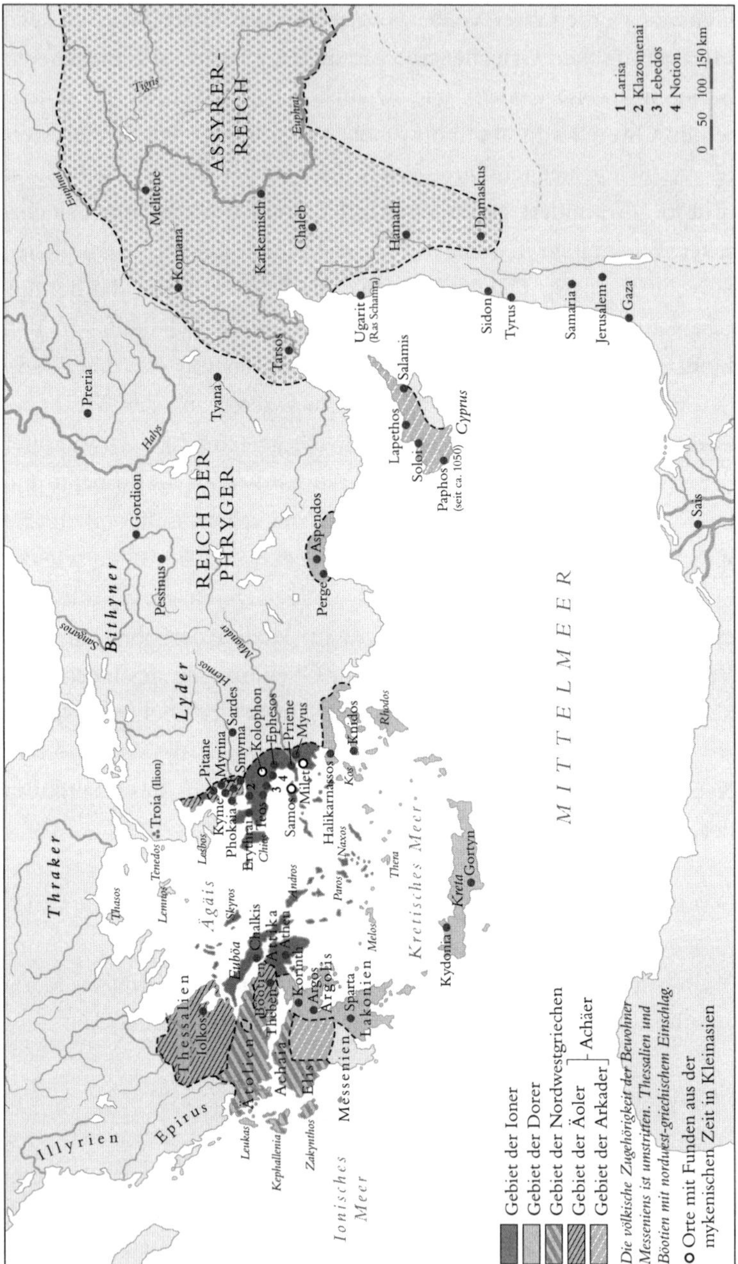

Die Dialektzonen des griechischen Sprachgebiets um 800 v. Chr.

trum der drei Phylen des einwandernden Stammes umfassten. Kleingruppen, deren Angehörige nur aus einer der drei Phylen stammten, konnten auch wie beispielsweise die Dymanen bei den Westlokrern als Teil in einem anderen Stammesverband nichtdorischer Herkunft aufgehen.

Ähnlich den Dorern waren auch die Athener und die sprachverwandten Ioner in Phylen mit gleichen Namen gegliedert: *Geleontes, Aigikoreis, Argadeis* und *Hopletes*. Namensgleichheit, Zahl und Verbreitung der betreffenden Phylen sprechen dafür, dass sie ursprünglich die Abteilungen wandernder Stammesverbände waren und sich dann nach ihrer Landnahme in Gliederungen der entstehenden einzelnen Gemeinden umwandelten. Auszuschließen ist auf jeden Fall die Erklärung, dass Athen und Sparta, die in klassischer Zeit führenden Gemeinden Griechenlands, die eigenen Phylen den Ionern beziehungsweise Dorern als gemeinsames Verwandtschaftsmerkmal in welcher Weise auch immer vermittelt hätten. Während der Dunklen Jahrhunderte und auch noch in früharchaischer Zeit waren Athen und Sparta von ihrem späteren überragenden Einfluss noch weit entfernt. Die genannten Phylen sind also nicht, wie ein Teil der neueren Forschung anzunehmen geneigt ist, erst nach der Wanderzeit, mit oder nach Entstehung der einzelnen Stadtstaaten entstanden, sondern waren Gliederungen der beiden einwandernden Stammesgruppierungen. Dass im Laufe der archaischen Zeit bis zum Ende des sechsten Jahrhunderts neue Phylen die alten teilweise ablösten, widerlegt nicht, sondern bestätigt die Auffassung, dass die älteren, vielen Gemeinden gemeinsamen Phylen aus einer Zeit stammen, die der Niederlassung in den neuen Wohnsitzen vorhergeht. Die Funktion dieser Phylen als Gliederung des militärischen Aufgebots ist nicht nur in der zitierten Elegie des Tyrtaios bezeugt, sondern findet auch Bestätigung in dem älteren der beiden homerischen Epen, der Ilias. An der betreffenden Stelle wird Agamemnon, der Feldherr der Griechen im Krieg gegen Troia, mit folgenden Worten aufgefordert, das Heeresaufgebot nach Phylen geordnet zum Kampf aufzustellen:

> «Sondere die Männer nach Phylen und Phratrien, Agamemnon,
> Dass Phratrien den Phratrien helfen und Phylen den Phylen.»
> (Hom. Ilias II,362 f. Übersetzung nach J. H. Voß)

Demnach setzte sich das Gesamtaufgebot der Krieger aus Abteilungen, *Phylen*, und Unterabteilungen, *Phratrien*, zusammen – was in wörtlicher Übersetzung *Stämme* und *Bruderschaften* bedeutet –, die nach dem Vorbild verwandtschaftlicher Zusammengehörigkeit zu gegenseitiger Hilfe verpflichtet waren. Was die Phratriegenossen anbelangt, so erstreckte sich nach archaischem Recht die Verpflichtung gegenseitiger Hilfe auch auf die Verfolgung eines Blutschuldigen, der ein Mitglied der Phratrie getötet hatte. So hieß es in dem Kodex des athenischen Gesetzgebers Drakon aus dem siebten Jahrhundert:

> «Ankündigen sollen (die Verfolgung) dem Blutschuldigen auf der Agora die Verwandten bis zur Vetternschaft, und zwar bis zu (jedem einzelnen) Vetter. An der Verfolgung sollen teilnehmen auch Vettern und deren Söhne, die Schwiegersöhne, (und wohl auch die Schwäger), Schwiegerväter und Phratriegenossen ...»
> (Inscriptiones Graecae I^3 104,21–23 = Solon. Gesetzeswerk F 5a Ruschenbusch)

Die Vorstellung von der Entstehung und Gliederung einer Gemeinschaft orientierte sich an einer Hierarchie der Abstammung: Phyle, Phratrie und Familie. Dieses Modell wurde auch dazu benutzt, das Verhältnis von Völkern und Stämmen zu beschreiben. Als der langwierige Prozess der Landnahme abgeschlossen war, wurde die Vorstellung, dass die Griechen ein in die drei sprachlich geschiedenen Hauptstämme der Dorer, Ioner und Aioler gegliedertes Volk seien, in die Form eines Stammbaums gekleidet. Hellen war der Vater von drei Söhnen, die ihrerseits Väter der drei Stämme wurden. Um 700 v. Chr. schrieb der Dichter Hesiod:

> «Hellen, dem kampfliebenden König, wurden Doros
> Und Xouthos und der Wagenkämpfer Aiolos geboren.»
> (Hes. F 7 Rzach. Übersetzung nach Th. von Scheffer)

Hellen war Stammvater der Hellenen – der Name bezeichnete ursprünglich die Bewohner einer kleinen Landschaft im südlichen Thessalien, dann hatte er sich, wohl weil das thessalische Hellas die Heimat des Achilleus war, des Helden der Ilias, als Name für das größere Ganze, das Gesamtvolk der Griechen, durchgesetzt. Doros und Aiolos sind sprechende Namen, die keiner Erläuterung bedürfen. Was Xouthos anbelangt, so wurde er über seinen Sohn Ion der Ahnherr der Ioner, und dieser war der Stammvater, der die Ahnherren der vier ionischen Phylen zeugte: *Geleon*, *Hoples*, *Argades* und *Aigikores*. Das Verhältnis des Gesamtvolkes zu seinen Teilen wurde ebenso wie die innere Gliederung einer Siedlungsgemeinschaft nach dem Vorbild der vaterrechtlich organisierten Familie, der Generationenfolge und der Verflechtung von Verwandtschaftsbeziehungen aufgefasst.

Von der Ereignisgeschichte in den Dunklen Jahrhunderten wissen wir nichts, doch verdanken wir der Archäologie einigen Aufschluss über das kulturelle Niveau, die Bevölkerungsentwicklung und die soziale Differenzierung der Gesellschaft. Die Ausgrabungsergebnisse bieten freilich kein lückenloses Bild. Zwei in jüngerer Zeit entdeckte, am Meer gelegene Siedlungsplätze bezeugen, dass ihre Bewohner Kontakte mit der Umwelt hatten und eingeführte Keramik sowie Luxuswaren als Beigaben ihren Weg in die Gräber fanden. In dem Gräberfeld einer in Perati an der Ostküste Attikas gelegenen Siedlung aus der ersten Hälfte des zwölften Jahrhunderts sind unter anderem Skarabäen und Glas aus Ägypten, Siegel und ein eisernes Messer aus Syrien, Siegel aus Zypern und eine Bernsteinperle von der Ostsee zutage gefördert worden. Einen ähnlichen Befund bietet die Siedlung von Lefkandi auf Euboia. Auch hier gibt es Spuren des Güteraustauschs mit den Ländern am östlichen Mittelmeer, mit Zypern und dem syrisch-palästinensischen Raum. Von einer kontinuierlichen Entwicklung an beiden Plätzen lässt sich freilich nicht sprechen. Gegen Ende des zwölften Jahrhunderts trat auf beiden Fundplätzen eine Verarmung des Fundmaterials ein, dann wurden die Siedlungen aufgegeben. Weiter im Norden zeigt sich ein ähnliches Bild. Die anfangs reichen Beigaben wurden durch ärmliche abgelöst, und in der Zeit zwischen 1125 und 1050 v. Chr. trat ein massiver Rückgang der Bevölkerung ein. Von ursprünglich etwa 220 Siedlungen wurde die Hälfte aufgegeben, in der zweiten Hälfte des elften Jahrhunderts war die Besiedlung möglicherweise noch weiter rückläufig. In Lefkandi und in Athen sind für das elfte Jahrhundert anhand der Grabbeigaben Spuren eines Güteraustauschs mit Zypern und dem syrisch-palästinensischen Raum sowie einer sozialen Differenzierung fassbar, aber im zehnten Jahrhundert sprechen die bescheidenen Grabbeigaben wieder mehr für Gleichheit als für Unterschiede in der Schichtung der Bevölkerung. Gegen Ende dieser Periode nehmen dann die Zeugnisse eines verstärkten Güteraustauschs innerhalb des griechischen Raumes und mit dem Vorderen Orient erneut zu, und in der Verteilung reicherer und ärmerer Grabbeigaben spiegelt sich eine zunehmende soziale Differenzierung. Die Ausstattung reicher Gräber legt die Schlussfolgerung nahe, dass sie dem Bedürfnis der führenden Familien folgte, ihren Rang und ihre Bedeutung zu demonstrieren, und dass soziales Prestige an die Fähigkeit zu bewaffnetem Kampf mit entsprechender Ausrüstung geknüpft war.

Wie die zahlreichen in der Wanderzeit entstandenen Siedlungen am Ende der Epoche politisch organisiert waren, ist im Einzelnen schwer zu sagen. Doch gibt es Hinweise auf die führende Stellung eines Kriegeradels und auf die Existenz großer Herren, die in der Lage waren, die menschliche Arbeitskraft und die materiellen Ressourcen einer Gemeinschaft zu mobilisieren. Ein archäologisches Indiz liefert das kurz nach der Wende vom zweiten zum ersten Jahrtausend v. Chr. entstandene Haus von Lefkandi, dessen Überreste im Jahre 1981 freigelegt worden sind. Dieser Bau, eine gewaltige Anlage mit einer Länge von 45 Meter und einer Breite von 10 Meter, umgibt zwei Gräber, von denen das eine einen Mann und eine Frau mit reichen Beigaben, das andere vier Pferde barg. Die Errichtung eines solchen Gebäudes setzt naturgemäß einen hohen Grad gesellschaftlicher Organisation voraus, und seine Bestimmung, als Grabanlage eines mächtigen Mannes mit seiner Frau und seinen Pferden als Heroon, als Grabmal eines Heros, zu dienen, weist auf einen aus dem Reiteradel hervorgegangenen fürstlichen Herrn an der Spitze einer den Bau errichtenden Gemeinschaft.

II. DIE WELT HOMERS UND HESIODS

In der Zeit nach 800 v. Chr. ändert sich das Bild. Der Nebel, der über den Dunklen Jahrhunderten liegt, beginnt sich zu lichten. Dies ist nicht zuletzt der Erfindung eines neuen Schriftsystems zu verdanken. Zwar bleiben archäologische Befunde auch weiterhin eine wichtige Quellengattung, aber ihnen treten zunehmend Schriftzeugnisse zur Seite, die es erlauben, das Spektrum der Erforschung vergangenen Lebens erheblich zu erweitern.

Die Gesellschaft des achten und siebten Jahrhunderts sehen wir im Spiegel schriftlich fixierter Dichtung, vornehmlich der beiden homerischen Epen, Ilias und Odyssee, deren Verfasser trotz der traditionellen Zuschreibung an einen Dichter namens Homer anonym bleiben, und der Gedichte des Sängers Hesiod, der ersten uns bekannten Persönlichkeit der griechischen Geschichte. Die schriftliche Fixierung von Dichtung war um 700 v. Chr. eine junge Erscheinung. Sie setzt die Adaption der phoinikischen Buchstabenschrift an den Lautbestand der griechischen Sprache im achten Jahrhundert voraus – aber eine nicht schriftlich fixierte, mündlich vorgetragene Dichtung war ein altes Phänomen. Es gab sie seit vielen Jahrhunderten. Weitergegeben wurde sie in der Abfolge der Generationen von den Angehörigen eines Berufsstandes von Sängern, die die Kunst der Improvisation aufgrund einer doppelten Fähigkeit beherrschten: Sie besaßen Kenntnis des Sagenschatzes, der die stoffliche Grundlage des Vortrags bildete, und sie waren mit dem Rüstzeug der formelhaften Elemente der Dichtung, angefangen vom Versmaß bis zu den stehenden Formeln sprachlicher Gestaltung und typischer Szenen, ausgestattet. Die Sänger waren Teil einer Adelskultur. Ihr Sitz im Leben waren die über den Alltag herausgehobenen Ereignisse,

Feste, Gastmahl, sportlicher Wettkampf, Seefahrt, Krieg und Bestattung. Ein schönes Beispiel bietet der Auftritt des Sängers Demodokos im achten Buch der Odyssee. Dort lädt Alkinoos, König der Phaiaken auf der Insel Scheria, zur Bewirtung des Odysseus, seines Gastes, alle Adligen der Insel ein und lässt zur Unterhaltung der Gesellschaft auch den Sänger Demodokos herbeirufen:

> «... aber ihr andern
> Szeptertragenden Herren, in meinen Palast, den schönen,
> Kommt, dass wir den Fremden in der Halle bewirten;
> Keiner sage mir ab, und ruft den göttlichen Sänger,
> Demodokos. Ihm gab der Gott den Gesang mehr als andern,
> Dass er erfreue, sooft das Gemüt ihn antreibt zu singen.»
> (Hom. Od. VIII,40–45. Übersetzung nach J. H.Voß)

Demodokos erhielt seinen Platz in der erlesenen Runde der Gäste, und nach dem Mahle

> «Trieb die Muse den Sänger, von Taten der Helden zu singen
> Aus dem Liedergang, dessen Ruhm damals drang bis zum Himmel,
> Von des Odysseus Streit mit dem Peleus-Sohne Achilleus.»
> (Hom. Od. VIII,73–75. Übersetzung nach J. H.Voß)

Der Sänger griff also für sein Lied eine Episode aus dem troianischen Sagenkreis auf, den Streit zwischen Odysseus und Achilleus – ganz ähnlich, wie der Dichter der Ilias eine andere Episode, den Zorn des Peleus-Sohnes Achilleus, auswählte, um mit der Schilderung eines Teils den Blick auf das Panorama des Ganzen, des zehnjährigen großen Krieges der Griechen gegen Troia, freizugeben. Das Milieu, in dem die Improvisationskunst professioneller Sänger gedieh, war die Welt adliger Krieger, und dies in einer doppelten Perspektive: Ihr Gegenstand ist in der fernen Zeit der Heroen angesiedelt, als alles, wie es bei Homer gelegentlich heißt, größer und bedeutender war als in der Gegenwart, und zugleich in der Gegenwart derjenigen, die die Vergegenwärtigung ferner Taten und Schicksale im Lied des Sängers vernahmen. Die Brücke aber, die Vergangenheit und Gegenwart verband, war das Ethos adliger Herren, die sich im Kampf und klugen Rat vor allen anderen zu bewähren hatten. Nirgends ist dieses Ethos kürzer und schlagender formuliert worden als in dem Rat, den in der Ilias Väter ihren Söhnen erteilen, wie etwa Hippolochos dem Glaukos und Peleus dem Achilleus mit der Aufforderung: «Immer der Erste zu sein und sich auszuzeichnen vor allen» (Hom. Ilias VI,208 und XI,784. Übersetzung nach J. H. Voß).

Die Sänger blieben nie an einen bestimmten Text gebunden, sie improvisierten, und zu Recht ist deshalb von mündlicher Dichtung, *oral poetry*, gesprochen worden. Insofern bedeutet Niederschrift oder, damals noch nicht möglich, Tonaufnahme des Gesprochenen etwas Unnatürliches. Ein flutender Strom erscheint an einer Stelle gehemmt und zur Erstarrung gebracht. Beide Methoden, Niederschrift und Tonaufnahme, konservieren den an den Augenblick des Sprechens gebundenen Vortrag. Was die Möglichkeit der schriftlichen Fixierung anbelangt, so brachte sie den Fortschritt, dass große Textmassen in durchdachten Kompositionen geformt werden konnten. Das Ergebnis waren die erhaltenen homerischen Epen Ilias und Odyssee sowie die nur in Fragmenten fassbaren Dichtungen des sogenannten homerischen Zyklus. Diese schriftlich fixierten Kompositionen als literarische Kunstwerke zu analysieren ist der klassischen Philologie aufgegeben und braucht hier nicht geleistet zu werden. Anders steht es mit den Vorstufen der erhaltenen Schriftwerke, eben der sogenannten *oral poetry*, und dem Bild, das Ilias und Odyssee von ihrer Umwelt entwerfen. Sie betreffen genuin historische Fragestellungen, und von ihnen soll im Folgenden die Rede sein.

Richtungweisend für das Verständnis der mündlichen, von professionellen Sängern vorgetragenen Heldendichtung waren vor dem Ersten Weltkrieg die Arbeiten des Slawisten Mathias Murko, der auf die Analogie zur damals noch lebendigen südslawischen Epik hinwies. Aber die damalige Homerforschung griff die Anregung nicht auf. Das änderte sich seit den Studien von Milman Parry und seinen Schülern. Bei seinen Feldforschungen in Serbien und Kroatien zwischen 1933 und 1935 nahm er ca. 12 500 Rezitationen südslawischer Sänger auf. Diese Aufnahmen werden als *Milman Parry Collection of Southslavic Texts* an der Harvard University in der Widener Library aufbewahrt. Parry gab den Anstoß zur Erforschung des weltweiten Phänomens mündlicher Dichtung. Dabei ist herausgekommen, dass altrussische Bylinen, serbische und nordische Heldenlieder, Gesänge aus Sumatra und homerische Epen bei allen Unterschieden grundlegende Gemeinsamkeiten teilen. Im Mittelpunkt steht immer ein durch Mut und physische Kraft ausgezeichneter Held, dessen Handeln von den Forderungen der Ehre bestimmt wird. Ihren Nährboden findet diese Dichtung in einer kriegerischen Oberschicht, deren Lebensinhalt der Kampf und die Freuden der Jagd und der Tafel sind. Den Hintergrund aller Erzählungen bildet ein heroisches Zeitalter, in dem alle Erscheinungen größer und bedeutender waren als diejenigen in der jeweiligen Gegenwart. Ausgezeichnet sind alle Gesänge durch eine naive Freude an einer breiten Schilderung der Realien, wie sie sich beispielsweise in genauer Beschreibung von Waffen, Schiffen, Wagen und Kleidung niederschlägt. Immer erhebt diese Dichtung den Anspruch, Wahres zu berichten, und begründet diesen Anspruch mit der Ehrwürdigkeit einer uralten Überlieferung beziehungsweise mit göttlicher Inspiration des vortragenden Sängers. Der Form nach handelt es sich um eine Verserzählung mit Wechsel von Handlung und Rede. Ein besonders einprägsames Merkmal ist die Wiederkehr bestimmter Elemente, die als Stützen bei der Verfertigung der mündlichen Komposition dienen: vorgeprägte Formeln und stehende Beiworte auf der sprachlichen und typische Szenen auf der inhaltlichen Ebene: Rüstung, Ausfahrt, Kampf, Gastmahl, Hochzeit und Leichenfeier.

Homers Ilias bezieht sich auf einen Krieg, den die Griechen gemeinsam gegen die am Meer gelegene Stadt Troia unternahmen. Damit ist die Frage nach dem historischen Hintergrund und der Identifizierung der betreffenden Stadt aufgeworfen. Die Griechen waren sich einig, dass das im Krieg zerstörte Troia sich dort erhob, wo später die Stadt Ilion lag, die den Zugang zu den Dardanellen kontrollierte. Troia/Ilion hat eine lange Siedlungsgeschichte, die an der Abfolge der verschiedenen Besiedlungsschichten des gewaltigen Hügels von Hisarlık ablesbar ist. Seit 1870 hat Heinrich Schliemann, der nach dem Vorbild anderer hier das Troia Homers vermutete, mit der Erforschung des Hügels von Hisarlık begonnen und dies seit 1882 mit Hilfe des Architekten Wilhelm Dörpfeld fortgesetzt. Zwischen 1932 und 1938 untersuchte der amerikanische Archäologe Carl Blegen die Ausgrabungsstätte erneut, und nach 1988 hat der im Jahre 2005 verstorbene Archäologe Manfred Korfmann das Umfeld des Hügels mit einem erweiterten Ausgrabungsprogramm erforscht. Vor den Untersuchungen Carl Blegens war man sich fast einig geworden, dass die Siedlung der sechsten Schicht (Troia VI, von unten gerechnet), die um 1300 v. Chr. zerstört worden war, das Troia Homers sei, das durch eine gemeinsame Unternehmung festländischer mykenischer Herrscher seinen Untergang gefunden habe. Aber Blegen gelang der Nachweis, dass Troia VI nicht durch Feindeshand untergegangen war, sondern durch ein starkes Erdbeben. Seitdem wird die Nachfolgesiedlung VIIa, die um 1200 zerstört worden war – die chronologische Berechnung der Antike setzte das Datum der Zerstörung Troias in das Jahr 1184 v. Chr. –, für das homerische Troia gehalten. Aber mit dieser Annahme sind neue Schwierigkeiten verbunden: In der Zeit um 1200 wurde nicht nur Troia zerstört, sondern auch die mykenischen Paläste in Griechenland. Dass deren Herren einen gemeinsamen Feldzug gegen Troia geführt hätten, ist also mehr als unwahrscheinlich.

Eher kommt als Urheber des gesamten Zerstörungshorizonts, der von Griechenland bis nach Kleinasien reicht, die historisch belegte Invasion der sogenannten Seevölker in Frage, wie immer sich das alles im Einzelnen abgespielt haben mag. Trotzdem war Manfred Korfmann schließlich davon überzeugt, dass Troia VIIa das homerische, von den Griechen zerstörte Troia sei. Das Ergebnis geomagnetischer Untersuchungen des Umfelds wertete er als Hinweis auf die Existenz einer großen Unterstadt, die sich am Fuß der auf dem Hügel von Hisarlık gelegenen Akropolis ausgedehnt habe, und er zeigte sich überzeugt, dass diese große Stadt mit der in hethitischen Quellen erwähnten Metropole Wilusa identisch sei, also Wilion gleichzusetzen sei mit Ilion/Troia. Diese Deutung ist auf heftigen Widerspruch gestoßen, und die gelehrte Welt hat sich in der Auseinandersetzung mit den Thesen Korfmanns in einen neuen Troianischen Krieg gestürzt, den nachzuzeichnen hier nicht der Ort ist. Überraschungen sind offenbar jederzeit noch möglich. Jüngst verlegte Raoul Schrott Ort und Geschehen des Troianischen Krieges nach Kilikien im südöstlichen Kleinasien und ernannte den Dichter der Ilias zu einem assyrischen Schreiber. Gegenüber solchen phantasiereichen Erfindungen ist immerhin festzuhalten, dass wenigstens der reale Ort, an dem die Ilias den sogenannten Troianischen Krieg stattfinden lässt, von Schliemann und seinen Nachfolgern richtig bestimmt worden ist.

Was die Darstellung des Kriegsgeschehens in der Ilias anbelangt, ist es unmöglich zu sagen, welcher historische Kern dem Heldenepos zugrunde liegt. Immerhin ist sicher, dass der reale Kontext der beschriebenen Ereignisse in die Zeit der mykenischen Herrscher der Späten Bronzezeit verweist. So mag es denkbar sein, dass ein Kriegszug mykenischer Griechen nach Troia, das die Einfahrt zu den Dardanellen beherrschte, der Ansatzpunkt der Heldensage war, aber wir können anders als in vergleichbaren Fällen wegen des völligen Fehlens einer über die Ilias hinausreichenden schriftlich fixierten Überlieferung den vermuteten historischen Kern nicht fassen. Wo eine solche Überlieferung vorliegt, ist es meist nicht schwer, das historische Ereignis zu bestimmen, auf das die Heldensage zurückgeht. Beispielsweise ist der historische Kern der Nibelungensage die Niederlage, die die Burgunder in den Jahren 435–437 n. Chr. gegen den römischen Heermeister Aetius und dessen hunnische Verbündete erlitten, liegt dem Rolandslied die Vernichtung der Heeresnachhut Karls des Großen durch die Basken im Pyrenäenpass von Roncesvalles (franz. Roncevaux) im Jahre 778 zugrunde und den serbischen

Heldenliedern die Schlacht auf dem Amselfeld zwischen Serben und Osmanen am 15. Juni 1389 des Julianischen Kalenders. Für die Siegfriedsage ist immerhin wahrscheinlich, dass sie auf Ereignisse der Merowingerzeit im sechsten Jahrhundert zurückgeht. In allen Fällen ist zwischen historischer Grundlage und dichterischer Ausgestaltung zu unterscheiden. Nichts wäre törichter, als die Heldenlieder wie Feldzugsberichte zu lesen. Dies gilt auch für die Ilias, wie immer es um den historischen Kern bestellt sein mag, von dem die dichterische Erfindung ihren Ausgang nahm.

Jedenfalls hatte die mündliche Improvisationskunst der Sänger eine lange, bis in die mykenische Zeit zurückreichende Geschichte. Das hatte zur Folge, dass sich noch in der schriftlich fixierten Fassung, die auf uns gekommen ist, kulturelle Schichten aus der Bronzezeit wie frühe Jahresringe an alten Bäumen erhalten haben. Beispielsweise fahren die Helden der Ilias auf Streitwagen zum Kampf, tragen aber keinen Wagenkampf aus, sondern steigen ab – so, als seien die Streitwagen Transportmittel gewesen – und treten zu Fuß Mann gegen Mann gegeneinander an. In die Bronzezeit gehören auch andere Objekte wie das Schwert mit silbernen Nieten (Hom. Ilias II,45), der Helm mit den Eberstoßzähnen (Hom. Ilias X,261–265) oder der Turmschild des Aias (Hom. Ilias VII,219; XI,485; XVII,128). Dies sind Überbleibsel, die zu der Zeit, als die Ilias niedergeschrieben wurde, Requisiten aus einer vergangenen Epoche waren. Das Neue und das Alte mag sich auch im Nebeneinander verschiedener Kampfweisen in der Ilias vermischt haben, Wagenkampf, Einzelkampf zu Fuß und Massenkampf in taktischer Ordnung. Hier schaltet der Dichter, den Bedürfnissen seiner Darstellung folgend, frei mit Elementen der dichterischen Überlieferung, deren Erbe er ist. Im Großen und Ganzen aber überwiegt bei der Beschreibung von Gegenständen und Lebensverhältnissen der enge Bezug zur Erfahrungswelt des achten und frühen siebten Jahrhunderts. Dies gilt insbesondere für die Odyssee, das jüngere der beiden Epen, das nicht wie die Ilias von einem Krieg aus einer fiktiven fernen Zeit erzählt, sondern von den Abenteuern, die ein Spätheimkehrer auf seinen Irrfahrten erlebt hatte, und der Rache des Heimgekehrten an denen, die während seiner Abwesenheit seine Frau und seinen Sohn bedrängt hatten. Selbst die Anfänge der griechischen Kolonisation im späten achten und frühen siebten Jahrhundert und die Präsenz der Phoiniker im Mittelmeer sind in der Odyssee gegenwärtig.

Aber Ilias und Odyssee handeln nicht nur von den Lebensverhältnissen adliger Helden, ihren Kriegstaten und Abenteuern, sondern geben auch Einblick in die Vorstellung, die sich die griechische Welt von den Göttern machte, und in die Rolle der Religion für das menschliche Leben. Nicht ohne Grund ist sinngemäß gesagt worden, dass Homer und Hesiod den Griechen die Götter gegeben hätten. Grundlage der Gottesvorstellung war: Beide, Götter und Menschen, ähneln einander und sind doch voneinander durch eine tiefe, unüberwindbare Kluft geschieden. Menschen sind sterblich, Götter unsterblich und, wie es ein hellenistischer Gelehrter, Apollodor von Athen, ausgedrückt hat, sie sind mächtiger als wir Sterblichen. Die Götter haben menschliche Gestalt, sie verkehren mit Menschen, nicht zuletzt auch sexuell, sie haben Kinder mit ihnen und sind diesen unehelichen Kindern in mütterlicher beziehungsweise väterlicher Liebe und Fürsorge verbunden. Von Göttern und Menschen handelt der vielgestaltige Erzählstoff des Mythos. Wenn in den Epen Götter oder Göttinnen zugunsten von Menschen in das Geschehen eingreifen, handelt es sich in aller Regel um ihre Kinder, die sie mit Menschen zeugten. Sie können sie aus akuter Lebensgefahr retten, aber das über alle Menschen verhängte Los, sterben zu müssen, können sie nicht von ihnen abwenden. An der Spitze der Familie der Götter steht Vater Zeus, der Herrscher des Himmels und der Himmelserscheinungen Blitz, Donner und Wetter. Die übrigen Götter sind seiner väterlichen Gewalt unterstellt, haben aber einen eigenen Zuständigkeitsbereich und ihren eigenen Willen, so dass es im Konfliktfall eines väterlichen Machtworts bedarf, damit sie sich dem *pater familias* unterwerfen. Verheiratet ist Zeus mit Hera, der Göttin, die die rechtmäßige Ehe und die Familie schützt. In der Darstellung

Trinkschale des Exekias, um 540 v. Chr.

Dionysos, der Gottes des Weins und der Ekstase, befährt das Meer. Dem Bild liegt der Mythos von der Rettung des Gottes vor etruskischen Seeräubern zugrunde. Diese versuchten, den Jüngling zu entführen, als er am Strand erscheint; doch die Fesseln fallen von ihm ab, Reben umwinden Mast und Segel, Efeu schlingt sich um den Mast; die Seeräuber stürzen sich ins Meer und werden in Delphine verwandelt.

München, Staatliche Antikensammlungen und Glyptothek

der homerischen Epen ist ihr Verhältnis zu ihrem Mann, dem Vater vieler unehelicher Kinder, keineswegs ungetrübt. Sie misstraut den heimlichen Entschlüssen ihres Ehemanns. Als sich dieser im ersten Buch der Ilias von der Göttin Thetis bereden lässt, zur Wiederherstellung der Ehre des Achilleus, ihres Sohnes, die Troer im Kampf gegen die Griechen zu begünstigen, wirft sie ihm seine Neigung zu heimlichen Entscheidungen vor und handelt sich damit von Seiten des Zeus die Androhung von Gewalt ein. Hephaistos, ihrem Sohn, bleibt es vorbehalten, sich vermittelnd ins Zeug zu legen und das Schlimmste zu verhüten. Es geht also auch menschlich, ja, allzu menschlich zu im Hause der Götter auf dem Olymp. Hephaistos rät der Mutter, nachzugeben – und verwendet dabei nicht ohne die Würze homerischen Humors eigenes Erleben mit dem gewalttätigen Göttervater als warnendes Beispiel:

> «Dulde, Mutter, und gib ihm nach, wie sehr es auch schmerzet,
> Dass ich nicht, du Geliebte, mit eigenen Augen es sehe,
> Wie er dich schlägt; sonst könnte ich nicht, soviel ich auch zürnte,
> Helfen; denn schwierig ist's, dem Olympier feindlich zu trotzen.
> Denn ein andermal schon, als ich ihm zu wehren begehrte,
> Schwang er mich hoch, an der Ferse gefasst, von der heiligen Schwelle,
> Und ich flog einen ganzen Tag; mit der sinkenden Sonne
> Fiel ich in Lemnos hinab und atmete kaum noch Leben.»
> (Hom. Ilias I,586–593. Übersetzung nach J. H. Voß)

Wenn schon ein Gott dem Vater der Götter nicht trotzen konnte, so war ein Sterblicher erst recht nicht dazu in der Lage. Menschen erfuhren in allen Lebensverhältnissen ihre Abhängigkeit von einer höheren Macht. Trockenheit oder Überflutung konnte dem Bauern die Ernte vernichten, eine Seuche ganze Viehherden auslöschen, fallen konnten im Krieg gerade die Stärksten und Tapfersten, scheinbar Gesunde erlitten einen unerwarteten natürlichen Tod, und ein Seesturm konnte den Händler Schiff, Ladung und Leben kosten. Menschen erfuhren überall und zu allen Zeiten, dass sie für den Erfolg ihres Handelns nicht zu bürgen vermochten, auch wenn die Planung noch so sorgfältig gewesen war. Immer blieb ein Rest des Unberechenbaren. Diese schlechthinnige Abhängigkeit von einer höheren Macht ist, wie es von Seiten der Theologie ausgedrückt worden ist, der Urgrund aller Religion und so auch der griechischen. Diese höhere Macht repräsentieren die Götter; Unheil, das Menschen erleiden, ist Zeichen eines gestörten Gottesfriedens, und deshalb ist es dem Menschen aufgegeben, den Zorn des Gottes abzuwenden und alles zu tun, damit er einen gnädigen Gott erhalte.

Aus der Unmasse der Zeugnisse sei aus dem ersten Buch der Ilias zitiert. Der Dichter erzählt dort, wie Apollon auf Bitten seines Priesters die ihm von Agamemnon, dem Heerführer der Griechen, angetane Schmach, die verweigerte Rückgabe der Tochter, zu rächen, das griechische Heerlager mit einer tödlichen Seuche heimsucht:

«Also rief er betend; ihn hörte Phoibos Apollon;
Schnell von den Höh'n des Olympos enteilte er, zürnenden Herzens,
Über der Schulter den Bogen und ringsverschlossenen Köcher.
Hell umklirrten die Pfeile dem zürnenden Gotte die Schultern,
Wie er selbst sich bewegte, der düsteren Nacht zu vergleichen.
Fern von den Schiffen setzt' er sich nun und schnellte den Pfeil ab,
und ein schrecklicher Klang entscholl dem silbernen Bogen.
Maultiere nur erlegt' er zuerst und hurtige Hunde,
Dann aber gegen sie selbst die bitteren Pfeile gerichtet,
Traf er, und rastlos brannten die Totenfeuer in Menge.»
(Hom. Ilias I,43–52. Übersetzung nach J. H. Voß)

Den Grund des göttlichen Zorns enthüllte ein Seher, und sofort gingen die Griechen daran, den Gott zu versöhnen. Agamemnon gab dem Priester des Apollon die gefangene Tochter wieder, deren Rückgabe er vorher verweigert hatte. Odysseus geleitete sie wieder zu ihrem Vater. Der betete zu Apollon und vollzog das blutige

Schlachtopfer zu Ehren des Gottes, um ihn zu bewegen, von dem über die Griechen verhängten Strafgericht abzulassen:

> «Also rief er betend; ihn hörte Phoibos Apollon.
> Und nachdem sie gefleht und heilige Gerste geschüttet,
> beugten zuerst sie die Nacken und schlachteten, zogen das Fell ab,
> schnitten die Lenden heraus, umhüllten sie dann mit des Fettes
> Doppelter Schicht und legten darauf noch Stücke der Glieder.
> Das verbrannte der Greis auf Scheiten und sprengte darüber
> Funkelnden Wein, und Jünglinge neben ihm hielten die Gabeln.
> Als sie Lenden verbrannt und von den Innereien gekostet,
> Schnitten sie auch das Übrige klein und steckten's an Spieße,
> Brieten es vorsichtig dann und zogen alles herunter.
> Aber nachdem sie das Werk dann vollbracht und das Mahl sich gerüstet,
> Schmausten sie; jeder labte das Herz am gebührenden Mahle.»
> (Hom. Ilias I,458–468. Übersetzung nach J. H. Voß)

Auf das blutige Opfer des Tieres, das teils dem Gott geweiht und teils von der Gemeinde der Opfernden verzehrt wurde, folgten, eingeleitet durch das unblutige Opfer der Weinspende, ein Gelage und die Ehrung des Gottes mit Spiel und Gesang, um ihn zu versöhnen. «Der hörte», so heißt es, «sie freudigen Herzens.» Dies ist das Ritual der griechischen Opferreligion. Sein Ursprung lag in vorhomerischer Zeit. Wie die bildliche Darstellung eines blutigen und eines unblutigen Opfers auf dem bemalten kretischen Sarkophag von Hagia Triada zeigt, wurde das Ritual um die Mitte des zweiten Jahrtausends im Prinzip genauso vollzogen, wie Homer es im achten Jahrhundert als lebendigen Brauch beschreibt und wie es bis zum Ende des Heidentums ausgeübt wurde.

Dem historischen Ursprung des Opfermahls hat der kürzlich verstorbene klassische Philologe Walter Burkert eine meisterliche Studie gewidmet. Die Wurzeln liegen in vorneolithischer Zeit, als Jäger Tiere töten mussten, um zu überleben. Mit der Tötung von Tieren entstand die Furcht um den Bestand der Art, und als Sühne wurde das erlegte Tier durch Zusammensetzung des Knochengerüsts und Ausspannen der Haut in seiner äußeren Gestalt, so gut es gehen mochte, rekonstruiert. Diesem Brauch lag die Erwartung einer Neubelebung durch eine lebensspendende höhere Macht zugrunde. Mit dem Übergang von der Nahrungsaneignung durch Jagen und Sammeln zur Nahrungsproduktion durch Ackerbau und Haustierhaltung kam es zu einer Anpassung des alten Brauchs an die geänderten Lebensverhältnisse. Nun wurden Haustiere zum Verzehr geschlachtet und gegessen. Für die Tötung, einen Akt des Grauens, wurde Buße geleistet, indem einem Gott Anteil an dem Mahl gegeben und ihm mit Spiel und Gesang Ehre erwiesen wurde. Von daher war es nur ein kleiner Schritt, mit den Göttern durch Anteilgabe, sei es am Schlachtopfer, an der Ernte oder an einem wie immer gearteten Gewinn, in Kommunikation zu treten und sie günstig für die im Gebet vorgetragenen Anliegen zu stimmen. Was ihre Funktion betrifft, so entspringen das Opfer und das Weihgeschenk sowie das Gebet und der Lobpreis dem menschlichen Interesse, die Macht, die stärker ist als der mächtigste unter den Sterblichen, für sich einzunehmen.

Die Götter sind nicht nur stärker als Menschen, sie sind auch allwissend, und sie können in das Dunkel der Zukunft sehen. Dieser Blick ist Sterblichen verschlossen. Dem Handelnden bietet sich die Zukunft in Gestalt offener Möglichkeiten dar, aber er weiß nicht, welche dieser Möglichkeiten Wirklichkeit wird. Doch können Menschen, so wurde geglaubt, mit Göttern kommunizieren, um zu erfahren, auf welche Weise ein bedrohliches Geschehen abgewendet werden kann oder ob geplantes Handeln gottgebilligt ist und also von Erfolg gekrönt sein wird. Dazu bedarf es freilich der Vermittlung der Sachverständigen, die sich auf die Kommunikation mit der Gottheit verstehen. Um ein Beispiel zu geben: Im ersten Buch der Ilias sind sich die von der oben genannten Seuche betroffenen Griechen zwar klar darüber, dass die Plage von Apollon geschickt ist, kennen aber die Ursache seines Grolls nicht. Also rät Achilleus der Versammlung des Heeres, einen Sachverständigen hinzuzuziehen:

Bemalter Porossarkophag aus Hagia Triada/Kreta
aus dem 15. Jahrhundert v. Chr.

Darstellung eines blutigen und eines unblutigen Opferrituals. Die Priesterin im rituellen Fellkleid ist auf beiden Abbildungen im Begriff, das Opfer zwischen aufgerichteten Doppeläxten zu vollziehen. Die Vögel symbolisieren die Anwesenheit der Gottheit bei der Opferhandlung.

Heraklion, Archäologisches Museum

«Auf denn! Fragen wir einen Seher oder Opferpriester
Oder den Traumverkünder – von Zeus auch kommen die Träume –,
Der uns melde, warum sich also erzürnte Apollon:
Ob versäumte Gelübde und Sühnehekatomben ihn kränken,
Wenn er vielleicht der Lämmer Gedüft und erlesener Ziegen
Erst zum Opfer begehrt, bevor er uns hilft vom Verderben.»
(Hom. Ilias I,62–67. Übersetzung nach J. H. Voß)

Als Helfer in der Not bot sich der berühmte Seher Kalchas an. Von ihm heißt es im Folgenden:

«Also sprach er und setzte sich, unter den Männern erhob sich
Kalchas, der Thestoride, der weiseste Vogeldeuter,
Der erkannte, was ist, was sein wird oder zuvor war,
Der gen Ilion auch der Danaer Schiffe geleitet
Kraft seiner Wahrsagekunst, der Gabe Phoibos Apollons.»
(Hom. Ilias I,68–72. Übersetzung nach J. H. Voß)

Apollon also hatte dem Seher Anteil an der göttlichen Fähigkeit verliehen, alles zu wissen, «was ist, was sein wird oder zuvor war», und entsprechend begehrt waren seine Auskünfte – und nicht nur die seinen. Es gab sogar eine Institution, an die man sich wenden konnte, um zu erfahren, ob menschliche Entschlüsse und menschliches Planen zum Ziel führen würden. Dies waren die Orakel an den Heiligtümern der Götter. Sie waren über ganz Griechenland verteilt, aber das berühmteste war das des Apollon in Delphi. Orakel wurden meist von Privatleuten in persönlichen Angelegenheiten befragt. Aber als beispielsweise die Spartaner im siebten Jahrhundert die Gliederung der Bürgerschaft und das Zusammenspiel von Königtum, Rat und Volksversammlung reformieren wollten, erbaten und erhielten sie in Delphi die Zustimmung des Gottes. Trifft die Überlieferung zu, wurden bei den ins Ungewisse gehenden Auswanderungsunternehmungen der Kolonisationszeit verhältnismäßig oft Orakel eingeholt. Und als im sechsten Jahrhundert der lydische König Kroisos in Delphi wissen wollte, ob der beabsichtigte Zug gegen den Perserkönig Kyros II. von Erfolg gekrönt sein werde, erhielt er die berühmte Antwort: «Wenn Du den (Grenzfluss) Halys überschreitest, wirst du ein großes Reich zerstören.» Ohne zu zögern, griff Kroisos an. Als er eine Niederlage erlitt und sich über den Trug des Gottes beschwerte, wurde ihm seine Leichtfertigkeit vorgehalten: Der Gott hatte ja nicht gesagt, welches Reich Kroisos beim Überschreiten des Halys zerstören werde. Trotz alledem: Es blieb der elementare Wunsch, mit Hilfe der Götter, der Allwissenden, die Zukunft zu erhellen.

Zurück zur Geselligkeit des Adels: In der Beschreibung des Gastmahls, das der König der Phaiaken zu Ehren des Odysseus gibt, werden nicht nur, wie oben gezeigt wurde, der Rang und die Funktion, die der improvisierende Sänger in der adligen Gesellschaft besaß, sondern auch die Rolle des sportlichen Kräftemessens geschildert und damit Hauptaspekte adligen Lebens. Der Wettkampf krönte festliche Zusammenkünfte, mochte er an einem Adels- oder Königshof oder zu Ehren einer Gottheit an einem der großen Heiligtümer stattfinden. Ein solches Kräftemessen schloss sich in der Odyssee an das von Gesang begleitete adlige Gastmahl bei den Phaiaken an:

> «Und der König begann vor den Phaiaken, die Ruder so lieben:
> Hört mich an, der Phaiaken Führer und Berater!
> Schon hat unsere Herzen all das gemeinsame Gastmahl
> Und die Harfe gelabt, des festlichen Mahles Gespielin;
> Lasst uns denn jetzt aufstehen und alle Kämpfe beginnen,
> Dass der Fremdling davon bei seinen Freunden erzähle,
> Wann er nach Hause kommt, wie wir vor allen geübt sind
> In dem Kampfe der Faust, im Ringen, im Sprung und im Wettlauf.»
> (Hom. Od. VIII,96–103. Übersetzung nach J. H.Voß)

Mittelkorinthisch-schwarzfiguriger Kolonettenkrater des Kavalkade-Malers, 600–590 v. Chr.: König Eurytos bewirtet Herakles.

Früheste Darstellung eines Symposions, bei dem die Teilnehmer liegen statt sitzen, entsprechend einer kurz vorher übernommenen orientalischen Sitte. Dargestellt sind Herakles, König Eurytos, seine Söhne und stehend seine Tochter Iole, die der König Herakles zur Frau gab, weil dieser ihn und seine Söhne im Bogenschießen übertroffen hatte.

Paris, Musée du Louvre

Beim Wettkampf ging es um die Ehre der Sieger. Sie empfingen den ausgesetzten Preis, und ihr Ruhm verbreitete sich weithin in der griechischen Welt. Doch Wettkämpfe wurden nicht nur bei privaten Zusammenkünften, sondern zusammen mit Opferritualen auch zu Ehren Verstorbener und zur Ehrung der Götter ausgetragen. Was die Totenehrung anbelangt, so ist die Beschreibung der Bestattungszeremonie für Achilleus' Freund Patroklos im dreiundzwanzigsten Buch der Ilias das beste Beispiel. Ausführlich werden die für die Sieger vorgesehenen Preise vorgestellt: dreifüßige Kessel und Becken,

Relief mit ballspielenden jungen Männern, 510–500 v. Chr.

Unbekleidet Sport zu betreiben war eine griechische Sitte, die der Schaustellung von Jugend, trainiertem Körper und männlicher Schönheit diente. Voraussetzung war, dass die Ausübenden von Erwerbsarbeit freigestellt waren, also der Oberschicht angehörten.

Athen, Archäologisches Nationalmuseum

Pferde und Maultiere, Stiere, schöngegürtete Frauen und Eisenbarren. Dann folgt der Wettkampf. An erster Stelle wird die vornehmste Disziplin, das Wagenrennen, ausgetragen und ausführlich beschrieben, dann folgen Faust- und Ringkampf, Wettlauf, Zweikampf mit Waffen, Diskuswerfen, Bogenschießen und Speerwerfen. Auch musische Agone der Sänger hat es bei Totenfeiern gegeben. Hesiod war von Aulis zur See nach Chalkis auf Euboia gefahren und hatte teilgenommen an den Spielen, die die Söhne für den im Kampf gegen Eretria gefallenen Adligen Amphidamas ausrichteten. Er selbst hat davon erzählt:

«Dorthin zu den Spielen des weisen Amphidamas bin ich
Einst nach Chalkis gefahren; viel herrliche Preise zur Auswahl
Hatten die edlen Söhne gestiftet, und da nun, so sag' ich,
Siegte ich im Gesang und errang gehenkelten Dreifuß.
Den aber weihte ich dann den Helikonischen Musen
Dort wo mich jene zuerst mit hellem Gesange begabten.»
(Hes. erg. 654–659. Übersetzung nach Th. von Scheffer)

Bauchamphora des Andokides-Malers, 525-515 v. Chr.:
Ringkampf in der Palaistra unter Aufsicht eines Trainers

Berlin, Staatliche Museen zu Berlin, Antikensammlung

Der Sänger behielt also den gewonnenen Dreifuß nicht, sondern stiftete ihn in das Heiligtum der Musen auf dem Helikon in Boiotien als Dank dafür, dass diese ihn die Kunst gelehrt hatten, mit der er die Ehre des Sieges errungen hatte. Auch anderenorts galt der Dank des Siegers den Göttern. Ja, der dorische Sechsstädtebund in Kleinasien, der die Spiele zu Ehren des Apollon Triopios ausrichtete, schloss Halikarnassos, eine der Städte des Bundes, von der künftigen Teilnahme aus, weil ein Sieger aus dieser Stadt gegen die Vorschrift verstoßen hatte, den im Wettkampf gewonnenen Preis, einen ehernen Dreifuß, Apollon zu weihen (Hdt. I,144). Er hatte ihn mitgenommen und bei sich zu Hause aufgehängt.

Der Ehre der Götter galten ebenso die überlokalen Wettkämpfe, die an den großen panhellenischen Festen ausgetragen wurden: zu Ehren des Zeus in Olympia, des Apollon in Delphi, des Poseidon am

Panathenäische Preisamphora des Kleophrades-Malers, 490-480 v. Chr.: Viergespann mit Wagenlenker

Seit Homers Zeiten galt das Wagenrennen mit Viergespannen als der vornehmste sportliche Wettkampf. Bei den Olympischen Spielen wurden nicht die Wagenlenker, sondern die Rennstallbesitzer, die je nach Vermögen mehrere Gespanne ins Rennen schickten, zu Siegern ausgerufen.

Malibu, J. Paul Getty Museum

Basisrelief mit Apobatenrennen, spätes 5. Jahrhundert

Beim Apobatenrennen – deutsch: Abspringerrennen – musste ein bewaffneter Athlet vom fahrenden Wagen abspringen, eine Strecke neben dem fahrenden Wagen herlaufen und wieder aufspringen. Die Sportart, deren Ausübung akrobatische Fähigkeiten voraussetzt, geht auf eine Kampfbeschreibung bei Homer zurück und wurde zu einer beliebten Sportart, vor allem bei den Panathenäen in Athen.

Athen, Akropolis-Museum

Isthmus von Korinth und des Zeus in Nemea im Grenzgebiet zwischen Korinth und Sikyon. Dies waren die Feste, bei denen sich der Adel aus allen Teilen Griechenlands zum Feiern und Kräftemessen traf. Der Aufwand, der bei diesen Treffen betrieben wurde, entsprach dem gesellschaftlichen Rang der Teilnehmer. Dazu stimmt, dass das Wagenrennen, der teuerste Wettkampf, sich eines herausgehobenen Ansehens erfreute. Wir besitzen beispielsweise aus späterer Zeit eine Beschreibung der Pracht, mit der Alkibiades, Angehöriger einer athenischen Adelsfamilie, die ihren Ursprung auf den homerischen Sagenhelden Aias zurückführte, seinen dreifachen Sieg im

Wagenrennen bei den Olympischen Spielen des Jahres 416 v. Chr. inszenierte. Diese aus nachhomerischer Zeit stammende Beschreibung eines Ausnahmesiegs ist auf einen hymnischen Ton gestimmt, und daraus lässt sich eine authentische Vorstellung von dem Ruhm gewinnen, der den Sieg im Wagenrennen zu allen Zeiten umgab. Es heißt in Plutarchs Alkibiadesbiographie:

> «Sein Rennstall wurde weitberühmt auch durch die Menge der Gespanne, die er hielt. Sieben ließ kein anderer, weder Privatmann noch auch König, in Olympia laufen, sondern nur er, und dass er den ersten, den zweiten und den vierten, wie (der Historiker) Thukydides, oder den dritten Preis errang, wie (der Dichter) Euripides sagt, das stellt an Glanz und Ruhm alles in den Schatten, was andere erstrebt und erreicht haben ...»
> (Plut. Alcib. 11,1 f. Übersetzung nach K. Ziegler)

Zur Verbreitung des Ruhmes gehörte das Siegeslied eines angesehenen Sängers; in dem geschilderten Fall nahm der größte Dichter der Zeit, der Tragiker Euripides, diese Aufgabe wahr:

> «Dich preis' ich hoch, Sohn des Kleinias,
> Schön ist der Sieg, schöner noch,
> Was kein andrer der Griechen errang:
> Erster zu sein im Wagenrennen und zweiter und dritter,
> Mühelos zu schreiten, mit doppeltem Ölzweig bekränzt,
> Während der Herold mit schallendem Ruf den Sieg verkündet.»
> (Plut. Alcib. 11,3. Übersetzung nach K. Ziegler)

Am besten sind uns die Siegeslieder der spätarchaischen Zeit durch die Gedichte des aus Boiotien stammenden Dichters Pindar (ca. 522/18–445 v. Chr.) bekannt, der gegen Bezahlung zum Ruhme der adligen Sieger an den panhellenischen Festen Texte, Musik und Regieanweisungen verfasste. Die Lieder erschöpfen sich nicht im Lob der Sieger, sondern sind getragen von religiös-moralischen

Reflexionen über das Verhältnis von Göttern und Menschen. «Gott erreicht ein jegliches Ziel nach seinen Wünschen», heißt es einmal, aber Menschen vermögen trotz Herkunft aus Geschlechtern von angeborenem, unzerstörbarem Wert für den Erfolg ihres Tuns keine Gewähr zu leisten. In dieser Überlegung über das Verhältnis von Gott und Mensch gibt das Siegeslied davon Zeugnis, dass die sportlichen Wettkämpfe zu Ehren des höchsten Gottes in Olympia von einer anderen Sinngebung als die wiederbelebten Olympischen Spiele der Neuzeit erfüllt waren. Zu Beginn des Siegesliedes auf Alkimidas von Aigina, der aus einer adligen Familie stammte und nach langer Unterbrechung mit seinem Sieg bei den Nemeen an die Tradition seines Geschlechts wieder anknüpfte, heißt es:

«Ein und dieselbe ist der Menschen und Götter Herkunft,
von einer selben Mutter her
Atmen wir, beiderlei Arten, aber getrennt durch völlig verschiedenes Vermögen; denn dies hier ist ein Nichts, aber der ewige Himmel hat ewigen Bestand
Als unerschütterte Wohnstätte. Und dennoch kommen wir in manchem nahe an großer
Gesinnung oder Natur den Unsterblichen,
Obwohl wir nicht wissen, wo, je nachdem, was der Tag bringt oder die Nächte,
Uns das Schicksal
Das Ziel gesteckt hat, zu dem wir laufen.

Dessen ein Zeugnis ist jetzt wieder Alkimidas, an dem sich zeigt, wie das angeborene Wesen
Fruchttragenden Feldern gleicht, welche im Wechsel
Das eine Mal Lebensnahrung in Fülle den Menschen aus dem Boden Schenken,
Und das andere Mal aussetzend ihre Kraft still legen.»
(Pind. Nem. VI,1–12. Übersetzung nach H. Fränkel)

Ruhm und Ehre waren die höchsten Werte des Adels. Von beleidigter Ehre nahm der Zorn des Achilleus, dessen Kriegsbeute Briseis König Agamemnon für sich forderte, seinen Anfang und damit die Geschichte, die Gegenstand des gewaltigen Epos der Ilias ist. Beleidigte Ehre ist überhaupt der Grund des gemeinsamen Rachefeldzugs aller Griechen gegen Troia. Der troianische Königssohn Paris hatte als Gast des Menelaos, des Herrschers von Sparta, dessen Ehefrau, die schöne Helena, entführt und damit dem Gastgeber eine schlimme Schmach angetan. Die griechischen Könige und Adligen handelten im Epos aus Solidarität mit Standesgenossen, nicht aus ökonomischem oder politischem Interesse, als sie sich zur Wiederherstellung der Ehre eines der Ihren zu einer großangelegten Aktion gegen Troia zusammenfanden. Das ist später nicht mehr verstanden worden, und doch entspricht diese Motivierung der überregionalen Solidarität innerhalb der gesamtgriechischen Adelsgesellschaft.

Diese Solidarität beruhte auf der Zugehörigkeit zum Kreis adliger Herren, der sogenannten *Eupatriden*, das heißt der Männer von edler Abkunft. Sie galten als Söhne von Göttern oder Göttinnen und besaßen so das Charisma, das ihren Vorrang in ihren Heimatgemeinden begründete. Sie waren ausgezeichnet durch Reichtum und Grundbesitz, und sie waren in einem Netzwerk von Beziehungen mit auswärtigen Standesgenossen verankert. Derartige Beziehungen beruhten auf Verschwägerung und Gastfreundschaft sowie auf der Gemeinsamkeit der Mentalität und der Werte. Diese besagten, dass der Verwandte dem Verwandten und der Freund dem Freunde seinen Beistand leistete, wann immer dieser benötigt wurde. So war es nicht nur in der Heldensage, sondern auch im wirklichen Leben, beispielsweise im sogenannten Lelantischen Krieg, der um das Jahr 700 v. Chr. auf Euboia zwischen den adligen Herren von Chalkis und Eretria um den Besitz der zwischen beiden Gemeinden strittigen Lelantischen Ebene ausgetragen wurde. Die «speerberühmten Herren Euboias», so erfahren wir von dem Dichter Archilochos (geboren ca. 680 v. Chr.), vereinbarten einen ritterlichen Kampf, sie verbannten Bogen und Schleuder und legten fest, dass der Kampf mit Schwert und Speer ausgetragen werden sollte. Unterstützung fanden beide Seiten bei befreundeten Adligen aus anderen Städten. Im fünften Jahrhundert hat der Historiker Thukydides den mit Hilfe der Freunde ausgetragenen Krieg so verstanden, als habe sich ganz Griechenland in Verbündete der einen oder der anderen Partei geteilt – ganz so, wie es zu seiner Zeit in dem sogenannten Peloponnesischen Krieg zwischen Athen und Sparta (431–404 v. Chr.) der Fall war. Dieses Erklärungsmodells hat sich im neunzehnten und beginnenden zwanzigsten Jahrhundert auch die moderne Wissenschaft bedient. Demnach hätten zwei miteinander rivalisierende Bündnissysteme zur Durchsetzung ihrer wirtschaftlichen und politischen Interessen gegeneinander gekämpft. Erst in jüngerer Zeit ist darauf aufmerksam gemacht worden, dass die Hilfe, die beiden Kontrahenten von außen gewährt wurde, nicht von Staats wegen, sondern von adligen Gastfreunden und Verwandten geleistet wurde.

Der Historiker Herodot überliefert, dass die Eretrier aus Milet Unterstützung erhalten hatten und sich deshalb bei einer späteren Gelegenheit zu einer Gegenleistung verpflichtet fühlten. Der Sieg, den die Chalkidier schließlich errangen, war nach anderer Überlieferung dem Eingreifen des Kleomachos von Pharsalos und der von ihm angeführten thessalischen Reiterei zuzuschreiben. Nicht der Konflikt der beiden von Athen beziehungsweise Sparta geführten Bündnisse des fünften Jahrhunderts, sondern die aus Homer bekannten adligen Freundschaftsbeziehungen liefern das Interpretationsmuster, nach dem die auswärtige Unterstützung beider Kriegsparteien zu deuten ist. Einer der adligen Anführer der Chalkidier war der bereits genannte Amphidamas, der im Kampf sein Leben verlor. Ihm wurden unter Beteiligung des Sängers Hesiod in seiner Vaterstadt prächtige Leichenspiele mit Wettkämpfen aller Art gewidmet, wie sie in der Erzählung der Ilias Achilleus seinem gefallenen Freund Patroklos ausrichtete.

Wenn in dieser ritterlichen Welt zwei Gastfreunde in einem

Krieg jeweils eine der beiden gegeneinander kämpfenden Seiten unterstützten, hatte unter Umständen die Gastfreundschaft höheres Gewicht als die eingegangene Kampfgemeinschaft. Begegneten sie sich in der Schlacht, schlossen sie ihren privaten Frieden, tauschten die Rüstungen und trafen damit Vorkehrung, dass der andere unversehrt blieb. In der Begegnung zweier homerischer Helden auf dem Schlachtfeld, des Diomedes und des Glaukos, ist eine solche Konstellation beschrieben. Nachdem beide einander als Gastfreunde von den Vätern und Vorvätern her erkannt haben, sagt Diomedes:

> «Also bin ich nunmehr dein Gastfreund mitten in Argos,
> Aber in Lykien du der meinige, komme ich dorthin.
> Meiden wir unsere Lanzen auch jetzt im dichten Getümmel.
> Hab' ich doch Troer genug und rühmliche Bundesgenossen,
> Dass ich erschlage, wen Zeus mir gewährt und die Schenkel erreichen,
> Du der Achaier genug, so viele du kannst, zu erlegen.
> Aber tauschen wir beide die Rüstung, damit auch die andern
> Sehn, wie wir gastliche Freunde uns rühmen aus Zeiten der Väter.»
> (Hom. Ilias VI,224–231. Übersetzung nach J. H. Voß)

Diomedes' Gastfreund Glaukos ist einer der lykischen Adligen, die auf Troias Seite kämpfen. Er ist nicht der Einzige. An anderer Stelle hält Sarpedon, ebenfalls ein Adliger aus Lykien, dem Feldherrn der Troer Hektor vor, dass allein die lykischen Bundesgenossen dem Ansturm der Griechen noch Widerstand leisten:

> «Denn auch ich bin als Bundesgenosse von ferne gekommen;
> Ferne liegt ja der Lykier Land am strudelnden Xanthos,
> Wo ein geliebtes Weib und ein zarter Sohn mir zurückblieb,
> Auch der Schätze genug, die begehrt, wer ihrer ermangelt.
> Dennoch aber sporn' ich die Lykier an, selber voll Eifers,
> Gegen den Feind nun zu kämpfen, wiewohl ich nichts hier besitze,

Was die Achaier davon mir trügen oder entführten.»
(Hom. Ilias V,478–484. Übersetzung nach J. H. Voß)

Sarpedon macht geltend, dass er, anders als die Troer, für die es um Sein oder Nichtsein geht, allein um der Ehre willen kämpfe, um seiner Pflicht als Kampfgenosse nachzukommen. Verständlich ist das nur, wenn man das Ethos einer überstaatlichen Adelsgesellschaft in Rechnung stellt, die ihre Ehre daran setzt, die Verpflichtung aus Gastfreundschaft und Gabentausch, wenn nötig, mit bewaffneter Unterstützung zu erfüllen. Umgekehrt kann verletzte Ehre das Motiv sein, der eigenen Seite die Unterstützung im Kampf zu verweigern. Die gesamte in der Ilias erzählte Geschichte beruht auf einer solchen Voraussetzung. Aber es gab nicht nur einen Achilleus, den erst der Schmerz über den Tod des von Hektor erschlagenen Patroklos dazu brachte, den Groll über die ihm zugefügte Entehrung zu begraben und an der Seite der Kampfgenossen seinen toten Freund an Hektor, dem Vorkämpfer Troias, der Patroklos erschlagen hatte, zu rächen. Auf der anderen Seite stand eben Hektor, der, um die Vernichtung seiner Vaterstadt zu verhindern, bereit war, im Zweikampf mit Achilleus in den sicheren Tod zu gehen. Die Gefahr, dass Haus und Hof, Frauen und Kinder bei einer Eroberung der Vaterstadt mit zugrunde gehen, war ein Grund, vom Groll über beleidigte Ehre abzulassen und für den Erhalt von Familie und Gemeinde zu den Waffen zu greifen. In der Ilias hält der greise Phoinix, der Erzieher des Achilleus, dem zürnenden Helden das Beispiel des Meleagros entgegen, der sich wie Achilleus aus persönlichen Gründen nicht an der Verteidigung seiner Vaterstadt beteiligte, aber seinen Entschluss änderte, als seine Frau ihm das Leid vor Augen stellte, das die Eroberung der Vaterstadt mit sich brächte:

«Jetzt beschwor die schöngegürtete Gattin den Helden
Unter Klagen, und nannte ihm all' das Leiden und Elend,
Das die duldenden Menschen trifft in eroberter Feste:
Wie man die Männer erschlägt und die Stadt in Asche verwandelt,

Aber die Kinder entführt und die tiefgegürteten Weiber.
Als er so Schlimmes vernahm, ward endlich das Herz ihm erschüttert,
Eilend ging er und hüllte den Leib in die strahlende Rüstung.
Also wehrt' er dem Unglückstag des Aitoliervolkes,
Angetrieben vom eigenen Mut; nicht brauchten sie viele
Köstliche Gaben zu zollen, umsonst schon wehrt er dem Unheil.»
(Hom. Ilias IX,590–599. Übersetzung nach J. H.Voß)

Meleagros ließ sich von der Mahnrede beeindrucken, nicht jedoch Achilleus; denn für ihn ging es im Krieg gegen Troia nicht um das Schicksal der Seinen. Die Bilanz ist also zwiespältig. Oft genug stehen im Epos persönliche Ehre und Leidenschaft auf der einen und die Rücksicht auf das Gemeinwohl auf der anderen Seite in einem unauflösbaren Konflikt. Als Antenor den Troern rät, die schöne Helena und die Schätze, die der troische Königssohn Paris geraubt hatte, zurückzugeben und so Frieden zu erlangen, antwortet dieser:

«Nicht mehr will mir gefallen, Antenor, was du geredet!
Weißt du doch auch besseren Rat zu ersinnen als diesen!
Aber wofern du wirklich in völligem Ernst geredet,
Ja, dann rauben dir wohl die Unsterblichen die Besinnung!
Jetzt verkünde nun ich den rossebezähmenden Troern.
Grade heraus bekenn' ich: Das Weib, nie geb' ich es wieder:
Aber die Schätze, so viel' ich aus Argos brachte nach Hause,
Will ich zurückerstatten und noch des meinen hinzutun.»
(Hom. Ilias VII,357–364. Übersetzung nach J. H.Voß)

Aber mochte in der Adelsgesellschaft der homerischen Zeit die Spannung zwischen individuellem Eigenwillen und Gemeinschaft noch so groß gewesen sein: Es gab die politische Gemeinschaft von Stadt oder Stamm, auch wenn diese noch weit davon entfernt war, jenen Grad an Organisation und Durchsetzungskraft zu besitzen, die am Ende der archaischen Zeit erreicht werden sollten. Dies bezeugen zahlreiche Stellen in beiden homerischen Epen. An der Spitze des Gemeinwesens steht ein König, flankiert von einer aus adligen Herren bestehenden Ratsversammlung. Ihnen gegenüber steht die Versammlung des Volkes. Obwohl es noch keine formelle Abstimmung gab, wurde in wichtigen Angelegenheiten wie Entscheidungen über Krieg und Frieden die informelle Zustimmung der Volksversammlung eingeholt. Ob König und Adelsrat diese Versammlung einberiefen, hing von den Umständen und vom Urteil der Führer über die Zweckmäßigkeit eines solchen Verfahrens ab. Routinegeschäfte wurden allein von den regierenden Herren besorgt. Dazu waren sie befugt und berufen, wie eine Begegnung zwischen dem König der Phaiaken Alkinoos und seiner Tochter Nausikaa bezeugt:

> «… und jener (der König)
> Kam an der Pfort' ihr entgegen, er ging zu der glänzenden Fürsten
> Ratsversammlung, wohin die edlen Phaiaken ihn riefen.»
> (Hom. Od. VI,53–55. Übersetzung nach J. H. Voß)

Gemeint ist nicht, dass die Volksversammlung König und Ratsversammlung einberuft, sondern dass diese nach der Ordnung der Gemeinde dazu berufen sind, die Regierungsgeschäfte zu führen. Dem entspricht, dass sie es sind, die im Bedarfsfall das Volk zur Versammlung einberufen. In der Odyssee ist vorausgesetzt, dass in der langen Abwesenheit des Odysseus, der die Würde des Königs von Ithaka innehatte, die Regierungsgeschäfte ruhten, keine Versammlung zusammenkam und ein rechtloser Zustand eintrat, in dem Odysseus' Ehefrau Penelope und sein Sohn Telemachos der Willkür der Freier von nah und fern ausgeliefert waren. In seiner Not lässt der Königssohn Telemachos schließlich die Volksversammlung einberufen, um von ihr Hilfe in der Bedrängnis zu erhalten. Das ist eine der Situation auf Ithaka geschuldete Ausnahme, und es gelingt den mächtigen Adligen ohne Mühe, zu erreichen, dass das Volk dem bittflehenden Königssohn nicht zu Hilfe kommt, obwohl dieser bei Zeus und Themis, der Göttin des Rechts, um Beistand fleht:

> «Freunde, ich flehe bei Zeus dem Olympischen, flehe bei Themis,
> Welche der Männer Versammlungen einberuft und wieder sie auflöst.»
> (Hom. Od. II,68 f. Übersetzung nach J. H.Voß)

Einberufung und Auflösung sind demnach Sache der Themis, der Göttin des personifizierten Rechts, also eines geregelten Verfahrensrechts, aber dieses ist in dem dargestellten Fall durch die Anomalie der Abwesenheit des Königs außer Kraft gesetzt. Deshalb wird zu Beginn der Versammlung von einem der Teilnehmer gefragt, wer das Volk zusammenrief und welches der Grund sei:

> «Höret mich jetzt, ihr Männer von Ithaka, was ich euch sage!
> Keine Versammlung ward und keine Sitzung gehalten,
> Seit der edle Odysseus die Schiffe gen Troia geführt hat.
> Wer hat uns denn heute versammelt? Welcher der Alten
> Oder der Jünglinge hier? Und welche Sache bewog ihn?
> Höret' er etwa Botschaft von einem nahenden Kriegsheer,
> Dass er uns allen verkünde, was er am Ersten vernommen?
> Oder weiß er ein andres zum Wohl der Gemeinde zu sagen?»
> (Hom. Od. II,25–32. Übersetzung nach J. H.Voß)

Volks- oder Heeresversammlungen wurden unregelmäßig und eher ausnahmsweise zu den Beratungen von Königen und Ratsherren hinzugezogen, und sie besaßen nicht das formelle Recht, durch Mehrheitsentscheid zu billigen oder zu verwerfen, was die Regierenden vorschlugen. Als Agamemnon im ersten Buch der Ilias der Heeresversammlung vorschlägt, den Krieg aufzugeben und nach Hause zurückzukehren, tut er dies in der Erwartung, das kriegsmüde Heer zu neuer Kampfbereitschaft und zur Eroberung Troias anzustacheln. Zu seinem und der anderen Könige Entsetzen wollen aber die Versammelten spontan nach Hause aufbrechen. Ein geordnetes Abstimmungsverfahren gibt es nicht, die düpierten Anführer haben Mühe, die Stimmung zu wenden und die Aufbrechenden zur

Rückkehr zu bewegen. Auch dies geschieht informell. Tumultuarische, unerwünschte Reaktionen des Volkes werden auch sonst von den Regierenden aufgrund ihrer Autorität unterdrückt. Penelope erinnert einen der Freier daran, wie einst dessen Vater am Hof des Königs Schutz suchte, als das Volk ihn wegen Verletzung eines völkerrechtlichen Abkommens mit Nachbarn zu lynchen drohte:

> «Weißt du denn nimmer, wie einst auf der Flucht dein Vater zu uns kam
> Von dem Volke geschreckt? Denn sie waren heftig erbittert
> Weil er sich zusammengetan mit taphischen Seeräubern
> Und die Thesproten beraubte, die uns vertraglich verbundenen.
> Töten wollten sie ihn und das liebe Herz aus der Brust ihm
> Reißen und seines Guts unendliche Fülle verschlingen.
> Aber Odysseus hielt sie zurück und hemmte ihr Drängen.»
> (Hom. Od. XVI,424–430. Übersetzung nach J. H. Voß)

Ithaka hatte demnach mit einer Nachbargemeinde auf dem Festland vertraglich vereinbart, sich gegenseitig nicht zu schädigen und für Schäden zu haften, die den Vertragspartnern von einem ihrer Angehörigen zugefügt worden waren. In dem geschilderten Fall wollte das Volk den Vertragsbruch durch Lynchjustiz an dem Täter rächen, wurde jedoch durch Odysseus, den König, daran gehindert. Wie das ordnungsgemäße, nichttumultuarische Verfahren ablief, zeigt der Bericht von der Gesandtschaftsreise, die Odysseus in seiner Jugend zu den Messeniern unternahm:

> «Nämlich Odysseus
> Kam, eine Schuld zu fordern, die schuldete ihm die Gemeinde;
> Denn aus Ithaka hatten die Schiffe messenischer Männer
> An dreihundert Schafe geraubt mitsamt ihren Hirten.
> Darum kam den weiten Weg als Gesandter Odysseus,
> Jung, wie er war, vom Vater gesandt und den übrigen Ratsherren.»
> (Hom. Od. XXI,16–21. Übersetzung nach J. H. Voß)

Raub, im vorliegenden Fall Seeraub, begründet eine Deliktschuld, für die in diesem Fall die Gemeinschaft haftet, der die Räuber angehören; und umgekehrt macht die Gemeinde der Geschädigten die Sache ihrer Bürger zu ihrer eigenen, indem die Regierung, König und Rat gemeinsam, eine offizielle Gesandtschaft mit der Forderung nach Schadensersatz schickt. Man wird nicht zu viel behaupten, wenn man dies als Beleg für Staatlichkeit und Völkerrecht in homerischer Zeit versteht. Dementsprechend wird der Urzustand gesetzloser Willkür am Beispiel der wilden, zerstreut auf Bergeshöhen hausenden Kyklopen mit einem Zustand konfrontiert, in dem ein in geordneter städtischer Gemeinschaft lebendes Volk gemäß dem Recht regiert wird:

«Dort ist nicht Gesetz noch öffentliche Versammlung,
Sondern sie wohnen all' auf den Häuptern hoher Gebirge
Rings in gewölbten Grotten, und jeder richtet nach Willkür
Seine Kinder und Weiber und kümmert sich nicht um die andern.»
(Hom. Od. IX,112–115. Übersetzung nach J. H. Voß)

Ihrem eigenen Anspruch nach lebt eine geordnete Gemeinschaft in einer Rechtsordnung und ächtet denjenigen, der Eigengewalt übt und einen Bürgerkrieg anzettelt. In der Warnung Nestors im neunten Gesang der Ilias wird dies in einer Weise ausgedrückt, wie es der Strafandrohung in der klassischen Polis entspricht:

«Ohne Phratrie, ohne Recht und ohne eigenen Herd
Ist, wer Gefallen findet am grausamen inneren Krieg.»
(Hom. Ilias IX,63 f. Übersetzung nach J. H. Voß)

Den Delinquenten trifft eine dreifache Strafe: Ausschluss aus der engeren Gemeinschaft der Phratrie und damit auch aus der größeren der Bürgerschaft, und er verliert den Rechtsschutz, das heißt, dass jeder den Betreffenden straflos töten kann und er Haus und Hof verliert. Damit sind auch die rechtmäßigen Erben betroffen. Dies ist die äußerste Strafe, aber das Recht der Gemeinschaft kannte auch die Androhung von materiellen Bußen. In Ilias XIII,669 ist die Rede von einer «empfindlichen Buße», die die Achäer dem Euchenor von Korinth auferlegt hätten, wenn er sich dem gemeinsamen Kriegszug gegen Troia verweigert hätte; und im zweiten Buch der Odyssee droht der Freier Eurymachos dem Seher Halitherses als Friedensstörer mit einer Buße, an der er schwer zu tragen haben würde (Vers 192), weil er das versammelte Volk gegen die Freier aufzubringen versucht hatte.

Die Könige, die an der Spitze der Gemeinde stehen, sind nach den Maßstäben der Zeit nicht nur reich an Eigengut, sondern sie ziehen auch Einkommen aus dem Amtsgut, das ihnen die Gemeinde zur Nutzung überlassen hatte. Im siebten Gesang der Odyssee lautet der Segenswunsch, den Odysseus nicht nur an den König der Phaiaken und seine Gemahlin, sondern auch an die zum Gastmahl versammelten Ratsherren richtet, wie folgt:

> «Euch allen schenken die Götter
> Langes Leben und Heil, und jeder lasse den Kindern
> Reichtum im Haus nach und das Gut, das die Gemeinde gab.»
> (Hom. Od. VII,148–150. Übersetzung nach J. H. Voß)

Unterschieden wird also zwischen Allodialbesitz und dem Gut, dessen Ertrag Königen und Ratsherren von Amts wegen zusteht. Der Vergleich mit den Verhältnissen unseres Mittelalters liegt nahe. Aus einigen weiteren Stellen in beiden homerischen Epen wird ersichtlich, dass den Ratsherren Wein aus einem festen Etatposten der Gemeinde kredenzt wurde und dass es eine besondere Ehre war, wenn einer vor allen anderen durch einen größeren Anteil am ‹Ratsherrenwein› – dies ist der technische Ausdruck – ausgezeichnet wurde. In Sparta hielt sich der archaische Brauch bis in die klassische Zeit: Dort wurde den beiden Königen bei den gemeinsamen Mahlzeiten der Bürger immer die doppelte Portion gereicht.

Feierliche Verpflichtungserklärungen der Gemeinde erfolgten, wie in der Ilias erwähnt wird, durch den sogenannten Ratsherreneid, das heißt, dass die Regierung sich mit ihrem Eid für eine Bringschuld der Gemeinde verpflichtete:

> «Würd' ich danach von den Troern den Schwur der Ältesten fordern,
> Nichts zu verbergen und alles gerecht in Hälften zu teilen.»
> (Hom. Ilias XXII,119 f. Übersetzung nach J. H. Voß)

Die Könige waren im Kriegsfall die Oberkommandierenden des Aufgebots, und die Adligen bildeten den Kriegsrat. Sie waren zuständig für das Aushandeln von Verträgen mit befreundeten oder feindlichen Nachbarn. Dies war der Kern, aus dem sich Staatlichkeit entwickelte. Aber es kam anderes aus dem Gefühl der Abhängigkeit von höheren Mächten hinzu, wie oben beschrieben worden ist: die Verehrung der Götter und der Opferkult, damit der Götterfrieden ungestört bleibt und Schaden von der Gemeinde gewendet wird. Die allgemein verbreitete Vorstellung, dass Götter und Menschen eine gemeinsame Herkunft verbindet, hat, bezogen auf die Angehörigen des Adels, eine spezielle Bedeutung: Diese stammen aus der Verbindung von Göttern und Menschen und sind aufgrund dessen die mit besonderer Stärke und Charisma ausgezeichneten Führer des Volkes. Zur Führung der Gemeinschaft in Krieg und Frieden aber gehört die Sicherung des Götterfriedens. Die Adligen stehen in einem besonderen Nahverhältnis zu ihren göttlichen Stammesvätern und -müttern. Deshalb sind sie dazu berufen, die Götter freundlich zu stimmen, und damit erfüllen sie eine öffentliche Aufgabe ersten Ranges. Sie vollziehen an geweihter Stätte den Opferkult, wenden sich mit Gebeten und Gelübden an die Götter und richten die Feste zu deren Ehren aus. Trifft die Gemeinschaft ein Unglück, müssen die Götter versöhnt werden, und dazu muss gegebenenfalls ein kundiger Seher den Grund des göttlichen Zorns erkennen und den Weg zur Versöhnung des Zürnenden weisen. Opfer im Namen der Gemeinschaft darzubringen und Sühne für Verfehlungen zu leisten ist Vorrecht und Pflicht der Könige, der gottgeliebten, wie sie genannt werden. Neben der Kriegführung war also der Vollzug des Kultes die Aufgabe, die den Kern der Regierungstätigkeit der Könige bildete. Dazu gehörte die Errichtung von Tempeln auf geweihtem Grund, in deren Inneren die Gottheit wohnte. Zuerst waren diese Gebäude aus Holz, dann aus Stein. Diese monumentalen Großbauten zu Ehren der Götter zu errichten setzte eine gewaltige Mobilisierung von Arbeitskraft und Material voraus. Ohne die Autorität und ohne die Organisation von Seiten einer regierenden Gewalt wäre das wohl nicht möglich gewesen. Nicht ohne Grund heißt es denn auch in einer der oben zitierten Stellen der Odyssee, dass es Nausithoos, der König, war, der bei der Gründung des neuen Gemeinwesens der Phaiaken auf der Insel Scheria die Tempel für die Götter errichten ließ (Hom. Od. VI,7–10). Andere, nichtreligiöse Aufgaben konnten je nach Umständen hinzutreten: beispielsweise die Errichtung öffentlicher Bauten, einer Stadtmauer oder die Auslosung von Landlosen an die Siedler einer neu gegründeten Gemeinde. An der genannten Stelle der Odyssee ist dies ausdrücklich erwähnt.

Darüber hinaus bot die überregionale Bedeutung großer Heiligtümer den Ansatzpunkt für die Gründung überlokaler Organisationen zu deren Schutz und zu gemeinsamem Kult. Sie hießen *Amphiktyonien*, das bedeutet Verbände der Umwohnenden. Die bedeutendste war die Delphische Amphiktyonie zum Schutz des Heiligtums des Delphischen Apollon, das zugleich die bedeutendste Orakelstätte der griechischen Welt war. Sie bestand, möglicherweise ein Indiz ihrer Altertümlichkeit, nicht aus Städten, sondern aus Stämmen, seit dem frühen sechsten Jahrhundert nachweislich aus insgesamt zwölf: Thessalern, Boiotern, Dorern, Ionern, Perrhaibern und Dolopern, Magnesiern, Lokrern, Ainianen, Phthiotischen Achaiern, Maliern, Phokern und Delphiern. Jedes Mitglied schickte zwei ‹Gesandte in heiligen Angelegenheiten›, wie sie genannt wurden, griechisch *Hieromnemones*, in den Rat der Amphiktyonie, der zweimal im Jahr, im Frühjahr und im Herbst, in Delphi tagte. Die beiden Stimmen der Dorer und der Ioner waren geteilt: Die Dorer entsandten jeweils einen Vertreter aus der mittelgriechischen Landschaft Doris und aus der Peloponnes, die Ioner aus Euboia und aus Athen. Einen ähnlichen Verbandscharakter besaßen in Kleinasien das Panionion, die Vereinigung von zwölf ionischen Städten zur Aufsicht über das Heiligtum des Poseidon auf der Halbinsel von Mykale, und der Fünfstädtebund der Dorer. Dessen Zentrum war das Heiligtum des Apollon Triopios bei Knidos. Beide Organisationen feierten jeweils einmal im Jahr ihr Bundesfest, die Ioner die Panionia mit einem Stieropfer für Poseidon, die Dorer zu Ehren des Apollon Triopios. Alle diese Bundesorganisationen – und es gab in Griechenland mehr, als hier aufgezählt sind – besaßen Strafgewalt bei Vergehen gegen die religiöse Ordnung. Ein Beispiel, den Ausschluss von Halikarnassos aus dem Heiligen Bund, überliefert, wie oben bereits erwähnt, Herodot:

> «In den Kampfspielen zu Ehren des Apollon Triopios nämlich hatten sie den Siegern von jeher eherne Dreifüße ausgesetzt, die der Sieger aber nicht aus dem Heiligtum entfernen durfte, sondern dem Gotte weihen musste. Einst siegte ein Mann aus Halikarnassos namens Agasikles, der dieses Gesetz nicht beachtete, sondern den Dreifuß in die Heimat mitnahm und in seinem Haus aufhängte. Aus diesem Grund schlossen die fünf Städte Lindos, Ialysos, Kameiros, Kos und Knidos die sechste Stadt, Halikarnassos, von der Teilnahme aus.»
> (Hdt. I,144. Übersetzung nach A. Horneffer)

Alle diese Bundesorganisationen besaßen das Potential, in Notfällen auch über politische Fragen wie die gemeinsame Abwehr feindlicher Angriffe Beschlüsse zu fassen. Dies geschah um das Jahr 500 v. Chr., als die ionischen Städte, die sich von der persischen Herrschaft befreit hatten, von erneuter Unterwerfung und zusätzlicher Bestrafung durch die Perser bedroht waren. Davon wird in dem Kapitel, das von der Perserherrschaft in Kleinasien handelt, noch die Rede sein.

Zu den Aufgaben der aus König und Rat bestehenden Regierung

gehörte nicht zuletzt auch, Rechtsstreitigkeiten durch Schiedsspruch friedlich zu beenden. Tätig wurden sie freilich nicht von sich aus, sondern nur, wenn die Parteien sie anriefen, um zu vermeiden, dass der Rechtsstreit eskalierte und dann gewalttätig ausgetragen wurde. Prinzipiell war es nämlich Sache der Parteien, sich privat auseinanderzusetzen und zu einigen. Kam eine Einigung nicht zustande, blieben zwei Möglichkeiten, Rechtsansprüche durchzusetzen: durch Eigengewalt oder durch Anrufung des Schiedsgerichts, wenn beide Parteien damit einverstanden waren. Einen Gerichtszwang gab es nicht. Kam eine Parteieinigung zustande, sicherten sich beide Parteien gegenseitig zu, das Urteil der Richter als verbindlich anzunehmen. Wer in der Verfolgung seines Rechts zu weit ging und im Zorn seinen Kontrahenten tötete, setzte sich der Blutrache von Seiten der Angehörigen des Opfers aus und musste versuchen, sich durch die Flucht zu retten oder sich durch ein ausgehandeltes Wergeld von der Rache freizukaufen. Sowohl die homerischen Epen wie die späteren Gesetze, mit denen in Athen Drakon und Solon das Blutrecht regulierten, zeigen dies in aller Deutlichkeit. Der Schluss der Odyssee, die Erzählung von der blutigen Rache, die Odysseus und sein Sohn an den Freiern nehmen, setzt das Fehlen eines Gerichtszwangs und eines geordneten Verfahrens geradezu voraus.

Odysseus' Rache hat folgende Gründe: Die Freier hatten während seiner Abwesenheit seine Frau bedrängt, einen der Ihren zu heiraten, sie hatten zehn Jahre lang sein Hab und Gut verzehrt und sie hatten geplant, seinen Sohn zu ermorden. Nach Odysseus' Heimkehr begann der Rachefeldzug mit einem Wettkampf im Bogenschießen. Dabei tötete Odysseus, als Bettler verkleidet, zunächst Antinoos, den Schuldigsten unter den Freiern. Die im Saal versammelten Freier meinten, der fremde Bettler habe Antinoos versehentlich getötet, und drohten Odysseus den Tod an. Im archaischen Recht wurde nicht zwischen vorsätzlicher und versehentlicher Tötung unterschieden. Es herrschte Erfolgshaftung, das Prinzip der Willenshaftung brachte erst die spätere Rechtsentwicklung. Daraufhin gibt sich Odysseus zu erkennen und kündigt den Freiern an, dass der Tag der Rache gekommen sei. Einer von ihnen, Eurymachos, schlägt einen Vergleich zur Abwendung des drohenden Strafgerichts vor, indem er alle Schuld auf den getöteten Antinoos schiebt und eine Entschädigung anbietet, um die Freier von der Rache des Geschädigten freizukaufen:

> «Bist du Odysseus, der Ithaker, also wirklich gekommen,
> Sprachst du mit Recht von dem, was hier die Achaier verübten.
> Denn viel Frevel geschah im Haus und viel auf dem Lande,
> Aber er liegt ja schon, der dieses alles verschuldet,
> Dort, Antinoos; er hat alles Unheil gestiftet;
> Er aber wollte und brauchte nicht so sehr die Vermählung,
> Sondern war auf andres bedacht, das Zeus ihm versagt hat:
> König wollte er selber werden hier in der schönen
> Ithaka und gedachte, den Sohn dir heimlich zu morden.
> Doch nun hat er sein Teil empfangen! Du aber verschone
> Deines Volkes; wir wollen gemeinsam alles vergüten,
> Was an Speise und Trank in deinem Hause verzehrt ward,
> Und zur Sühne bringt dir zwanzig Rinder ein jeder,
> Und gibt an Erz und an Gold dazu, bis wieder das Herz dir
> Sich erweicht; zuvor kann keiner den Zorn dir verargen.»
> (Hom. Od. XXII,45–59. Übersetzung nach J. H. Voß)

Doch Odysseus lässt sich sein Racherecht nicht abhandeln, sondern vollzieht mit Hilfe der Seinen die Todesstrafe an den Freiern. Daraufhin wollen die Verwandten der Getöteten, unter Führung von Antinoos' Vater Eupeithes, ihrerseits Rache an Odysseus und seinen Helfern nehmen. Doch als sie gewarnt werden, dass Odysseus nicht aus eigener Kraft, sondern mit göttlicher Hilfe das Strafgericht vollzogen habe, nimmt sich ein Teil der Verwandten der Getöteten die Warnung zu Herzen und verzichtet auf die Blutrache. Die Übrigen folgen Eupeithes und gehen daran, Odysseus und seine Helfer zu töten. Ein neues Gemetzel nimmt seinen Anfang, aber da greifen die Götter ein, und Zeus gibt Athene, seiner Tochter, den Ratschluss bekannt: Odysseus soll König bleiben, und eine Amnestie soll den Teufelskreis des blutigen Rachefeldzugs beenden:

> «Da die Freier nun vom hohen Odysseus bestraft sind,
> Werde der heilige Bund erneut: er bleibe der König.
> Wir aber wollen dem Volk den Mord der Söhne und Brüder
> Aus dem Gedächtnis tilgen; sie sollen sich untereinander
> Lieben wie sonst, und Friede gedeih' und Fülle des Reichtums.»
> (Hom. Od. XXIV,482–486. Übersetzung nach J. H.Voß)

Dennoch kommt es zum Kampf, Eupeithes fällt von Odysseus' Hand. Dann greift Athene ein, um das Morden zu beenden. Alle lassen vom Kampf ab, nur Odysseus drängt in rasender Wut noch immer den Fliehenden nach. Schließlich erzwingt Zeus die Versöhnung:

> «Da aber warf des Kronos' Sohn den flammenden Blitzstrahl,
> Vor der Blauäugigen schlug er ein, vor des mächtigen Vaters
> Tochter, und zu Odysseus sprach die Göttin Athene:
> ‹Göttlicher Sohn des Laertes, erfindungsreicher Odysseus,
> Halte nun ein und lass' von dem allverderbenden Kampfe,
> Dass dir Kronion nicht, der Allüberschauende, zürne.
> Sprach's, die Göttin, und er gehorchte, freudigen Herzens.
> Dann setzte wiederum Schwuropfer zwischen beiden
> Pallas Athene, die Tochter des Zeus, des Aigisbewehrten,
> Unter Mentors Gestalt, ihm gleich an Wuchs und Stimme.»
> (Hom. Od. XXIV,539–548. Übersetzung nach J. H.Voß)

Keine Macht der Welt, auch nicht das Angebot der Sühnung, konnte Odysseus' Rachedurst stillen, sondern erst das Eingreifen der Götter ließ ihn innehalten. Eine öffentliche Gewalt, ein ordentliches Gerichtsverfahren tritt hier nirgendwo in Erscheinung, sondern die überlegene Macht der Götter bewirkt, dass die Parteien einander Urfehde schwören und der Rechtsfriede wiederhergestellt wird.

Tötung zog Blutrache nach sich, und um ihr zu entgehen, gingen Blutschuldige ins Exil, um bei Gastfreunden Schutz vor Verfolgung zu finden. Von solchen Fällen ist in der Ilias mehrfach die Rede. So heißt es von Medon, dem Bruder des Aias:

> «Medon, des Aias' Bruder, doch wohnt er getrennt von der Heimat
> Fern in Phylake, denn einen Mann von der Stiefmutter Sippe
> Eriopis hat er getötet, der Gattin des Oileus ...»
> (Hom. Ilias XV,334–336. Übersetzung nach J. H. Voß)

Auch Aias hatte einen Gastfreund namens Lykophron aus Kythera, der wegen Tötung eines Mannes aus seiner Heimat geflohen war, bei sich aufgenommen:

> «Also sprach er und schoss auf Aias die blinkende Lanze;
> Den verfehlt er, doch traf er den Sohn des Mastor, Lykophron,
> Aias' Gefolgsmann, auf Kythera zu Hause, doch wohnt' er bei jenem,
> Seit er erschlug einen Mann auf der heiligen Insel Kythera.»
> (Hom. Ilias XV,429–432. Übersetzung nach J. H. Voß)

Ähnlich stand es mit Patroklos, dem engsten Freund des Achilleus. Bevor er zu seinem letzten Kampf aufbricht, bittet er den Freund um ein gemeinsames Grab und spricht:

> «Lege doch nicht mein Gebein getrennt von dem deinen, Achilleus,
> Sondern vereint, wie ich mit aufwuchs in eurem Hause,
> Seit Menoitios mich im Knabenalter aus Opus
> Hatte zu eurem geführt infolge des schmählichen Mordes,
> Damals, als ich den Sohn des Amphidamas hatte getötet,
> Unbedacht, gegen meinen Willen, aus Zorn beim Spiel der Knöchel.»
> (Hom. Ilias XXIII,83–88. Übersetzung nach J. H. Voß)

Weder das jugendliche Alter noch die fehlende Tötungsabsicht schützte den Täter vor der Blutrache. Es herrschte, juristisch gesprochen, das Prinzip der Erfolgshaftung, nicht der Willenshaftung, von dem Gesichtspunkt fehlender Strafmündigkeit ganz zu schweigen.

Die Blutrache konnte nur abgewendet werden, wenn die Familie des Getöteten sich ihren Racheanspruch, anders als Odysseus im Schlussteil der Odyssee, gegen eine materielle Buße abkaufen ließ. Doch dieses Geschäft konnte in Unstimmigkeiten darüber enden, ob die vereinbarte Buße ganz oder nur zum Teil oder noch gar nicht gezahlt worden war. Hier ging es um die Schlichtung eines Rechtsstreits, der sich aus der Vereinbarung der Parteien über den Verzicht auf Blutrache ergab, und hier war Platz für ein Schiedsgericht, das die Parteien zur Streitlösung anriefen. Ein solcher Fall wird in der berühmten Schildbeschreibung im achtzehnten Buch der Ilias vorgestellt:

> «Volk war dicht auf dem Markte geschart; es hatte ein Hader
> Dort sich erhoben, zwei Männer lagen im Streit um die Sühnung
> Eines getöteten Mannes. Es beteuerte dieser dem Volke,
> Alles hab' er gezahlt, doch leugnete jener die Zahlung.
> Beide heischten, den Streit vor dem kundigen Richter zu enden.
> Beiden lärmte die Menge, geteilt sie begünstigend, Beifall.
> Herolde hielten indessen das Volk in Ordnung. Die Ratsherren
> Saßen umher im heiligen Kreis auf geglätteten Steinen,
> Hatten in Händen die Stäbe der luftdurchtönenden Boten,
> Sprangen mit ihnen dann auf und redeten wechselnd ihr Urteil.
> Zwei Talente von Gold aber lagen inmitten des Kreises,
> Dem von ihnen bestimmt, der das Recht am geradesten spräche.»
> (Hom. Ilias XVIII,497–508. Übersetzung nach J. H. Voß)

Dieses tumultuarische Verfahren ist das getreue Abbild der in den homerischen Epen geschilderten Volksversammlungen. Das Wort haben die Herren vom Rat (zu denen als Erster unter Gleichen der König gehört), sie plädieren, und derjenige, der nach allgemeiner

Überzeugung das Recht «am geradesten» spricht, erhält den ausgesetzten Siegespreis. Das versammelte Volk repräsentiert die Öffentlichkeit, es entscheidet nicht, aber es hält mit seiner Meinung nicht zurück, sondern begünstigt mit Zurufen die eine oder die andere Partei. Von einer formellen Entscheidung durch Mehrheitsvotum ist keine Rede. Eher ist damit zu rechnen, dass sie informell durch Einigung der Ratsherren unter Beistimmung des anwesenden Volkes fällt. Dass so zustande gekommene Entscheidungen manipuliert werden konnten, sie für das Bewusstsein der unterlegenen Seite eben nicht das gerade, sondern, wie es heißt, das krumme Recht, also eine Rechtsverdrehung, darstellen, ist feststehende Kritik in den Zeugnissen des Zeitalters. Diese Kritik artikuliert sich in den Warnungen vor den schlimmen Folgen des Unrechts und den segensreichen des Rechts, sofern es der Forderung nach Gerechtigkeit entspricht. Dabei werden nicht nur die Folgen für den Einzelnen, sondern auch die für die Gemeinschaft ins Auge gefasst und so der Boden bereitet für die späteren Reformen, mit denen das positive Recht an die Forderung der Gerechtigkeit angeglichen wurde. Am Anfang steht auch hier Homer. Im sechzehnten Buch der Ilias heißt es:

«Wie der wirbelnde Sturm die weite dunkelnde Erde
Hart am herbstlichen Tage bedrängt, wenn ein reißendes Wasser
Zeus ergießt, im Zorne die frevelnden Männer zu strafen,
Welche gewaltsam richtend im Rat krumme Sprüche fällen
Und vertreiben das Recht, das Auge der Götter missachtend,
Deren Flüsse füllen sich alle mit strömenden Fluten;
Viele Hänge werden verschwemmt von den stürzenden Bächen;
Jählings hinab ins purpurne Meer mit lautem Erbrausen
Strömen sie hoch von den Bergen: da schwinden die Werke der Menschen.»

(Hom. Ilias XVI,384–392. Übersetzung nach J. H.Voß)

Der Warnung vor den schlimmen Folgen des Unrechts, die mit den Verwüstungen einer Überschwemmung verglichen werden, entspricht in der Odyssee der Hinweis auf den Segen gerechter Herrschaft. Vor diesem Hintergrund rühmt Homer die Treue, die Penelope ihrem Mann während seiner langen Abwesenheit bewahrt hatte:

> «Und es antwortete der erfindungsreiche Odysseus:
> ‹Frau, kein Sterblicher lebt auf der unermesslichen Erde,
> Der dich tadle; dein Ruhm erreicht die Feste des Himmels,
> wie nur der eines guten und gottesfürchtigen Königs,
> Welcher ein großes Volk beherrscht von tapferen Männern
> Und das Recht bewahrt: Ihm trägt die schwärzliche Erde
> Weizen und Gerste genug, die Bäume brechen vom Obste,
> Immer gebiert das Vieh, und die Wasser wimmeln von Fischen,
> Unter der guten Herrschaft, und es leben beglückt seine Völker.›»
> (Hom. Od. XIX,106–114. Übersetzung nach J. H. Voß)

Der Blick der homerischen Epen ist auf die Regierenden, die Könige und die adligen Herren des Rates, gerichtet, von ihrem gerechten oder ungerechten Regiment ist das Gelingen oder das Misslingen aller Tätigkeit und des gesamten menschlichen Lebens abhängig.

Aber der Sänger Hesiod, die erste uns als Individuum kenntliche Person der griechischen Geschichte, nahm das Problem von Recht und Unrecht in der Gesellschaft aus der Perspektive des kleinen Mannes, der leidvolle persönliche Erfahrung mit dem Missbrauch des Rechts gemacht hatte, in den Blick. Sein Bruder Perses hatte ihn mit Hilfe eines Meineids und bestochener Richter um einen Teil des väterlichen Erbes gebracht. Hesiod schrieb dem Bruder mit seinem Gedicht *Werke und Tage* ins Stammbuch, welches der rechte und welches der falsche Weg zum Erwerb des notwendigen Unterhalts und des Wohlstands ist. Ehrlicher Erwerb durch Arbeit steht gegen ungerechte Übervorteilung durch Meineid und Betrug. Als

Hauptquelle des Unterhalts und des Überflusses gilt dem Dichter die Landwirtschaft. Deshalb ist das Gedicht an dem Jahreskalender der bäuerlichen Arbeit orientiert. Erst in zweiter Linie und mit deutlichem Vorbehalt gegenüber den Gefahren des Meeres ist auch die Seefahrt berücksichtigt. Mit Recht ist gesagt worden, dass das Gedicht kein Lehrbuch des Ackerbaus ist, und es ist es erst recht nicht in Hinblick auf Handel und Seefahrt. Worum es dem Dichter vielmehr geht, ist eine Ethik der Arbeit als Kontrapunkt zu ungerechtem Erwerb, ist die Rolle von Recht und Unrecht im menschlichen Zusammenleben. Mit der berühmten Fabel von dem Habicht und der Nachtigall hebt der Dichter das Menschengeschlecht von der Tierwelt ab. In dieser gilt das Recht des Stärkeren, aber dem Menschen ist die Gabe des Rechts als Unterpfand seines Wohlergehens von Zeus verliehen:

> «Nur eine Fabel erzähle ich einsichtsvollen Gebietern:
> So zur Nachtigall sprach, der bunten, einstens der Habicht,
> Wie er hoch in den Wolken sie fest in den Krallen dahintrug.
> Jämmerlich, weil so arg geplagt von gebogenen Krallen,
> Klagte sie, und da rief der Habicht mit herrischem Tone:
> ‹Törin, was schreist du denn so? Ein Stärkerer hält dich gefangen.
> Gehen musst du, wohin ich will, trotz deinem Gesange.
> Fressen tu ich dich, wenn es mir passt, oder lass dich entwischen.
> Sinnlos, wer sich vermisst, mit stärkerem Feinde zu kämpfen.
> Sieg ist ihm versagt, er leidet noch neben der Schande.›
> Also sprach der schnelle, der flügelspannende Habicht.»
> (Hes. erg. 202–212. Übersetzung nach Th. von Scheffer)

Der Mensch aber steht unter dem von Zeus gegebenen Gesetz der Gerechtigkeit. Der höchste Gott verhindert zwar das Unrecht nicht – der Mensch ist schließlich frei –, aber er bestraft es und belohnt gerechtes Handeln, wenn nicht sofort, so doch unweigerlich in der Zukunft. So heißt es in Anknüpfung an die Fabel von Habicht und Nachtigall an späterer Stelle:

«Tiere zwar und Fische und flügelspannende Vögel
Sollen einander verschlingen, denn sie ermangeln des Rechts,
Aber den Menschen verlieh er das Recht, das bei weitem der Güter
Bestes. Denn wenn ein Mann Gerechtes nach seiner Erkenntnis
Wissentlich kundtut, den segnet der Allüberschauer Kronion.
Wenn aber einer mit Vorsatz bei falschen Eiden sein Zeugnis
Lügnerisch gibt, der schändet das Recht, unheilbar verblendet.
Dessen Sippe versinkt in Zukunft dunkelvergessen,
aber wer wahr geschworen, des' Sippe ist zukunftgesegnet.»
(Hes. erg. 277–285. Übersetzung nach Th. von Scheffer)

Hesiods Gedanken kreisen in seinen *Werken und Tagen* um das Problem der Theodizee, der Rechtfertigung Gottes, der das Unrecht zulässt und es früher oder später rächt. In seinem anderen großen Werk, der *Theogonie*, einer Welterklärung auf der Grundlage des Göttermythos, findet sich auch die Erklärung jenes Phänomens. In der Abfolge der Generationen ist Zeus nach dem Sieg über die gewalttätigen Titanen und über Typhoeus, den Herrn über die Verderben bringenden Winde, zur Herrschaft gelangt. Seine zweite Gemahlin wurde Themis, die Göttin der Rechtsordnung, und sie gebar ihm drei Göttinnen, die gute Ordnung, die Gerechtigkeit und den Frieden (griechisch *eunomia, dike, eirene*). Mit Mnemosyne, der Göttin der Erinnerung, zeugte er die Musen, die den Menschen die Kraft des Segen spendenden Wortes verleihen:

«Zweite Gattin des Zeus war Themis, die Mutter der Horen,
Sie gebar Eunomia und Dike, die zarte Eirene,
Die fürsorgend die Werke der sterblichen Menschen betreuen.
Auch gebar sie die Moiren, die Zeus, der Berater, am höchsten
Ehrend würdigte. Klotho, Lachesis, Atropos; diese
Sind für die Menschen die Geber des Guten und Bösen.
…
Wieder entflammte den Zeus Mnemosynes lockige Schönheit,
Und es entstanden von ihr die Musen in goldenem Haarschmuck,

Neun; sie lieben die Lust des Gesanges und festliche Mahlzeit.»
(Hes. theog. 901–906 und 915–917. Übersetzung nach Th. von Scheffer)

Die Musen aber sind es, die Könige befähigen, mit der Macht des Wortes Recht zu schaffen. So heißt es in dem großen Hymnus auf die Göttinnen, mit dem Hesiod die *Theogonie* beginnt:

«Wen nun die Töchter des Zeus, des mächtigen, ehren und wen sie
Huldvoll bei der Geburt erlauchter Herrscher beschauen,
Dem mit süßem Tau benetzen die Musen die Zunge,
Dass seinem Munde gewinnend die Worte entströmen. Die Leute
Schauen alle auf ihn, wenn er entscheidendes Urteil
Fällt nach straffem Gesetz und ohne Irrtum und Fehlspruch
Rasch gewaltigen Hader verständig und weise beendet.
Drum sind Könige auch besonnen, weil sie den Leuten
Für erlittenen Schaden Ersatz auf dem Markte verschaffen
Zwanglos durch Überredung mit freundlich gewinnenden Worten.
Geht er zum Markte, verehren sie ihn wie einen der Götter
Mit umschmeichelnder Scheu, er gilt als der Erste im Rate.»
(Hes. theog. 81–92. Übersetzung nach Th. von Scheffer)

Zeus hat die verderblichen Kräfte besiegt und Ordnung, Gerechtigkeit und Frieden in die Welt gebracht. Er hat seinen Vater Kronos überwältigt und die Titanen gebändigt, aber die überwundenen Mächte bleiben noch immer bedrohlich, und es kann lange dauern, bis Zeus den guten Mächten wieder zum Sieg verhilft. Das ist für Hesiod die Lösung des Problems der Theodizee. Was die Verhältnisse auf dieser Welt anbelangt, so weist der Dichter dem gerechten Richter eine Schlüsselrolle zu. Seine Aufgabe ist es, mit überredenden Worten, der Gabe der Musen, die er mit dem Sänger teilt, im Gerichtsverfahren dem Recht zum Durchbruch zu verhelfen.

Hesiod wurde umgetrieben von dem Widerspruch zwischen der Erfahrung der Ungerechtigkeit und dem Ideal der gerechten Ordnung, für die Zeus, der höchste der Götter, einsteht. Doch diese Ordnung musste unter Göttern und Menschen immer von neuem erkämpft werden. Auf die Gerechtigkeit der adligen Richter war, wie Hesiod wusste, nicht zu bauen. Dem Ideal des gerechten Königs standen die «gabenfressenden» Herren gegenüber, die aus ihrem Richteramt eine Einnahmequelle zu Lasten der Rechtsuchenden machten. Und wie sollte eine Gesellschaft, in der alle Tötungsdelikte, auch die unabsichtlich oder von Minderjährigen begangenen, Blutrache nach sich zogen, zu einem gesicherten Rechtsfrieden finden? Blutschuldige konnten sich durch die Flucht oder durch das Angebot, materielle Buße zu leisten, retten. Aber dies setzte Vermögen auf Seiten des Täters und auf Seiten der geschädigten Sippe die Bereitschaft voraus, sich das Recht auf Blutrache abkaufen zu lassen. Eine Rechtsordnung, die den Schwachen gegen den Missbrauch überlegener Macht schützte, gab es schlechterdings nicht. Hier Abhilfe zu schaffen und, wie es um das Jahr 600 v. Chr. formuliert wurde, zu diesem Zweck Recht und Macht miteinander zu verbinden, war nicht Sache der Götter, sondern Aufgabe von Menschen, für die, wie sich zeigen sollte, die politische Gemeinschaft der Bürger einzustehen hatte. Es sollten noch mehrere Generationen vergehen, bis das Ungenügen an der bestehenden Rechtsordnung Lösungen erzwang, die dem Leben der Gemeinschaft ein festes Fundament in Gestalt schriftlich fixierter Gesetze gaben. Dies lässt sich am besten an den Gesetzeskodifikationen und Reformen demonstrieren, die um 600 v. Chr. in Athen eingeführt wurden. Zunächst aber wird von dem Aufbruch der Griechen in neue Welten und von der griechischen Kolonisation zu berichten sein, als deren Urbild in der Odyssee die auf der Insel Scheria gegründete Stadt der Phaiaken erscheint.

III. MIGRATION

1. *Der Aufbruch zu neuen Ufern*

Am Beginn des Aufbruchs zu neuen Ufern stand die Begegnung mit den Phoinikern. Dieses westsemitische Volk bewohnte den schmalen Küstensaum, der dem Libanongebirge und dem palästinensischen Bergland von Ugarit im Norden bis Ioppe im Süden vorgelagert ist. Ihre Städte – die bedeutendsten waren Tyros und Sidon – waren im neunten Jahrhundert unter assyrische Oberherrschaft geraten. Sie mussten Tribut zahlen und hatten keine Möglichkeit, sich das Hinterland der Küstenebene zu unterwerfen. So wandten sie sich ganz dem Meer zu und gewannen durch Handel und Seeraub sowie durch eine Kolonisation, die den Seefahrern Zwischenstationen auf den befahrenen Routen des Meeres nach Westen und der Heimat mit ihrem Bevölkerungsüberschuss Siedlungsraum in Übersee verschaffte, Reichtum und Macht. An den von ihnen befahrenen Seerouten legten sie zahlreiche Stützpunkte entlang der nordafrikanischen Küste bis zur Straße von Gibraltar an, neben anderen das um das Jahr 800 v. Chr. gegründete Karthago, eine Tochterstadt von Tyros. Phoinikische Ansiedlungen gab es auch auf Zypern, ja angeblich selbst in der Ägäis. Zumindest Herodot, der älteste griechische Historiker, weiß zu berichten, dass er selbst die von Phoinikern auf der Insel Thasos an der thrakischen Küste entdeckten und ausgebeuteten Metallvorkommen besucht und die Spuren des Metallabbaus gesehen habe. Seine Worte lauten:

«Ich habe diese Bergwerke selber gesehen; das erstaunlichste von ihnen ist die von den Phoinikern entdeckte Mine, als sie im Verein mit Thasos diese Insel besiedelten, die dann nach diesem Phoiniker Thasos ihren Namen erhielt. Dieses phoinikische Bergwerk auf Thasos liegt zwischen den Orten Ainyra und Koinyra, gegenüber von Samothrake. Einen großen Berg haben dort die Goldgräber umgewühlt.»
(Hdt. VI,47,1 f. Übersetzung nach A. Horneffer)

Das mag nun richtig sein oder falsch – jedenfalls waren phoinikische Seefahrer überall anzutreffen. Sie handelten mit allem, was begehrt war, mit Sklaven, Metallen, Luxusgütern aller Art, Schmuck und Erzeugnissen aus Bronze – in der um 700 v. Chr. entstandenen Odyssee, dem jüngeren der beiden homerischen Epen, führt das phoinikische Sidon geradezu den Beinamen «die erzreiche (Stadt)» (Hom. Od. XV,425) –, und sie waren gefürchtete Seeräuber. Sie kamen zu Schiff, legten an, handelten mit den mitgebrachten Waren und, wenn sich die Gelegenheit ergab, raubten und plünderten sie. In der Odyssee sind phoinikische Seefahrer in den Erzählungen so allgegenwärtig, wie sie es im wirklichen Leben wohl tatsächlich waren. So antwortet der Schweinehirt Eumaios auf die Frage, wie er dazu gekommen sei, auf Ithaka die Schweine des Laertes zu hüten, mit der Erzählung, dass phoinikische Händler, als er ein Kind war, nach der Insel Syria kamen, um Handel zu treiben, und ihn, den Sohn des Königs, als die Umstände es erlaubten, raubten und mit der Beute davonfuhren, schließlich nach langer Seefahrt in Ithaka anlegten und das Kind dem Vater des Odysseus als Sklaven verkauften:

«Dorthin kamen phoinikische Männer, Meister der Seefahrt,
Gauner, mit zahllosem Tand in dem schwärzlichen Fahrzeug.
...
Wasser und Wind aber brachten sie dann in Ithakas Nähe.
Hier hat mich Laertes gekauft zu seinem Besitztum.
So ist's gewesen, so ist mir dies Land vor die Augen gekommen.»
(Hom. Od. XV,415 f. und 481–483. Übersetzung nach J. H. Voß)

Als Odysseus auf Ithaka ankommt, erfindet er auf die Frage, woher er komme, wieder eine Geschichte, dieses Mal von guten Phoinikern, und erzählt, wie er als Blutschuldiger, um der Blutrache zu entgehen, aus Kreta fliehen musste und sich von einem phoinikischen Schiff nach Pylos oder Elis an der Westküste der Peloponnes in ein sicheres Exil bringen lassen wollte, das Schiff jedoch, durch einen heftigen Sturm vom Kurs abgebracht, in Ithaka landete:

«Aber sobald ich ihn mit der Schärfe des Erzes getötet,
Ging ich alsbald hinab zum Schiff, die stolzen Phoiniker
Anzuflehn, und gewann sie mir durch zahlreiche Gaben,
Dass sie nach Pylos führen und dort mich landeten, oder
Hin zur göttlichen Elis, die von den Epeiern beherrscht wird.
Aber es hat sie von dort die Gewalt der Winde verschlagen,
Ihnen zum großen Verdruss, denn sie dachten mich nicht zu betrügen.»
(Hom. Od. XIII,271–277. Übersetzung nach J. H. Voß)

Dem alten Eumaios erzählt der erfindungsreiche Odysseus jedoch eine ganz andere, oben bereits zitierte Geschichte, wie er nach Ithaka kam, und darin spielt ein phoinikischer Seefahrer wieder die Rolle des Schurken:

«Doch wie das achte Jahr im Laufe der Zeiten herankam,
Kam ein phoinikischer Mann daher, im Betrügen erfahren,
Ein Erzgauner, der anderen schon viel Schlimmes erwiesen.
…
Aber da jetzt die Monden und Tage waren vollendet,
Und ein anderes Jahr mit den kreisenden Horen herankam,
Führt' er gen Libyen mich auf dem meerdurchfahrenden Schiffe,
Da er log, ich solle mit ihm die Ladung geleiten:
Aber er dachte, mich dort mit hohem Gewinn zu verkaufen.
So bestieg ich sein Schiff voll Argwohn, aber ich musste.»
(Hom. Od. XIV,287–290 und 293–298. Übersetzung nach J. H. Voß)

Alle diese Auskünfte sind reine Erfindungen, aber sie sind so erfunden, dass sie demjenigen, an den sich die epische Erzählung richtete, glaubwürdig erscheinen mussten, weil sie der Lebenswirklichkeit der Zeit entsprachen. Doch waren die Phoiniker nicht nur verschlagene Händler, denen man nicht trauen konnte, und gefährliche Seefahrer, denen man sich lieber nicht anvertraute. Sie waren auch Übermittler einer fundamentalen Kulturtechnik: der Schrift. Von den Phoinikern übernahmen die Griechen um 800 v. Chr. deren Alphabet, eine Buchstabenschrift, die es anders als Bilder- und Silbenschriften erlaubte, den Lautbestand der gesprochenen Sprache mit Hilfe einer überschaubaren Zahl von Zeichen nachzubilden. Die Herkunft ihres Alphabets war den Griechen immer bewusst, und sie schrieben seine Übernahme dem Wirken des Kadmos zu, der aus Tyros (oder Sidon) stammte und als der mythische Stadtgründer des boiotischen Theben galt. In einem hellenistischen Epigramm auf Zenon, den Gründer der stoischen Philosophenschule, dem phoinikische Herkunft zugeschrieben wurde, heißt es:

> «Hat dich Phoinikien geboren, wer wollte es tadeln? Dort stand auch Kadmos' Wiege, und ihm verdanken die Griechen die Schrift.»
> (Diog. Laert. VII,30 = Anth. Graec. VII,117)

Die Erfindung des Alphabets, ein Meisterstück der Sprachanalyse mit Hilfe der Abstraktion, war das Ergebnis einer Zerlegung des Sprachflusses in seine Elemente. Aber das phoinikische Alphabet hatte wie alle semitischen die Eigenart, dass es nur aus Zeichen für die Konsonanten bestand und daher für eine vokalreiche Sprache wie das Griechische unzureichend war. An diesem Punkt setzte die Erfindungsgabe der Griechen ein. Sie erfanden Zeichen für die Vokale, mit denen sich auch die Diphthonge notieren ließen. Diese Verbesserung des Schriftsystems hatte einen durchschlagenden Erfolg. Die Nachbarn der Griechen übernahmen es und passten es ihrer Sprache an, die Phryger, Lyder und Lykier in Kleinasien, die Etrusker, Latiner und Veneter in Italien, sogar die Iberer im fernen

Westen. Dies ist der erste spektakuläre Fall, in dem die Griechen nicht nur Fremdes übernahmen, sondern es auch schöpferisch weiterbildeten. Später entwickelten sie aus dieser und ähnlichen Erfahrungen ein Bewusstsein ihrer Überlegenheit – oder in den Worten eines Philosophen aus der Schule Platons: «Was immer die Griechen von den Nichtgriechen übernehmen, bilden sie in schönerer Weise aus» ([Plat.] Epinom. 987 D/E).

Die Phoiniker lieferten den Griechen nicht nur das Muster des Alphabets, sondern gaben auch das Vorbild, Ersatz für die unzureichenden Ressourcen des eigenen Landes in Seehandel und Piraterie zu finden. Intensiviert wurde der Fernhandel durch die zwei metallurgischen Revolutionen, die zur Verwendung der Werkstoffe Bronze und Eisen für die Herstellung von Geräten, Waffen und Gefäßen führten. Nachdem im Vorderen Orient Methoden zur Härtung des Eisens erfunden worden waren, war dieses Metall der bevorzugte Werkstoff für die Herstellung von scharfen Waffen und Ackergerät. Eisen war wertvoll – in der Ilias setzt Achilleus bei den Leichenspielen für seinen Freund Patroklos dem Sieger im Diskuswerfen eine schwere Eisenscheibe als Preis aus:

> «Selbst, wenn weit in der Ferne die üppigen Äcker ihm reichen,
> Hat er daran zum Gebrauch für fünf umkreisende Jahre
> Reichlich genug, und es geht ihm gewiss aus Mangel an Eisen
> Weder ein Hirt noch ein Pflüger zur Stadt: Er wird es ihm geben.»
> (Hom. Ilias XXIII,832–835. Übersetzung nach J. H. Voß)

Die Werkstoffe Bronze und Eisen wurden nach Möglichkeit vorrätig gehalten und dienten zusammen mit den Edelmetallen Gold und Silber als Wertanlage und Zahlungsmittel. In Sparta waren selbst nach der Erfindung des Münzgeldes Eisenstäbe mit normiertem Gewicht weiterhin in dieser Funktion in Gebrauch.

Metallvorkommen lagen nicht überall vor der Haustür. Die Folge war, wie oben bereits dargestellt wurde, die Entstehung eines intensiven Handels mit Metallen. In der Odyssee werden die Taphier, die

Bewohner einer Inselgruppe zwischen Ithaka und der östlich gelegenen akarnanischen Küste, nicht nur als gefürchtete Seeräuber geschildert, sondern auch als Vermittler des Austauschs von Eisen und Kupfer:

> «Mentes, den Sohn des klugen Anchialos nenn' ich mich rühmend.
> Herrscher bin ich der Taphier, Freunde der Ruder.
> Jetzt bin zu Schiff ich eben gekommen; ich fuhr mit Gefährten
> Fort auf dem weinfarbenen Meer zu Menschen mit anderen Sprachen,
> Nach Temesa zum Kupfer, ich aber bringe das funkelnde Eisen.»
> (Hom. Od. I,180–184. Übersetzung nach J. H. Voß)

Temesa, später die römische Kolonie Tempsa, lag in Bruttium, an der italischen Gegenküste zum nordwestlichen Griechenland, und war in alter Zeit für seine Kupferlagerstätten berühmt. Auch diese Selbstvorstellung des Königs der Taphier ist Fiktion, und sie ist es in einem doppelten Sinn: Mentes ist in Wahrheit die Göttin Athene, die Telemachos in menschlicher Gestalt erscheint, und die erwähnte Handelsfahrt nach Temesa ist reine Erfindung. Aber es handelt sich wiederum um eine Erfindung, die für den Zuhörer, an den die Rede sich wandte, Glaubwürdigkeit besaß, weil sie der Lebenswirklichkeit in der Zeit des achten Jahrhunderts entsprach.

Die Phoiniker waren den Griechen in der Erschließung des Seeweges zu ergiebigen Lagerstätten von Metallen voraus. An der nordafrikanischen Küste hatten sie schon im neunten Jahrhundert Stationen bis zur Straße von Gibraltar angelegt, um sich den Zugang zu bedeutenden Metallvorkommen zu erschließen. Das wichtigste Ziel war Tartessos in Südspanien, das Zentrum der Metallgewinnung am unteren Guadalquivir. In der Schilderung, die der Prophet Ezechiel zu Beginn des sechsten Jahrhunderts von dem ausgedehnten Handel von Tyros, der Mutterstadt Karthagos, gab, steht Tartessos an erster Stelle:

> «Tarschisch (d. h. Tartessos) kaufte bei dir wegen der Fülle deiner Güter: Silber, Eisen, Zinn und Blei gaben sie für deine Waren.» (Ezech. 27,12)

Im achten Jahrhundert suchten und fanden auch Griechen Zugang zu ergiebigen Eisenvorkommen. Diese lagen auf der Insel Elba und auf dem etruskischen Festland, und in der Nähe dieser Lagerstätten, auf der Insel Pithekussai, dem heutigen Ischia, siedelten sich damals Griechen in großer Zahl an. Die ausgedehnten Gräberfelder haben zu der Vermutung Anlass gegeben, dass im achten Jahrhundert dort 5000 bis 10 000 Menschen vom Handel mit dem Festland und, nach den zahlreichen Überresten von Schmelzöfen zu urteilen, von der Verarbeitung des importierten Metalls lebten. Diese Bevölkerung war nicht in einer Polis organisiert, und ihre Ansiedlung auf der Insel war auch nicht, wie eine spätere Überlieferung behauptet, das Werk einer von den euboiischen Gemeinden Chalkis und Eretria ausgehenden Kolonisation. Beide Städte waren gewiss nicht in der Lage, 5000 oder gar 10 000 Kolonisten zu stellen und ihre Auswanderung zu organisieren. Vielmehr muss man sich vorstellen, dass die griechische Besiedlung von Pithekussai das Werk privater Initiative war, an der sich Euboier ebenso beteiligten wie Menschen aus anderen Teilen Griechenlands. Ein wichtiges Indiz sind die Funde von Keramik aus verschiedenen griechischen Gegenden. Den interessantesten Beleg für die Existenz einer kosmopolitisch zusammengesetzten Bevölkerung bietet der in einem Grab gefundene sogenannte Nestorbecher aus der Zeit um 720 v. Chr. Es handelt sich um einen rhodischen Becher. Darauf steht eine Inschrift, geschrieben in Buchstaben der chalkidischen Variante des griechischen Alphabets, mit Versen, die möglicherweise Kenntnis der Beschreibung des Nestorbechers in der epischen Dichtung – so zum Beispiel in der Ilias (XI,632–637) – voraussetzen:

«Des Nestor Becher bin ich, aus dem sich gut trinken lässt.
Wer immer aus diesem Becher trinkt, den möge auf der Stelle
Sehnsucht nach Aphrodite, der Schönbekränzten, ergreifen.»
(Meiggs/Lewis, Nr. 1)

Die individuellen Motive auszuwandern und sein Glück in Übersee zu suchen, mögen verschieden gewesen sein. Die homerischen Epen enthalten häufiger Hinweise darauf, dass Blutschuldige flüchteten, um der Blutrache zu entgehen, und auf der Flucht eine neue Heimat fanden. Auch Bedrohung von außen und innerer Streit konnten Auswanderung und Neuansiedlung bewirken. So heißt es in unserer frühesten Bezeugung der Kolonisation aus dem frühen siebten Jahrhundert, in Homers oben bereits zitierter Beschreibung des Landes der Phaiaken:

«... Aber Athene
Ging hinein in das Land zur Stadt der phaiakischen Männer.
Diese bewohnten zuvor das weite Gefild' Hyperaia,
Nahe bei den Kyklopen, den übermütigen Männern,
Welche sie immer beraubten und mächtiger waren und stärker.
Aber sie führte von dannen Nausithoos, ähnlich den Göttern,
Brachte gen Scheria sie, fern von den erfindsamen Menschen,
Und umringte mit Mauern die Stadt und richtete Häuser,
Baute Tempel der Götter und teilte dem Volke die Äcker.»
(Hom. Od. VI,2–10. Übersetzung nach J. H. Voß)

Dies ist die Beschreibung einer Auswanderung aus der angestammten Heimat und der Gründung eines organisierten Gemeinwesens auf einer Insel fern von gefährlichen Nachbarn, und das angegebene Motiv ist die Absicht, der ständigen Bedrohung durch die benachbarten Kyklopen zu entgehen und in gesicherten Verhältnissen zu leben. Aber der am weitesten verbreitete Grund, die Heimat zu verlassen, war blanke wirtschaftliche Not. Um 700 v. Chr. beschreibt der Sänger Hesiod, wie sein Vater, von bitterer Armut getrieben, sich auf das Meer hinauszufahren traute, um mit Handel und Raub einen prekären Lebensunterhalt zu gewinnen, wie er schließlich durch den Erwerb eines kleinen Bauernhofes die Unsicherheit des Meeres gegen die Sicherheit des Landes eintauschte und doch der Bedrängnis eines mühevollen Lebens auch hier nicht entging:

> «Wie mein Vater und auch der deine, törichter Perses,
> Segelte mit dem Schiff, nach edlen Gütern zu spähen.
> Einstmals kam er hierher auf weit sich dehnender Meerfahrt;
> Das aiolische Kyme verließ er im schwärzlichen Seeschiff.
> Nicht aus reicher Habe noch Wohlstand und Segen entwich er,
> Nein, aus bitterer Armut, wie Zeus sie den Menschen gegeben.
> Nahe dem Helikon ließ er sich nieder im ärmlichen Askra,
> Übel im Winter, beschwerlich im Sommer und niemals erfreulich.»
> (Hes. erg. 633–640. Übersetzung nach Th. von Scheffer)

Die in der Odyssee beschriebene organisierte Auswanderung und Neugründung einer Gemeinde unter der Leitung eines Führers ist das Muster, nach dem sich die überseeische Kolonisation vom achten bis zum sechsten Jahrhundert vollzog. Aber es gab auch Migration aus individuellem Antrieb, um der Armut zu entgehen, wie die Ansiedlung von Hesiods Vater in Boiotien – mit zweifelhaftem Erfolg freilich – oder die Niederlassung von Auswanderern gemischter Herkunft an Orten wie der Insel Pithekussai/Ischia, die Teilhabe an dem Eldorado der Metallförderung und -verarbeitung versprach. Was diese Auswanderer im Unterschied zu den Phaiaken auf Scheria nicht besaßen, waren ein von Mauern umgebenes städtisches Zentrum, Tempel und Landverteilung sowie eine geregelte Regierung mit Zusammenwirken von König, Ältestenrat und Volksversammlung. Eine derartige politische Verfassung wird in der bereits erwähnten Szene im sechsten Buch der Odyssee vorausgesetzt, in der Nausikaa mit ihrem Vater Alkinoos, dem König des Stadtstaats, zusammentrifft, als dieser im Begriff ist, das Haus zu verlassen:

«… und jener
Kam an der Pfort' ihr entgegen; er ging zu den glänzenden Herren
Zur Ratsversammlung, wohin die edlen Phaiaken ihn riefen.»
(Hom. Od. VI,53–55. Übersetzung nach J. H.Voß)

Die erste nach diesem Muster organisierte Polis auf italischem Boden war das gegenüber der Insel Pithekussai an der kampanischen Küste gelegene Kyme, später in römischer Zeit Cumae genannt. Seit etwa 740 v. Chr. finden sich hier die Spuren einer griechischen Besiedlung. Den Sprung von der Insel zum Festland wagten die Griechen von Pithekussai, als sie sich von den Vorzügen einer Stadtgründung auf dem Festland überzeugt hatten: Sie hatten nicht mit unüberwindbarer Feindschaft gefährlicher Nachbarn zu kämpfen und fanden einen Siedlungsplatz, der durch die Gunst seiner Lage ausgezeichnet war: einen zur Errichtung einer Burg – griechisch *akropolis* – geeigneten Berg in der Nähe eines Sandstrands, auf den die Handelsschiffe gezogen werden konnten, und fruchtbares, für Ackerbau geeignetes Land. Hier gründeten die Inselbewohner, wahrscheinlich beeinflusst von dem etruskischen Vorbild, eine Stadt und benannten sie nach zwei Gemeinden des Mutterlandes, aus denen vielleicht die Mehrheit der Siedler stammte, nach Kyme auf Euboia und der an der kleinasiatischen Küste gelegenen Stadt gleichen Namens in der Landschaft Aiolis. Als Stadtgründer werden in der Überlieferung Hippokles und Megasthenes genannt, beide von der Insel Euboia, der erste aus Eretria und der zweite aus Chalkis. Die neue Gemeinde war also nicht die Gründung einer bestimmten Mutterstadt. Die spätere Überlieferung, die keine Kenntnis von der Entstehung der ersten griechischen Ansiedlungen in Übersee hatte, stellte sich die Anfänge nach Analogie der offiziell von Staats wegen angelegten Kolonien vor. Tatsächlich aber handelte es sich bei den frühesten Ansiedlungen um private Unternehmungen. Ihnen lag der elementare Zwang zugrunde, neue, bessere Lebensmöglichkeiten in der Fremde zu suchen und zum eigenen Schutz neue Gemeinwesen zu gründen. Was immer im Einzelfall das Motiv war, die

Heimat zu verlassen und nach Übersee auszuwandern: Der tiefere allgemeine Grund war die Verknappung der Nahrungsdecke für eine wachsende Bevölkerung, die das Mutterland nicht mehr mit den notwendigen Lebensmitteln versorgen konnte.

Nicht überall, wo der Überseehandel Gewinn versprach, waren Ansiedlungen und Stadtgründungen möglich. Die Präsenz der Phoiniker im südlichen Spanien verhinderte dort eine griechische Kolonisation. Aber sie verhinderte nicht, dass einzelne kühne Seefahrer bis Tartessos am Guadalquivir gelangten. Einer von ihnen, ein Kaufmann aus Samos namens Kolaios, stiftete von dem Gewinn seiner Fahrt in den fernen Westen um 640 v. Chr. ein wertvolles Weihgeschenk, und so entging der Grund der Stiftung dem Vergessen. Im fünften Jahrhundert schrieb Herodot, der es im Tempel der Hera auf Samos gesehen hatte:

> «Dieser Handelsplatz Tartessos war zu jener Zeit (den Griechen) noch gar nicht bekannt; als daher das Schiff (des Kolaios) wieder heim nach Samos kam, brachte es einen reichen Ertrag seiner Waren wie nie ein griechisches Schiff, von dem wir Kunde haben. Ausgenommen ist allerdings Sostratos, der Sohn des Laodamos aus Aigina, mit dem kein anderer wetteifern kann. Die samischen Schiffer aber weihten den zehnten Teil ihres Gewinnes den Göttern – es waren sechs Talente (ca. 157 kg Silber) – und ließen ein Gefäß aus Erz in der Art eines argivischen Mischkrugs machen. Ringsum läuft ein Kranz von Greifenköpfen. Das Gefäß stifteten sie in den Heratempel und als Untersatz dazu drei Kolosse, die auf den Knien liegen und sieben Ellen (ca. 3,15 m) hoch sind.»
> (Hdt. IV,152,3–4; Übersetzung nach A. Horneffer)

Was die griechischen Kauffahrer anzubieten hatten, waren Produkte des heimischen Kunsthandwerks. Die Erzeugnisse griechischer Töpfer und Vasenmaler, Gold- und Silberschmiede waren als Renommierobjekte eines repräsentativen Lebensstils überall begehrt, auf der Iberischen und Italischen Halbinsel ebenso wie bei den Skythen nördlich des Schwarzen Meeres. Dementsprechend waren sie bei Etruskern und Skythen die von den Reichen und Mächtigen bevorzugten Grabbeigaben und Weihgeschenke. So erklärt es sich, dass beispielsweise die meisten und qualitativ besten griechischen Vasen, die wir besitzen, in den Museen von Florenz und Rom beziehungsweise St. Petersburg zu sehen sind. Vermutlich war es ein Enkel des oben erwähnten Sostratos aus Aigina, der im ausgehenden sechsten Jahrhundert in Graviscae, der Hafenstadt des etruskischen Tarquinii, Apollon einen Steinanker mit folgender Inschrift widmete:

> «Ich gehöre dem Aiginetischen Apollon. Sostratos hat mich anfertigen lassen, der Sohn des ...»
> (Jeffery, LSAG^2, p. 439)

Bei den Ausgrabungen in Graviscae wurde die Weihung des Sostratos zusammen mit zahlreichen anderen für Hera-Uni, Aphrodite-Turan, Apollon und Demeter in einem kleinen Heiligtum entdeckt, das den Mittelpunkt eines griechisch-etruskischen Handelsplatzes bildete. Schon lange vorher begegnet griechische Keramik in Latium und Etrurien, und für die Zeit um 750 ist sogar ein griechischer Töpfer in Veii, einer etruskischen Stadt am Nordufer des Tibers, nachweisbar.

Griechische Handelsstationen gab es auch im Osten des Mittelmeeres, an der syrischen Küste und im Nildelta, freilich nur mit Erlaubnis und unter Kontrolle der jeweiligen Herren des Landes. Im Herrschaftsbereich der etablierten Großmächte, Ägyptens und des Neuassyrischen Reiches, waren selbst Plünderungszüge zum Scheitern verurteilt. Im vierzehnten Buch der Odyssee ist davon in der Erzählung einer – fiktiven – Lebensgeschichte die Rede:

> «Nach fünf Tagen erreichten wir den schönen Aigyptos,
> Und ich ankerte dort mit den Schiffen im Strome Aigyptos;
> Mahnte auch mit strengem Befehl die lieben Gefährten,

Dort bei den Schiffen zu bleiben am Strom und die Schiffe zu hüten,
Sandte auch Späher aus, dass sie auf Orte zur Umschau gingen.
Aber vom Übermut und ihrer Begierde getrieben,
Plünderten sie alsbald der Aigypter schöne Gefilde,
Führten die Weiber gefangen fort und die kleinen Kinder,
Und erschlugen die Männer; es scholl das Geschrei bis zur Stadt hin.
Die aber hörten das Schreien. Kaum war die Frühe erschienen,
Zogen sie her zu Fuß und zu Pferd, und vom blitzenden Erz
Strahlte das ganze Gefild'; und der donnerfrohe Kronion
Schreckte in schmähliche Flucht die Genossen; keiner vermochte,
Gegen den Feind zu steh'n; denn ringsum drohte Verderben.
Viele von uns erschlugen sie dort mit der Schärfe des Erzes,
Andere führten sie lebend hinweg zu erzwungener Arbeit.»
(Hom. Od. XIV,257–272. Übersetzung nach J. H.Voß)

Mit Gewalt war gegen die überlegene Macht gut organisierter Großreiche nichts auszurichten. Dort konnte es nur Handel in wechselseitigem Interesse und zu den Bedingungen der Stärkeren geben. Die früheste dieser Handelsstationen lag in Syrien an der Mündung des Orontes bei Al-Mina. Die griechische Präsenz ist für das achte Jahrhundert durch reiche Funde euboiischer, für das siebte vor allem korinthischer Keramik bestätigt. Diese Keramik, die sich im weiten Umkreis bis nach Palästina verbreitete, war das wichtigste Handelsgut, das die Griechen im Austausch gegen Metall, insbesondere das in Südostanatolien geförderte Eisen, zu geben hatten. Bei Ras el-Basit, ungefähr 40 Kilometer südlich von Al-Mina, lag eine weitere Handelsstation, wahrscheinlich diejenige, die im Griechischen den Namen Poseideion, Heiligtum des Poseidon, führte.

In Ägypten ist griechische Präsenz gegen Ende des siebten Jahrhunderts am Ostufer des Kanopischen Nilarms am Ort der kurze Zeit später entstandenen privilegierten Handelsniederlassung Naukratis nachweisbar. Gegründet wurde sie wahrscheinlich unter den Königen Necho II. (610–595 v. Chr.) oder Psammetichos II. (595–

589 v. Chr.), doch nach Herodot gewährte erst König Amasis (570–526 v. Chr.) griechischen Händlern aus einer Reihe von Städten bevorzugte Niederlassungs- und Handelsrechte. Privilegiert wurden neun griechische Gemeinden aus der Ägäis und aus Kleinasien: Chios, Teos, Phokaia, Klazomenai, Rhodos, Knidos, Halikarnassos, Phaselis und Mytilene. Diese errichteten als Zentrum ein gemeinsames Heiligtum, das den Namen Hellenion, das heißt «Griechisches (Heiligtum)» trug, und setzten Aufsichtsbeamte zur Kontrolle des Handels ein, an dem andere als die privilegierten griechischen Gemeinden nur als Gäste teilhatten. Herodot erwähnt noch zusätzlich die Tempel des milesischen Apollon, der samischen Hera und des aiginetischen Zeus. Das könnte dafür sprechen, dass auch den Seestädten Aigina, Milet und Samos besondere Niederlassungsrechte eingeräumt wurden. Bei den Ausgrabungen sind die Überreste der von Herodot erwähnten Tempel mit Ausnahme desjenigen des aiginetischen Zeus, dazu noch ein von Herodot nicht genanntes Heiligtum der Demeter, zutage gefördert worden.

Herodot bezeichnet Pharao Amasis als Freund der Griechen. Schon vorher gab es Griechen, die im Dienst der Pharaonen standen. Im Jahr 656 v. Chr. gewann Psammetichos I. mit Hilfe karischer und ionischer Söldner die Herrschaft über ganz Ägypten. Zwei Generationen später brachten griechische Söldner, die Psammetichos II. auf seinem Feldzug nach Aithiopien – Nubien – begleiteten, an der berühmten Kolossalstatue von Abu Simbel in Oberägypten eine Inschrift an. Damit verewigten sie das Andenken an ihre Anwesenheit, indem sie ihre Namen und ihre Herkunft einmeißelten:

> «Als König Psamatichos nach Elephantina gekommen war,
> schrieben dies auf, die zusammen mit Psammatichos, Sohn des Theokles,
> auf Schiffen fuhren und bis oberhalb von Kerkis kamen, soweit es der Fluss
> zuließ. Die mit fremder Sprache befehligte Potasimto, die Aigypter Amasis.

Geschrieben haben mich Archon, Sohn des Amoibichos, und Peleqos,
Sohn des Eudamos:

Elesibios aus Teos.
Telephos hat mich geschrieben, aus Ialysos.
Python, Sohn des Amoibichos
... und Krithis haben mich geschrieben.
Pabis aus Kolophon mit Psammata.
Anaxanor... aus Ialysos, als der König das Heer zum ersten Mal führte
... Psamatichos.»
(Meiggs/Lewis, Nr. 7)

Einzelne Griechen in fremden Diensten konnten zusätzlich zu dem gewöhnlichen Sold für außerordentliche Leistungen reiche Belohnungen entgegennehmen. Auf einem ägyptischen Würfelhocker aus Basalt, der bei Priene in Kleinasien gefunden wurde und sich heute in Privatbesitz befindet, ist folgende Inschrift zu lesen:

«Pedon hat mich geweiht,
der Sohn des Amphinneos, der mich aus Äg(-)
ypten mitgebracht hat. Und ihm hat der Kö(-)
nig von Ägyp(-)
ten Psammeticho(-)
s, gegeben als Preis für hervorragende Leistungen einen Armreif
aus Gold und
eine Stadt seiner Tüchtigkeit wegen.»
(SEG 37, Nr. 994)

Etwa zur gleichen Zeit diente der Bruder des Dichters Alkaios als Söldner in Babylon. Als er heimkehrte, begrüßte ihn Alkaios mit einem Gedicht, von dem einige Zeilen erhalten sind:

«Von den Enden der Welt kommst du. Aus Elfenbein,
Goldverschnürt, ist am Schwert, welches du trägst, der Griff.
Im Solde der Babylonier bestandest du
Einen mächtigen Kampf, hast sie aus Not befreit,
Als du tötetest den tapferen Mann, dem nur
Eine Handbreit an fünf Ellen nach Königsmaß
Fehlte.»
(Alk. F 350 Lobel Page. Übersetzung nach H. Fränkel)

Wahrscheinlich verpflichtete sich Antimeneidas, so der Name des Bruders, zum Kriegsdienst in Babylon, als die Bürgerkriegspartei, der er in seiner Heimat Mytilene, angehörte, im Kampf um die Macht unterlag und er die Rache der Sieger fürchtete. Er kehrte nach Mytilene zurück, nachdem seine Partei dort die Oberhand gewonnen hatte. Andere Männer mögen andere Motive gehabt haben, um in fremde Dienste zu gehen. Söldnern ging es nicht um die Ehre, sondern um die Sicherung des eigenen Lebens und des Lebensunterhalts, und sie zogen es vor, lieber ohne Schild die Flucht zu ergreifen, um das eigene Leben zu retten, als auf dem Feld der Ehre zu fallen, wenn sie sich bei einem Kriegsherrn verdingten. Niemand hat diese Mentalität so klar zum Ausdruck gebracht wie Archilochos, auch er ein begnadeter Dichter, um die Mitte des siebten Jahrhunderts:

«Ich bin beides: dem Gott Enyalios (Ares) bin ich Gefolgsmann
Und verstehe die Kunst, welche die Musen verleihn.
Meine Lanze bäckt mir mein Brot, die Lanze verzapft mir
Ismarer Wein, sie gibt, während ich trinke, mir Halt.»
(Archil. F 1 und 2 Diehl. Übersetzung nach H. Fränkel)

Von dem auf der Flucht vor dem Feind verlorenen Schild heißt es:

«Mit dem Schild, den ich ungern bei einem Busche zurückließ,
Einem trefflichen Stück, prahlt nun ein saischer Mann;

> Aber mein Leben trug ich davon. Was liegt mir an diesem
> Schild? Fahr' er hin! Demnächst kauf ich den gleichen mir.»
> (Archil. F 6 Diehl. Übersetzung nach H. Fränkel)

Es gehört zu den Konstanten der Geschichte Griechenlands, dass in jeder Generation Männer in großer Zahl ihre Heimat verließen, um sich als Söldner, Seeleute oder Handwerker zu verdingen. Abenteuerlust, Flucht vor Feinden und siegreichen Bürgerkriegsgegnern oder vor drohender Blutrache von Angehörigen eines Getöteten konnten die Ursache sein, aber die betreffenden Fälle erklären das Massenphänomen der Migration nicht vollständig. Es war vielfach die Verschuldung, die Not, im Extremfall der Hunger, die zum Verlassen der Heimat zwangen.

Diese Ursachen standen auch hinter der großen Kolonisationsbewegung vom achten bis zum sechsten Jahrhundert. Die überlieferten Versionen der Gründungssage von Kyrene in Nordafrika weichen zwar erheblich voneinander ab, stimmen aber darin überein, dass elementare Not auf der kleinen Insel Thera (heute Santorin) in der zweiten Hälfte des siebten Jahrhunderts die Gemeinde dazu zwang, einen Teil der Bürger auszusenden, damit sie sich an den Küsten Libyens niederließen. In einer in Kyrene gefundenen Inschrift aus dem vierten Jahrhundert wird im zitierten Eid der Bürger von Thera die Aussendung eines Teils der Bürgerschaft als eine aus großer Notlage geborene Zwangsmaßnahme geschildert:

> «Zu gleichen Bedingungen sollen ausfahren aus jedem Haus ein Sohn, und auswählen sollen sie aus dem gesamten Land erwachsene (Söhne), und von den übrigen Theraiern soll, soweit er frei ist, mit ausfahren, wer will ... Wenn aber einer nicht ziehen will, den die Gemeinde aussendet, der soll des Todes sein, und sein Besitz soll der Gemeinde zufallen. Wer ihn aber aufnimmt und versteckt – und sei es der Vater den Sohn oder der Bruder den Bruder –, der wird das Gleiche erleiden wie derjenige, der nicht mit ausziehen will.»
> (Meiggs/Lewis, Nr. 5,27–30 und 37–40)

Dies ist eines der vielen Zeugnisse, aus denen hervorgeht, dass die Nahrungsdecke nicht mehr ausreichte, um die gewachsene Bevölkerung zu ernähren. Um 600 v. Chr. sah ein Dichter des homerischen Zyklus, der Verfasser der Kyprien, den letzten Grund für den Troianischen Krieg in einer Übervölkerung, von der gesagt wird, dass sie Missachtung der Götter, Gewalt und Unrecht auf Erden erzeuge. Es ist Themis, die Göttin gerechter Satzung, die Zeus, dem Vater der Götter, den Rat erteilt, diesen Zustand zu beenden, die Menschheit zu dezimieren, damit Recht und Ordnung zur Erde zurückkehren. Die Worte der Göttin lauten:

> «Es gab eine Zeit, dass unzählige Stämme der Menschen umherirrend
> Zu Land die Fläche des breiten Erdenrundes schrecklich beschwerten.
> Als Zeus das erkannte, erfasste ihn Mitleid, und tief in seinem Herzen
> Beschloss er, von Menschen die allnährende Erde zu entlasten,
> Indem er den gewaltigen Streit des Krieges um Troia erregte,
> Damit die Schwere des Todes sie leere; die Helden vor Troia
> erschlugen einander: so erfüllte sich der Wille des Zeus.»
> ([Hom.] Cypria, Test. I. Übersetzung nach Th. von Scheffer)

Die traditionelle Geschichte von den Ursachen des Troianischen Krieges erfährt hier im Lichte der Erfahrung der Generation, der der Dichter angehörte, eine Umdeutung: Die Erde litt an der Krankheit der Übervölkerung, und der Krieg war das brutale Mittel der Heilung. Übervölkerung ist freilich ein relativer Begriff. Soviel aber darf immerhin als gesichert gelten: Die Landwirtschaft, wie allerorts die Lebensgrundlage vormoderner Gesellschaften, ernährte die Bevölkerung des griechischen Mutterlandes nicht mehr hinreichend. Die Intensivierung des Handels und die Kolonisationsbewegung sowie die Kriege, die um fruchtbares Land und Zugang zu wichtigen Handelsrouten ausgetragen wurden, sprechen eine unmissverständliche Sprache.

Schwieriger zu beantworten ist die Frage nach den Ursachen dieses Phänomens. Gab es einen starken Anstieg der Bevölkerung aufgrund einer erhöhten Geburtenrate, und welche Auswirkungen hatten die im griechischen Erbrecht verankerte Realteilung und die ungleiche Verteilung des Bodens zwischen einer begünstigten Elite und einem am Rand des Existenzminimums lebenden Kleinbauerntum?

Im Hinblick auf die demographische Entwicklung sind wir in erster Linie auf Schlussfolgerungen aus Grabungsbefunden von Gräberfeldern und Siedlungsresten angewiesen. Während Griechenland in den Dunklen Jahrhunderten dünn besiedelt war, ändert sich das Bild zu Beginn der archaischen Epoche. In Attika stieg die Zahl der Siedlungen, so ist zu erfahren, von fünfzehn im neunten auf fünfzig im achten Jahrhundert, und während die Zahl der nachgewiesenen Erwachsenengräber im neunten Jahrhundert mit knapp einem pro Jahr konstant blieb, stieg sie bis zum Ende des achten auf 2,5 pro Jahr. Ähnlich ist der Befund auf der Peloponnes. In Arkadien stieg die Zahl der nachgewiesenen Heiligtümer von einem einzigen auf acht. In der argivischen Ebene wuchs die Zahl der Plätze, die Spuren menschlicher Besiedlung aufweisen, von sechs auf sechzehn. Die Gräberfelder dort weisen einen ähnlichen Befund auf. In der südlichen Argolis ist vor 900 v. Chr. nur eine einzige Siedlung nachweisbar, in spätgeometrischer Zeit (750–700 v. Chr.) sind es dagegen einundzwanzig. Während also zahlreiche Indizien für das achte Jahrhundert eine substantielle Bevölkerungszunahme bezeugen, bleibt deren Umfang strittig. Wir besitzen keine demographische Statistik, und Versuche, die Geburtenrate aus dem Anstieg der datierten Gräber pro Generation in Athen und Attika zu berechnen, werfen mehr Probleme auf, als dass sie solche lösen. Die Annahme, dass der Anstieg der Zahl freigelegter datierter Gräber um das Sechsfache die exorbitant hohe Zunahme der Geburtenrate um 4 % pro Jahr spiegelt, widerspricht allen Ergebnissen der demographischen Erforschung vormoderner Gesellschaften. Es ist ganz undenkbar, dass sich die Bevölkerungszahl Attikas, wie angenommen worden ist, zwischen 800 und 750 v. Chr. etwa vervierfacht und in den folgenden 50 Jahren bis zum Ende des achten Jahrhunderts noch einmal verdoppelt hat.

Mit welchen Steigerungsraten unter den Bedingungen einer noch wesentlich agrarisch geprägten Gesellschaft mit hoher Kindersterblichkeit realistischerweise zu rechnen ist, zeigt die Bevölkerungsstatistik für das Gebiet des Deutschen Bundes ohne die österreichischen Länder in der Zeit zwischen 1816 und 1865. In diesem Zeitraum wuchs die Bevölkerung um etwa 60 %, von etwa 21 auf knapp 34 Millionen Menschen. Das entspricht einem durchschnittlichen jährlichen Wachstum von etwa 0,94 %. Von den regionalen Unterschieden – sie liegen zwischen 0,5 und 1,6 % – und deren Ursachen kann hier abgesehen werden. Trotz dieses Wachstums lag die Bevölkerungsdichte pro Quadratkilometer weitaus niedriger als heute, und doch waren die sozialen Folgen eines Wachstums von 60 % innerhalb von 50 Jahren erheblich. Ungeachtet eines verstärkten Landesausbaus wie in Ostelbien kam es zu großen Wanderbewegungen mit dem Ziel, anderenorts bessere Lebensverhältnisse zu finden als in der Heimat. Von den Einzeldaten der massiven Binnenwanderung innerhalb des Deutschen Bundes, vom Land in die Stadt, vom flachen Land in die Zentren des Gewerbes, des Bergbaus und der Frühindustrialisierung, muss hier abgesehen werden. Was die Auswanderung nach Übersee, vor allem nach den Vereinigten Staaten, anbelangt, so stieg sie sprunghaft an, von 50 000 zwischen 1820 und 1829 auf 210 000 zwischen 1830 und 1839, 480 000 zwischen 1840 und 1849 sowie 1 161 000 in der Folgezeit bis 1859, das sind insgesamt 1,9 Mio. Menschen. Die Motive der überwältigenden Mehrheit der Auswanderer hat Thomas Nipperdey im ersten Band seiner *Deutschen Geschichte* (fünfte Auflage 1991, S. 114) zusammenfassend so benannt: «Übervölkerung, Pauperismus und Ablösung vom heimatlichen Sozialverband sind die wesentlichen Ursachen, die durch akute allgemeine oder private Krisen aktualisiert werden.» Für die archaische Zeit Griechenlands wird man sich die Verhältnisse bei allen Unterschieden im Einzelnen durchaus vergleichbar vorzustellen haben.

Akute allgemeine Hungerkrisen werden, von Kriegen einmal abgesehen, ausgelöst von Seuchen und Witterungseinflüssen, die zu einem partiellen oder vollständigen Ernteausfall führen. Die Auswertung der Agrarstatistik Griechenlands für die Zeit von 1921 bis 1932, einer Zeit vormoderner Landwirtschaft, hat nach Eberhard Ruschenbusch ergeben, dass beispielsweise auf den Kykladen aufgrund unterschiedlicher Niederschlagsmengen die Ernteerträge von Getreide zwischen einem Maximum von 9,8 Doppelzentner pro Hektar und einem Minimum von 2 Doppelzentner variierten. Schon bei einer durchschnittlichen Ernte, die etwa das Vierfache der Aussaat erbrachte, war eine bäuerliche Familie, die Subsistenzwirtschaft betrieb, in der schlimmsten Zeit des Winters zur Kürzung der Essensrationen gezwungen. Bei Missernten herrschte Hunger, im Extremfall kam es zum Hungertod. Das war in der ersten Hälfte des 19. Jahrhunderts in Deutschland wie überhaupt in Europa nicht anders. Damals steigerten die Missernten der Jahre 1816/17 und 1845–1847, als zu schlechten Getreideernten noch die Kartoffelfäule hinzutrat, das Massenelend zu einer schrecklichen Katastrophe. Der Hunger ist auch in den homerischen Epen, bei Hesiod und in der Gründungslegende von Kyrene, aus der oben zitiert wurde, allgegenwärtig und als das schlimmste Verhängnis gefürchtet. Beispielsweise sagt in der Odyssee einer der Freier:

> «Wohl ist jeglicher Tod den armen Sterblichen furchtbar,
> Doch ist Hungers sterben das jämmerlichste Verhängnis.»
> (Hom. Od. XII,341 f. Übersetzung nach J. H. Voß)

Umgekehrt ist das Land, in dem man nicht Hunger leidet, das Paradies auf Erden. In Eumaios' Beschreibung seiner Heimat, der Insel Syria, heißt es:

> «Nie naht der Hunger dem Volke dort und keine der anderen
> Schlimmen Plagen befällt die unglückseligen Menschen.»
> (Hom. Od. XV,406 f. Übersetzung nach J. H. Voß)

Missernten wechseln in der Regel mit durchschnittlichen oder guten Erträgen. Diesem von der Natur abhängigen Wechsel waren alle ausgesetzt. Aber es waren strukturelle Ursachen, die einen großen Teil der Bevölkerung ständig der Gefahr aussetzten, zu hungern oder gar zu verhungern: geringe Arbeitsproduktivität und ungleiche Verteilung von Grund und Boden. Man hat, worauf oben bereits hingewiesen wurde, berechnet, dass unter den Bedingungen der vormodernen Landwirtschaft die Arbeitskraft eines Erwachsenen nötig war, um einen Ertrag zu erwirtschaften, der für zwei, allenfalls drei Erwachsene ausreicht. Das bedeutet, dass eine Familie mit mehreren Kindern und einem alten, hinfälligen Elternteil unter den Druck fehlender Arbeitskraft geriet. Druck von anderer Seite ging von kleinen Arealen aus, deren Ertrag für die Ernährung einer Familie nicht ausreichte. Es ist errechnet worden, dass ein Hof von 2,2 Hektar einer vierköpfigen Familie gerade noch das Existenzminimum sicherte, vorausgesetzt, dass keine Missernte eintrat. Sind mehrere männliche und weibliche Kinder vorhanden, so vernichten Erbteilung und Mitgift die Möglichkeit, dass die nächste Generation von dem geteilten Erbe leben kann. Sind zwei Söhne vorhanden, erhält jeder beim Tod des Vaters 1,1 Hektar, zu wenig, um eine Familie zu ernähren. Fällt der Anteil des Einzelnen bei der Erbteilung noch geringer aus, so ist dieser gezwungen, einem Nebenerwerb als Handwerker nachzugehen oder sich als Tagelöhner, Ruderer oder Söldner zu verdingen – oder auszuwandern und in Übersee sein Heil zu suchen, als Händler und Seeräuber, als Söldner oder als Teilnehmer an einer organisierten Auswanderergruppe. Genau dies geschah seit dem achten Jahrhundert in großem Maßstab und bewirkte einen Aufbruch zu neuen Ufern im wortwörtlichen Sinn.

Nicht nur die begrenzten Landressourcen in Griechenland und die geringe Arbeitsproduktivität der vormodernen Landwirtschaft engten den Spielraum für eine Erweiterung der Lebensmöglichkeiten einer sich vermehrenden Bevölkerung ein. Hinzu kommt die ungleiche Verteilung von Grund und Boden. Eine Vorstellung davon gibt eine Modellrechnung zu den vormodernen Verhältnissen auf den Inseln Amorgos und Karpathos. Ein Areal mit einer Anbaufläche von 2200 Hektar bietet 1000 Männern mit ihren Familien, also etwa 4000 Menschen, ein knappes Existenzminimum. Unter der Annahme, dass die Oberschicht 3 % der Männer ausmacht und diese im Durchschnitt 20 Hektar besitzen, bedeutet dies, dass 30 Männer über etwa 600 Hektar verfügen, das sind 27,3 % der Anbaufläche, also mehr als ein Viertel, die übrigen 970 Männer über weniger als drei Viertel, jeder Einzelne im Mittelwert nur über 1,65 Hektar. Verschärft wird nach dieser Rechnung die soziale Ungleichheit noch weiter durch die Besitzunterschiede innerhalb der Mehrheit der Landbesitzer. Möglicherweise hatten 50 % nur 2,2 Hektar oder weniger und lebten damit am Rande oder unterhalb des Existenzminimums. Unter solchen Voraussetzungen blieben Konflikte nicht aus. Das erste Selbstzeugnis eines Dichters, das wir besitzen, dasjenige des um 700 v. Chr. lebenden Hesiod, berichtet – wie bereits erwähnt – von einem Erbschaftsstreit mit seinem Bruder Perses, der ihn mit Hilfe bestochener Richter um einen Teil seines Erbes betrogen hatte. Um 600 v. Chr. gibt das detaillierte Nachbarschaftsrecht der solonischen Gesetze zu erkennen, dass es Streit um jeden Quadratzentimeter Boden gab. In der betreffenden gesetzlichen Bestimmung heißt es:

> «Wenn jemand bei einem fremden Grundstück eine Einfriedung aus Dornensträuchern oder Steinen baut, so soll er die Grenze nicht überschreiten; wenn eine Mauer, dann soll er einen Fuß (= 30 cm) wegbleiben, wenn ein Haus, dann zwei Fuß. Wenn er aber einen Graben oder eine Grube gräbt, dann soll er so weit wegbleiben, wie die Tiefe beträgt; wenn einen Brunnen, dann einen Klafter (6 Fuß = 1,80 cm). Einen Öl- oder Feigenbaum soll man neun Fuß (2,70 m) vom fremden Grundstück pflanzen, die anderen Bäume fünf Fuß (1,50 m).»
> (Solon. Gesetzeswerk F 60 a Ruschenbusch)

Offenbar ist in Attika, wie aus einem anderen der solonischen Gesetze hervorgeht, der Landausbau so weit vorangetrieben worden, dass selbst extrem wasserarme Areale genutzt wurden:

> «Wo ein öffentlicher Brunnen in einer Entfernung von einem Pferdelauf (= 740 m) ist, soll man ihn benutzen, wo er weiter weg ist, soll man eigenes Wasser suchen. Wenn sie aber 10 Klafter (= 18 m) tief gegraben haben und bei sich kein Wasser finden, dann sollen sie es beim Nachbarn holen, zweimal am Tag einen Krug von 6 Kannen (= 2 x 19,5 l).»
> (Solon. Gesetzeswerk F 63 Ruschenbusch)

Mit Recht ist darauf hingewiesen worden, dass die Gebote und Verbote der solonischen Gesetze als Antwort auf die Krise verstanden werden müssen, die von der relativen Übervölkerung und ihren Folgen ausgelöst wurde. Altersschwachen Eltern wurde die Nahrung verweigert, unverheiratete Schwestern und Töchter, die nicht verheiratet werden konnten, wurden in ein Bordell vermietet, oder man nahm die eigene Schwester zur Frau, damit nicht zusätzlich eine Frau aus fremder Familie ernährt werden musste. Dass die Nahrungsdecke für die angewachsene Bevölkerung nicht mehr ausreichte, beweisen die Verbote, Lebensmittel, das heißt vor allem Getreide, auszuführen – ausgenommen war allein Olivenöl – und aromatische Salböle herzustellen. Diese brachten zwar hohen Gewinn, aber mit der Konsequenz, dass große Flächen dem Getreideanbau zugunsten des Anbaus von Rosen, des Grundstoffs für die Produktion von Salbölen, entzogen wurden.

Eine weitere Folge der relativen Übervölkerung waren Maßnahmen zur Geburtenbeschränkung. Diesem Zweck dienten das relativ hohe Heiratsalter der Männer und die Verbreitung homosexueller Beziehungen. Hesiod riet dem Bruder, erst im Alter von etwa dreißig Jahren zu heiraten und dann nur einen einzigen Erben zu zeugen, und auch dieser sollte sich an diesen, seinem Vater erteilten, Rat halten:

> «Zeuge nur einen Sohn, dass er vom Erbe des Vaters
> Zehre; denn so vermehrt sich im Hause der Wohlstand.
> Möge betagt er sterben und selbst einen Sohn hinterlassen.»
> (Hes. erg. 676–678. Übersetzung nach Th. von Scheffer)

Waren mehrere Söhne vorhanden, so musste zwischen möglichen Vorteilen und Nachteilen abgewogen werden. Bei kleinem Besitz drohte mehreren Erben der Absturz ins Elend, bei größerem konnte sich der Vorteil des größeren Arbeitspotentials zu einer Mehrung des Wohlstandes auswirken:

> «Leicht auch mehreren gibt Kronion unendlichen Segen:
> Mehrere mehren die Sorgen, doch ist auch größer der Zuwachs.»
> (Hes. erg. 679 f. Übersetzung nach Th. von Scheffer)

Nach Aristoteles (384–322 v. Chr.) bezweckte das langjährige Gemeinschaftsleben der jungen Männer in den dorischen Gemeinden Kretas eine Geburtenbeschränkung durch Förderung homosexueller Beziehungen. Es heißt:

> «Und damit sie nicht viele Nachkommen (die ernährt werden müssten) zur Welt bringen, hat er (der Gesetzgeber) Vorkehrungen zur Trennung der (Männer von den) Frauen getroffen, indem er stattdessen den Verkehr unter Männern einführte.»
> (Aristot. pol. III.1272 a 24. Übersetzung nach E. Schütrumpf)

Diese Deutung mag nun richtig sein oder falsch: Sie ist auf jeden Fall ein Zeugnis für die große Bedeutung, die der Geburtenbeschränkung beigemessen wurde. In einer Gesellschaft, in der der Einzelne vom Einkommen aus agrarischem Besitz lebte wie in Sparta, bedeuteten mehrere Söhne, wie Aristoteles hervorhebt, den Verlust des an hinreichenden Besitz geknüpften Status als Vollbürger:

«Denn der Gesetzgeber (in Sparta) hat die Zielsetzung, dass die Zahl der spartanischen Vollbürger möglichst groß sein sollte, und er schafft den Bürgern Anreize, möglichst viele Kinder zur Welt zu bringen. So gibt es bei ihnen ein Gesetz, dass derjenige, der drei Söhne gezeugt hat, vom Kriegsdienst freigestellt wird, und der mit vier Söhnen von allen Verpflichtungen gegen den Staat entbunden ist. Aber es ist doch klar, dass bei einer großen Kinderzahl und bei entsprechender Verteilung des Besitzes von Land viele in Armut geraten müssen.»

(Aristot. pol. III.1270 b 1–6. Übersetzung nach E. Schütrumpf)

Die aufgehende Schere zwischen Bevölkerungsvermehrung und begrenzten, zudem ungleich verteilten Landressourcen hatte eine Schuldenkrise des Kleinbauerntums zur Folge, die in letzter Konsequenz die Verschuldeten mit dem Verlust ihres Eigentums und ihrer persönlichen Freiheit bedrohte. Das geschah nach bestehendem Recht, aber es warf die Frage auf, ob es denn auch gerecht sei, was dem positiven Recht entsprach, und ob nicht die Liquidierung des Kleinbauerntums zugunsten eines wirtschaftlich überlegenen Adels die Existenz der ganzen Gemeinschaft gefährdete. Was aber sollte die Antwort sein? Eine Reform an Haupt und Gliedern? Wie sollte sie aussehen, und wer sollte sie in die Hand nehmen? Stadtherren, die sich mit Gewalt der Herrschaft bemächtigten, oder Schiedsmänner, die von der Gemeinschaft mit der überfälligen Reform betraut waren?

Der Ursprung aller in diesem Kapitel geschilderten Probleme lag, wie gesagt, in einer relativen Übervölkerung Griechenlands, die im achten Jahrhundert die von existenzieller Not bedrohte Gesellschaft in Bewegung zu neuen Ufern setzte. Dieser Wurzel entsprang die Einzigartigkeit der Antwort, mit der die Griechen in archaischer Zeit den großen Herausforderungen der Krise begegneten: mit der Erweiterung ihres Lebensraumes durch Gründung überseeischer Siedlungskolonien, mit der Verbesserung ihrer Lebensgrundlagen durch Auswanderung, Teilhabe am mediterranen Handel und, damit im Zusammenhang stehend, Steigerung der handwerklichen Produktion sowie, in politischer Hinsicht, mit der Selbstbestimmung der Bürger in allen öffentlichen Belangen einschließlich der Rechtsordnung. Wenn für irgendjemanden, dann gilt für die Griechen der archaischen Zeit der Satz, dass Not erfinderisch macht. Der Kampf ums Überleben setzte politische, ökonomische, geistige und künstlerische Energien frei, die ihresgleichen suchen und ohne die das Wunder der griechischen Kultur undenkbar erscheint.

2. Die griechische Kolonisation

Die griechische Kolonisation begann um die Mitte des achten Jahrhunderts und kam in der ersten Hälfte des sechsten allmählich zum Erliegen. Das Ergebnis war, wie Platon es formulierte, dass die Griechen um das Meer saßen wie Frösche um einen Teich. Dies ist insofern richtig, als die griechische Kolonisation die Küsten des Meeres erfasste; doch nirgendwo durchdrang sie die Tiefe des Raumes. Ja, selbst die Küsten des Mittelmeeres waren zu keinem Zeitpunkt vollständig in griechischer Hand. Wo festgefügte Machtverhältnisse existierten, mussten sich Griechen mit der Erlaubnis begnügen, unter fremder Kontrolle am Fernhandel teilzunehmen. Dort Siedlungskolonien mit der Qualität eines sich selbst regierenden Gemeinwesens zu gründen war ihnen nicht möglich. Die Küsten Syriens, Palästinas, Ägyptens blieben der griechischen Kolonisation ebenso verschlossen wie die Küsten Nordafrikas westlich der Kyrenaika und diejenigen Mittelitaliens im Herrschaftsbereich der etruskischen Städte. Auf dem Meer erfuhren die Griechen außerdem die machtvolle Konkurrenz der Phoiniker. Ausgehend von ihren Städten an den Küsten des heutigen Libanon, hatten sie sich unter Führung von Tyros und Sidon den an Nordafrika vorbeiführenden Seeweg nach der Straße von Gibraltar gesichert, indem sie an der strategisch bedeutenden Meerenge zwischen dem westlichen Sizilien und dem heutigen Tunesien die Kolonien Karthago und Utica

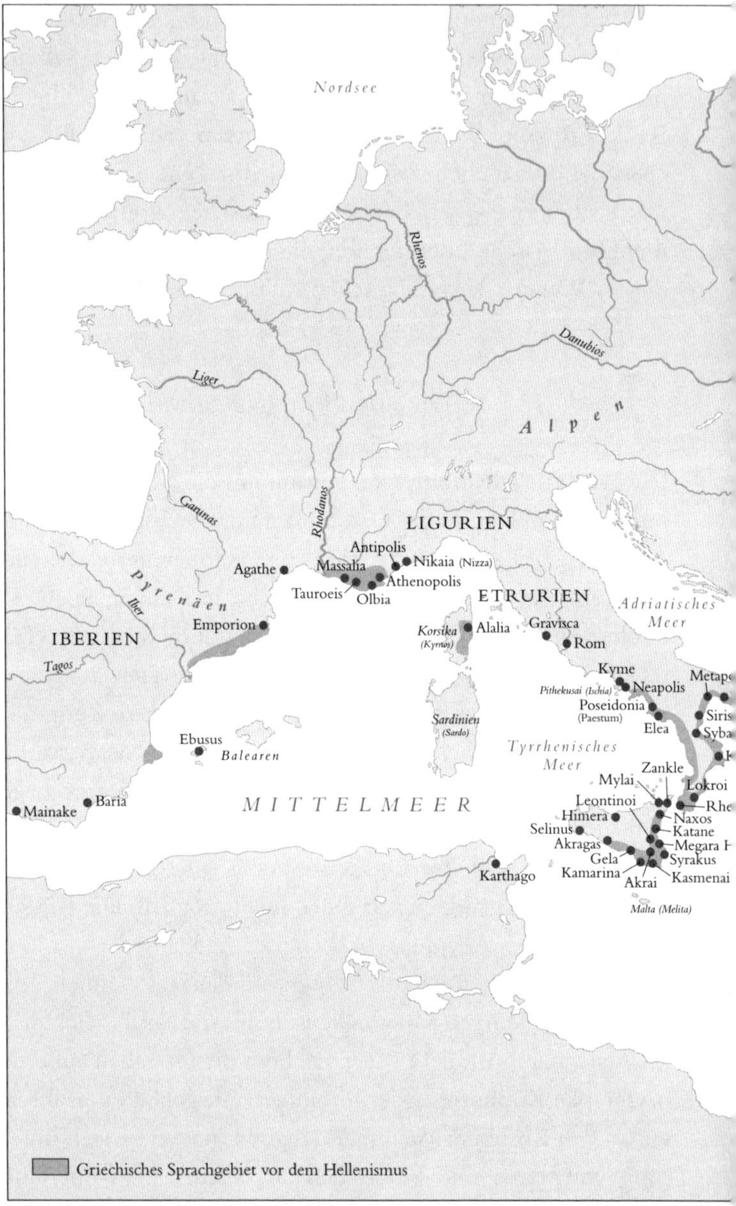

Die griechische Kolonisation vom 8. bis 6. Jahrhundert v. Chr. war kein staatlich gelenkter Vorgang, sondern war wesentlich das

Werk privater Initiative von Adligen und Tyrannen, die Auswanderungszüge organisierten.

anlegten. Damit beherrschten sie den Zugang zu den Metallvorkommen Südspaniens und verlegten so den Griechen den Zugang zu dieser Schlüsselregion des Metallhandels.

Die Griechen hinwiederum fanden Ersatz, indem sie sich in der Nähe der um die Insel Elba gelegenen Metallvorkommen in Etrurien niederließen – in gehörigem Abstand von den Etruskern, zunächst auf der Insel Pithekussai, dem heutigen Ischia, und anschließend auf der gegenüberliegenden Festlandsküste, wo als erste der griechischen Kolonien Kyme, später, nach der Eroberung der Stadt durch die Samniten, Cumae genannt, um 740 v. Chr. gegründet wurde. Sehr schnell folgten Niederlassungen auf dem Weg zwischen Griechenland und diesem nördlichen Vorposten in Kampanien. Sizilien und Süditalien wurden so im achten und siebten Jahrhundert zum Eldorado der griechischen Westkolonisation. Die Städte auf der Insel und in zweiter Linie die in Süditalien entwickelten sich schnell durch Handel und Agrarproduktion zu Zentren des Wohlstandes, mit dem das Mutterland nicht konkurrieren konnte.

Weitere Schwerpunkte der Kolonisation waren die Chalkidike und die Nordküste der Ägäis sowie das Schwarzmeergebiet. Noch vor Mitte des siebten Jahrhunderts hatten sich Griechen an den Dardanellen und am Marmarameer festgesetzt; dann folgte, vornehmlich im sechsten Jahrhundert die Erschließung des Schwarzen Meeres. Dabei spielte das an der kleinasiatischen Westküste gelegene Milet eine herausragende Rolle. An der Nordküste des Schwarzen Meeres befanden sich die wichtigsten Ansiedlungen im Mündungsgebiet der großen Ströme und, mit besonderer Dichte, zu beiden Seiten der Taurischen Chersones, der heutigen Straße von Kertsch. Sie waren Zentren des Güteraustauschs mit den skythischen Stämmen, die das fruchtbare Hinterland mit seinen großen Getreideanbauflächen beherrschten. Noch in der zweiten Hälfte des siebten Jahrhunderts begann die Erschließung der Kyrenaika. Die bedeutendste Gründung war die Stadt Kyrene, die der ganzen Landschaft bis auf den heutigen Tag den Namen gegeben hat. Schließlich fanden die Griechen noch einen Zugang zur Nordküste des Mittelmeeres zwischen den Etruskern in Italien und dem Interessengebiet der Karthager in Spanien. In der Nähe der Rhonemündung wurde um 600 v. Chr. an einem Platz mit günstigem Naturhafen Massalia, das heutige Marseille, als Kolonie der kleinasiatischen Phokaier gegründet. Massalia war auf den Güteraustausch nicht nur mit dem rhoneaufwärts gelegenen keltischen Hinterland, sondern auch auf dem Seeweg nach Osten und Westen ausgerichtet. Nikaia, das heutige Nizza, oder Monoikos, das heutige Monaco, sowie auf der Iberischen Halbinsel Emporion, das heutige Ampurias an der Costa Brava, waren von Massalia abhängige Handelsstationen. Von dieser Basis aus hatten die Massalioten teil an dem Handel mit gesuchten Metallen, silberhaltigem Blei und Kupfer aus Tartessos in Südspanien und Zinn aus dem britannischen Cornwall.

Das griechische Wort für Kolonie, *apoikia*, bezeichnet Ansiedlungen fern der Heimat und ist gegen das Missverständnis zu schützen, dass sie von einer Mutterstadt zum Zweck der Beherrschung entfernter Länder geschaffen worden seien. Insofern ist eine griechische *apoikia* weder eine Kolonie im modernen Sinn noch in dem der Römer. Das Wort Kolonie stammt aus dem Lateinischen. In republikanischer Zeit bedeutete *colonia* eine von Staats wegen vorgenommene Ansiedlung von Römern beziehungsweise von stammverwandten Latinern inmitten einer fremdstämmigen Bevölkerung innerhalb Italiens. Diese Kolonien waren befestigt, und sie dienten der Sicherung der römischen Herrschaft über das unterworfene Umland. Mit gutem Grund nannte Cicero sie deshalb deren Bollwerke, *propugnacula imperii Romani*. Unter ihrem Schutz verbreitete und vertiefte sich die Herrschaft Roms allmählich über die ganze Italische Halbinsel und darüber hinaus. Dies war die Voraussetzung dafür, dass Italien letztlich zum Land römischer Bürger wurde und anstelle der ursprünglichen Sprachenvielfalt, von wenigen Ausnahmen abgesehen, nur noch Latein gesprochen wurde. Solche Voraussetzungen, Absichten und Wirkungen lagen der sogenannten griechischen Kolonisation gänzlich fern. Die griechische Kolonisation war nicht das Werk eines gezielten staatlichen Willens, weder eines einzigen, den es angesichts der politischen Zersplitterung der griechischen Welt gar nicht geben konnte, noch einzelner politischer Gemeinden, zumindest in den Anfängen der Kolonisationsbewegung. Denn aufgrund der geringen Ausbildung von Staatlichkeit fehlten alle Voraussetzungen zu einer von einem Zentrum politisch gesteuerten Kolonisation. Die Vorstellung, dass sogenannte Mutterstädte, griechisch *metropoleis*, Tochterstädte gegründet hätten und beide somit in einer mehr oder weniger engen Beziehung zueinander gestanden hätten, ist erst im fünften Jahrhundert als Reflex der damals eingetretenen Politisierung aller Lebensverhältnisse aufgekommen und von dem ersten Historiker des griechischen Westens, Antiochos von Syrakus, im dritten Viertel des fünften Jahrhunderts so fixiert worden, wie wir es bei Thukydides zu Beginn des sechsten Buches seiner Geschichte des Peloponnesischen Krieges lesen.

Materielle Not, Armut, Verschuldung, Flucht vor Gläubigern oder vor Blutrache, Streit in der Familie oder eine Niederlage im Kampf um die führende Stellung in der Heimatgemeinde waren für viele die entscheidenden Gründe, die Heimat zu verlassen und ihr Glück in besseren Verhältnissen zu suchen. Handel und Seefahrt hatten die Welt des Mittelmeeres einschließlich der angrenzenden Meere erschlossen, so dass die zur Auswanderung Entschlossenen im Allgemeinen wussten, wohin sie sich wenden sollten. Wenn Auswanderung das Ziel einer Gemeindegründung in der Fremde verfolgte, musste sie freilich organisiert werden. Für diese Aufgabe kamen unter den bestehenden Verhältnissen nur Angehörige der adligen Eliten in Frage. Nur sie hatten die Mittel und die Beziehungen, um ein solches Unternehmen zu planen, auszurüsten und zu führen. Aus diesem Personenkreis stammten die sogenannten Gründer, griechisch *oikistai*, im Singular *oikistes*. Diese waren keine staatlichen Beauftragten, sondern gewissermaßen private Unternehmer, die Grund hatten, sich zusammen mit Anhängern und Auswanderungswilligen eine neue Heimat zu suchen, und nach heimischem Vorbild eine neue Stadt in der Fremde gründeten.

Voraussetzung und Durchführung eines solchen Unternehmens

sind bereits im sechsten Buch der Odyssee beschrieben (s. oben), als von der Gründung der Stadt der Phaiaken auf einer Insel namens Scheria die Rede ist. Gewiss ist diese Stadt eine dichterische Fiktion, sie hat in der Realität nicht existiert, aber ihre Beschreibung folgt dem Vorbild einer realen kolonialen Neugründung. Grund der Auswanderung waren im Fall der Phaiaken unleidliche Nachbarn, der Führer der Auswanderer war Nausithoos; er gründete die Ansiedlung, herrschte als König und vererbte bei seinem Tod die Königsherrschaft an seinen Sohn Alkinoos. Der Stadtgründer war der Organisator der Gemeinschaft, unter seiner Führung wurden die schützende Mauer und die Häuser der Stadt errichtet, die Tempel gebaut und den Bürgern Landlose zugewiesen, die den Auswanderern die Grundlage ihrer wirtschaftlichen Existenz sicherten. Spuren einer solchen kolonialen Landverteilung, die archäologisch nachzuweisen sind, hat beispielsweise die Kolonie Metapont am Golf von Tarent hinterlassen. Dort wurden im Umland der Stadt zwei planmäßig angelegte antike Feldersysteme mit Spuren parallel verlaufender Gräben im Abstand von 210 beziehungsweise 240 Meter auf einer Länge von rund 10 Kilometer aufgedeckt. Der Dichter Archilochos, Sohn des Telesikles, der um 675 v. Chr. Kolonisten von der Insel Paros nach Thasos führte, berichtet von einem Fall, aus dem hervorgeht, dass Teilnehmer eines organisierten Auswanderungszugs Berechtigungsscheine erhielten, die ihnen bei der Ankunft in der neuen Heimat eine Bauernstelle sicherten. Archilochos erzählt von einem aus Korinth stammenden Mann namens Aithiops, der auf der Fahrt nach Syrakus in Sizilien sein Landlos für einen Honigkuchen an einen seiner Gefährten verkaufte. Das ist die griechische Variante der biblischen Erzählung von Jakob und Esau, der seinem jüngeren Bruder sein Erstgeburtsrecht für ein Linsengericht verkaufte; aber hier wirft sie ein erhellendes Licht auf die Vorbereitung kolonialer Landverteilung vor der Ankunft am Zielort.

Die Kolonisten stammten nicht notwendig aus einer einzigen Gemeinde, und die materielle Grundsicherung der Siedler mit einem Landlos schloss keineswegs aus, dass Handel und Piraterie eine große Rolle als Erwerbsquellen spielten. Die Gründung der ältesten griechischen Kolonie in Italien geschah, wie bereits oben erwähnt wurde, um die Mitte des achten Jahrhunderts von der vorgelagerten Insel Pithekussai/Ischia aus. Dort hatte eine große Zahl von Griechen aus verschiedenen Gemeinden des Mutterlandes ihren Aufenthalt genommen, um Metall von den Etruskern zu beziehen, es zu verhütten und damit Handel zu treiben. Es handelte sich um eine gemischte Bevölkerung aus seefahrenden Städten des Mutterlandes. Erwähnt werden Siedler aus den Städten Chalkis, Eretria und Kyme auf Euboia. Keramikfunde auf Ischia legen darüber hinaus die Vermutung nahe, dass die dort siedelnden Personen auch aus anderen Teilen Griechenlands kamen. Immerhin darf als gesichert gelten, dass bei der Gründung von Kyme/Cumae Siedler aus Euboia eine führende Rolle spielten. Es gab zwei Oikisten, Hippokles und Megasthenes, und diese stammten aus verschiedenen Gemeinden der Insel, aus Kyme und aus Chalkis. Gelungene Koloniegründungen wuchsen durch nachziehende Zuwanderer, und es war fast die Regel, dass von diesen Kolonien und nicht von Gemeinden des griechischen Mutterlandes weitere, gewissermaßen sekundäre Koloniegründungen ausgingen. Von Kyme/Cumae aus setzten sich im letzten Drittel des achten Jahrhunderts Seeräuber an der Meerenge von Messana fest, zuerst in Zankle auf der sizilischen Seite (die Stadt wurde später in Messana/Messina umbenannt), dann auf der italischen Seite in Rhegion, dem heutigen Reggio di Calabria. Diese Doppelgründung an der Meerenge zwischen Sizilien und dem heutigen Kalabrien ermöglichte die einträgliche Kontrolle des Seeverkehrs. Ohne den Nachzug von Siedlern aus Griechenland wären diese Neugründungen gar nicht möglich gewesen. Überliefert ist denn auch, dass dies, was Zankle anbelangt, von Chalkis und dem übrigen Euboia aus geschah und dass dementsprechend die Tochterstadt des italischen Kyme zwei Oikisten hatte, einen, Prieres, aus Kyme, und einen, Krataimenes, aus Chalkis. Weil es Zankle an landwirtschaftlicher Nutzfläche für die verhältnismäßig große Zahl von Siedlern mangelte, setzten sich von dort Auswanderer in Mylai an der Nordküste Siziliens fest, angeblich schon im Jahr 716 v. Chr. Mehr als ein halbes Jahrhundert später, 648 v. Chr., folgte weiter im Westen mit Himera eine neue Tochtergründung. Die Siedler bestanden aus Chalkidiern und Verbannten aus Syrakus, den Unterlegenen in einem Bürgerkrieg; sie standen unter Führung von drei Oikisten mit Namen Eukleides, Simon und Sakon.

Syrakus selbst war eine von Korinth ausgehende Koloniegründung des achten Jahrhunderts (als Gründungsdatum ist das Jahr 734/33 v. Chr. überliefert), aber es war nicht die Gemeinde Korinth, die die Ansiedlung an Siziliens Ostküste veranlasste. Im Gegenteil: Oikist war ein Angehöriger der mächtigen Adelsfamilie der Bakchiaden mit Namen Archias, der nach schweren inneren Auseinandersetzungen mit der rivalisierenden Adelspartei zusammen mit seinen Gefolgsleuten seine Heimatstadt verließ, um sein Glück in der Fremde zu suchen. Die Auswanderer setzten sich zunächst auf der kleinen Insel Ortygia vor der Küste fest, und erst nach einiger Zeit wagten sie sich auf das gegenüberliegende Festland. Die neue Gemeinde vergrößerte sich durch den Zuzug neuer Siedler. Die von Archilochos mitgeteilte Geschichte des Mannes, der auf der Fahrt nach Syrakus sein Landlos in der Kolonie für einen Honigkuchen verkaufte, gehört in die Mitte des siebten Jahrhunderts, mithin in eine Zeit, als von Syrakus aus mehrere neue Tochtersiedlungen auf Sizilien angelegt wurden: Akrai 664 v. Chr., Kasmenai 644 v. Chr, Kamarina 599/98 v. Chr., Letztere unter Führung der Oikisten Daskon und Menekolos. Den Syrakusanern gelang es, die einheimischen Sikuler der Umgebung zu unterwerfen und als Hörige, genannt *kyllyrioi*, auszubeuten. Akrai und Kasmenai dienten als befestigte Plätze der Kontrolle der Unterworfenen, während Kamarina und das 560 v. Chr. gegründete Morgantina in Küsten- beziehungsweise Flussebenen angelegte Kolonien waren, in denen griechische Siedler mit Landlosen ausgestattet waren. In Syrakus war die herrschende Klasse eine über großen Grundbesitz verfügende Aristokratie, die sogenannten *Geomoren*. Wie in der damaligen griechischen Welt üblich, tobten in Syrakus innerhalb dieser Klasse heftige Kämpfe um die Herrschaft. Um die Mitte des siebten Jahrhunderts wurde die Adelsfamilie der Myletidai mit ihrem Anhang aus Syrakus vertrieben. Unter Führung dieser Familie fanden die Vertriebenen Aufnahme in Himera, der von Zankle/Messana aus gegründeten Kolonie.

Mehr oder weniger nach diesem Muster vollzog sich auch die weitere Ansiedlung von Griechen an den Küsten Siziliens. Von Chalkis in Euboia aus gründete, nach literarischer Überlieferung 735 v. Chr., Thoukles an der Ostküste der Insel die Stadt Naxos. Vermutlich wegen innerer Streitigkeiten verließ ein Teil der Siedler unter Führung des Thoukles sechs Jahre später die Stadt und gründete die Kolonie Leontinoi, andere zogen weiter und gründeten unter Führung eines selbstgewählten Oikisten namens Euarchos die Kolonie Katane/Catania. Geordnet und friedlich ging es also bei der Ansiedlung an den Küsten Siziliens und Süditaliens nicht zu. Anderenorts werden die Verhältnisse ähnlich gewesen sein, doch nur für Sizilien und Süditalien erscheint der Schleier, der meist über die Vorgänge während der Kolonisation gebreitet ist, dank der beiden Werke der Geschichtsschreiber des Antiochos von Syrakus und des Thukydides von Athen einigermaßen gelichtet.

Bezeichnend ist die Vorgeschichte der auf Sizilien gelegenen Kolonie namens Megara Hyblaia. Noch im achten Jahrhundert gelangten Auswanderer aus dem am Isthmus von Korinth gelegenen Megara unter Führung eines gewissen Lamis nach Sizilien und siedelten sich nach einem kurzen Zwischenaufenthalt an einem Ort namens Trotilon in Leontinoi an, wohl mit Zustimmung des Thoukles. Nach kurzer Zeit zerstritten sich Alt- und Neusiedler jedoch. Lamis musste mit seinen Leuten Leontinoi verlassen und gründete auf der nördlich von Syrakus gelegenen Halbinsel, der Isola di Magnisi, Thapsos, das die Kolonisten nach seinem Tod wieder aufgaben, um sich mit Hilfe des einheimischen Herrschers Hyblon, der den Siedlungsplatz zur Verfügung stellte, endgültig an einem Ort zwischen Katania und Syrakus niederzulassen, der nach der Herkunft der Siedler Megara Hyblaia genannt wurde. Von dort aus gründeten sie um die Mitte des siebten Jahrhunderts unter Führung des Pammilos, der aus dem mutterländischen Megara stammte, an der Südwestspitze Siziliens die Tochterstadt Selinus. In der Mitte der Südküste Siziliens kam es im frühen siebten Jahrhundert, angeblich im Jahr 689 v. Chr., zu der gemeinschaftlich von einem Rhodier namens Antiphemos und einem Kreter namens Entimos angelegten Gemeinde namens Gela, und mehr als hundert Jahre später, um 582 v. Chr., wurde unter Führung von zwei Oikisten namens Aristonous und Pystilos von Gela aus die zwischen Selinus und Gela gelegene Tochterstadt Akragas gegründet.

Ähnlich ist das Bild in Süditalien. An der Ostküste von Bruttium, dem heutigen Kalabrien, ließen sich nach 720 v. Chr. in schneller Folge an verschiedenen Küstenplätzen Zuwanderer aus den südlich und nördlich des Golfs von Korinth gelegenen Landschaften Achaia und Lokris nieder und gründeten mehrere Kolonien. Den Anfang machte Sybaris. Auf einer großen, von zwei Flüssen gebildeten fruchtbaren Schwemmlandebene gelegen, kam die Stadt schnell zu großem Reichtum, so dass der Name Sybaris zu einem Synonym für Üppigkeit und Schwelgerei wurde. Dann folgten Kroton, Metapont, Kaulonia und ganz im Süden Lokroi Epizephyrioi. Die durch Zuzug wachsende Bevölkerung veranlasste Sybaris um 600 v. Chr. zur Gründung der drei Tochterstädte Laos, Poseidonia und Skidros. Die bedeutendste war Poseidonia, seit der Eroberung der Stadt durch die italischen Lukaner im ausgehenden fünften Jahrhundert Paestum genannt. An der Küste von Lukanien gelegen, kam die Stadt ihrerseits zu großem Reichtum. Dessen Niederschlag sind die gewaltigen Tempelanlagen, die im sechsten und fünften Jahrhundert errichtet wurden. Die Krotoniaten gründeten im sechsten Jahrhundert Skylakion und Terina, die epizephrischen Lokrer die Tochterstadt Hipponion, zuletzt Siedler aus Achaia oder Ionien zwischen Sybaris und Metapont um 670 v. Chr. Siris, das, auf fruchtbarem Land gelegen, ebenfalls schnell zu Reichtum kam. Die Stadt geriet um die Mitte des sechsten Jahrhunderts in Streit mit ihren älteren Nachbarn und erlag der Koalition von Sybaris, Kroton und Metapont. Gegen Ende dieses Jahrhunderts erlitt Sybaris das gleiche Schicksal und wurde von den benachbarten Krotoniaten zerstört. Während der ersten Phase der Landnahme im späten achten Jahrhundert wurde auch Taras/Tarent gegründet, die Stadt, die dem Golf, an dem sie gelegen ist, den Namen gegeben hat. Der Ursprungslegende nach war der Oikist ein Spartaner namens Phalanthos, und die Siedler entstammten angeblich der Beziehung von spartanischen Frauen mit Heloten, das heißt Hörigen aus Messenien. Als historischer Hintergrund dieser Mesalliance wird die häufige Abwesenheit der spartanischen Männer angegeben, die damals einen langwierigen Krieg mit den Messeniern um den Besitz ihres Landes führten. Das ist freilich eine anachronistische Konstruktion: die Messenischen Kriege fanden im siebten Jahrhundert statt. Eher naheliegend ist die Annahme, dass der Oikist im Streit mit der Mehrheit der Spartaner zusammen mit seiner Gefolgschaft auswanderte und sich ihm Messenier anschlossen. Taras/Tarent wurde die größte und bedeutendste griechische Stadt im äußersten Süden der Italischen Halbinsel, und zu Beginn des dritten Jahrhunderts wagte sie es sogar, selbst Rom herauszufordern. Was Bevölkerungszahl und politische Bedeutung anbelangt, kam von den in archaischer Zeit gegründeten griechischen Städten nur das am Anfang des fünften Jahrhunderts von Kyme/Cumae aus gegründete Neapolis/Neapel, das heißt Neustadt, im vierten und dritten Jahrhundert v. Chr. Tarent gleich. In römischer Zeit war Neapel eine der Städte, die ihre griechische Prägung am stärksten bewahrten.

Im letzten Drittel des siebten Jahrhunderts gelang es Griechen aus der südlichen Ägäis, an der afrikanischen Gegenküste, der bis heute so genannten Kyrenaika, Fuß zu fassen. Diese Landschaft lag in einem toten Winkel zwischen den beiden Großmächten Ägypten im Osten und Karthago im Westen, und sie besaß zur damaligen Zeit fruchtbares Ackerland. Die bedeutendste der hier gegründeten Kolonien wurde Kyrene. Daneben entstanden Apollonia, Barke, Euhesperides und Taucheira. Angebaut wurde in der Kyrenaika vor allem Getreide, und aus einer Wildpflanze namens Silphion, die in der römischen Kaiserzeit dem Getreideanbau wich und seitdem ausgestorben ist, wurden ein beliebtes Gewürz und ein Medikament hergestellt, das als Allheilmittel Verwendung fand. Der Handel mit diesem Produkt war die Hauptquelle des Reichtums von Kyrene, das für dessen Export eine ähnliche Monopolstellung gewann wie Ägypten für Papyrus, das am meisten benutzte Schreibmaterial der Antike.

Von der Gründungslegende Kyrenes besitzen wir zwei Versionen. Wir verdanken dieses Wissen dem bereits mehrfach erwähnten griechischen Historiker Herodot von Halikarnassos. Gegenstand seines Werkes sind die große Auseinandersetzung zwischen Persern und Griechen zu Beginn des fünften Jahrhunderts und die Ursachen des Konflikts. Zu diesem Zweck verfolgte der Historiker die Vorgeschichte anhand der persischen Expansion seit Kyros II., der zwischen 559 und 530 v. Chr. das persische Weltreich begründete. Die Struktur seines Geschichtswerks ist vom Fortschreiten der persischen Expansion bestimmt, und in diese der Chronologie folgende Struktur sind die ihm erreichbaren Nachrichten über die Griechen (und andere, nichtgriechische Völker) eingeordnet. Zu Recht hat der klassische Philologe Otto Regenbogen Herodots Geschichtswerk mit einem gewaltigen Stromsystem verglichen, in dessen Hauptfluss, die Geschichte der persischen Expansion, die Beschreibung der betroffenen Länder und Völker einfließt. Herodots Ausführungen zufolge beruht seine Darstellung, was Länder und Völker anbelangt, auf einer durch Forschungsreisen erlangten eigenen Anschauung. Für vergangene Ereignisse hingegen war er auf das angewiesen, was ihm erzählt wurde. Kritik an dieser mündlichen Überlieferung äußerte er gelegentlich, doch im Ganzen gab er einfach das Gehörte wieder. Als seine Darstellung bei dem Kriegszug angelangt war, den Dareios I. gegen Libyen unternommen hatte (510 v. Chr.), begann er mit einem historischen Exkurs über Land und Leute, und in diesem Zusammenhang kam er auf die Gründungslegende und die Geschichte der griechischen Kolonie Kyrene zu sprechen.

Was in den beiden Versionen der Gründungsgeschichte überein-

Schwarzfigurige Trinkschale, um 565 v. Chr.:
Wiegen und Verladen von Waren
unter Aufsicht Arkesilaos' II. von Kyrene

Das wichtigste Ausfuhrgut von Kyrene war eine Pflanze namens Silphion, aus der ein Gewürz und ein verbreitetes Allheilmittel gewonnen wurden. Die Pflanze wurde in der römischen Kaiserzeit durch die Intensivierung des Getreideanbaus ausgerottet. Die Ausfuhr von Silphion brachte den Battiaden, den Königen von Kyrene, die das Handelsmonopol besaßen, große Gewinne.

Paris, Bibliothèque Nationale, Cabinet des Médailles

stimmt, darf wahrscheinlich als historisch gelten: Die ersten Siedler stammten demnach von der kleinen Insel Thera, dem heutigen Santorin, und ihr Führer und Gründer der Kolonie war ein Adliger, der von Herodot Battos, von dem Dichter Pindar und später, im zweiten Jahrhundert v. Chr., von dem Historiker Menekles von Barke Aristoteles genannt wird. Als Grund der Auswanderung wird eine bittere Hungersnot genannt. Daran wird richtig sein, dass das Missverhältnis zwischen Bevölkerungszahl und Ernährungsbasis – eine der allgemeinen Voraussetzungen der griechischen Kolonisation – im Falle der kleinen Insel mit ihrer geringen Anbaufläche besonders dramatisch war. Alles Übrige ist legendär, hat jedoch seinen guten Sinn. Die beiden Versionen folgen bestimmten Interessen, einerseits denen der Theraier und andererseits denen der Battiaden, des Herrscherhauses von Kyrene. Der Fall ist aufschlussreich, und dies rechtfertigt es, Herodots Bericht zu zitieren und zu erläutern. Die Gründungslegende der Theraier hat bei ihm folgenden Wortlaut:

> «Ein Nachkomme jenes Theras, Grinnos, Sohn des Aisanios, König der Insel Thera, kam nach Delphi, um im Namen seiner Stadt ein Opfer darzubringen. Einige Bürger reisten mit ihm, darunter Battos, der Sohn des Polymnestos ... aus dem Geschlecht des Euphemos. Während nun der König Grinnos von Thera das Orakel befragte, gab die (Orakelpriesterin) Pythia eine ganz andere Antwort: er solle eine Stadt in Libyen gründen. Er erwiderte darauf: ‹Herr (er spricht Apollon, den Gott des delphischen Heiligtums, an), ich bin zu alt und müde, mich auf den Weg zu machen.› Weiter geschah damals nichts, und als sie heimgekehrt waren, ließen sie den Orakelspruch auf sich beruhen; denn sie wussten nicht, wo Libyen liegt, und wagten doch nicht, eine Kolonie ins Ungewisse und Unbekannte auszusenden. Nun aber blieb sieben Jahre der Regen in Thera aus, und während dieser Jahre verdorrten alle Bäume auf der Insel mit Ausnahme eines einzigen. Die Theraier befragten das Orakel, und die Pythia erinnerte sie an das Gebot des Gottes, eine Kolonie in Libyen zu gründen. Da sie sich nicht anders zu helfen wussten, schickten sie Boten nach

Kreta, um nachzuforschen, ob vielleicht ein Kreter oder ein Fremder, der sich in Kreta aufhielt, einmal nach Libyen gekommen sei. Die Boten zogen auf der Insel umher und kamen endlich auch in die Stadt Itanos. Dort fanden sie einen Purpurfischer namens Korobios, der sagte, er sei einmal von den Stürmen nach Libyen verschlagen worden und sei zu der Insel Platea (heutiger Name Bomba, im gleichnamigen Golf westlich von Tobruk gelegen) an der libyschen Küste gelangt. Diesem Mann gaben sie Geld und brachten ihn mit nach Thera, und es fuhren nun zuerst wenige Männer aus, um das libysche Land auszukundschaften. Korobios führte sie nach jener Insel Platea, und sie ließen ihn dort zurück, ließen ihm Nahrungsmittel für einige Monate da und segelten eiligst nach Thera zurück, um die Kunde ihren Landsleuten zu überbringen. Sie aber blieben länger aus, als verabredet war, und Korobios hatte endlich gar nichts mehr zum Leben. Da wurde ein Schiff aus Samos, dessen Schiffsherr Kolaios hieß, auf der Fahrt nach Ägypten an diese Insel Platea verschlagen, Korobios erzählte den Samiern den ganzen Hergang, und sie ließen ihm Lebensmittel für ein ganzes Jahr zurück. ... Diese edle Tat der Samier legte auch den Grundstein zu der engen Freundschaft der Kyrenaier und Theraier mit den Samiern. Als die Theraier, die den Korobios in Platea zurückgelassen hatten, nach Thera heimkamen, meldeten sie, sie hätten eine Insel an der Küste Libyens für die Ansiedlung besetzt. Die Theraier beschlossen, dass aus allen sieben Gemeinden der Insel je einer von zwei Brüdern auswandern solle. Führer der Auswanderer sollte Battos sein. So gingen dann zwei Fünfzigruderer nach Platea ab.»
(Hdt IV,150,2–153. Übersetzung nach A. Horneffer)

In der Version der Kyrenaier ist Battos der Sohn der Königstochter Phronime aus dem kretischen Oaxos. Diese Königstochter wäre beinahe das Opfer der bösen Stiefmutter geworden und überlebte nur dank einem Seefahrer aus Thera, der sich nicht an den ihm aufgezwungenen Schwur hielt, Phronime auf seiner Rückfahrt ins Meer zu werfen. In Thera nahm ein gewisser Polymnestos sie zur Nebenfrau, und sie gebar einen Sohn, der angeblich wegen seines

Sprachfehlers den Namen Battos – das heißt «Stotterer» – erhielt, tatsächlich wohl einen anderen – Herodot nennt ihn nicht –, denn Battos, so der Historiker, bedeute in der Sprache der Libyer so viel wie König. Bis dahin variiert die Geschichte ein vertrautes Muster: Durch Auftragsmord oder Aussetzung soll verhindert werden, dass das zur Herrschaft bestimmte Kind König wird. Die Version der Kyrenaier weicht nur insofern von diesem Muster ab, als der Anschlag nicht dem Kind, sondern der Mutter des künftigen Königskindes gilt. Dann folgt die Geschichte der göttlichen Beauftragung des Battos, in Libyen eine Kolonie zu gründen und dort als König zu herrschen: Erwachsen geworden, befragte der Sohn des Polymnestos und der Phronime das Delphische Orakel wegen seines Stotterns, doch der Gott ging darauf nicht ein, sondern befahl ihm, sich in Libyen anzusiedeln. Battos war ratlos und antwortete: «O Herr! Ich kam, um dich wegen meiner Stimme um Rat zu fragen, und du gibst mir einen Auftrag, den ich nicht ausführen kann. Ich soll nach Libyen auswandern. Wer wird mitziehen? Wo sind die Mannschaften?» Battos verweigerte sich also, doch das Unglück, das daraufhin die Theraier traf, zwang sie, sich mit der Frage an das Orakel zu wenden, warum es ihnen so schlecht gehe. Als sie die Antwort erhielten, es würde ihnen besser gehen, wenn sie mit Battos als Oikisten die Kolonie Kyrene gründeten, sandten die Theraier Battos mit zwei Fünfzigruderern in Richtung Libyen ab. Nach allerlei Abenteuern und Zwischenstationen legte Battos dort an dem vorbestimmten Ort die Kolonie Kyrene an und begründete als König der Stadt eine mächtige Dynastie.

Es liegt auf der Hand, dass dies die Version der Königsdynastie der Battiaden ist. Demgegenüber läuft die Erzählung der Theraier auf die Begründung einer *Isopolitie* hinaus, das heißt eines wechselseitigen potentiellen Bürgerrechts, das jeweils bei Zuzug eines Theraiers nach Kyrene beziehungsweise eines Kyrenaiers nach Thera in Kraft tritt. Am Anfang stand in dieser Version, dass die Gemeinde Kyrene aus den sieben Gemeinden von Thera gewissermaßen durch Zellteilung entstanden ist: Von zwei Brüdern einer Familie wurde jeweils einer nach Libyen ausgesandt. Und da die Entdeckung Libyens angeblich nur mit Hilfe von Samiern gelang, steckt in der Entdeckungsgeschichte zugleich die Begründung für die freundschaftlichen Beziehungen, die Kyrenaier und Theraier von alters her mit den Samiern verbanden. Um der Herleitung dieser Freundschaft willen ist die Geschichte von der Hilfe des Samiers Kolaios erfunden worden. Tatsächlich aber war Libyen den Griechen zur Zeit der Gründung von Kyrene längst bekannt. Beispielsweise ist an einer bereits oben erwähnten Stelle der Odyssee von einer Seereise die Rede, die von Phoinikien nach Libyen führte:

«Aber da jetzt die Monden und Tage waren vollendet,
Und ein anderes Jahr mit den kreisenden Horen herankam,
Führt' er gen Libyen mich auf dem meerdurchfahrenden Schiffe,
Da er log, ich solle mit ihm die Ladung geleiten:
Aber er dachte, mich dort mit hohem Gewinn zu verkaufen.»
(Hom. Od. XIV, 293–297. Übersetzung nach J. H. Voß)

Datierte Keramikfunde aus dem frühen siebten Jahrhundert beweisen denn auch, dass die Küste Libyens keineswegs so unbekannt war, wie die Gründungslegende von Kyrene behauptet. Vielmehr legen diese Funde die Annahme nahe, dass die griechische Besiedlung von Kyrene etwa gleichzeitig mit derjenigen von Taucheira und Barke erfolgte, dass sie also keineswegs die erste und einzige auf afrikanischem Boden war. Für die Bürgerschaft der Theraier hatte die von ihnen erzählte Version von der Entdeckung eines unbekannten Landes und seiner Besiedlung durch ausgesandte Kolonisten freilich einen Sinn. Sie war die Grundlage des Anspruchs, als gleichberechtigte Bürger in die prosperierende Kolonie Kyrene aufgenommen und mit Land ausgestattet zu werden. Eine bereits erwähnte in Kyrene gefundene Inschrift aus dem vierten Jahrhundert bezeugt eine solche Nutzanwendung der Erzählung. Demnach erwirkten Gesandte aus Thera mit Berufung auf den Eid, den sich die auf Thera Zurückbleibenden und die nach Libyen Entsandten bei der Ausfahrt angeblich gegenseitig geleistet hatten, in Kyrene einen Volksbeschluss, der allen Theraiern, die sich in Kyrene aufhielten, das Privileg der Isopolitie verlieh. Der Volksbeschluss der Bürgerschaft von Kyrene, der nach Lage der Dinge Thera begünstigte, lautet in Übersetzung:

> «Gott! Gutes Glück! Damis, Sohn des Bathyklas, hat den Antrag gestellt: Hinsichtlich der Rede der Theraier, die Kleudamas, Sohn des Euthyklas, vortrug, dass die Gemeinde blühe und es dem Volk der Kyrenaier wohlergehe, den Theraiern aber das Bürgerrecht gegeben werde gemäß der alten Vereinbarung, die die Vorfahren schlossen, die von Thera aus Kyrene gründeten, und diejenigen, die in Thera blieben – so, wie Apollon dem Battos und den Theraiern Glück verlieh, weil sie die Eide einhielten, die ihre Vorfahren einander geleistet hatten, als sie die Kolonie aussandten gemäß der Weisung des Apollon Archegetes, möge das Volk mit Glück und Segen beschließen: dass demgemäß den Theraiern das gleiche Bürgerrecht auch in Kyrene bleiben soll; dass alle Theraier, die sich in Kyrene aufhalten, den gleichen Eid wie einst die anderen leisten; dass sie eingeteilt werden sollen in eine Phyle, eine Patra (das heißt in eine Phratrie) und in die neun Hetairien. Aufgezeichnet werden soll dieser Beschluss auf einer Stele aus Stein, und aufgestellt werden soll sie im angestammten Heiligtum des Pythischen Apollon. Aufgeschrieben werden soll auf der Stele auch die Eidesvereinbarung, die die Siedler geschlossen hatten, als sie nach Libyen ausfuhren mit Battos von Thera nach Kyrene. Die Aufwendungen für den Stein beziehungsweise für die Beschriftung sollen die Rechnungsführer bereitstellen aus den Einkünften des Apollon.»
> (Meiggs/Lewis Nr. 5,1–22)

In dem angefügten Text der angeblichen Eidesvereinbarung, auf den sich die Theraier beriefen, lautet der Passus, auf den sich ihr Antrag auf Isopolitie stützte, wie folgt:

> «Da Apollon von sich aus Battos und den Theraiern das Orakel gegeben hat, die Kolonie Kyrene zu gründen, scheint es den Theraiern bestimmt gewesen zu sein, nach Libyen Battos als Führer und König und als Gefährten Theraier auszusenden. Zu gleichen Bedingungen sollen sie ausfahren, aus jedem Haus ein Sohn, und auswählen sollen sie aus dem ganzen Land erwachsene (Söhne), und von den übrigen Theraiern soll, sofern er den Status eines Freien besitzt, ausfahren, wer will. Wenn aber die Siedler sich in der Kolonie festgesetzt haben, dann soll jeder von den Familienangehörigen, der später in Libyen landet, sowohl am Bürgerrecht als auch an den Ehrenämtern teilhaben, und er soll von dem noch nicht verteilten Land einen Anteil durch das Los erhalten. Wenn sie aber die Kolonie nicht halten können und auch die Theraier ihnen nicht zu Hilfe kommen können, sondern sie fünf Jahre von Not bedrängt werden, sollen sie aus dem Land fortgehen, ohne einen Nachteil befürchten zu müssen, nach Thera zu ihrem Besitz und dort Bürger sein.»
> (Meiggs/Lewis, Nr. 5,23–37 Anfang)

Diese Eidesverpflichtung, die sich die auf ihrer Insel bleibenden und die nach Libyen ausfahrenden Theraier geleistet haben sollen, ist nach dem Vorbild einer im fünften Jahrhundert aufkommenden Form der gegenseitigen Verleihung eines potentiellen Bürgerrechts gestaltet, das durch Zuzug in die Gemeinde des Vertragspartners aktualisiert werden konnte. Sie ist somit schwerlich so alt, wie sie behauptet, sondern ein aus der theraiischen Version der Gründungslegende entwickeltes Konstrukt. Die Kyrenaier akzeptierten im vierten Jahrhundert die darauf beruhende Forderung der Theraier, weil auch sie die Gründung ihrer großen und mächtigen Gemeinde auf Battos und seine Begleiter aus Thera zurückführten und es folglich als eine Ehrenpflicht ansahen, den Bürgern der Gemeinde, die sie als ihre Mutterstadt betrachteten, mit dem Angebot eines Bürgerrechts zu gleichen Bedingungen wie den Altbürgern und eines Landloses aus der Landreserve der Stadt zu helfen und zugleich das eigene Interesse durch Gewinnung neuer Bürger zu wahren.

Unter dem Enkel des Dynastiegründers, Battos II., war zwischen 580 und 570 v. Chr. ein Orakel ergangen, das an alle Griechen die Aufforderung richtete, nach Libyen zu kommen und sich, wie Herodot erzählt, an der weiteren Aufteilung Libyens zu beteiligen:

> «Aber zur Zeit des dritten Königs, genannt Battos der Glückliche, trieb die Pythia durch einen Orakelspruch alle hellenischen Städte an, ebenfalls Kolonisten nach Libyen zu entsenden. Die Kyrenaier hatten nämlich zur Aufteilung des libyschen Landes aufgerufen. Der Orakelspruch lautete:
>
> ‹Wer nach Libyen einst, dem vielgeliebten, zu spät kommt,
> Wenn das Land schon verteilt ist, der wird es bitter bereuen!›
>
> So kam eine große Menge in Kyrene zusammen, und man nahm den benachbarten libyschen Stämmen und ihrem König namens Adikra einen großen Teil ihres Landes weg.»
> (Hdt IV,159,2–4. Übersetzung nach A. Horneffer)

Die Kyrenaier besiegten um 570 v. Chr. sogar den Pharao Apries, den die Libyer zu Hilfe gerufen hatten, und es gelang ihnen, die benachbarten Libyer zu ihren Untertanen zu machen. Ähnlich den Syrakusanern unterwarfen sie die Einheimischen im Umkreis ihrer Stadt und zogen Gewinn aus deren Abgaben. Kyrene wurde so zur mächtigsten Stadt in der Kyrenaika, aber sie war anders, als die Gründungslegende will, keineswegs die erste Siedlung in einem von Griechen unberührten Land. Dass beispielsweise Taucheira nach Ausweis der Keramikfunde etwa gleichzeitig mit Kyrene besiedelt wurde, wurde bereits erwähnt. Hinzu kommt, dass die frühen Funde Importe aus Korinth, Rhodos, den Kykladen, Lakonien und Kreta aufweisen. So ist es denn wahrscheinlich, dass zwar Battos der Oikist von Kyrene gewesen ist und die ihn begleitenden Theraier den Kern der Kolonisten in Kyrene darstellten, dass aber Griechen anderer Herkunft sich ihnen schon in der Gründungsphase angeschlossen hatten. Die Gründungslegende erwähnt in beiden Versionen, dass das Orakel von Delphi die Suche nach einem angeblich unbekannten Land namens Libyen in Gang setzte, als es um ganz andere, dazu noch in beiden Versionen unterschiedliche Auskünfte gebeten wurde. Wahrscheinlich handelt es sich um Erfindungen, die den Zweck verfolgen, die lange Suche zu motivieren, die der Entdeckung des in Wahrheit längst bekannten afrikanischen Kontinents und der Gründung von Kyrene vorausgegangen sein soll.

Ein weiteres bedeutendes Zentrum der griechischen Kolonisation bildete das Schwarze Meer mit dem vorgelagerten Marmarameer und der Maiotis im Nordosten, dem heutigen Asowschen Meer. Ausgangspunkte waren vor allem Megara am Isthmus von Korinth und Milet, die südlichste der ionischen Städte an der kleinasiatischen Ägäisküste. Auch hier rekrutierten sich die Siedler nicht nur aus den beiden genannten Städten, sondern aus einem weiten Umkreis, beispielsweise aus Argos, Korinth, Boiotien und aus dem kleinasiatischen Ionien. Die Kolonisationsbewegung begann im siebten Jahrhundert und setzte sich mit Tochtergründungen bis zum Ende des sechsten fort. Von Milet aus sollen nach literarischer Überlieferung über neunzig Kolonien gegründet worden sein, bekannt sind durch Namensnennung und Fundplätze knapp siebzig, wenn man die Folgegründungen miteinrechnet.

Eine wichtige Voraussetzung der Schwarzmeerkolonisation war die von Megara ausgehende Inbesitznahme des Zugangs zum Schwarzen Meer am Bosporus. Dies geschah im frühen siebten Jahrhundert durch die Anlage von Byzantion auf der europäischen und Kalchedon auf der asiatischen Seite der Meerenge. Von Megara aus wurden unter Beteiligung von Boiotern an der Nordküste Kleinasiens Herakleia Pontike und an der europäischen Küste Mesambria im heutigen Bulgarien gegründet. Beide Städte lagen strategisch günstig etwa 210 Kilometer vom Ausgang des Bosporus ins Schwarze Meer entfernt, das heißt, ein Schiff brauchte jeweils eine Tagesreise nach Osten beziehungsweise nach Norden, um den ersten Hafenplatz nach der Einfahrt ins Schwarze Meer anzulaufen. Die beiden Gründungen dienten eben der Schifffahrt, die damals bei Tage betrieben wurde und an den Küsten entlangführte, so dass Anlegestellen in Abständen von einer Tagesreise gebraucht wurden. Das wird der Grund sein, warum beide verhältnismäßig spät, um 560 (Herakleia) und etwa 513/12 (Mesambria), zur Erleichterung der Schifffahrt gegründet wurden, nachdem um das ganze Schwarze Meer bereits griechische Handelsplätze entstanden waren. Dann wurde von Herakleia aus eine Tagesreise nördlich von Mesambria der Hafenplatz Kallatis mit der gleichen Zweckbestimmung gegründet. Weiter ist Kalchedon mit seinen Gründungen nicht gekommen. Es beteiligte sich zu spät an der Erschließung des Schwarzen Meeres; Milet war Kalchedon zuvorgekommen. An der nördlichsten Stelle der kleinasiatischen Nordküste hatte Milet mit Sinope, nach literarischer Überlieferung 631 v. Chr. gegründet, seine erste Kolonie auf dem Weg zu den Metallvorkommen im Kaukasus angelegt, dann von dort aus, etwa zur gleichen Zeit, Trapezunt als Endpunkt des betreffenden Schifffahrtsweges. Danach kamen zwischen Herakleia und Trapezunt noch einige weitere Anlegeplätze. Gegen Ende des sechsten Jahrhunderts war das gesamte Schwarze Meer mit von Milet ausgehenden Kolonien und Tochterkolonien umgeben. Besonders auffällig ist die Dichte der griechischen Siedlungen – Städte und dorfähnliche Ansiedlungen – auf der Halbinsel von Kertsch und auf der gegenüberliegenden asiatischen Seite des Kimmerischen Bosporus, der das Schwarze Meer mit der Maiotis verbindet.

Diese Dichte bezeugt einen intensiven Handelsaustausch mit dem von skythischen Stämmen bewohnten Hinterland, das durch die in das Asowsche Meer mündenden Ströme Don (griechisch Tanais) und Kuban (griechisch Hypanis) für den Schiffsverkehr erschlossen wird. Ganz ähnlich ist das Bild an den westlich der Halbinsel Krim gelegenen Strommündungen von Dnjestr (griechisch Tyras), Bug (griechisch ebenfalls Hypanis) und Dnjepr (griechisch Borysthenes). Auf der rechten Seite des Dnjestr lag 19 Kilometer stromaufwärts die nach dem griechischen Namen des Flusses benannte Kolonie Tyras und ihr gegenüber auf der linken Seite Nikonion. Vor der Mündung von Bug und Dnjepr ließen sich Griechen nach der Mitte des siebten Jahrhunderts zuerst auf der vorgelagerten Insel Berezan nieder. Von dort aus gründeten sie ein Stück stromaufwärts auf der rechten Seite der Bugmündung die Stadt Olbia, die nach dem griechischen Namen des Dnjepr auch Borysthenes hieß. Weitere Ausgrabungsstätten bezeugen hier eine ähnliche Dichte der griechischen Besiedlung wie an der Straße von Kertsch. Das Stromsystem nördlich des Schwarzen Meeres erlaubte den Transport von Getreide, dem wichtigsten landwirtschaftlichen Produkt des fruchtbaren Schwarzerdgebietes der heutigen Ukraine, zu den griechischen Niederlassungen an den Kopfenden der Stromsysteme, die das Binnenland in das Schwarze beziehungsweise in das Asowsche Meer entwässern. Dort fand der Austausch der Produkte des Landes, Getreide und Felle, gegen Öl und Wein sowie die Erzeugnisse des griechischen Kunsthandwerks statt. Deshalb wurde in skythischen Grabanlagen neben einheimischen Produkten so viel qualitätsvolle schwarz- und rotfigurige griechische Keramik gefunden, und daraus erklärt sich der Reichtum an wertvoller griechischer Keramik, den die Sammlungen von St. Petersburg enthalten.

Ein glücklicher Zufallsfund hat uns in die Lage versetzt, einen Blick in die gefährlichen Verstrickungen zu werfen, in die ein Händler in der Umgebung von Olbia/Borysthenes gegen Ende des sechsten Jahrhunderts geraten ist. Der betreffende Fall beleuchtet nicht nur das individuelle Schicksal eines Händlers, sondern auch die Gefahren, unter denen Handel und Güteraustausch getätigt wurden, denn er fand unter der Bedingung statt, dass der Stärkere sich gegenüber dem Schwächeren Recht durch Selbsthilfe verschaffen konnte. Im Sommer 1970 fand der russische Althistoriker J. G. Vinogradov während einer Ausgrabungskampagne auf der Insel Berezan eine kleine Bleirolle. Aufgerollt entpuppte sie sich als eine beschriebene Tafel in der Größe von 153 x 65 x 1 Millimeter (Länge x Breite x Dicke). Es handelte sich um einen Brief, der seinen Empfänger wahrscheinlich nie erreicht hat. Der Entdecker der Briefrolle hat seinen Fund ein Jahr später publiziert und damit eine intensive Debatte zur Übersetzung und zum Verständnis des Textes ausgelöst.

Auf der Außenseite der Rolle sind Absender und Adressat genannt, die aufgerollte Innenseite enthält den Brief. Die den Sinn verdeutlichende Übersetzung ins Deutsche lautet:

> (Außenseite)
> «Von Achillodoros dieses Blatt aus Blei an seinen Sohn und an Anaxagoras.»
>
> (Innenseite)
> «O Protagoras, Dein Vater sendet dir dies: Ihm wird Gewalt angetan von Matasys; denn der hat ihn seiner Freiheit und der mitgeführten Waren beraubt. Geh zu Anaxagoras und erzähle es ihm; denn er (sc. Matasys) behauptet, dass er (Achillodoros, der Briefschreiber) ein Sklave des Anaxagoras sei, und sagt: ‹Anaxagoras hat mein Eigentum mit Beschlag belegt.› Der aber (Achillodoros) protestiert lauthals und sagt, dass es zwischen ihm und Matasys nichts gebe, und sagt, dass er frei sei und es zwischen ihm und Matasys nichts gebe. Ob es aber zwischen Matasys und Anaxagoras etwas gibt, wissen beide allein. Das bestelle Anaxagoras und der Frau. Noch etwas anderes trage ich dir auf: Bringe die Mutter und die Brüder, wenn sie sich bei den Arbinaten aufhalten, in die Stadt. Euneuros selbst wird sogleich zu ihm (Protagoras, dem Sohn) herabkommen.»
> (SEG XXVI, 1976/77, Nr. 845)

Achillodoros schreibt mit Ausnahme des Satzes, der in wörtlicher Rede gegeben wird, durchweg in der dritten Person. Dem Zusammenhang muss entnommen werden, wer jeweils gemeint ist. Achillodoros, der Briefschreiber, ist als reisender Händler mit seinen Waren stromaufwärts in das Land skythischer Stämme gefahren. Matasys, dem Namen nach vermutlich ein Skythe, hat den Briefschreiber und seine mitgeführten Waren mit der Behauptung, dass Achillodoros ein Sklave des Anaxagoras sei und, so ist aus dem Zusammenhang zu ergänzen, in dessen Auftrag mit Waren und Transportmitteln Handel *en détail* betreibe, in seine Gewalt gebracht. Zur

Rechtfertigung seines Vorgehens brachte er vor, Anaxagoras habe sein, das heißt Matasys' Eigentum mit Beschlag belegt. Achillodoros bestritt, Sklave des Anaxagoras zu sein, führte an, dass es zwischen ihm und Matasys keine strittigen Ansprüche gebe und dass er nicht wisse, worum es in dem Streit zwischen Matasys und Anaxagoras eigentlich gehe. Der geschilderte Fall setzt voraus, dass im Geschäftsverkehr jede Seite ihre behaupteten Rechtsansprüche durchzusetzen suchte, indem sie zu Repressalien griff. Nicht durch ein Gericht wurden Streitfälle wie der beschriebene gelöst, sondern durch Parteienvereinbarung, gegebenenfalls unter Anwendung von Druckmitteln. Vermutlich befürchtete Achillodoros sogar, dass Matasys die in Anschlag gebrachten Repressalien durch Zugriff auf seine Familienangehörigen verstärken würde. Denn so ist wohl der Auftrag an den Sohn Protagoras zu verstehen, dafür zu sorgen, dass die Mutter und die (jüngeren) Brüder aus dem Land der skythischen Arbinaten in die Stadt – gemeint ist wahrscheinlich die griechische Kolonie Olbia/Borysthenes – gebracht würden, wo sie dem Zugriff des Matasys entzogen wären. Was den am Schluss des Briefes genannten Euneuros anbelangt, so dürfte es sich um den Überbringer des Briefes handeln. Von ihm wird gesagt, dass er unverzüglich stromabwärts zu Protagoras kommen werde, damit dieser das Weitere zur Freilassung seines Vaters bei Anaxagoras veranlasse und die Familie in Sicherheit bringe.

Handel zu treiben war also mit mehreren größeren Risiken verbunden: Schiffsladungen und Transporte auf dem Landweg konnten untergehen beziehungsweise geraubt werden, und bei Grenzen überschreitendem Handel bestand die Gefahr, Freiheit und Handelsgut zu verlieren, sollten die Städte oder die Stämme, auf deren Territorium dieser Handel stattfand, nicht für Streitschlichtung durch Rechtsprechung Sorge tragen. Ob der unglückliche Achillodoros jemals wieder freigekommen ist und sein Hab und Gut zurückerhalten hat, wissen wir nicht. Unklar bleibt auch, ob der Brief, den er seinem Sohn schickte, seinen Empfänger überhaupt erreicht hat.

Das Schwarze Meer war ein griechisches Meer geworden. Im Mittelmeer dagegen gab es die Konkurrenz der Phoiniker, die sich den Seeweg an der nordafrikanischen Küste zum metallreichen Süden der Iberischen Halbinsel erschlossen und auf halbem Weg Karthago gegründet hatten. Karthago aber wuchs zu einer See- und Handelsmacht heran, die das westliche Mittelmeer beherrschte. Eckstein dieser Seeherrschaft war die Kontrolle der Meerenge zwischen der Westspitze Siziliens und dem heutigen Tunesien, die Stelle also, die das Mittelmeer in eine West- und eine Osthälfte trennt. Deshalb nahmen die Karthager das westliche Sizilien unter ihre Kontrolle und setzten damit der Expansion der griechischen Kolonisation auf der Insel Grenzen. Nicht nur mit der Inbesitznahme von Küstenplätzen, sondern auch mit diplomatischen Mitteln verstanden es die Karthager, ihre Vorherrschaft im westlichen Mittelmeer und insbesondere den Zugang zur Iberischen Halbinsel zu sichern. Ihre Vertrags- und Handelspartner waren die etruskischen Seestädte und Rom, seitdem dieses die Kontrolle über die latinische Küste gewonnen hatte. Die Existenz von Abmachungen über Einfuhrartikel, von Verträgen, sich gegenseitig nicht zu schädigen, und von schriftlichen Vereinbarungen über Waffenhilfe zwischen Karthagern und Etruskern bezeugt Aristoteles. Worum es dabei ging, zeigen uns die von dem griechischen Historiker Polybios überlieferten drei Verträge zwischen Karthago und Rom. Die beiden ersten, die angeblich dem sechsten und fünften Jahrhundert angehören, zeigen Karthago in der Position des überlegenen Partners. Dessen Hauptinteresse war es, den Römern als den Mindermächtigen aufzuerlegen, dass ihre Kaper- und Handelsschiffe sich vom Interessengebiet Karthagos fernhielten und nur im Notfall des Schiffbruchs für die Zeit der Reparatur und der Verproviantierung dort an Land gingen. Was den Handel anbelangt, so zeigt sich – verglichen mit den Problemen, mit denen Achillodoros im Geschäft mit den Skythen am Schwarzen Meer konfrontiert war – ein erheblicher Zuwachs an Rechtssicherheit mittels staatlicher Kontrolle. Es heißt im ersten Vertrag:

> «Die aber, die des Handels wegen kommen, sollen kein Geschäft rechtskräftig abschließen dürfen, es sei denn im Beisein eines Herolds oder eines Schreibers. Was aber in deren Gegenwart verkauft wird, dafür soll die Schuld dem Verkäufer von Staats wegen verbürgt sein, bei allem, was entweder in Libyen oder auf Sardinien verkauft wird. Wenn ein Römer nach Sizilien kommt, soweit es unter der Hoheit der Karthager steht, sollen die Römer in allem Gleichberechtigung (mit den Karthagern) genießen.»
> (Polyb. III,22,8–10. Übersetzung nach H. Drexler)

Das westliche Mittelmeer betrachteten die Karthager zur Zeit der mit Rom geschlossenen Verträge als ihr Interessengebiet, in dem es den Römern nicht gestattet war, Kolonien anzulegen. Doch in der vorhergehenden Zeit war die Kontrolle, die Karthago auszuüben vermochte, keineswegs lückenlos gewesen. Um 600 v. Chr. gelang es Griechen, an der südfranzösischen Küste Fuß zu fassen. Der ligurische Stamm der Segobrigen trat Auswanderern aus dem kleinasiatischen Phokaia den besten Naturhafen an der Nordküste des westlichen Mittelmeeres, den Vieux-Port im heutigen Marseille, sowie das den Hafen umgebende Land ab. Die ersten Siedler der Kolonie Massalia besetzten nur einen Teil des Areals, das den Hafen im Norden begrenzt. Im Laufe des sechsten Jahrhunderts wuchs aber die Stadt weiter in die Landzunge hinein und wurde zwischen 510 und 500 v. Chr. mit einer Mauer umgeben. Dieses Wachstum wurde von der einzigartigen Lage der Stadt, dem Fehlen konkurrierender Hafenstädte im weiten Umkreis sowie von der Nähe der Rhonemündung begünstigt, von der aus der massaliotische Handel bis tief in das keltische Hinterland vordringen konnte. Von der ligurischen bis zur iberischen Küste nördlich des Ebro wurde, worauf oben bereits hingewiesen wurde, eine Reihe von Handelsstationen, so beispielsweise Nikaia/Nizza, Monoikos/Monaco oder Emporion/Ampurias, angelegt. Einen Niederschlag der intensiven Handelsbeziehungen stellen die großen Mengen importierter griechischer Keramik dar, die bei der Ausgrabung ligurischer und iberischer

Hügelbefestigungen zutage getreten sind. Bei den Kelten in den rhoneaufwärts gelegenen Gebieten wurde der griechische Einfluss in Kunst, Architektur und Befestigungswesen so stark, dass, wie das Beispiel von Glanum/Saint-Rémy-de-Provence lehrt, eine keltische Stadt nach griechischem Vorbild entstehen konnte.

Die wirtschaftliche Blüte Massalias führte zwischen 565 und 545 v. Chr. weitere Auswanderungswellen in den Westen. Ihnen war nicht nur die Vergrößerung Massalias zu verdanken, sondern auch die Gründung der Kolonie Alalia (heute Aléria) an der Ostküste Korsikas. Nach der Eroberung des an der Westküste Kleinasiens gelegenen Phokaia durch die Perser um 545 v. Chr. verließ ein Teil der Einwohner die Heimat und siedelte sich in Alalia an. Lebensgrundlage der Stadt wurde die Piraterie, und damit störte sie das gemeinsame Interesse, das Karthager und Etrusker an der Sicherheit ihrer Seefahrt und ihres Handels im nordwestlichen Mittelmeer hatten. Es kam zu einem Bündnis zwischen Karthago und den Etruskern, und was dann geschah, darüber berichtet Herodot wie folgt:

> «Es kam zur Seeschlacht, und die Phokaier erfochten einen Sieg, der aber einer Niederlage glich. Denn vierzig ihrer Schiffe gingen unter, und der Rest wurde gefechtsunfähig, weil die Schiffsschnäbel verbogen waren. Sie fuhren heim nach Alalia, nahmen ihre Kinder, Frauen und alles Gut, das die Schiffe irgend tragen konnten, an Bord, verließen Korsika und fuhren nach Rhegion (an die Südspitze Kalabriens). Die Bemannung der untergegangenen Schiffe aber wurde zum größten Teil von den Karthagern und Etruskern aufgefangen, an Land gebracht und gesteinigt.»
> (Hdt. 1,166,2–167,1. Übersetzung nach A. Horneffer)

Mit dieser Seeschlacht, die um das Jahr 540 v. Chr. stattfand, war entschieden, dass die Gewässer um die großen Inseln Korsika und Sardinien der griechischen Kolonisation verschlossen blieben. Die überlebenden Phokaier mussten Rhegion wieder verlassen und gründeten an der Küste Lukaniens südlich von Poseidonia/Paestum die Kolonie Elea/Velia, später Sitz der ersten griechischen Philosophenschule. Es war die letzte Kolonie, die Griechen in Italien gründeten.

Vor dem Ende des sechsten Jahrhunderts scheiterte auch der tollkühne Versuch, an der Peripherie des karthagischen Herrschaftsgebiets in Libyen und Sizilien eine spartanische Kolonie zu gründen. Auch dieser Versuch wurde nicht etwa von Staats wegen unternommen. Urheber war der Prinz Dorieus, der jüngere Halbbruder des Königs Kleomenes. Dieser war aufgrund des Erstgeburtsrechts einer der beiden Könige Spartas geworden. Dorieus hielt sich, wie Herodot erzählt, aufgrund seiner Tüchtigkeit für den geeigneteren Thronanwärter, und aus Empörung darüber, dass er übergangen worden war, rekrutierte er in Sparta Auswanderungswillige, die um 515/14 v. Chr. mit ihm nach Libyen zogen. Sie ließen sich in einer fruchtbaren Flussebene in der Nähe der von Phoinikern gegründeten Stadt Leptis Magna nieder, die Karthago abgabenpflichtig war. Diese griechische Niederlassung am Rande ihres Herrschaftsgebiets duldeten die Karthager nicht und zwangen die Einwanderer nach drei Jahren, nach Sparta zurückzukehren. Doch Dorieus gab nicht auf. Nach zwei Jahren fuhr er erneut aus, dieses Mal nach Sizilien, nachdem er, wie zumindest Herodot erzählt, einen Orakelspruch erhalten hatte, der ihm befahl, das Land der Nachkommen des Herakles – zu denen sich bekanntlich die spartanischen Könige zählten – an der Westspitze Siziliens am Berg Eryx in Besitz zu nehmen. Ausgerechnet die Westspitze Siziliens war indes ein Eckstein der karthagischen Seeherrschaft. So scheiterte auch dieses abenteuerliche Unternehmen binnen Kurzem. Karthago und Egesta schlossen ein Bündnis und vernichteten die Ankömmlinge in einer Schlacht. Dorieus fiel, und von den vornehmen Spartanern, die ihn begleitet hatten, überlebte angeblich nur einer namens Euryleon; dieser wurde für kurze Zeit Stadtherr, griechisch: Tyrann, in Selinus, bevor er von Bürgern der Stadt umgebracht wurde. Das war das Ende des Abenteuers. Der zweifache Zug des Dorieus, nach Libyen und nach Sizilien, unterschied sich im Prinzip nicht von früheren Kolonisationsunternehmungen adliger Herren. Auch diese waren in vielen Fällen von unzufriedenen, mit ihren Standesgenossen zerfallenen Angehörigen der Elite angeführt worden, die mit ihrer Familie oder ihren Nachbarn Zerstrittene, Notleidende und wegen Verschuldung oder einer Straftat Verfolgte zur Gründung einer Kolonie rekrutiert hatten. Doch Dorieus kam zu spät. Die Mittelmeerwelt war am Ende des sechsten Jahrhunderts verteilt, und für eine griechische Kolonisation gab es wegen der Machtentfaltung Karthagos im Westen und der Expansion des Perserreiches im Osten keinen Raum mehr.

IV. STAATENBILDUNG

1. *Sparta: Die Entstehung einer Führungsmacht*

Bis zum sechsten Jahrhundert gewann Sparta, eine Gemeinde ohne städtisches Zentrum, die Herrschaft über rund ein Drittel der Peloponnes, das sind ca. 8500 km². Das war die Grundlage eines Machtpotentials, mit dem sich damals keine der vielen politischen Einheiten Griechenlands messen konnte. Nicht umsonst wurde gegen Ende der Epoche der Begriff «Vormacht Griechenlands» auf Sparta gemünzt. Die Größe der sogenannten Normalpolis ist nach einer modernen Berechnung mit durchschnittlich 50–100 km² anzusetzen, und selbst größere Gemeinden in der Nachbarschaft Spartas wie Tegea, Korinth und Argos mit einer Siedlungsfläche von ungefähr 385, 900 und 1300 km² (wovon die zentrale, landwirtschaftlich nutzbare argivische Ebene 275 km² einnahm) kamen nicht an den Umfang des Territoriums heran, das Sparta unterstand. Die Formulierung «Territorium, das Sparta unterstand» ist bewusst gewählt; denn die Spartaner oder genauer die *Spartiaten*, wie sie auf Griechisch genannt wurden, waren das herrschende Volk in einem komplex zusammengesetzten Staatsverband, der offiziell den Namen *Lakedaimon* trug. Abgesehen von Sparta mit seinem Bürgergebiet in der Eurotasebene zwischen den Gebirgszügen des Parnon und des Taygetos umfasste dieses Gebilde siebzehn Gemeinden von *perioikoi* – das Wort bedeutet «die *Umwohnenden*» – in dem die lakonische Ebene umgebenden Bergland. Im siebten Jahrhundert dehnte Sparta sein Territorium nach Messenien westlich des Taygetos aus und gewann dort ein großes Areal, das von hörigen Bauern, den sogenannten *Heloten*, bebaut wurde, sowie fünf weitere Perioikengemeinden, so dass der Staatsverband – das Wort sei der Kürze halber verwendet – neben dem ausgedehnten spartanischen Bürgerland zweiundzwanzig Perioikengemeinden umfasste. Die beiden Könige repräsentierten die Institution, die beide Teile Lakedaimons, Sparta und die Perioikengemeinden, in einer Art Gesamtstaat verklammerte. Sie besaßen in den Gemeinden der Perioiken Krongut, von dessen Erträgen sie Einkommen bezogen und von dem die Kosten des Kults bestritten wurden, und hatten das Recht, das Aufgebot der Perioiken zur Heeresfolge einzuberufen. Wie dieses eigentümliche Gebilde mit zwei Königen und zwei Bestandteilen, Sparta mit seinen großen fruchtbaren Ebenen im Eurotastal und in Messenien und den Gemeinden der Umwohnenden, zustande gekommen ist, wissen wir trotz verschiedener Theorien nicht.

Die Spartiaten besaßen die fruchtbaren Ebenen zu beiden Seiten des Taygetos und hatten die Last der landwirtschaftlichen Produktion, von der sie lebten, auf die Heloten, die unterworfene bäuerliche Bevölkerung, abgewälzt. Die Heloten waren nach einer griechischen Definition Menschen zwischen Freien und Sklaven, tatsächlich Staatsklaven, lebender Bestandteil der Landlose (griechisch *klaroi*), die von Staats wegen einzelnen Spartiaten zu individueller Nutzung zugeteilt waren. Um der Erhaltung dieses Zwangssystems willen wurden die bäuerlichen Heloten einem Terrorregime unterworfen und mussten ihren Herren die Hälfte des Ernteertrags abliefern, den sie erzielten. Im ausgehenden siebten Jahrhundert hat der in Sparta wirkende Dichter Tyrtaios das Los der Heloten in Messenien wie folgt beschrieben:

«Wie Esel von schweren Lasten gedrückt,
Bringen sie ihren Herren unter grimmigem Zwang
Die Hälfte von allem, was an Früchten die Erde hervorbringt.
...
(Gezwungen sind sie, den Leichenzug zu begleiten,)
Die Herren beklagend, die Frauen sowohl als sie selbst,
Wenn einen das verderbliche Los des Todes ereilt.»
(Tyrt. F 5 Diehl)

Sparta und Lakedaimon

Das Territorium der Spartaner und der Gemeinden der Perioiken von den Anfängen bis zum 6. Jahrhundert v. Chr.

Zur Ausbeutung der Unterworfenen trat die Demütigung, dass sie ihre Unterdrücker öffentlich ehren mussten, wenn diese gestorben waren, und unter ständiger Todesdrohung leben mussten. Die regelmäßig durchgeführten Kontrollgänge der spartanischen Jungmannschaft verbreiteten Furcht und Schrecken unter den Heloten. Sie wurden nach Kriegsrecht behandelt und konnten, wie es in griechischen Rechtstexten heißt, *«bußlos»* getötet werden. Der Kriegszustand, der zur Unterwerfung geführt hatte, war nie beendet worden, sondern wurde zu Beginn eines jeden neuen Jahres feierlich erneuert.

Der Preis, den die Spartiaten für die Niederhaltung der Heloten zu zahlen hatten, war die Militarisierung der gesamten Lebensordnung von der Wiege bis zur Bahre. Das begann mit der Entscheidung über die Aufzucht von Neugeborenen nach Kriterien der Eugenik, was die Tötung schwächlicher und missgestalteter Kinder zur Folge hatte. Die gesunden Kinder wurden einem Erziehungssystem unterworfen, das auf Abhärtung, die Fähigkeit, Schmerzen und Strapazen zu ertragen, und vormilitärische Ausbildung ausgerichtet war. Nach der Knabenweihe beim Übergang zum Erwachsenenalter und einer Mannbarkeitsprobe, die mit der Tötung eines Heloten erbracht wurde, folgte das Zusammenleben der Männer in Speisegemeinschaften, jener Institution, die einer ständigen militärischen Mobilisierungsbereitschaft diente. Auf dieser Grundlage beruhte die Machtstellung, die der von den Spartiaten beherrschte Staatsverband der Lakedaimonier in der griechischen Welt des sechsten Jahrhunderts gewann. Nach eigener Auffassung der Spartaner war das gesamte System die Schöpfung eines mythischen Gesetzgebers namens Lykurgos, der die inneren Wirren in Sparta beendet und die beschriebene Ordnung begründet haben soll. Fassbar wird diese Vorstellung im sechsten Jahrhundert, als das Ideal einer guten gesetzlichen Ordnung, der *eunomia*, wie es im Griechischen heißt, zum Leitstern einer institutionellen Festigung der Gemeinschaft gegenüber dem Machtanspruch Einzelner geworden war. Der Endzustand, der aus einer jahrhundertelangen Entwicklung hervorgegangen war, erlangte im Nachhinein die Weihe eines Gesetzgebungsaktes aus grauer Vorzeit. An diesem Mythos ist bis in hellenistische Zeit weitergeschrieben worden. Die früheste Fassung der variantenreichen Überlieferung lesen wir bei Herodot. Dort heißt es:

> «Sie (die Spartaner) erhielten dann auf folgende Weise eine Verfassung und gute Gesetze. Ein angesehener Spartiate namens Lykurgos kam nach Delphi, um sich weissagen zu lassen. ... Nach einigen Berichten hat die Pythia ihn auch die Verfassung gelehrt, die noch heute besteht. Die Lakedaimonier selbst behaupten, Lykurgos habe sie zu der Zeit, als er Vormund seines Brudersohnes, des spartanischen Königs Leobotes (des vierten mythischen Herrschers in der spartanischen Königsliste), war, aus Kreta geholt. Jedenfalls gab er, als er diese Vormundschaft übernahm, lauter neue Gesetze und sorgte dafür, dass sie streng eingehalten wurden. Dann setzte er auch die Heeresordnung fest, begründete ... die *Syssitien* (die Speisegemeinschaften der Männer) und setzte die *Ephoren* (die fünf Aufsicht über den Bürgerverband führenden Amtsträger) und die *Geronten* (den Ältestenrat) ein.»
> (Hdt I,65,2 und 4–5. Übersetzung nach A. Horneffer)

Die moderne Geschichtswissenschaft hat dieses Konzept, das den Ursprung der spartanischen Ordnung des sechsten Jahrhunderts in einen Gesetzgebungsakt aus mythischer Frühzeit verlegt, längst in Frage gestellt und sie trotz der ungünstigen Quellenlage als Ergebnis einer Entwicklung in mehreren Stufen zu begreifen gelehrt. Am Anfang standen im zehnten Jahrhundert die Landnahme dorischer Zuwanderer im mittleren Eurotastal und ihre Niederlassung in den vier dörflichen Siedlungen *Pitane*, *Limnai*, *Mesoa* und *Kynosoura*. Die fruchtbare Landschaft war zwar nicht menschenleer, aber nach der Zerstörung der mykenischen Palastanlage von Amyklai nur dünn besiedelt, so dass Platz für Neuankömmlinge vorhanden war. Wie überall in Griechenland führte auch in den vier durch den gemeinsamen Kult der *Artemis Orthia* verbundenen Dörfern die soziale Differenzierung zur Entstehung einer adligen Elite, aus der zwei rivalisierende Familien, die Agiaden und die Eurypontiden, herausragten. Beiden gelang es – wir wissen nicht, wie und wann –, sich die Königswürde zu sichern. Sparta war damit die einzige griechische Gemeinde mit zwei Königen.

Im frühen achten Jahrhundert brachen die von den Königen und einem Adelsrat, den Geronten, geführten Spartaner zu neuen Ufern auf. Sie verleibten das südlich gelegene Amyklai – die näheren Umstände sind auch hier unbekannt – als fünftes Dorf ihrem Gemeindeverband ein. Mit der Beseitigung des Sperrriegels von Amyklai war der Weg frei für Spartas Vordringen in den südlich gelegenen fruchtbaren Teil der lakonischen Ebene. Die vordorische Bevölkerung wurde versklavt, das Land in Landlose aufgeteilt und Spartanern zur Nutzung zugewiesen. So entstand das System der Helotie. Dieses System wurde in langdauernden Kämpfen auf die jenseits des Taygetos im Westen gelegene messenische Ebene ausgedehnt.

Chronologie und nähere Umstände sind allerdings umstritten. Die Darstellung, die Pausanias im zweiten Jahrhundert n. Chr. von den sogenannten Messenischen Kriegen gegeben hat, beruht auf romanhaften Erzählungen hellenistischer Zeit und entbehrt jeglichen Quellenwertes. Moderne Versuche, die Wissenslücke zu schließen, sind mehr oder weniger plausible Spekulationen. Die Rede ist von Beutezügen spartanischer Aristokraten, die zum Konflikt mit messenischen Standesgenossen geführt hätten, von Parteiungen innerhalb des Adels und dem Gegensatz zwischen reicher Elite und der Masse des Volkes, die nach einer Neuverteilung von Grund und Boden verlangt habe und mit der Schaffung neuer Landlose in Messenien zufriedengestellt worden sei. Wirkliche Klarheit darüber, was im Einzelnen geschah, ist jedoch nicht zu gewinnen. Selbst an der elementaren Frage nach der Zeitstellung und der Zahl der betreffenden Messenischen Kriege, ob zwei geführt wurden oder nur einer, scheiden sich noch immer die Geister. Die Chance eines echten Erkenntnisgewinns bietet nur eine Quelle, die Fragmente des Dichters Tyrtaios aus der Zeit des Kampfes um Messenien. Tyrtaios verfasste

Kampflieder, die Einblick in die Kampfweise geben, und mit dem Gedicht, dem – wohl später – der Titel *Eunomia* gegeben wurde, eine Beschreibung des Zustandes, den Sparta unter dem König Theopompos erreicht hatte. Diesem König aus dem Haus der Eurypontiden – es ist der Erste, der von den in der spartanischen Königsliste Genannten als historische Persönlichkeit nachweisbar ist – schreibt Tyrtaios die Eroberung Messeniens in einem langwierigen, zwanzig Jahre währenden Krieg zu:

> «Unserem König, dem gottgeliebten Theopompos,
> Durch den wir das breite, geräumige Messenien eroberten,
> Messenien gut zu pflügen, gut auch zu bepflanzen.
> Um es kämpften neunzehn Jahre
> Ohne Unterbrechung mit hartnäckigem Sinn
> Lanzenkrieger, die Väter unserer Väter.
> Doch im zwanzigsten Jahr verließen sie ihre üppigen Äcker
> Und flohen von den hohen Bergen Ithomes.»
> (Tyrt. F 4 Diehl)

Dieser zwanzigjährige Krieg fand nach dem Zeugnis des Tyrtaios zwei Generationen vor seiner eigenen Zeit statt. Aus dieser Angabe ist errechnet worden, dass die Regentschaft des Theopompos ungefähr in die Zeit zwischen 705 und 675 v. Chr. fällt und dass der Krieg, den Theopompos führte und der mit der Eroberung Messeniens endete, ungefähr die beiden ersten Jahrzehnte des siebten Jahrhunderts ausfüllte. Der zweite Krieg, der nach einem weiteren Zeugnis des Tyrtaiaos zwei Generationen nach der ersten Eroberung Messeniens durch König Theopompos, das heißt ungefähr sechzig Jahre später, um die erneute Unterwerfung der aufständischen Messenier geführt werden musste, fand demnach ungefähr zwischen 620 und 600 v. Chr. statt. Dazu stimmt die Zeitangabe des thebanischen Feldherrn und Politikers Epameinondas, der im Jahre 370/69 v. Chr. von sich sagte, er habe die Unabhängigkeit Messeniens nach 230 Jahren der Versklavung durch die Spartaner wiederhergestellt. Diese Zeitangabe bedeutet, dass die zweite, endgültige Unterwerfung Messeniens durch die Spartaner erst gegen Ende des siebten Jahrhunderts erreicht worden ist.

Damit korrespondiert, dass die überwältigende Masse der Fragmente, die sich von Tyrtaios' Dichtung erhalten haben, Kriegslieder sind, in denen immer wieder zu äußerster Kampfentschlossenheit aufgerufen und das Kampfgeschehen in dramatischen Beschreibungen beschworen wird. Besonders aus dem verstümmelt überkommenen Wortlaut eines im Jahr 1918 publizierten Papyrusfragments wird erkennbar, dass das Kampflied den aktuellen Zweck verfolgte, die Spartaner zu äußerster Anstrengung in der Schlacht anzuspornen:

«(… weder die Schwertträger fürchtend)
Noch die Schleuderer der Steine noch die Bogenschützen,
Sondern den Scharen der … gleichend,
Die Ares verehren, den Männertötenden, der nach Schlachtenlärm dürstet
Beim Angriff nach vorn …
Sie aber erschauern, Kindern und Frauen gleichend.
Also auf, geschirmt von den hohlen Schilden,
Getrennt nach Pamphylern, Hylleis und Dymanen,
In den Händen die männertötenden Speere.
Alles den unsterblichen Göttern anheimstellend
Wollen wir der Standfestigkeit der Führer folgen.
Doch wollen wir sogleich geschlossen losstürmen,
Nahe folgend den speerbewährten Kämpfern.
Schrecklich klingt von beiden Seiten das Lärmen,
die schön gerundeten Schilde schlagen auf Schilde …
… gegeneinander …
… der Männer Brust an Brust …
(Sie aber) werden zerschmettert fliehen.
Die aber von großen Steinen getroffenen Helme
Aus Erz werden hell erklingen …»
(Tyrt. F 1,44–63 Diehl)

Gekämpft wurde, so ist zu erschließen, auch zur Zeit des Dichters, zwei Generationen, nachdem König Theopompos zum ersten Mal die Unterwerfung Messeniens gelungen war. Aber nicht nur, weil dieser Befund die Existenz von zwei Messenischen Kriegen bezeugt, sind die Kriegslieder des Tyrtaios aufschlussreich: Sie erlauben auch, ein Bild von der Härte und der Art der Kampfweise zu gewinnen, mit der der Unterwerfungskrieg geführt wurde. Aus dem zitierten Text geht hervor, dass Steinschleuderer und Bogenschützen den in dichter Formation aufgestellten und mit runden Schilden ausgerüsteten Speer- und Schwertkämpfern auf dem Fuße folgten, um den Feind mit einem Geschosshagel zu überschütten. Deutlicher noch wird dies in einem anderen Kampflied, in dem es heißt:

> «Und ihr wisst: die es schaffen, geschlossen zu bleiben, und in den
> Nahkampf hineinzugehen und in die vorderste Front,
> Kommen am wenigsten um und bewahren die Mannschaften hinten.
> Wer aber wegläuft, verliert all seinen männlichen Wert.
> ...
> Also wohlan, man schreite gut aus, und stemme mit beiden
> Füßen sich fest auf den Grund, beiß' auf die Lippe den Zahn,
> Decke die Schenkel und Schienbeine unten, die Brust und die Schultern
> Hinter des breiten Schilds schützend geräumigen Bauch,
> Schwinge den wuchtenden Speer mit dem rechten Arme, und lasse
> Wallen des Helmes Busch fürchterlich über dem Haupt.
> Kämpfen lernt man allein durch kräftige eigene Leistung;
> Ferne vom Schuss darf nicht stehen ein Träger des Schilds,
> Sondern man gehe heran, und mit langer Lanze im Nahkampf
> Oder dem Stoß des Schwerts fälle man sich einen Feind.
> Fuß neben Fuß gesetzt, und den Schild gepresst mit dem Schilde,
> Busch berührend den Busch, lehnend den Helm an den Helm,
> Brust an Brust andrängend: so soll man den Gegner bekämpfen,
> Schwertes Griff in der Faust oder weitreichenden Speer.
> Ihr aber, leichtes Kriegsvolk, ein jeder für sich hinter fremde

Schilde duckt euch und werft mächtige Steine zuhauf,
Und mit geglätteten Pfeilen beschießt die Krieger, und stellt euch
Neben die, welche den Kampf völlig gerüstet bestehen.»
(Tyrt. F 8,11–14 und 21–38 Diehl. Übersetzung nach H. Fränkel)

Was hier beschrieben wird, ist das Zusammenwirken der Phalanx, der tief gegliederten, dicht gedrängten Kampfformation der mit Schild, Speer, Schwert und Helm bewaffneten Nahkämpfer, mit Schleuderern und Bogenschützen, die im Schutz der Formation der Schwerbewaffneten von hinten und von den Flanken her den Feind beschießen und so den Zusammenbruch der feindlichen Linien beim Aufprall der Phalanx unterstützen. Die Ausbildung dieser Kampfweise, bei der die in dichter Formation aufgestellten Schwerbewaffneten als schlachtentscheidende Waffengattung fungieren, setzte eine waffentechnische Neuerung voraus, die Erfindung des Schildes mit Riemengriff, der es ermöglicht, den Schild leichter und länger als an einem Haltegriff zu halten. Das hatte zur Folge, dass die Verwendung des größeren und schwereren Rundschildes, der den Körper deckte, den Verzicht auf die schwere, körperanliegende Rüstung erlaubte und dass der schwerbewaffnete Fußkämpfer, der *Hoplit*, wie er im Griechischen heißt, dadurch eine größere Beweglichkeit gewann. Vom Schild gedeckt war nicht die Schwertseite, also die jeweils rechte Flanke. Um diesen Nachteil auszugleichen, wurde Mann neben Mann aufgestellt, so dass jeweils der linke Nebenmann den rechten mit seinem Schild schützte. Ungeschützt blieb nur der rechte Flügelmann. Deshalb war es notwendig, an dieser Stelle einen durch Körperkraft und Kampferfahrung ausgezeichneten Hopliten zu verwenden. Der Beweglichkeit, die der Schild mit dem Riemengriff dem einzelnen Hopliten verlieh, entsprach die Fähigkeit der im geschlossenen Verband vorrückenden Phalanx, aus der Bewegung heraus mit dem Feind zusammenzustoßen und seine Front zu zerbrechen. Gelang das, war dieser verloren. Seit dem zweiten Viertel des siebten Jahrhunderts stellen Vasenbilder die neue Kampfweise dar: Sie zeigen, wie die dicht geschlossene Formation der Hopliten mit dem großen, den Körper bedeckenden Schild unter dem Spiel eines Blasinstruments vorrückt. Die älteste und wohl berühmteste Abbildung bietet die Chigi-Vase aus der Mitte des siebten Jahrhunderts. Der Kampf in geschlossener Formation musste eingeübt werden. Das setzte voraus, dass diejenigen, die zum Kampf in der Phalanx geschult werden mussten, über Freizeit verfügten und im Idealfall von der Notwendigkeit der Erwerbsarbeit ganz befreit waren. Die Spartaner waren es dank des fluchwürdigen Helotensystems, um dessen Erweiterung und Festigung in den Messenischen Kriegen gekämpft wurde.

Die neue Kampfweise hatte militärische und politische Folgen. Kriegsentscheidend war nicht mehr ein schwergepanzerter Einzelkämpfer oder die Adelsreiterei, sondern das Volk, soweit seine Angehörigen in der Lage waren, die Kosten für die Ausrüstung eines Hopliten zu tragen. Das waren in griechischen Gemeinden in der Regel Bauern, die vom Ertrag ihrer Felder leben und sich eine Hoplitenrüstung leisten konnten, nicht die Tagelöhner, die *Theten*, wie sie genannt wurden, jene Kümmerexistenzen, die schon in der Welt Homers verachtet waren. Im Falle Spartas war es, nachdem das Helotensystem als Ergebnis der Messenischen Kriege gestärkt worden war, die Gesamtheit der von dem Ertrag ihres Landloses lebenden Spartiaten. Wer nicht in der Lage war, die Kosten für seine Ausrüstung zu bestreiten, beziehungsweise nicht zur Klasse der Landlosbesitzer gehörte, fand als Leichtbewaffneter im Aufgebot Verwendung. Eine Vereinbarung, wie sie die adligen Herren von Chalkis und Eretria auf Euboia um 700 v. Chr. im Lelantischen Krieg getroffen hatten, dass auf Fernwaffen – Bogen und Schleuder –, verzichtet werden sollte, war in den Messenischen Kriegen, in denen mit allen Mitteln um Unterwerfung oder Selbstbehauptung gekämpft wurde, nicht mehr möglich.

Dies alles bedeutete auch politisch eine Stärkung jener Schicht des Gesamtvolkes, aus der sich die kriegsentscheidende Waffengattung rekrutierte. Aristoteles hat, ausgehend von diesem Gesichts-

Protokorinthische Olpe, sogenannte Chigi-Kanne, um 640 v. Chr.

Dargestellt sind Hopliten, die in der Kampfformation der Phalanx aufeinandertreffen. Die von links anrückenden zwei Schlachtreihen stellen wahrscheinlich Spartaner aus der Zeit der Messenischen Kriege dar. Überliefert ist, dass die spartanische Phalanx vom Spiel des Aulos, einer Oboenart, begleitet in den Kampf zog (Thuk. V,70). Zu den gleichzeitigen Kampfliedern des Tyrtaios siehe Text.

Rom, Villa Giulia

punkt, die Verfassungsentwicklung der archaischen Zeit so beschrieben:

«Bei den Griechen stützte sich die erste politische Ordnung nach dem Königtum auf die Krieger: zu Anfang auf die Adels-Reiterei – denn damals wurde Krieg durch die Kraft und Überlegenheit der Reiterei entschieden; ohne feste Ordnung sind nämlich Kämpfer zu Fuß ohne Wert, bei den Alten aber gab es darin (das heißt: in dieser Kampfweise

> zu Fuß) noch keine Erfahrung und geordnete Aufstellung; als aber die Gemeinden größer wurden und die zu Fuß Kämpfenden die Überlegenheit gewannen (nämlich durch ihre Zahl und die Phalanxtaktik), da wuchs auch die Zahl der an den politischen Entscheidungen Beteiligten.»
> (Aristot. pol. IV,1297 b 16–23. Übersetzung nach E. Schütrumpf)

Zutreffend ist an dieser Theorie der Verfassungsentwicklung die Betonung des Zusammenhangs zwischen der Bedeutung der neuen Kampfweise und dem stärkeren politischen Gewicht der in der Phalanx kämpfenden Hopliten.

Für Sparta ist die politische Konsequenz aus der neuen Kampfweise in der sogenannten *Großen Rhetra* fassbar, einer vom Delphischen Orakel feierlich sanktionierten neuen Verfassungsnorm. Tyrtaios hat in seinem *Eunomia* genannten Gedicht darauf Bezug genommen. In der Version, die der in caesarischer Zeit lebende sizilische Historiker Diodor überliefert, lautet der Text des Tyrtaios:

> «Denn so hat der Herr mit dem silbernen Bogen, Apollon, der Ferntreffende, Schönhaarige, aus dem reichbegüterten Allerheiligsten das Orakel gegeben:
> ‹Die ersten im Rat sollen sein die gottgeehrten Könige,
> Die Sorge tragen für Sparta, die liebliche Stadt,
> Und der Rat der Alten, dann aber die Männer des Volkes
> Mit geraden Sprüchen Antwort erteilend:
> Das Gute sollen sie sagen und in allem das Gerechte tun
> Und nicht dieser Stadt krummen Rat erteilen;
> Aber der Mehrheit des Volkes sollen Sieg und Bekräftigung folgen.›
> Phoibos nämlich hat der Stadt hierüber so das Orakel erteilt.»
> (Tyrt. F 3a Diehl = Diod. Sic. VII,12,5 f.)

Eine kürzere Version steht in Plutarchs Lykurgbiographie. Sie lautet wie folgt:

«Phoibos hörend brachten sie von Pytho nach Hause
Orakelworte des Gottes und vollkommene Rede:
‹Die ersten im Rat sollen sein die gottgeehrten Könige,
Die Sorge tragen für Sparta, die liebliche Stadt,
Und der Rat der Alten, dann aber die Männer des Volkes
Mit geraden Sprüchen Antwort erteilend.›»
(Tyrt. F 3b Diehl = Plut. Lyk. 6,7)

Den Wortlaut des Orakelspruches, mit dem der Delphische Apollon die neue Ordnung sanktionierte, hat uns ebenfalls Plutarch in seiner Lykurgbiographie überliefert. Er lautet:

«Nachdem er ein Heiligtum des Zeus Syllanios und der Athena Syllania errichtet, Phylen und Oben geschaffen, einen Rat von Dreißig unter Einschluss der Heerführer konstituiert hat, soll er von Zeit zu Zeit (das heißt in regelmäßigen Abständen) das Volk zwischen Babyka und Knakion versammeln und so Anträge einbringen und abtreten lassen (das heißt: die Versammlung auflösen), … Bekräftigung.»
(Plut. Lyk. 6,1 f.)

Lesbar ist in dem lückenhaften Schluss des Textes nur das Wort *Bekräftigung*; sinngemäß muss das Gleiche hier gestanden haben wie bei Tyrtaios in Fragment 3a,9 Diehl: «Aber der Mehrheit des Volkes sollen Sieg und Bekräftigung folgen.» Plutarch zitiert noch einen Zusatz, den er als spätere Ergänzung versteht. Er lautet:

«Wenn aber das Volk einen schiefen Spruch sprechen sollte, sollen die Ältesten und die Heerführer (ihn) abwenden.»
(Plut. Lyk. 6,8)

Dieser Text ist wohl die älteste Urkunde der griechischen Verfassungsgeschichte. Er stellt die Forschung in einer Reihe von Punkten vor Verständnisschwierigkeiten, die hier zu erörtern zu weit führen würde. Rätsel gibt vor allem die Anweisung auf, Phylen und Oben (griechisch *obai*) zu gründen. Möglicherweise ist damit angeordnet, die traditionellen Personalverbände der drei dorischen Phylen um eine territoriale Gliederung mit der Bezeichnung *obai* unter Berücksichtigung des im Ersten Messenischen Krieg neu gewonnenen Landes zu ergänzen. Dies ist nicht mehr als eine Vermutung. Aber wie dem auch sei: Der verfassungsgeschichtlich relevante Kern des Textes ist klar und verständlich. Geregelt wird das Zustandekommen von bindenden Beschlüssen der Gemeinde durch das Zusammenspiel von Regierung und Volk. Die Regierung ist repräsentiert durch die Gerusie, den Rat der Alten, in dem die Heerführer, das heißt: die beiden Könige, als Vorsitzende das erste Wort haben.

In den Grundzügen ist dies die Verfassung einer Polis, wie sie uns auch in den homerischen Gedichten entgegentritt: Der König berät sich mit dem Rat der Alten und beruft bei Bedarf die Volksversammlung ein. Letzteres geschieht bei Homer sporadisch und nur in dringenden Fällen, bei drohendem Krieg oder Überfall oder, wie im ersten Buch der Ilias geschildert ist, um Stimmung für die Fortsetzung eines Krieges gegen Troia zu machen. Von bindenden Beschlüssen des Volkes ist jedoch nirgendwo die Rede: Als im ersten Buch der Ilias der Versuch Agamemnons und seines Kriegsrates, die Achaier zu einem neuen Angriff auf Troia anzuspornen, an der Kriegsmüdigkeit der Versammlung zu scheitern droht, finden die Führer Mittel und Wege – solche der Überredung und solche der Gewalt –, um ihren Willen durchzusetzen. Ein anderes Beispiel: Als Telemachos im sechsten Buch der Odyssee die Volksversammlung flehentlich um Hilfe gegen den Übermut der Freier bittet und sie am Ende in Begriff steht, der Bitte zu willfahren, bringt die Drohung eines mächtigen Freiers die Versammlung zum Schweigen.

Gemessen an diesem Befund, springt der Fortschritt der politischen Institutionalisierung, den die Große Rhetra in Sparta gebracht hat, unmittelbar ins Auge. Wie in einem Grundgesetz wird die Verpflichtung der Regierung festgeschrieben, die Volksversammlung regelmäßig zusammenzurufen, ihr Anträge vorzulegen und die Versammlung ordnungsgemäß aufzulösen. Festgehalten ist auch, dass erst die Zustimmung des Volkes Anträge der Regierung zu Beschlüssen macht, die die Gemeinschaft binden. Die Regierung bedurfte also der Zustimmung des Volks, aber sie blieb Herr des Verfahrens. Aus der Mitte der Versammlung konnten keine Anträge gestellt werden, und im Bedarfsfall, das heißt, wenn eine Abstimmung ein «schiefes», von der Regierung unerwünschtes Ergebnis zu erbringen drohte, konnte sie dies durch Auflösung der Versammlung abwenden. Im Prinzip entsprach die Verfassung Spartas damit derjenigen, die Aristoteles auf Kreta beobachtete und wie folgt charakterisierte:

> «Die Königswürde gab es zwar früher (in Kreta wie heute noch in Sparta); später aber haben die Kreter sie abgeschafft; den Oberbefehl im Krieg haben die *Kosmoi* inne. Alle Bürger haben das Recht zur Teilnahme an der Volksversammlung, diese besitzt aber nur die Befugnis, die Beschlussvorlagen der *Geronten* und der *Kosmoi* in einer Abstimmung zu bestätigen.»
> (Aristot. pol. III,1272 a 7–16. Übersetzung nach E. Schütrumpf)

Aristoteles nennt diese Verfassung *Politie*, die als Ergebnis einer veränderten Kampfweise den Schwerbewaffneten der Phalanx eine qualifizierte Mitwirkung an der Regierung einer Gemeinde einräumt. Was Sparta anbelangt, so ist diese Verfassung aller Wahrscheinlichkeit nach mit der Großen Rhetra sanktioniert worden, als im Ersten Messenischen Krieg die Forderung unabweisbar wurde, die Hopliten, welche die maßgebliche Waffengattung darstellten, an den Entscheidungen über Krieg und Frieden zu beteiligen. Der entscheidende Fortschritt gegenüber den aus Ilias und Odyssee kenntlichen Verhältnissen besteht in der Ersetzung willkürlicher Verfahrensweisen durch ein geordnetes Procedere: Die Regierung, das heißt Könige und Geronten, sind fortan nach religiös sanktioniertem und schriftlich fixiertem Recht verpflichtet, die Volksversammlung in periodischen Abständen einzuberufen und über ihre Vorlagen abstimmen zu lassen. Sie kann nicht mehr unter Einsatz von Gewalt und Gewaltandrohung das widerstrebende Volk zum Schweigen bringen und ihren Willen durchsetzen, sondern sie kann nur noch nach einem geregelten Verfahren missliebige Beschlüsse verhindern.

Aristoteles berichtet in der oben zitierten Passage, dass auf Kreta die erbliche Königswürde abgeschafft wurde und auf Zeit gewählte Amtsträger, die Kosmen, die Funktionen der Könige übernahmen. Mit Varianten ist diese Verfassungsänderung auch in anderen Gemeinden eingetreten. Wo Könige weiterhin begegnen, handelte es sich um gewählte Magistrate in einem Leitungsgremium, das jährlich wechselte. Die Ausnahme bildete Sparta. Sein Doppelkönigtum blieb erblich und mit erheblichem Handlungsspielraum in Besitz seiner militärischen und kultischen Funktionen. Tyrtaios nannte die Könige gottgeehrt, sie galten als Nachfahren der Söhne des Herakles. Zeus selbst hatte sie der mythischen Überlieferung zufolge als Führer des Volkes eingesetzt, die das Land der Vorfahren auf der Peloponnes zurückgewannen. Die Könige waren also, mit anderen Worten, der Ursprung und das Fundament des Staates. Das Königtum zu beseitigen wäre somit einem Bruch mit den gottgegebenen Grundlagen Spartas gleichgekommen. In Tyrtaios' Staatsgedicht *Eunomia* ist dies so ausgedrückt:

> «Denn Kronion selbst, der Gemahl der schönhaarigen Hera,
> Zeus, hat diese Stadt den Herakliden gegeben,
> Mit denen wir das windgepeitschte Erineos verließen
> Und auf die breite Insel des Pelops gelangten.»
> (Tyrt. F 2 Diehl)

Entsprechend stark war von alters her die Stellung der Könige. Die Große Rhetra änderte daran nur, dass den Königen auferlegt wurde, zusammen mit dem Rat die Volksversammlung regelmäßig einzuberufen, und das Votum des Rates einzuholen, wenn sie gemäß dem sogenannten Zusatz zur Rhetra die Versammlung auflösen wollten, um einen bindenden Beschluss zu verhindern. Wie die homerischen Könige führten sie den Vorsitz im Rat und in der Volksversammlung. Sie waren Richter in Angelegenheiten, welche die Gemeinschaft betrafen, etwa die Verheiratung von Erbtöchtern (die das Erbe ihrer Väter zugunsten ihrer ehelichen Kinder in die Ehe einbrachten), die Adoption und die öffentlichen Wege, und sie übten den Oberbefehl im Krieg aus. Mit priesterlichen Funktionen und dem Recht, das Delphische Orakel zu befragen, war ihnen aufgegeben, im Interesse der Gemeinde mit den Göttern zu kommunizieren. Dafür genossen sie altertümliche Vorrechte, unter anderem, dass ihnen beim Opfermahl und bei anderen Mahlzeiten doppelte Portionen gereicht wurden. Zu Beginn seiner Aufzählung der Ehren und Funktionen der spartanischen Könige gebraucht der Historiker Herodot eine Formulierung, die zu implizieren scheint, dass es den Königen freistand, Krieg zu führen, und niemand sie daran hindern durfte:

> «Die Ehren und Rechte, die die Spartiaten ihren Königen übertragen haben, sind folgende: zwei Priesterämter, das des Lakedaimonischen Zeus und das des Himmlischen Zeus, gegen jedes Land, das sie wollen, Krieg zu führen, und kein Spartiate darf sie daran hindern bei Strafe der Ächtung.»
> (Hdt. VI,56. Übersetzung nach A. Horneffer)

Herodots Exkurs über die Ehren und Rechte der spartanischen Könige ist in einen Zusammenhang eingefügt, in dem es um die eigenmächtige Politik und die Kriegszüge des Königs Kleomenes (Regierungszeit ca. 520–488 v. Chr.) geht. Dagegen wehrte sich die Gemeinde, indem sie den Oberbefehl der Könige im Krieg zwar unangetastet ließ, die politische Entscheidung über Krieg und Frieden aber an sich zu ziehen suchte. Dies geschah unter Führung eines Kollegiums von fünf Aufsehern (griechisch *ephoroi*), die politische Leitungsfunktionen übernahmen und die Könige bei formeller Respektierung ihrer traditionellen religiösen und militärischen Funktionen einer Kontrolle zu unterwerfen bemüht waren. Die Ephoren wurden von der *apella*, der Volksversammlung, in einem altertümlichen Verfahren, das Aristoteles als kindisch bezeichnet hat – Näheres dazu unten –, aus der Gesamtheit der vollberechtigten Bürger für ein Jahr gewählt. Die Große Rhetra erwähnt diese Behörde noch nicht. Zum ersten Mal trat sie unserer Überlieferung zufolge um die Mitte des sechsten Jahrhunderts in Erscheinung. Die Ephoren und Geronten brachten den kinderlos verheirateten König Anaxandridas dazu, eine zweite Frau zu nehmen, damit das Königshaus der Agiaden nicht aussterbe. Anfangs weigerte sich der König. Daraufhin zwangen die Ephoren im Einvernehmen mit den Geronten den König unter Androhung einer schweren Strafe, sich der Forderung unter der Bedingung zu unterwerfen, dass ihm erlaubt sei, auch an seiner ersten Ehe festzuhalten. Herodot schreibt:

> «Wir sehen, dass du dich von deiner Frau nicht trennen willst. So verlangen wir etwas anderes von dir und raten, wenn du einen harten Beschluss der Spartiaten (das heißt: der Volksversammlung) gegen dich vermeiden willst, dich uns nicht zu widersetzen. Du brauchst deine Frau nicht zu verstoßen und kannst ihr auch weiterhin alle Rechte und Freundlichkeiten gewähren, aber du sollst eine zweite Frau heimführen, die dir Kinder gebiert.»
> (Hdt. V,40,1 f. Übersetzung nach A. Horneffer)

Wie die Ephoren ihre politische Führungsstellung gewannen, in der sie im fünften und vierten Jahrhundert begegnen, ist nicht zu klären. Es mag genügen, den Entwicklungsstand zu bezeichnen, an dem die Auseinandersetzung zwischen Königtum und der durch die Ephoren vertretenen Gemeinde endete. In seiner um 360 v. Chr. geschriebenen *Verfassung der Lakedaimonier* überliefert ein Bewunderer Spartas, der Athener Xenophon, das Dokument des Ausgleichs, den Eid, den Könige und Ephoren einander jeden Monat zu leisten hatten:

> «Und Eide tauschen sie untereinander jeden Monat aus, die Ephoren für die Gemeinde, der König für sich selbst. Die Eidesformel für den König lautet, dass er gemäß den Gesetzen der Gemeinde König sein werde, für die Stadt aber, dass sie, wenn er nicht eidbrüchig werde, das Königtum unvermindert erhalten werden.»
> (Xen. Laced. pol. 15,7)

Dem Königtum blieben die traditionellen Ehrenrechte, unter anderem der Empfang fremder Gesandten, der Vollzug vorgeschriebener Opfer und – unter Aufsicht von zwei Ephoren – das Oberkommando im Felde. Doch besaßen sie keine Entscheidungsgewalt mehr in jurisdiktioneller oder politischer Hinsicht. Nirgends ist dies knapper und treffender ausgedrückt als in Xenophons *Verfassung der Lakedaimonier*:

> «Wenn aber der Moment gekommen zu sein scheint, ein Lager aufzuschlagen, so steht das dem König ebenso zu wie den Ort zu zeigen; dagegen Gesandte abzuordnen, die Freundschaft oder Krieg bringen sollen, ist nicht Aufgabe des Königs. Und doch beginnen alle beim König, die etwas erreichen wollen. Wenn nun einer kommt, einen Prozess einzuleiten, schickt ihn der König zu den *Hellanodiken* (das sind Militärrichter für Fälle, in die Bundesgenossen verwickelt sind), wenn wegen Geldes, zu den Schatzmeistern, wenn einer mit Beutevieh kommt, zu den Beuteoffizieren. Indem dies so gemacht wird, bleibt dem König keine andere Aufgabe als die eines Priesters in Hinblick auf die Götter, die eines Feldherrn in Hinblick auf die Menschen.»
> (Xen. Laced. pol. 13,10 f.)

Doch nicht immer ordneten sich die Könige der Gemeinde unter. Mehrfach haben Könige noch gegen Ende des sechsten Jahrhunderts und darüber hinaus ihr herkömmliches Recht der Kriegführung und ihre Vernetzung in der Welt des griechischen Adels dazu benutzt, persönliche politische Ziele zu verfolgen. Hinzu kam die

Rivalität innerhalb beziehungsweise zwischen Angehörigen beider königlicher Familien, der Agiaden und der Eurypontiden. Von den beiden gescheiterten Kolonisationsversuchen des Prinzen Dorieus, der sich bei der Thronfolge nach dem Tod seines Vaters übergangen fühlte, war oben bereits die Rede. Es handelte sich um Unternehmungen eines Prinzen, nicht der Gemeinde Sparta, aber die Folge, der Verlust eines großen Teils seiner in Sparta und Lakedaimon rekrutierten Gefolgschaft, traf auch die Bürgerschaft. Wie mit Recht gesagt worden ist, zeigen Dorieus' Aktionen «exemplarisch Möglichkeiten und Grenzen des Handelns der Repräsentanten großer griechischer Adelshäuser am Ende der archaischen Zeit» (Karl-Wilhelm Welwei). Wie in der ganzen griechischen Welt lagen auch in Sparta die Institutionalisierung der Bürgergemeinde, der Polis, und das persönliche Herrschaftsstreben des überstaatlich vernetzten Adels, im Falle Spartas der Könige, im Widerstreit.

Der Wille der Gemeinde wurde in Wahlen und Abstimmungen zum Ausdruck gebracht. Wie in homerischer Zeit brachte das Volk Zustimmung oder Ablehnung durch die Lautstärke des Zurufs zum Ausdruck. Die objektiv nachvollziehbaren Methoden der Abstimmung mittels Handzeichen oder Stimmstein, die sich anderenorts in Griechenland im Zuge des Prozesses staatlicher Institutionalisierung durchsetzten, fanden in Sparta keine Nachahmung – aus Traditionalismus oder vielleicht auch deshalb, weil die Ermittlung der Stärke des Zurufs der Regierung Spielraum zur Interpretation des Volkswillens ließ. Unter Umständen konnte jedoch, wenn es, aus welchen Gründen auch immer, notwendig erschien, eine sicherere Methode als die Feststellung der bloßen Lautstärke des Zurufs zu wählen, mittels Hammelsprung abgestimmt werden. Über einen solchen Fall, der die Entscheidung über Krieg und Frieden im Jahre 432 v. Chr. betraf, berichtet Thukydides, der Historiker des Peloponnesischen Krieges (431–404 v. Chr.), wie folgt:

> «Nach diesen Worten ließ er (der Leiter der Versammlung, der Ephor Sthenelaidas) die Spartaner abstimmen, konnte aber, wie er sagte, nicht erkennen, welches Geschrei das lautere war – sie entscheiden nämlich durch Zuruf, nicht mit Stimmsteinen –, und um durch eindeutige Bekundung ihre Kriegsbereitschaft zu steigern, sprach er: ‹Wer von euch findet, Spartaner, dass der Vertrag gebrochen sei und Athen schuldig, soll an den Platz dort treten, wer es nicht findet, gegenüber.› Da erhoben sie sich und traten auseinander, und es waren weit mehr, denen der Vertrag gebrochen erschien.»
> (Thuk. I,87,1 f. Übersetzung nach G. P. Landmann)

Komplizierter war die Wahl von Ratsmitgliedern mittels Zuruf. Ursprünglich – vor der Großen Rhetra – bestand der Rat der Alten, die Gerusie, wahrscheinlich aus den Häuptern der großen Adelsfamilien, an deren Spitze die beiden Könige standen. Als im Zuge des Reformprozesses, dessen einzelne Stufen unbekannt sind, bestimmt wurde, dass die Geronten wie die Ephoren von der Volksversammlung gewählt werden sollten, wurde das neue Prinzip der Volkswahl mit der alten Methode der Willensäußerung durch Zuruf kombiniert. Das passive Wahlrecht wurde im Falle der Geronten an die Vollendung des sechzigsten Lebensjahres geknüpft. Das Amt wurde auf Lebenszeit bekleidet, erst ein Todesfall machte eine Neuwahl notwendig: Ausgewählte Bürger mit Schreibtafeln wurden in ein am Versammlungsplatz gelegenes Haus so eingesperrt, dass sie nicht nach außen sehen konnten. Dann durchschritten die Bewerber, schweigend in einer vom Los bestimmten Reihenfolge, die Versammlung. Diese begrüßte jeden Kandidaten mit Zuruf. Drinnen vermerkten die Eingeschlossenen jedes Mal die Stärke des Geschreis, ohne zu wissen, wem es galt. Als gewählt wurde derjenige verkündet, der den lautesten Beifall erhalten hatte. Aristoteles fand dieses Wahlverfahren kindisch. Er urteilte aus der Perspektive eines fortgeschrittenen Stadiums der Verfassungsentwicklung, in dem überall außer in Sparta durch Handzeichen oder Stimmstein Wahlen entschieden beziehungsweise Beschlüsse gefasst wurden.

Die langwierigen Unterwerfungskriege, die im siebten Jahrhundert gegen die Messenier geführt wurden, setzten das Einverständnis zwischen den Königen, das heißt den Heerführern, und dem Volk, das heißt der Klasse der Schwerbewaffneten, voraus. Sich dieses Einverständnisses zu versichern, war ein Zweck, wenn nicht gar der Hauptzweck der durch die Große Rhetra festgelegten Bestimmung, dass die Apella, die Volksversammlung, regelmäßig einberufen und ihre Zustimmung zu den Anträgen der Regierung eingeholt werden musste. Das gemeinsame Interesse, das zwischen Regierung und Volksversammlung bestand, lag in der Ausweitung und Sicherung des Systems, das die Lebensgrundlage Spartas bildete: die Bearbeitung des Landes durch versklavte Heloten. Eine von Legenden getrübte mündliche Überlieferung, die Herodot aufgezeichnet hat, behauptet, dass nach den Messenischen Kriegen die Könige Leon und Agasikles (ca. 580–560 v. Chr.) erfolgreich Kriege auf der Peloponnes führten, aber bei dem Versuch, Tegea, die bedeutendste Stadt in der fruchtbaren ostarkadischen Ebene, mit ihrem ausgedehnten Territorium zu unterwerfen, scheiterten. Erst unter deren Nachfolgern Anaxandridas und Ariston gelang den Spartanern um die Mitte des sechsten Jahrhunderts die Eroberung der Insel Kythera und nach einem Sieg über das Aufgebot von Argos die Annexion der im Osten der Peloponnes gelegenen Landschaften Kynuria und Thyrea. Mit Tegea schloß Sparta einen Vertrag, der die Tegeaten verpflichtete, flüchtige Messenier auszuliefern. Wie Aristoteles berichtet, war im Territorium von Tegea am Ufer des Flusses Alphaios eine Inschrift aufgestellt, die das Verbot enthielt, flüchtige Messenier, wie es hieß, «gut zu machen», das heißt, sie als Freie anzuerkennen und aufzunehmen.

Dieses Abkommen mit Tegea war ein Markstein auf dem Weg zu einer vertraglichen Absicherung des Helotensystems, auf dem die Existenz der spartanischen Ordnung beruhte. In der Folge schloss Sparta Abkommen mit weiteren arkadischen Gemeinden im Zentrum der Peloponnes sowie mit den im Norden und Westen gelegenen Gemeinden Korinth, Megara, Sikyon, Phleius und Elis. Spätestens damals gewann es aufgrund der militärischen Schlagkraft seines Aufgebots, seiner Bündnisse mit Nachbarn und der Legende einer vorbildlichen Verfassung den Ruf der Führungsmacht Griechenlands. Die Ausgestaltung der mit den einzelnen Gemeinden geschlossenen Vertragsverhältnisse zu einer Bundesorganisation, die mit Mehrheit Beschlüsse über gemeinsame Kriege unter Führung der spartanischen Könige fasst, gehört jedoch der Folgezeit an. Die Anfänge liegen im ausgehenden sechsten und beginnenden fünften Jahrhundert. Von diesen Anfängen wird im Zusammenhang mit der Darstellung der kleisthenischen Reformen in Athen und der Perserkriege die Rede sein.

2. *Adelsherrschaft und Tyrannis*

Lebenslängliches, erbliches Königtum gab es nicht nur in Sparta, sondern auch in den nördlichen Randgebieten des griechischen Sprachraumes: bei den Makedonen und den epeirotischen Stämmen im heutigen Albanien. Hier waren die Funktion der Könige als Heerführer und die Bedrohung von außen durch Illyrer und Thraker aus dem Norden Bedingung seiner dauerhaften Existenz, in Sparta waren es die innere und äußere Gefährdung der auf der Unterdrückung der Heloten beruhenden gesellschaftlichen und politischen Ordnung. Wo eine solche Bedingung fehlte, wurde aus dem erblichen Königtum ein Amt, das zunehmend Beschränkungen seiner Dauer und seiner Funktionen unterworfen wurde. Aufschlussreich ist das Beispiel Athens. Das erbliche Königtum wurde der Überlieferung zufolge zuerst durch ein zehnjähriges, dann durch ein einjähriges Amt ersetzt. Hinzu kam die Aufspaltung der amtlichen Zuständigkeit. Den Vorsitz im *Areopag*, dem Rat, der aus ehemaligen Archonten, Angehörigen des Adels, bestand, und in der Volksversammlung hatte der *Archon eponymos* inne. Er war der oberste Magistrat der Gemeinde, und nach ihm wurde das Amtsjahr benannt. Die militärischen Funktionen des Königtums übernahm ein anderer Amtsträger, der *Polemarch*, das heißt wörtlich übersetzt «Führer im Krieg». Dem Amt des Königs (griechisch *basileus)*, verblieben nur kultische und gewisse gerichtliche Leitungsfunktionen, soweit diese mit jenen zusammenhingen. Das Ende des erblichen Königtums, das heißt die zeitliche Begrenzung und Aufspaltung seiner Funktionen, hatte der Adel bewirkt. Zusätzlich zu seiner kollektiven Stellung im Rat besetzten seine Angehörigen alternierend die Ämter, die aus der königlichen Gewalt hervorgegangen waren. Die Königsherrschaft war also durch die Adelsherrschaft abgelöst worden.

Aus der kollektiven Herrschaft des Adels ging der Streit von Adelsfaktionen um die Vormacht beziehungsweise um die Alleinherrschaft eines Einzelnen aus ihrem Kreis hervor. Die erste Voraussetzung dafür bildete das in der Mentalität des Adels tief verankerte Konkurrenzdenken. Höchstes Ziel war, die Standesgenossen zu überragen, an Erfolgen im sportlichen Wettkampf ebenso wie an Leistungen in Krieg und Frieden sowie an Reichtum und überragender Macht. Das war das Lebensmotto, das Väter ihren Söhnen mit auf den Weg gaben: «Immer der Erste zu sein und sich auszuzeichnen vor allen» (Hom. Ilias VI,208; XI,784). Die zweite Voraussetzung war die schwache Ausbildung einer staatlichen Ordnung, die die Stellung des Einzelnen in der Gemeinschaft verbindlich regelte und Verstöße zu sanktionieren in der Lage war. Die dritte war der kritische Zustand der Gesellschaft, der, um nur das Allgemeine zu erwähnen, durch Verknappung der Nahrungsdecke und die dadurch verursachte Schuldenkrise angeheizt wurde. Der Mächtigste aber in der Gemeinde zu sein, ohne an die Beschränkungen amtlicher Zuständigkeiten gebunden zu sein, war die höchste Steigerung von Adelsherrschaft und bedeutete zugleich die Kehrtwende in ihre Negation, die Aufhebung der Gleichheit und der Solidarität innerhalb des Standes. Dieser Konflikt ist in heftigen Kämpfen unter Einsatz von Gewalt, die sich bis zum Bürgerkrieg steigern konnte, ausgetragen worden. Solche Kämpfe füllten seit der Mitte des siebten bis zum Ende des sechsten Jahrhunderts die innere Geschichte der betroffenen Gemeinden Griechenlands; sie sind durch einschlägige Äußerungen lyrischer Dichter verhältnismäßig gut bezeugt.

Von diesen Dichtern war um 600 v. Chr. Alkaios in die bürgerkriegsähnlichen Wirren in Mytilene auf Lesbos persönlich verwickelt. Er stammte aus einer vornehmen Familie der Stadt. Seine drei älteren Brüder hatten an der Seite eines gewissen Pittakos den Tyrannen Melanchros gestürzt, aber der Kampf der Adelsfaktionen ging weiter, und am Ende kam ein neuer Tyrann namens Myrsilos an die Macht. Die Verlierer, Pittakos und Alkaios mit seinen Brüdern, mussten ins Exil gehen. Dann aber machte Pittakos seinen Frieden mit dem Tyrannen und kehrte nach Mytilene zurück. Alkaios war entsetzt und flehte die Götter an:

«Mit gnäd'gem Sinne hört unsre Bitte an,
Erlöst uns von den jetz'gen Qualen,
Lasst diese bittre Verbannung enden!
Doch ihn, den Sohn des Hyrras [d. i. Pittakos] ereile die
Erinnys dessen was wir zu jener Zeit
Hochheilig schworen: dass wir keinen
Unserer Gefährten verraten [?] würden,
Sondern man solle betten in kühlen Grund
Die Leiber uns, erschlagen von Feindes Hand [?],
Oder wir würden jene töten
Und unser Volk aus der Knechtschaft reißen.
Anders der Dickwanst [d. i. Pittakos]: er hat von alledem
Nichts ernst genommen, sondern er trat den Eid
Leichthin mit Füßen, um sich nunmehr
Gütlich zu tun auf des Volkes Kosten.»
(Alk. F 129,9–23 Lobel/Page. Übersetzung nach H. Fränkel)

In Alkaios' Augen war Pittakos ein Verräter. Er hatte den heiligen Eid gebrochen, entweder im Kampf unterzugehen oder das Volk von Mytilene von der Tyrannis zu befreien. Alkaios musste weiter in der Fremde ausharren, obwohl er sich im Verlangen nach der Heimat verzehrte. Ein Papyrusfund hat uns ein Fragment aus der Zeit des Asyls bewahrt:

> «... ich Unglückseliger lebe ein bäurisches Dasein und schmachte danach,
> Der Volksversammlung zuzuhören, wenn der Herold sie zusammenruft, o Agesilaidas,
> Und dem Rat. Was mein Vater und meines Vaters Vater ... besaßen
> Als Angehörige dieser selbstzerstörerischen Bürgerschaft, davon bin ich
> Ausgestoßen
> Als ein Verbannter in der Ferne; wie Onymakles habe ich mich hier
> Allein niedergelassen ...»
> (Alk. F 130 Lobel/Page. Übersetzung nach H. Fränkel)

Als der Tyrann Myrsilos starb, triumphierte der Dichter:

> «Jetzt heißt es zechen, mehr als man kann und mag,
> Und sich betrinken: Myrsilos ist ja tot!»
> (Alk. F 332 Lobel/Page. Übersetzung nach H. Fränkel)

Der Jubel war verfrüht. Das Volk wählte Pittakos zum *Aisymneten*, das heißt zum bevollmächtigten Vermittler mit dem Auftrag, eine allgemeine Versöhnung der zerstrittenen Parteien zustande zu bringen. Die zeitliche Begrenzung dieser Stellung lag in der Lösung der gestellten Aufgabe. Aristoteles nennt diese Aisymnetie eine aus Wahlen hervorgegangene Tyrannis und unterscheidet, was die zeitliche Begrenzung anbelangt, mehrere Arten einer solchen Tyrannis. Er schreibt:

> «Einige hatten dieses Amt auf Lebenszeit inne, die anderen, bis festgelegte Fristen abgelaufen oder bestimmte Aufgaben erledigt waren; zum Beispiel wählten die Bürger von Mytilene zu einem bestimmten Zeitpunkt Pittakos (zu ihrem Führer) gegen die Verbannten, an deren

Spitze Antimenides und der Dichter Alkaios standen. Alkaios macht in einem seiner Skolien (Lieder) klar, dass man Pittakos zum Tyrannen wählte, denn er hält ihm vor: ‹den Pittakos von unedler Abkunft haben sie als Tyrannen der Stadt, die ihren Groll vergessen und einem schlimmen Daimon erlag, eingesetzt, sie haben ihm einhellig Beifall gerufen›.»

(Aristot. pol. 1285 a29-b7. Übersetzung nach E. Schütrumpf)

Die Versöhnung der verfeindeten Parteien zu erwirken war ein schweres Stück Arbeit. Dementsprechend blieb Pittakos der Überlieferung zufolge zehn Jahre im Amt. Alkaios zumindest blieb unversöhnt, vielleicht, bis Pittakos zurücktrat. Die seinem Feind übertragene Aufgabe war für den Dichter Lug und Trug. Er verachtete seinen ehemaligen Verbündeten als einen Tyrannen niedriger Herkunft, der nichts anderes im Sinn hatte, als die Stadt auszubeuten. Als Pittakos eine Frau aus einer der vornehmsten Aristokratenfamilien zur Ehefrau gewonnen hatte, versicherte Alkaios ihn seiner ungebrochenen Unversöhnlichkeit:

«Doch er, verschwägert nun mit dem Atreidenhaus,
Mag nun fressen die Stadt, so wie mit Myrsilos,
Bis uns andern der Krieg wieder Erfolg beschert [?].
Dann vergessen wir ganz unseren Groll,
Lassen vom Streite ab, der da am Herzen zehrt,
Und dem häuslichen, wie ihn ein Himmelsgott
Entfachte und unser Volk in die Irre trieb,
Doch dem Pittakos jetzt köstliche Würde gab.»

(Alk. F 70,6–13 Lobel/Page. Übersetzung nach H. Fränkel)

Die Hartnäckigkeit des Hasses ist ebenso aufschlussreich wie die Herabwürdigungen, die sich der Feind gefallen lassen musste. Sie sind das beste Indiz der Zerstrittenheit, in die die Adelsgesellschaft in Mytilene sich im Kampf um Vorrang und Macht verstrickt hatte, und sie belegen den standesgebundenen Blickwinkel, von dem aus mit dem Feind abgerechnet wurde. Pittakos ist nach dem Bild, das Alkaios von ihm zeichnet, ein Fettwanst, verkörpert also das Gegenteil des adligen Schönheitsideals. Nach seiner Schilderung war er niedriger Herkunft (was er in Wirklichkeit nicht war) und ein Eidbrecher, der sich um die heiligsten Verpflichtungen nicht scherte, und er hatte, nachdem er durch Heirat Eingang in beste Kreise gefunden hatte, nichts anderes im Sinn, als die Stadt auszusaugen und sich schamlos zu bereichern. Alkaios war nicht der Einzige, der so vom Standpunkt aristokratischer Standesmoral mit politischen Feinden abrechnete. Ungefähr sechzig Jahre später malt Theognis von Megara in seinen Mahnungen an einen jugendlichen Schutzbefohlenen namens Kyrnos die herrschenden politischen Verhältnisse Schwarz in Schwarz, als Negation der guten alten Zeit, als noch das Werturteil *gut* sich mit der Standesbezeichnung *adlig* deckte. Theognis warnt vor den Schlechten, die in der politischen Führung den Ton angeben. Sie missbrauchen ihre Macht zu persönlicher Bereicherung, ungeachtet der schlimmen Folgen:

> «Denn daraus entstehen im Inneren Zwist und Tötung von Männern
> Und Tyrannen: Möge das dieser Stadt niemals gefallen.»
> (Theogn. I,51 f. Übersetzung nach H. Fränkel)

Der Mahner, der sich zu den von der Macht verdrängten Guten und Edlen rechnet, denunziert die Regierenden als die Schlechten, Leute niedrigster Herkunft, die nur darauf aus sind, sich zum Schaden der Bürgerschaft zu bereichern. Er schmäht sie als Leute, die sich früher in Ziegenfelle gehüllt und außerhalb der Stadt ohne Recht und Gesetz gehaust hätten. Das ist reine Polemik, die ihre Motive aus Homers Beschreibung der Wilden bezieht, des Volkes, dem der schreckliche Polyphem angehörte:

> «Kyrnos, unsere Stadt ist noch dieselbe, die Leute aber sind andere;
> Die, die zuvor weder Gerichte noch Gesetze kannten,
> Sondern an deren Hüften rauhe Ziegenfelle scheuerten

Und draußen vor der Stadt wie Hirsche weideten,
Sind jetzt die ‹Guten›, Polypaide, und die vordem die Edlen waren,
Sind jetzt die Schlechten. Wer könnte das mit ansehen?»
(Theogn. I,53–58. Übersetzung nach D. U. Hansen)

Modernen Althistorikern und Philologen war es vorbehalten, derartige Aussagen als Zeugnisse des sozialen Wandels zu nehmen. Tatsächlich handelt es sich um Polemik, mit der sich die von der Macht Ausgeschlossenen rächten, wenn sie sich schon nicht mit Gewalt an deren Stelle zu setzen vermochten. Was die Schmähungen eines Alkaios und eines Theognis bezeugen, ist etwas anderes: den aus dem Konkurrenzkampf um die Macht hervorgehenden Parteienhass, der die politische Atmosphäre gründlich vergiftete. Wie der fatale Kreislauf von Konkurrenz, Gewalt, Bürgerkrieg und Usurpation zu unterbrechen sei, war keine leicht zu beantwortende Frage. Die Befriedung der Volksversammlung zu überlassen hätte wohl die Fortsetzung des Streits bedeutet, indem jede der streitenden Parteien versucht hätte, die Mehrheit für ihren Standpunkt zu gewinnen. Der erste Schritt zur Lösung bedeutete die Erfindung der Aisymnetie, die Übertragung der Aufgabe, eine Befriedung mit dem Mittel der Gesetzgebung herbeizuführen, an einen Bevollmächtigten, der das Vertrauen einer Mehrheit besaß. Dies geschah ungefähr zur gleichen Zeit in Mytilene und in Athen.

Am Ende kam es so unter Führung adliger Reformer zu einer Minderung des Konfliktpotentials, das die Entstehung von Bürgerkrieg, griechisch: *stasis*, und die Usurpation von Alleinherrschaft, sprich: Tyrannis, begünstigte, und zu einer Eindämmung der Eigengewalt durch schriftlich fixierte Rechtsordnungen. Leicht durchzusetzen war dies alles nicht. In Mytilene brauchte Pittakos zehn Jahre, bevor er nach geleisteter Arbeit von seinem Amt zurücktrat. Während dieser Zeit zeigten sich die Verbannten, wie Alkaios' Äußerungen zu erkennen geben, völlig unbeeindruckt. Für sie war Pittakos schlicht und einfach ein Tyrann, der fortfuhr, sich auf Kosten der Gemeinschaft zu bereichern. Und als in Athen

Solon (ca. 640–560 v. Chr.) etwa zur gleichen Zeit sein Gesetzeswerk vollendet hatte und von seinem Amt als bevollmächtigter Gesetzgeber zurücktrat, da wurde sein Rücktritt keineswegs von allen seinen Standesgenossen verstanden. Er wurde der Dummheit geziehen, weil er das Amt nicht zum Sprungbrett zur Tyrannis, einer unbegrenzten Alleinherrschaft, genutzt hatte. Einem dieser Kritiker schrieb er in einem seiner Gedichte folgendes Urteil zu:

> «Solon ist kein tiefverständ'ger und kein wohlberatener Mensch:
> Als ihm Gott das Beste anbot, nahm er selber es nicht an.
> Seine Beute war gefangen, doch betroffen zog er nicht
> Zu das große Netz; es fehlte ihm an Herz wie an Verstand.
> Könnte ich die Macht gewinnen und des Reichtums volles Maß
> Und Tyrann sein der Athener nur für einen einz'gen Tag,
> dann mag man zum Schlauch mich schinden und austilgen meinen Stamm.»
> (Solon F 23,1–7 Diehl. Übersetzung nach H. Fränkel)

Gewiss übertreibt Solon, um die Leidenschaft und selbstzerstörerische Macht des Strebens nach der Tyrannis überzeichnend zu karikieren. Aber Tyrann zu werden war die große Versuchung, an der sich die Geister im griechischen Adel schieden: Sie wurde ebenso leidenschaftlich begehrt wie bekämpft.

Nur wenige zeigten sich so desinteressiert an Reichtum und Alleinherrschaft wie der große Nonkonformist unter den lyrischen Dichtern der Zeit, Archilochos von Paros. Zwei Menschenalter vor Solon, zwischen 670 und 640 v. Chr., brachte er seine innere Unabhängigkeit von den höchsten Werten der meisten seiner Standesgenossen in einem Gedicht zum Ausdruck, in dem zum ersten Mal im Griechischen das Wort Tyrannis fällt:

> «Mich kümmert nicht des Gyges Reichtum und sein Gold,
> Nicht kenn' ich Neid, nicht verarg' ich es je, was Götter
> Geben. Tyrannis, die gewaltige, begehr' ich nicht:

In weiter Ferne liegt das meinem Blick entrückt.»
(Archiloch. F 22 Diehl. Übersetzung nach M. Treu)

Tyrann und Tyrannis sind im Griechischen Lehnworte, die wahrscheinlich aus dem im westlichen Kleinasien gesprochenen Lydischen stammen: *Turan* bedeutet dort so viel wie Herr beziehungsweise Herrscher. Auf diese Herkunft des Wortes verweist wohl auch der Umstand, dass es unmittelbar nach Erwähnung des lydischen Herrschers Gyges (ca. 680–644 v. Chr.) und seines sagenhaften Reichtums zur Bezeichnung einer absoluten Alleinherrschaft gebraucht wird.

In der kleinteiligen griechischen Staatenwelt war während des siebten und sechsten Jahrhunderts der Kampf um die Errichtung oder Beseitigung einer Tyrannis genannten Alleinherrschaft zwar eine markante Erscheinung, doch hat es sie nicht überall gegeben. Von den rund 1000 Gemeinden, siebenhundert im europäischen und kleinasiatischen Mutterland und dreihundert, die als Kolonien in Übersee gegründet wurden, waren unserer Überlieferung zufolge lediglich dreiunddreißig von Herrschaftsusurpationen Einzelner betroffen, zehn auf kolonialem Boden und dreiundzwanzig im Mutterland. Dabei handelt es sich ausschließlich um größere, bedeutende Städte, und das hat seinen guten Grund. In Kleinstädten mit einem Territorium von 50 bis 100 Quadratkilometer und einer männlichen Bevölkerung von 450 bis 1250 Bürgern, die Eberhard Ruschenbusch dem Typus der Normalpolis zugerechnet hat, gab es nur wenige, die sich aufgrund eines überdurchschnittlich großen Besitzes den Luxus der Bekleidung eines unbezahlten Amtes leisten konnten, und von diesen wenigen kamen in einer kleinen Gemeinde alle, ob sie wollten oder nicht, bei der Wahl zu den regulären Ämtern der Stadt abwechselnd zum Zuge. Große Macht und außerordentlicher Reichtum ließen sich in den kleinen Verhältnissen dieser Gemeinden, die eigentlich Dörfer waren, ohnehin nicht gewinnen, und wie sollte sich innerhalb einer von räumlicher Nähe und engen Nachbarschaftsverhältnissen geprägten *open society* eine

Gewaltherrschaft erringen und behaupten lassen? Anders stand es mit den großen Gemeinden, wo der Besitz der Alleinherrschaft sich lohnte und die Angehörigen der Elite sich im Konkurrenzkampf so heftig befehdeten, dass am Ende nur ein Einziger die Macht jenseits der zeitlich und sachlich begrenzten Ämter in den Händen hielt.

Anstelle des Griffs nach der Alleinherrschaft gab es auch Abreden adliger Kartelle, die städtischen Ämter mit Angehörigen ihres Kreises zu besetzen. Der früheste Beleg für ein Bewusstsein dieser Problematik ist ein Beschluss der Gemeinde Dreros auf Kreta aus der zweiten Hälfte des siebten Jahrhunderts. Er ist inschriftlich erhalten und lautet:

> «Gott … So hat die Polis beschlossen: Wenn jemand Kosmos (Mitglied des Gremium der fünf obersten Magistrate) ist, dann soll derselbe zehn Jahre nicht wieder Kosmos sein. Wenn er aber Kosmos ist, soll er mit dem Doppelten von dem, was er als Richter auferlegte, bestraft werden, und er soll amtsuntauglich (das heißt nicht mehr wählbar sein), und was er als Kosmos verfügt hat, das soll ungültig sein. Beschwören sollen dies das Gremium der Kosmoi und die Damioi und die Zwanzig der Gemeinde.»
> (Meiggs/Lewis, Nr. 2 = Körner, Nr. 90)

Die höchsten Magistrate in Dreros waren die Kosmoi, fünf an der Zahl, sie bildeten also ein Kollegium; die Damioi waren mit der Aufsicht über die Einnahmen und Ausgaben der Gemeinde befasst, und die Zwanzig bildeten den Rat der Stadt. Zweck des Beschlusses war, zu verhindern, dass eine weitverzweigte Familie oder eine Gruppierung von Verbündeten ein Kartell zur wiederholten Besetzung des höchsten Amtes mit denselben Personen innerhalb von zehn Jahren bildete.

Hinter einem Tyrannen standen, soweit wir Einblick in die inneren Verhältnisse haben, ebenfalls seine Familie und das Netzwerk seiner Verbündeten. Auf sie gestützt wurde tyrannische Herrschaft begründet, stabilisiert, unter Umständen ausgebreitet und vererbt.

Tyrannenherrschaften im archaischen Griechenland

rechts: im griechischen Mutterland und in Kleinasien

links: in Sizilien und Unteritalien

Letzteres gelang den meisten freilich nicht, aber es gab Ausnahmen. In Sikyon, einer Gemeinde an der Küste des Korinthischen Golfes, bemächtigte sich um 655 v. Chr. ein Adliger namens Orthagoras der Stadtherrschaft und vererbte sie auf seine Nachkommen. Nach Aristoteles erhielt sie sich rund hundert Jahre in der Familie. An zweiter Stelle nennt Aristoteles die Familienherrschaft der Kypseliden in Korinth. Sie dauerte drei Generationen, insgesamt angeblich dreiundsiebzig Jahre und sechs Monate. Die Tyrannenfamilie gründete mehrere Kolonien, drei an der Adriaküste und eine in der Chalkidike auf der Halbinsel Pallene: Leukas, Anaktorion, Ambrakia und Poteidaia. Dort, das heißt in Poteidaia, setzte Periander, der zweite Tyrann aus der Familie der Kypseliden, der etwa zwischen 627 und 587 v. Chr. als Stadtherr in Korinth herrschte, einen seiner Söhne namens Euagoras als Tyrannen ein. Das bedeutete für die Mutterstadt eine Ausweitung von Handel und Gewerbe und für die Tyrannenfamilie die Vergrößerung von Macht und Einfluss. Desgleichen eroberte besagter Periander im Kampf gegen die von Kypselos vertriebene korinthische Adelsfamilie der Bakchiaden die Insel Kerkyra und setzte dort seinen Sohn Lykophron als Tyrannen ein. Gemeinsam gründeten daraufhin Vater und Sohn die Kolonien Apollonia und Epidamnos an der adriatischen Küste. Andere Unternehmungen waren dazu bestimmt, dem Volk Arbeit zu beschaffen und den Seehandel zu fördern. Periander plante sogar, den Isthmus von Korinth zu durchstechen, doch scheiterte er an der Schwierigkeit des Projekts. Was ihm aber gelang, war die Anlage des künstlichen Hafens von Lechaion, so dass Korinth über zwei Häfen am Isthmus verfügte: Kenchreai am Saronischen Golf und eben Lechaion am Korinthischen Meerbusen. Tyrannen waren ebenso wie alle großen aristokratischen Familien über die Grenzen ihrer Heimatstädte miteinander versippt und verschwägert. Auf diese Weise bildeten die Tyrannen Netzwerke verwandtschaftlicher Beziehungen als Stützen ihrer Macht. Von den Kypseliden wissen wir, dass der Dynastiegründer eine seiner Töchter mit einem Angehörigen der großen athenischen Adelsfamilie der Philaiden verheiratete. Der gemeinsame

Sohn trug seinerseits den Namen Kypselos und war der Vater des älteren Miltiades, von dessen Rolle in der Geschichte der Stadt unten die Rede sein wird. Periander, der Nachfolger des Tyrannen Kypselos, war mit einer Tochter des Tyrannen Prokles von Epidauros verheiratet. Und in Athen war der Adlige Kylon, der um 632 v. Chr. den Versuch unternahm, eine Tyrannis in seiner Vaterstadt zu errichten, der Schwiegersohn von Theagenes, dem Tyrannen der nahegelegenen Gemeinde Megara am Saronischen Golf.

Doch Kylon scheiterte. Zwar konnte er dank der Unterstützung seines Schwiegervaters die Akropolis mit seinen Gefolgsleuten besetzen, wurde aber von einem städtischen Aufgebot dort eingeschlossen. Ihm selbst und seinem Bruder gelang die Flucht, die Übrigen suchten Schutz bei Altären, an denen wegen ihrer heiligen Unantatsbarkeit keine Gewalt ausgeübt werden durfte. Als sie durch das Versprechen der Verschonung den Ort des Asyls verließen, wurden sie getötet. Dies war ein Sakrileg, die Täter hatten die Heiligkeit der Altäre missachte und galten damit, wie der Historiker Thukydides es formuliert, samt ihrer Nachkommenschaft «als Religionsfrevler und der Göttin (Athene) verflucht» (Thuk. I,126,11). Der Frevel fand im Jahr des eponymen Archonten aus der Adelsfamilie der Alkmaioniden statt. So galt er als der Hauptschuldige und unterlag mit seinen Nachkommen dem Fluch der Göttin. Er stand von daher außerhalb der Rechtsordnung, und jeder hätte ihn straflos töten können. Die Familie war jedoch zu mächtig, als dass jemand Hand an ihn gelegt hätte. Die Alkmaioniden blieben jedoch wegen des Frevels angreifbar. Gegen zwei Nachkommen des Kylon – gegen Kleisthenes, der im letzten Jahrzehnt des sechsten Jahrhunderts die Grundlagen der athenischen Demokratie legte, und gegen Perikles, der Athen 431 v. Chr. in den verhängnisvollen Peloponnesischen Krieg führte –, wurde unter Berufung auf den sogenannten Kylonischen Frevel der Versuch unternommen, sie aus der Führung Athens zu verdrängen. Was mit den Teilnehmern an der Mordaktion, die keiner mächtigen Familie angehörten, geschehen ist, wissen wir nicht. Nach bestehender Rechtsordnung waren sie doppelt gefährdet, als Blutschuldige und als Religionsfrevler. Sie unterlagen der Blutrache seitens der zur Tötung der Blutschuldigen berechtigten Angehörigen, und sie waren wegen des Religionsfrevels vogelfrei. Mit welcher Urgewalt sich das Verlangen nach Rache Bahn brechen konnte und eine Tötung die andere nach sich zog, ist oben am Beispiel des Schlusses der Odyssee dargelegt worden. In der literarischen Fiktion der Odyssee verhindert das Eingreifen der Götter die Ausweitung des Rachekriegs, in der Wirklichkeit Athens hat die Gemeinschaft als Reaktion auf den Kylonischen Frevel der Blutrache Grenzen gezogen.

Nach allem, was wir wissen, erfolgte der Griff nach der Tyrannis mit Hilfe von Verbündeten und einer regionalen Klientel beziehungsweise unter Ausnutzung sozialer Probleme, die es ermöglichten, in Not geratene Schichten der Bürgerschaft für die Errichtung einer Stadtherrschaft zu mobilisieren. Darüber gibt es zahlreiche Anekdoten aus mündlicher Überlieferung, die später durch Herodot und seine Nachfolger mit Ausschmückungen in die schriftliche Überlieferung gelangt sind. Im Ganzen werfen diese Quellen mehr Probleme auf, als das intensive Bemühen der modernen Geschichtswissenschaft, ihnen zuverlässige Informationen abzugewinnen, lösen kann. Die große Ausnahme ist Athen. Der Kampf für und gegen die Usurpation einer Alleinherrschaft füllte die Geschichte des späten siebten und des sechsten Jahrhunderts aus. In diesem Kampf hat sich die Bürgergemeinde unter Führung von Gesetzgebern Rechtsordnungen geschaffen, die dazu bestimmt waren, das Konfliktpotential auszutrocknen, das den Nährboden für die Machtergreifung Einzelner bildete. Erreicht wurde dieses Ziel freilich nicht. Aber es gelang, die in der Gesellschaft allgegenwärtige Eigengewalt und die zerstörerische Wirkung der Verschuldung des Kleinbauerntums zu überwinden. Dies geschah, wie es der bedeutendste Reformer dieser Epoche, Solon, ausdrückte, indem mit der Macht des Gesetzes Gewalt und Recht in eins gesetzt wurden und damit eine alte Forderung des archaischen Rechtsdenkens erfüllt wurde.

3. Athen: Der Kampf gegen die Gefahr einer Tyrannis. Die Gesetzeskodifikationen Drakons und Solons

Etwa zehn Jahre, nachdem der Versuch Kylons, in Athen eine Tyrannis zu errichten, in einem Blutbad geendet hatte, hat Drakon im Auftrag der Stadt das Blutrecht reguliert und in Schriftform mit der Auflage publiziert, dass jeder Versuch, sei es von Seiten eines Magistrats oder eines Privatmannes, das von ihm kodifizierte Blutrecht aufzuheben oder zu verändern, den Täter, seine Kinder und sein Eigentum außerhalb des Rechtsschutzes stellt. Man wird wohl nicht fehlgehen mit der Annahme, in seinem Gesetzgebungsakt eine Reaktion auf den Mordexzess zu sehen, der an Kylons Anhängern verübt worden war. Was Drakon wollte, war der Blutrache ein Ende zu setzen und den Landfrieden zu sichern. Zu diesem Zweck führte er den Gerichtszwang ein und legte die Kriterien fest, nach denen ein Gerichtshof Tötungsdelikte zu ahnden oder auf Freispruch zu erkennen hatte. Im vierten Jahrhundert v. Chr. wurden die Voraussetzungen und der spezifische Charakter des drakontischen Blutrechts nicht mehr verstanden. Damals war die Rede davon, dass Drakon für alle Vergehen nur eine Strafe gekannt habe, den Tod. Das war eine Fehldeutung, von der bis heute der gebräuchliche Ausdruck «drakon(t)ische Strafe» zur Bezeichnung unverhältnismäßiger Härte bei der Ahndung von Verbrechen rührt. Tatsächlich kannte das Blutrecht Drakons überhaupt noch keine Strafen, die von Staats wegen verhängt und vollzogen wurden. Vielmehr war es jedermann aufgegeben, sich selbst sein Recht zu verschaffen. Es hatte vor Drakons Reform nur Privatstrafrecht gegeben, und dieses besagte, dass für Tötungsdelikte das Prinzip der Erfolgshaftung galt und jede Tötung ohne Rücksicht auf die Willensrichtung des Täters und ohne Berücksichtigung der Umstände der Tat ein Racherecht der Sippe der Geschädigten begründete. Diesen blieb es dann überlassen, den Täter töten oder sich ihr Racherecht durch Zahlung eines Wergeldes abkaufen zu lassen. Zu verhindern, dass das Prinzip der Privatrache zu einer Kette von Rache und Ge-

genrache führte, fehlten der Gemeinde bei der rudimentären Entwicklung der staatlichen Gewalt die Mittel. Daran konnte Drakon nichts ändern. Stattdessen ersetzte er das Prinzip der Erfolgshaftung durch das der Willenshaftung und unterschied zwischen vorsätzlicher, nicht vorsätzlicher und erlaubter Tötung. Vor allem aber band er das Recht zur Privatrache an ein Gerichtsurteil. Dies zog die Schaffung einer neuen Gerichtsverfassung nach sich. Die Feststellung, ob der Beschuldigte getötet hatte, oblag dem zuständigen Magistrat – in diesem Fall dem *basileus*, dem Nachfolger der Könige, denen von alters her die Sühnung einer Blutschuld oblag. Auf der Grundlage von Zeugenaussage und Eid, den sogenannten untechnischen Beweisen in der Sprache der Gerichtsredner des vierten Jahrhunderts, ermittelte er, ob der Beschuldigte die Tat begangen hatte.

Zur Feststellung, wie die Tat zu bewerten war, bedurfte es einer freien Beweiswürdigung, und diese Aufgabe überwies Drakon an einen neugeschaffenen Gerichtshof, der über die Willensrichtung des Täters befand. Dieses Gericht bestand aus einundfünfzig *Epheten*, das heißt Zulassern, die über die Zulässigkeit der Privatrache mit Mehrheit der Stimmen entschieden. Sie klärten, ob eine Tötung vorsätzlich oder unvorsätzlich beziehungsweise in Selbstverteidigung und demzufolge straflos geschehen war. Die Abstimmung erfolgte mittels Stimmsteinen, also auf eine Weise, die gemessen an den informellen Abstimmungsmethoden der älteren Zeit ein Höchstmaß an Objektivität garantierte. Mit Rücksicht auf die Willensrichtung des Täters und die Umstände der Tat wurde eine Differenzierung des Strafmaßes vorgenommen. Vorsätzliche Tötung zog die Zubilligung des Racherechts an die Familie des Getöteten nach sich. Dieser blieb es dann vorbehalten zu entscheiden, ob sie den ausgelieferten Täter straflos tötete oder sich mit dessen Familie auf eine materielle Entschädigung, auf ein Wergeld, einigte. Die Tötung eines Blutschuldigen war also nur nach einem entsprechenden gerichtlichen Urteil rechtens. Wer gegen die neue Regelung verstieß, verlor automatisch den Rechtsschutz: Er konnte *«bußlos»*, wie es hieß, getötet werden. Wer unvorsätzlich getötet hatte, musste Attika verlassen und in die Verbannung gehen, wenn die Familie des Getöteten es nicht vorzog, nach Empfang eines Wergeldes Urfehde zu schwören. Leben und Eigentum waren dem Verbannten im Unterschied zu dem wegen vorsätzlicher Tötung Verurteilten garantiert. Wer den Betreffenden dennoch tötete, hatte sich der vorsätzlichen Tötung schuldig gemacht und musste die Rechtsfolgen tragen. Wer hingegen in Abwehr eines Angriffs auf seine Person oder sein Eigentum tötete, blieb straflos.

Die Rechtsentwicklung brachte es mit sich, dass in klassischer Zeit Strafen von staatlicher Seite verhängt und vollzogen wurden. Die Teile des drakontischen Strafrechts, nach denen die Exekution eines Urteilsspruchs den Geschädigten überlassen wurde, waren damit obsolet geworden. Eine Ausnahme bildeten allein Drakons Bestimmungen zum Tatbestand der unvorsätzlichen Tötung. Sie wurden bei der im Jahre 409/8 v. Chr. erfolgten Gesetzesrevision in den Strafrechtscodex übernommen. Ihr Wortlaut ist zum Teil in einer Inschrift erhalten geblieben. Ins Deutsche übersetzt lautet sie:

> «Und wenn jemand jemanden unvorsätzlich tötet, dann soll er außer Landes gehen. Die Könige sollen feststellen, dass er der Tötung schuldig sei, entweder eigenhändig tötend oder planend. Erkennen aber sollen die Epheten. Eine Versöhnung (mit dem Täter) kann erfolgen durch den Vater oder den Bruder oder die Söhne, aber nur einhellig. Wenn einer dagegen ist, gilt dessen Entscheidung. Wenn aber aus diesem Kreis niemand vorhanden ist, dann durch die Verwandten bis hin zur Vetternschaft und zwar bis zu jedem einzelnen der Vettern, wenn alle die Versöhnung wollen. Wenn einer dagegen ist, gilt dessen Entscheidung. Wenn es aus diesem Kreis keinen gibt, und er (der Täter) unvorsätzlich getötet hat und die Einundfünfzig, die Epheten, erkennen, dass er unvorsätzlich getötet hat, dann sollen ihn die Phratriegenossen, und zwar zehn, wieder in das Land lassen, wenn sie wollen. Diese sollen die Einundfünfzig ihrer Würdigkeit nach auswählen. Dieses Gesetz soll auch für diejenigen gelten, die früher getötet haben. Ankündigen sollen die Verfolgung dem Blutschuldigen auf

der Agora (dem Platz der öffentlichen Versammlung) die Verwandten bis zur Vetternschaft, und zwar bis zu jedem Einzelnen der Vettern. An der Verfolgung sollen teilnehmen auch Vettern und deren Söhne, die Schwiegersöhne (und wohl auch die Schwäger), Schwiegerväter und Phratriegenossen …

Wenn jemand den Blutschuldigen tötet oder an dessen Tötung schuldig ist, obwohl er sich vom Grenzmarkt und von (sportlichen) Wettkämpfen und Festen der Grenznachbarn ferngehalten hat, so sollen ihn dieselben Folgen treffen, wie wenn er einen Athener getötet hätte. Erkennen aber sollen die Epheten …

… (wenn jemand bei Handgreiflichkeiten) anfangend mit ungerechten Händen … einen, der anfängt mit ungerechten Händen, tötet, (so soll der bußlos tot sein) … Erkennen aber sollen die Epheten … Und wenn (jemand) einen, der mit Gewalt wegträgt oder wegführt, sofort bei der Abwehr tötet, dann soll er (der Getötete) bußlos tot sein.» (Inscriptiones Graecae I^3, 104,11–38 = Solon. Gesetzeswerk F 5a Ruschenbusch)

Drakon schränkte die Privatrache ein, indem er ihren Vollzug an bestimmte rechtliche Voraussetzungen und an die Ermächtigung durch das Urteil des neu geschaffenen Gerichts der Einundfünfzig band. Er führte den Gerichtszwang ein und schuf damit ein Mittel, den Landfrieden gegen das Ausufern von Tötungsdelikten zu sichern. Mit den Mitteln der Normsetzung und des Gerichtszwangs wurde das Prinzip der Privatrache zwar nicht abgeschafft, aber immerhin eingehegt, und zugleich erfuhr die Gemeinschaft einen erheblichen Zuwachs an Institutionalisierung. Das Gericht der Einundfünfzig bestand aus durch Wahl bestimmten qualifizierten Bürgern, die vermutlich wie die zehn Phratriegenossen in der oben zitierten Inschrift durch besondere Würdigkeit, das heißt durch eine herausgehobene gesellschaftliche Stellung, ausgezeichnet waren. Entschieden wurde mit Stimmenmehrheit. Sie festzustellen war mit dem altmodischen Prinzip des Zurufs nicht möglich; deshalb musste zur genauen Dokumentation des Urteils mit dem Stimmstein entschieden werden. Gebunden aber wurde die Urteilsfindung an gesetzlich vorgeschriebene Normen. In alledem lag ein erheblicher Fortschritt der Rechtskultur und der staatlichen Verfasstheit Athens. Mit gutem Recht darf Drakon als bedeutender Reformer auf dem Weg zum Bürgerstaat bezeichnet werden. Seine wahre Bedeutung wird völlig verkannt, wenn sein Name ohne Berücksichtigung der Verhältnisse, auf die er mit seiner Gesetzgebung reagierte, als Synonym für überbordende Härte des Strafrechts hingestellt wird.

Drakon sicherte mit seiner gesetzlichen Fixierung einer Strafrechtsordnung die Gemeinschaft nicht nur gegen die Gefahr der Selbstvernichtung durch einen Rachefeldzug aller gegen alle, wie sie sich nach der gewalttätigen Abwehr des Griffs nach der Tyrannis gezeigt hatte: Er stellte auch Täter und Mittäter bei der Errichtung einer Tyrannis außerhalb des Rechtsschutzes von Person, Familie und Eigentum – dies war das einzige Strafmittel, über das das nach wie vor negative Strafrecht der damaligen Zeit verfügte –, so dass die von dem Gericht der Einundfünfzig Verurteilten sich nur durch die Flucht retten konnten. Dies geht aus dem eine Generation später erlassenen Amnestiegesetz Solons hervor, in dem alle, die für fried- und rechtlos erklärt worden waren und in der Fremde lebten, zurückgerufen wurden, mit Ausnahme derjenigen, die wegen Tötung oder Blutvergießens oder wegen Errichtung einer Tyrannis verurteilt worden waren.

Die Gefahr einer Tyrannis blieb freilich weiterhin virulent. Ja, die Geschichte Athens im sechsten Jahrhundert ist nur verständlich, wenn sie als Auseinandersetzung um die Verhinderung einer Tyrannenherrschaft verstanden wird. Schon aus äußeren Daten geht das mit aller Klarheit hervor. Solon wurde für das Amtsjahr 594/93 v. Chr. zum höchsten Magistrat, zum Archon eponymos, gewählt und darüber hinaus zum Aisymneten bestimmt. Der ihm damit erteilte Gesetzgebungsauftrag war, wie gleich zu schildern sein wird, als Mittel zur Abwehr einer Tyrannis gedacht. Vielfach wurde aber, wie er selbst zu erkennen gegeben hat, erwartet, dass er seine Stellung als Sprungbrett zur Errichtung einer eigenen Tyrannis benutzen würde. Doch was er für seine Person ablehnte, versuchten andere für sich zu erreichen.

Einer seiner Nachfolger im Amt des Archon eponymos namens Damasias weigerte sich, nach Ablauf seines Amtsjahres 582/81 v. Chr. abzutreten, und blieb insgesamt zwei Jahre und zwei Monate bis zum Jahr 580 an der Macht. Dann kam Peisistratos mit seinen Anhängern und okkupierte zweimal die Tyrannis für kurze Zeit, zuerst um 560, dann um 556 v. Chr.; doch wurde er jedes Mal wieder vertrieben. Schließlich gelang ihm nach zehnjähriger Verbannung die Rückkehr nach Athen und die Errichtung einer Tyrannis auf Dauer, die nach seinem Tod im Jahre 528/27 v. Chr. seine Söhne fortsetzten. Nach Hippias' Vertreibung im Jahre 511/10 kämpften zwei Adlige an der Spitze ihrer Anhänger um die Herrschaft. Es lag nur an den äußeren Umständen, dass einer der beiden Rivalen, der Alkmaionide Kleisthenes, das Volk mobilisieren musste, um diesen Kampf zu gewinnen, und dabei, wie zu zeigen sein wird, die Grundlagen zu einer Demokratie in Athen legte.

Am Beispiel Athens lässt sich am besten erfassen, welche Krisenerscheinungen den Nährboden bildeten, der die wiederholten Versuche adliger Herrschaftsaspiranten begünstigte, eine Tyrannis zu etablieren. Im siebten Jahrhundert wurde Athen von den Nöten erschüttert, die durch relative Übervölkerung und soziale Differenzierung ausgelöst wurden. Die agrarische Nahrungsdecke der Bevölkerung wurde auf dramatische Weise verkürzt. Athen stand damit vor dem gleichen Problem, das anderenorts die Auswanderung und Kolonisationsbewegung ausgelöst hatte. Athen hatte sich daran zunächst nicht beteiligt. Es besaß für eine Polis ein ungewöhnlich großes Territorium – mit 2530 Quadratkilometern entsprach es etwa dem des Saarlandes –, so dass bis zur Mitte des achten Jahrhunderts noch Landreserven zur Nutzung herangezogen werden konnten. Seit etwa 740 v. Chr. wurden die aufgegebenen mykenischen Orte wiederbesiedelt. Bis zum Ende des sechsten Jahrhunderts waren die Reserven jedoch aufgebraucht. Das Ackerland, auf dem Gerste und Weizen, die Grundnahrungsmittel der antiken Welt, angebaut wurden, wurde für die Ernährung der Bevölkerung zu knapp. Handwerk und Teilhabe am überlokalen Handel konnten Erleichterung bringen. Dazu waren Stützpunkte an den maritimen Handelswegen notwendig. So versuchte Athen denn auch seit dem Ende des siebten Jahrhunderts, sie sich zu verschaffen. Um 610 v. Chr. bezeugt der Dichter Alkaios einen Krieg, den Athen mit Mytilene auf Lesbos um den Besitz von Sigeion in der Troas führte, einer Schlüsselposition am Eingang der Dardanellen, die den Seeweg in das Schwarze Meer und damit in das Eldorado des griechischen Getreidehandels mit dem Land der Skythen beherrschte. Der Streit um Sigeion wurde schließlich durch einen Schiedsspruch des Tyrannen Periander von Korinth zugunsten Athens entschieden. Aber Athen konnte den ihm zugesprochenen Platz nicht behaupten. Es verlor ihn wieder an Mytilene, bis der Tyrann Peisistratos ihn in seiner dritten Stadtherrschaft zurückeroberte und seinem Sohn Hegesistratos übergab. Um die Wende vom siebten zum sechsten Jahrhundert lag Athen mit Megara in Streit um den Besitz der im Saronischen Golf vor den Westküste Attikas gelegenen Insel Salamis, die den Zugang zum Hafen von Athen kontrollierte. Kein Geringerer als Solon rief nach einem Rückschlag, den Athen erlitten hatte, zur Erneuerung des Kampfes in einer seiner Elegien auf. Er bediente sich der Fiktion eines Herolds der Salaminier, der die Athener zur Befreiung ihrer von Megara beherrschten Heimat aufrief:

> «Selber kam ich als Herold von der lieblichen Salamis hierher,
> Ein schmuckreiches Lied an die Stelle der Rede setzend.»
> (Solon F 2,1 f. Diehl)

Dem fiktiven salaminischen Herold antwortete Solon, voller Scham über das Versagen seiner Heimatstadt, mit einem Aufruf zur Befreiung der Insel:

«Auf nach Salamis, lasst uns kämpfen um die liebliche Insel
Und abschütteln von uns die drückende Schmach.»
(Solon F 2,7 f. Diehl)

Aber bis zur Eroberung der Insel sollte noch viel Zeit vergehen. Erst der Tyrann Peisistratos gewann Salamis für Athen. Vorher, um die Wende vom siebten zum sechsten Jahrhundert, wurde Athen von inneren Wirren erschüttert, die es der Stadt nicht einmal erlaubten, einen erfolgreichen Eroberungskrieg um Salamis zu führen.

Bevölkerungsvermehrung und Realteilung hatten zu einer Verschuldung und damit zu einer existenziellen Bedrohung des Kleinbauerntums in Attika geführt. Bei den geringen Erträgen der vorindustriellen Zeit, im Durchschnitt das Drei- bis Vierfache der Aussaat, war periodisch wiederkehrender Nahrungsmangel, ja Hungersnot ohnehin die Regel. Das Erbrecht, das bestimmte, dass Söhne zu gleichen Teilen erbten, verschlimmerte die Lage. Im Laufe mehrerer Generationen geriet die bäuerliche Gesellschaft an den Rand ihrer Existenz. Um nicht Hungers zu sterben, nahmen die Notleidenden Getreidekredite bei adligen Grundbesitzern auf. Sie hafteten dafür mit ihrer Person. Zahlungsverzug oder Zahlungsunfähigkeit galten als Eigentumsentzug und somit als Delikt. Der Schuldner unterlag der Personalexekution und konnte versklavt werden; tatsächlich ist dies in vielen Fällen geschehen. Für die Gläubiger, in der Regel adlige Grundbesitzer, die Überschüsse produzierten, erwies sich jedoch das Rechtsinstitut des Zugriffs auf die Person des Schuldners als Sackgasse. Der Schuldner konnte sich dem Zugriff auf seine Person durch Flucht entziehen oder aber die Arbeitsleistung beziehungsweise der Verkaufswert eines Versklavten erreichte nicht den Wert des vergebenen Kredits.

Einen Ausweg schien die Möglichkeit zu bieten, das Land des Schuldners in die Hand zu bekommen. Natürlich wollten Hofbesitzer, so sehr sie auf einen Kredit angewiesen waren, um nicht zu verhungern, ihr Land, die Grundlage der Existenz ihrer Familie, nicht verkaufen. Aber verschuldete Bauern konnten einen Kredit auch dann erhalten, wenn sie ihre Grundstücke oder einen Teil davon an den Gläubiger auf Zeit unter der Bedingung verkauften, dass diese bei rechtzeitiger Tilgung der Schuld an den Veräußerer zurückfielen. Konnte der Kreditnehmer dies nicht leisten, wurde das betreffende Grundstück dauerhaft Eigentum des Kreditgebers. Auf diese Weise ist vermutlich ein nicht geringer Teil des verschuldeten Landes in die Hände adliger Kreditgeber gelangt. Zur Vermeidung des Dilemmas, dass auf der einen Seite der Schuldner seine persönliche Freiheit oder sein Land verlor und auf der anderen der Gläubiger sein Guthaben ganz oder teilweise einbüßte, wurde folgende Regelung getroffen: Der Kreditnehmer verpflichtete sich, bei Zahlungsverzug von seinem Grundstück oder einem Teil davon dem Kreditgeber ein Sechstel des Ertrags als Verzugszinsen abzuliefern, das sind 16,66 %. Von dem zugrunde liegenden Rechtsinstitut heißt es:

> «*Epimortos* heißt bei Solon das Land, das gegen Abgabe eines Teils (des Ertrags) bestellt wird und *morte* heißt der Teil, den diejenigen, die das Land bestellen, abliefern.»
> (Solon. Gesetzeswerk F 67 Ruschenbusch)

Wer ein Sechstel des Ertrags von einem Grundstück zu zahlen hatte, hieß dementsprechend *hektemoros*, Sechsteiler. Die Belastung des betreffenden Grundstücks wurde durch Aufstellung eines hölzernen Pfahls mit Beschriftung dokumentiert. Diese Pfähle, griechisch *horoi*, zeigten an, dass die Belastungsgrenze des Grundstücks erreicht war. Das aber hieß: Nicht mehr die Person des Schuldners war versklavt, wohl aber sein Land, entweder ganz oder zum Teil. Der Eigentümer wurde, wenn er den Kredit nicht ablösen konnte, abgabenpflichtig und zahlte einen Zinssatz, der ihn ein Sechstel des Ertrags kostete. Der Belastete musste bei dem üblichen geringen Durchschnittsertrag des Drei- bis Vierfachen der Aussaat nicht nur eine fühlbare Minderung des ohnehin geringen Ertrags hinnehmen, sondern die belasteten Grundstücke konnten auch nicht mehr weiter beliehen werden.

Somit kann es nicht verwundern, dass sowohl eine Niederschlagung der Schulden als auch eine Neuaufteilung des anbaufähigen Grundes und Bodens gefordert wurde. Die zweite Maßnahme wurde von dem grundbesitzenden Adel natürlich ebenso abgelehnt wie der Verzicht auf das Guthaben aus der Kreditvergabe. Als sich die beschriebene Agrar- und Schuldenkrise so zugespitzt hatte, dass ein Umsturz der Besitzverhältnisse unter Führung eines Tyrannen drohte, wurde Solon zum eponymen Archon und zum Aisymneten gewählt mit der Aufgabe, die Konflikte gewaltfrei zu lösen. Solon wollte Athen vor Bürgerkrieg und Tyrannis bewahren, und er wollte der Polis sowohl ihre adlige Elite als auch ihre Bauern retten. Zur Entschärfung des Konflikts wählte er den Weg einer doppelten Befreiung: Sie sollte zunächst allen denjenigen gelten, die der Personalexekution zum Opfer gefallen waren oder sich ihr durch die Flucht ins Ausland entzogen hatten. Weiterhin sollte alles Land, das hypothekarisch durch *horoi* belastet war, zu Lasten der Kreditgeber entschuldet werden. Dafür kämpfte Solon mit der Macht des Wortes auf zweifache Weise, mit Reden in Versammlungen und mit Gedichten im Kreis der Standesgenossen. Diese wurden schriftlich fixiert und hatten so die Chance, erhalten zu bleiben. Auf diese Weise ist Solon für uns der erste und einzige politische Denker und Reformer der griechischen Frühzeit geworden, der mit eigenen Worten zu uns spricht. Er hat, nachdem er sein Reformwerk abgeschlossen hatte, gewaltige Worte für die Krise, die Athen in seiner Existenz bedrohte, und für den Kampf gefunden, den er nach allen Seiten zur Rettung der Stadt zu führen hatte. Nachdem er seine Ziele erreicht hatte, rechtfertigte er sich wie folgt:

«Ich aber habe alles, wofür ich das Volk
Zusammenschloss, erreicht und bis zum Ziel geführt.
Des' sei mir Zeuge vor dem Richterstuhl der Zeit
Die Große Mutter aller Götter im Olymp
Vorerst, die schwarze Erde, sie, aus der ich einst
Schuldpfähle ausriss, hundertfältig eingepflockt,

Schwarzfigurige Siana-Schale der Burgon-Gruppe, 560-550 v. Chr.: Das Bestellen der Felder. Pflügen und Säen in solonischer Zeit

London, Britisches Museum

Die früher Sklavin war, nun ist sie frei,
Und viele führt' ich in die gottgegründete
Heimat Athen zurück, Menschen verkauft sei es
Mit Recht, sei's ungesetzlich, andre in der Not
Des Schuldendrucks geflohen, deren Zunge schon
Unattisch ging, denn vielfach irrten sie umher;
Und wieder andre, die im Land der Knechtschaft Schmach
Erlitten, zitternd vor den Launen ihres Herrn:
Frei machte ich sie. Solches habe ich getan
Mit des Gesetzes Macht, Gewalt und Recht in eins
Verschlingend, und ich führte aus, was ich verhieß;
Schrieb weiter Satzung beiden aus, Hoch und Gering
Gleichmäßig, jedem angepasst gerades Recht.
Hätte statt meiner sonst wer diesen Lenkerstab
Ergriffen, schlechten Willens und gierig nach Besitz,
Er hätte nicht das Volk gebändigt. Hätte ich

Das mitgemacht, was jetzt den Gegnern wohlgefällt,
Dann was die andern denen wieder angewünscht,
So wär' um viele Männer ärmer diese Stadt.
Deshalb hab' ich nach allen Seiten hin gekämpft,
Wie ein von Hunden eingekreister Wolf sich dreht.»
(Solon F 24 Diehl. Übersetzung nach Kaibel-Crusius)

Mit diesem Gedicht legte Solon Rechenschaft für die Führung des Amtes ab, in das er gewählt worden war. Er hatte keine Seite, weder die Gläubiger noch die Schuldner, voll zufriedengestellt. Auf der einen Seite verweigerte er den Kleinbauern die Neuaufteilung von Grund und Boden. Er wollte keinesfalls den Untergang des Adels herbeiführen, der Führungselite, der er selbst angehörte und aus der sich die Magistrate und der Areopag rekrutierten, und er lehnte die Tyrannis als Werkzeug einer ökonomischen und sozialen Umwälzung ab: Dem Adel sollte die ökonomische Grundlage seiner sozialen Stellung erhalten bleiben. So heißt es in einem seiner Gedichte:

«... Tyrannei
Lob' ich nimmer mir als Werkzeug, doch auch nicht gleich zu gleich
Darf der Edle und der Geringe teilen sich in unser Land.»
(Solon F 23,19–21 Diehl. Übersetzung nach Kaibel-Crusius)

Auf der anderen Seite hatte er zu Lasten der adligen Gläubiger eine vollständige Niederschlagung aller Schulden vorgenommen, um der Stadt ein lebensfähiges Bauerntum zu erhalten. Mit diesem Konzept eines Interessenausgleichs hatte Solon weder das Volk noch den Adel zufriedengestellt. Er hatte eine Position zwischen den Parteien eingenommen, von der aus er beide Seiten im Zaum halten musste, und dafür musste er sich immer von Neuem rechtfertigen:

«Wenn ich das Volk nun klar heraus beschimpfen soll:
Was sie jetzt haben, hätten sie mit Augen nie
Auch nur im Traum gesehen.

Die Großen aber und die Mächtigen im Land
Sollten mich preisen und zum Freund erklären.
… Ein andrer
Hätte nicht das Volk gebändigt, hätte stets
Gewühlt, bis er den Rahm sich selber abgeschöpft.
Ich aber nahm meinen Standort auf dem Zwischengrund
Der beiden Seiten wie ein Grenzstein.»
(Solon F 25 Diehl. Übersetzung nach H. Fränkel)

Solon hat beansprucht, beiden Seiten gerecht geworden zu sein, indem er keine der beiden gegen das Recht siegen ließ. Er hatte das Volk vor Versklavung und Verschuldung, den Adel vor Enteignung und der Herrschaft eines Tyrannen bewahrt:

«Dem Volke gab ich so viel Anteil, wie genug ist,
Von seiner Ehre nahm ich nichts und nichts tat ich hinzu;
Die Mächtigen aber, die man des Reichtums halber bewundert:
Auch denen verwehrte ich, Ungebührliches zu haben.
Ich stand und deckte über beide einen starken Schild,
Ungerecht siegen ließ ich weder die einen noch die andern.»
(Solon F 5,1–6 Diehl)

Als den Ursprung der Krise machte er die Besitzgier der Reichen und Mächtigen dingfest. Ihnen redete er ins Gewissen, und ihnen setzte er im Namen der Gerechtigkeit Grenzen. Für dieses Konzept hat er geworben, am schönsten und mächtigsten in dem Gedicht, dem später der Name *Eunomia*, das heißt «gerechte Ordnung», gegeben wurde. Er appellierte darin an die Einsicht und die Verantwortung jedes Einzelnen: Nicht die Götter sind schuld am drohenden Untergang der Stadt, sondern menschliche Unvernunft, die Gier nach grenzenloser Besitzvermehrung. Solon warnte: Niemand könne Schutz im eigenen Hof finden, wenn erst der Bürgerkrieg ausgebrochen sei. Alle diese Gesichtspunkte sind in das Gedicht von der guten, auf Gerechtigkeit gegründeten Ordnung integriert. Es lautet:

«Nie wird unsere Stadt vergeh'n nach der Fügung der Götter,
Nach der Seligen Wunsch oder dem Schicksal des Zeus,
Weil fürsorgenden Sinns ihre Hände über uns breitet
Pallas Athene, des Zeus stolzes, erhabenes Kind.
Aber die Bürger selber aus Unverstand drohen die große
Stadt zu verderben, durch Besitz und seine Lockung verführt,
Und der rechtlose Sinn der Lenker des Volkes. Schon stehen
Viele Sorgen bereit, die sich ihr Übermut schuf.
Denn sie versteh'n nicht die Sattheit zu bändigen, nicht was sich bietet
Wahrzunehmen beim Mahl, fröhlich und fein und für sich.
...
Ungerechter Erwerb hat ihnen Reichtum verschafft
...
Weder heil'gen Besitz noch das gemeindliche Gut
Schonen sie, sondern sie stehlen und raffen von überall alles,
Denn sie missachten dreist Dikes erhab'nes Gesetz,
Dikes, die schweigend begreift, was geschieht und was vorher geschehn
Und die gewisslich einmal kommen wird, strafend die Schuld.
Unentrinnbar naht schon die Wunde der ganzen Gemeinde.
Schlimmer Knechtschaft verfällt rasch eine jegliche Stadt,
Welche Entzweiung im Innern des Volkes und schlafenden Krieg weckt,
Der dann grausam so viel blühendes Leben zerstört.
Denn von Übelwollenden wird schnell eine schöne Gemeinde zerrieben
...
Solche Leiden gehen um im Lande selber; doch viele
Von den Armen, verkauft, zieh'n in die Fremde hinaus,
Ihre Heimat verlassend, in schmähliche Fesseln geschlagen.
...
Solcher Art kommt das Unglück in das Haus eines jeden,
Und die Tore des Hofes halten es nicht zurück.
Über die höchsten Zäune hinüber springt es und findet
Sicherlich jeden, auch den, der sich im Innern verkriecht.

Meine Seele befiehlt mir, das Volk von Athen zu belehren,
Dass Unordnung sehr viel Übel der Stadt beschert,
Ordnung dagegen zeigt alles gar wohl bestellt, macht es gefüge,
Schlägt in Fesseln den Mann, welcher das Recht übertritt,
Glättet das Rauhe, beschwichtigt die Sattheit und stumpft Überhebung,
Lässt die Verblendung, die hoch wuchert, verdorrn und vergehn,
Richtet gerade verbogenes Recht, und die Taten des Hochmuts
Sänftigt sie, unterdrückt Taten des streitenden Zwists,
Unterdrückt auch den Groll des garstigen Zankes. Wo sie ist,
Wird bei den Menschen gleich alles gefüge und klar.»
(Solon F 3 Diehl. Übersetzung nach H. Fränkel)

Das Gedicht endet in einem Appell an das Volk von Athen, die friedensstiftende Macht der auf Gerechtigkeit gegründeten Ordnung zu erkennen. Eine solche Ordnung zu schaffen war das Ziel der Gesetze, die Solon gab. Er ist, anders als Drakon, dessen Blutrecht den Landfrieden zu sichern bestimmt war, der Entdecker der sozialen, das friedliche Zusammenleben der Bürger sichernden Funktion des Rechts.

Solons Gesetzeswerk beschränkte sich nicht auf die Lösung der Schuldenkrise, sondern war eine umfassende Kodifizierung des athenischen Rechts. Es war aufgezeichnet auf mindestens sechzehn bis achtzehn beziehungsweise einundzwanzig bis vierundzwanzig mit drehbaren Zapfen versehenen viereckigen Pfeilern aus Holz, die in Rahmen eingespannt und um ihre Achsen drehbar waren, weshalb sie als *axones* (Wagenachsen, im Singular *axon*) bezeichnet wurden. Alle vier Seitenflächen waren vertikal, nicht horizontal beschriftet und konnten durch Achsendrehung nacheinander gelesen werden. Sie waren zum Schutz gegen Witterungseinflüsse in einem öffentlich zugänglichen Gebäude aufgestellt; der Aufstellungsort für die Zeit Solons ist jedoch unbekannt. Ebenso unbekannt sind die Verteilung des Rechtsstoffs auf den beschrifteten Pfeilern und damit auch die Gliederung des Gesamtwerks. Auf der Hand liegt indessen der Zweck, den Solon mit seinem Gesetzeswerk verfolgte. Er ist der gleiche, den Pittakos, der Aisymnet von Mytilene, für sein ebenfalls auf Holz aufgemaltes Gesetzesrecht mit den Worten in Anspruch nahm: «Bemaltes Holz ist der beste Beschützer der Stadt.»

Solon übernahm das Blutrecht Drakons und inkorporierte dessen Bestimmungen unverändert in sein Gesetzeswerk. Aber er änderte in allen den Fällen geltendes Recht, in denen es die Bürgerschaft in bürgerkriegsähnliche Unruhe versetzt hatte. Beispielsweise war Zahlungsunfähigkeit nicht länger ein Eigentumsdelikt, das den Gläubiger berechtigte, sich durch Zugriff auf die Person des Schuldners schadlos zu halten. Solon beseitigte die Personalexekution, die Versklavung oder Flucht des Schuldners ins Ausland nach sich zog, und er ergänzte diese Bestimmung durch ein Amnestiegesetz, das allen, die in der Vergangenheit wegen Zahlungsunfähigkeit für fried- und rechtlos (griechisch *atimoi*) erklärt worden waren, Amnestie gewährte:

> «Das achte Gesetz des dreizehnten Axon Solons lautet wörtlich: Von den *atimoi*: ‹Diejenigen, die *atimoi* waren, bevor Solon sein Amt als Archon antrat, sollen wieder im Rechtsschutz stehen, außer diejenigen, die vom Areopag, oder diejenigen, die von den Epheten oder vom Prytaneion verurteilt worden waren, von den Königen, wegen Tötung oder Blutvergießens oder wegen Errichtung (beziehungsweise Beteiligung an) einer Tyrannis landflüchtig waren, als dieses Gesetz erlassen wurde.›»
> (Solon. Gesetzeswerk F 70 Ruschenbusch)

Von der Amnestie ausgeschlossen blieben also nur diejenigen, die von den Epheten wegen Mordes oder wegen einer Körperverletzung, die in der Absicht zu töten begangen worden war, oder vom Areopag wegen Errichtung oder Beteiligung an einer Tyrannis verurteilt worden waren. Gleiches galt für unbekannte Täter oder Tiere beziehungsweise Gegenstände, durch die ein Mensch zu Tode gekommen war. Hierüber sprach das Gericht am Prytaneion, das aus dem Archon Basileus und den vier Phylenkönigen bestand, sein

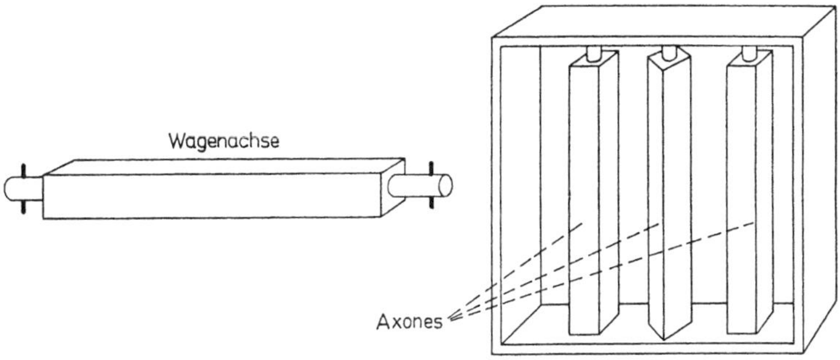

Rekonstruktion der Axones,
auf denen das Gesetzeswerk Solons publiziert war

Urteil. Es diente einzig und allein dem religiösen Zweck einer Entsühnung des Landes wegen vergossenen Blutes.

Solon setzte die Aufhebung aller bestehenden Schulden durch und verbot, dass künftig Darlehen auf den Leib, das heißt mit Haftung der Person des Schuldners, vergeben wurden. Eine Reihe flankierender Gesetze zu wirtschaftlichen Problemen schränkte die Freiheit, Grundbesitz zu akkumulieren und ihn der Getreideproduktion zu entziehen, erheblich ein. Grunderwerb über ein bestimmtes Maß hinaus wurde verboten. Leider ist nicht überliefert, welche Obergrenze das Gesetz nannte. Um die Ernährung der nichtbäuerlichen Stadtbevölkerung sicherzustellen, untersagte Solon die Ausfuhr aller Nahrungsmittel mit Ausnahme von Olivenöl. Jeder Verstoß gegen das Gesetz wurde mit einer hohen Strafe belegt. Der Archon eponymos wurde verpflichtet, den Delinquenten mit einem Fluch zu belegen, der ihm den Rechtsschutz entzog, oder bei Versäumnis der Verfluchung selbst eine Buße von 100 Drachmen Silber zu entrichten, das ist der Gegenwert von 100 Schafen oder von 100 Medimnen Getreide (ein *medimnos* fasst ca. 52 Liter). Dass denen, die für den Markt produzierten, die Ausfuhr von Öl erlaubt wurde, hängt wahrscheinlich mit dem Verbot der Parfümherstellung und des Parfümhandels zusammen. Grundbestandteile dieses Produkts waren Olivenöl und Rosenaroma. Da das Destillationsverfahren noch unbekannt war, wurden Blütenblätter mit heißem Öl übergossen, um die Duftstoffe für die Parfümherstellung zu gewinnen. Das Verfahren war wenig effizient, und so wurden große Mengen Rosenblätter gebraucht: 1000 bis 7000 Blütenblätter auf insgesamt 2,77 Kilogramm Öl. Das hatte angesichts des hohen Preises, der für parfümiertes Salböl erzielt wurde, dazu geführt, dass die für den Rosenanbau genutzte Fläche zu Lasten der Getreideproduktion ausgeweitet worden war. Dieser Fehlentwicklung schob Solon einen Riegel vor, und da das offenbar in großen Mengen produzierte Öl nicht mehr für die Herstellung von Parfüm verwendet werden durfte, nahm Solon es von dem Ausfuhrverbot von Nahrungsmitteln ausdrücklich aus.

Streitlösungen bei sozialen Konflikten waren ein weiteres Themenfeld des solonischen Gesetzeswerks. Streitigkeiten pflegten im Zusammenleben einer bäuerlichen Gesellschaft durch Grenzverletzungen, bei Eintritt des Erbfalls oder in der Frage wechselseitiger Unterhaltsverpflichtung aufzutreten. Auf allen diesen Problemfeldern des Alltags ist Solon tätig geworden. Nachbarschaftskonflikte besaßen insbesondere auf dicht besiedeltem Land, auf dem ein Großteil der bäuerlichen Bevölkerung am Rande des Existenzminimums lebte, das Potential zu gewalttätigen Auseinandersetzungen. Hier setzte Solon ein, indem er zu folgenden Punkten Regelungen erließ: heimliches Verrücken von Grenzsteinen, Beackern und Bebauen eines fremden Grundstücks, widerrechtliches Abweiden, Aneignung fremder Bienenschwärme, Schädigung des Nachbarn durch Feldfeuer, Einhaltung von Grenzabständen, Recht zur Wasserentnahme, Regenwasserschäden, Brunnenverunreinigung und Wegerecht beim Einbringen der Ernte. Die Fragmente, die von einzelnen Bestimmungen Näheres überliefern, geben Einblick in die minutiös genaue Festlegung von Grenzabständen, die später dem römischen Zwölftafelgesetz aus dem fünften Jahrhundert v. Chr. zum Vorbild diente. In den *Digesten*, der spätantiken Sammlung römischer Juristenschriften, heißt es:

> «Wenn jemand an einem fremden Grundstück eine Einfriedung aus Dornensträuchern oder Steinen baut, soll er die Grenze nicht überschreiten; wenn eine Mauer, dann soll er einen Fuß (ca. 30 cm) wegbleiben, wenn ein Haus, dann zwei Fuß. Wenn er aber einen Graben oder eine Grube gräbt, dann soll er so weit wegbleiben, wie die Tiefe beträgt, wenn aber einen Brunnen, dann einen Klafter (= 6 Fuß). Einen Öl- oder Feigenbaum soll man neun Fuß vom fremden Grundstück pflanzen, die anderen Bäume fünf Fuß.»
> (Solon. Gesetzeswerk F 60a Ruschenbusch)

Was mit überstehenden, in ein Nachbargrundstück hineinragenden Ästen geschehen sollte, wurde ebenso geregelt wie die Aufstellung von Bienenstöcken. Von ihnen heißt es, dass sie 300 Fuß, das sind 90 Meter, von denen, die ein anderer aufgestellt hat, entfernt sein müssen. Im Ganzen entsteht der Eindruck einer drangvollen Enge mit entsprechend großem Konfliktpotential. Selbst das Nutzungsrecht an den als Dünger verwendeten Tierausscheidungen war durch eine Strafbestimmung geschützt:

> «*Mistbuße*: sprichwörtliche Redewendung, gemünzt auf diejenigen, die wegen Geringfügigkeiten eine Strafe erleiden müssen. Denn in den Axones Solons bestraft das Gesetz auch diejenigen, die (auf fremdem Grundstück) sich widerrechtlich Dung angeeignet haben.»
> (Solon. Gesetzeswerk F 64a Ruschenbusch)

Dass selbst trockene Böden an der Grenze der Bebauungsfähigkeit besiedelt und genutzt wurden, zeigt die Regelung der Wasserrechte. Sie lautet:

> «Wo ein öffentlicher Brunnen ist in einer Entfernung von einem Pferdelauf, soll man diesen gebrauchen – ein Pferdelauf ist eine Strecke von vier Stadien (= 740 m) –, wo er weiter weg ist, soll man eigenes Wasser suchen. Wenn sie aber zehn Klafter (= 18 m) tief gegraben haben und bei sich kein Wasser finden, dann sollen sie es beim

Nachbarn holen, zweimal am Tag einen Krug mit sechs Güssen füllend (das sind 2 x 19,5 Liter).»
(Solon. Gesetzeswerk F 63 Ruschenbusch)

Eine Quelle von Streitigkeiten, die das Leben von Familien vergiftete, insbesondere von bäuerlichen, für die der den Hof betreffende Erbfall existenzielle Bedeutung besaß, lag im Recht der Adoption und im Recht der Testierfreiheit. Angenommen, ein Adoptivsohn setzte einen Angehörigen seiner natürlichen Familie zum Erben ein, dann mussten sich die erbberechtigten Angehörigen des Adoptivvaters um ihren Erbanteil betrogen fühlen, der ihnen nach der Intestaterbfolge zugestanden hätte. Andere Konfliktfälle waren gegeben, wenn ein Erblasser einer Frau hörig war und einen Angehörigen ihrer Familie zum Erben einsetzte oder wenn ein Schuldner seinem Gläubiger unter Zurücksetzung seiner Söhne den Bauernhof vererbte. Diese Probleme löste Solon mit seinem Testamentsgesetz. Darin wurde Adoptivsöhnen die Testierfreiheit genommen und bestimmt, dass ein Erblasser nur beim Fehlen leiblicher Söhne ein Testament errichten durfte. Schließlich wurde Testierfreiheit nur zurechnungsfähigen Personen zugestanden:

«Für diejenigen, die nicht adoptiert waren und sich folglich weder von ihrem Vater losgesagt noch einen Antrag (beim Archon) auf Zuteilung der Erbschaft gestellt hatten, als Solon sein Amt antrat, gilt (Folgendes): Der (Betreffende) kann über sein Hab und Gut verfügen, wenn keine leiblichen Söhne vorhanden sind, es sei denn, er ist wegen Wahnsinns oder altershalber oder aufgrund von Zaubertränken oder Krankheit oder, weil er einer Frau hörig ist, unzurechnungsfähig, oder er steht unter Zwang oder liegt in Fesseln.»
(Solon. Gesetzeswerk F 49a Ruschenbusch)

Ein weiteres Problem, das Solon zu lösen unternahm, betraf den Unterhalt von Frauen, Waisenkindern und alten Eltern, die nicht mehr arbeitsfähig waren. Er legte fest, dass ein Vormund sein Mündel und dessen Mutter sowie der Sohn aus einer Erbtochterehe die seine zu ernähren habe, und zwar, wie es für die vorherrschende Naturalwirtschaft bezeichnend ist, durch Zumessung von Getreide. Die Unterhaltsverpflichtung verstand sich eigentlich von selbst, denn ein Vormund oder der Sohn einer Erbtochter, der, wenn ein Erblasser keine Söhne hinterließ, das Erbe zufiel, war nur Verwalter des Gutes, das Eigentum des Mündels beziehungsweise der Mutter war. Aber sie bedurften für den Fall, dass die Verfügungsberechtigten ihre Stellung missbrauchten, des Schutzes. Das Gesetz gewährte diesen Schutz im Prinzip, aber damit er wirksam werden konnte, musste eine Möglichkeit gefunden werden, das Recht durchzusetzen. Die Betroffenen konnten es nicht, denn sie standen unter fremder Gewalt und konnten nicht selbst prozessieren, und der rudimentär ausgebildete Staat hatte keine Möglichkeit zur Anklageerhebung. Um hier Abhilfe zu schaffen, führte Solon die sogenannte *Popularklage* ein. Das bedeutet, dass jeder volljährige Bürger Anzeige bei dem zuständigen Magistrat erstatten und eine Untersuchung des angezeigten Falles in Gang bringen konnte. Damit wollte Solon in den Fällen, in denen der in seinen Rechten Verletzte rechtlich oder faktisch nicht imstande war, sein Recht selbst zu vertreten, eine Verfolgung des Unrechtstäters im Interesse des Verletzten in Gang setzen. Auf diese Weise hatte Solon die Methode zur Verfolgung von Straftaten gegen das Gemeinwesen auf das Privatrecht übertragen. Jeder war somit aufgerufen, nicht nur selbsterlittenes Unrecht zu verfolgen, sondern sich auch dafür einzusetzen, dass jedem anderen sein Recht zuteilwerde:

> «Denn wenn irgend ein anderer geschlagen worden war oder Gewalt erlitten hatte oder geschädigt worden war, dann stand es demjenigen, der wollte und konnte, frei, den Unrechtstäter anzuklagen und zur Verantwortung zu ziehen … Und man überliefert einen Ausspruch von ihm (das heißt von Solon), der sich dem Sinn nach mit diesem Gesetz (über die Popularklage) deckt. Wohl auf die Frage, in welcher Stadt es am besten bestellt sei, sagte er nämlich: ‹In jener, in der die-

jenigen, denen kein Unrecht geschehen ist, genauso gegen die Unrechtstäter vorgehen wie diejenigen, die ein Unrecht erlitten haben.»
(Solon. Gesetzeswerk F 40b Ruschenbusch)

Auf diese Weise sollten die zahlreichen Bestimmungen zum Schutz derjenigen durchgesetzt werden, die rechtlich oder faktisch nicht in der Lage waren, sich selbst zu helfen. Das waren die minderjährigen und die weiblichen Mitglieder der Familie und die alten Eltern, die nicht mehr für sich selbst sorgen konnten. Kinder und Schwestern wurden aus Not in Bordelle verkauft beziehungsweise vermietet, und Eltern erhielten nicht die zum Leben notwendige Nahrung oder wurden misshandelt. Die Schuldenkrise und die Zersplitterung des bäuerlichen Grundbesitzes haben offenbar Zustände bewirkt, die an die schlimmsten Beispiele aus der gegenwärtigen Dritten Welt erinnern. Um den eingerissenen Missbrauch zu beenden, stellte Solon den Verkauf beziehungsweise die Vermietung von Kindern und Schwestern unter Strafe. Da die Betreffenden selbst nicht rechtsfähig waren, wurde das an ihnen begangene Delikt durch Popularklage verfolgt und mit zwanzig Drachmen zugunsten der Gemeinde bestraft.

Eigene Probleme stellten die Vernachlässigung und Misshandlung alter Eltern dar. Hier legte Solon zunächst die Bedingung fest, unter denen Söhne für ihre arbeitsunfähig gewordenen Eltern sorgen mussten: Nur wenn der Vater für die Ausbildung des Sohnes in einem praktischen Beruf, in der Landwirtschaft oder in einem Handwerk, gesorgt hatte, hatte er Anspruch auf Versorgung im Alter. Mit dieser Regelung wurde erheblicher Druck auf die Eltern ausgeübt, ihre Söhne in einem Beruf auszubilden beziehungsweise ausbilden zu lassen. Wenn mehrere Söhne auf dem Hof eines Kleinbauern lebten, wäre es sinnlos gewesen, alle zur Führung eines kleinen landwirtschaftlichen Betriebs anzuleiten. Von dem ältesten abgesehen, musste der Vater die übrigen einem Handwerker in die Lehre zu geben versuchen. Das hat mittelfristig vermutlich dazu geführt, dass der gewerbliche Sektor der Wirtschaft sich ausweitete. Dafür spricht, dass Athen im sechsten Jahrhundert Korinth in der Produktion und im Export hochwertiger bemalter Keramik übertraf. Wenn ein Vater seine Pflicht zur Berufsausbildung seiner Söhne erfüllt hatte, hatte er im Alter Anspruch auf die Gewährung von Obdach, Nahrung und pfleglicher Behandlung sowie nach seinem Tod auf Bestattung und Vollziehung des Totenkults. Doch auch hier musste der Fall berücksichtigt werden, dass ein Sohn seinen Verpflichtungen gegenüber dem Vater nicht nachkam. Damit dies nicht geschah, erließ Solon ein eigenes Gesetz über schlechte Behandlung der Eltern. Das Gesetz bestimmte:

> «Wer Vater oder Mutter schlägt oder nicht ernährt oder ihnen kein Obdach gewährt oder sie nicht begräbt oder nicht den gebührenden Totenkult vollzieht, dem ist es verboten, den öffentlichen Versammlungsplatz (griechisch *agora*), die öffentlichen Heiligtümer, das Gericht und die Amtsgebäude zu betreten und an Festzügen teilzunehmen.»
> (Solon. Gesetzeswerk Ruschenbusch), S. 123 (Kommentar zu F 55–57)

Mit diesen Verboten war der überführte Unrechtstäter aus dem gesellschaftlichen und politischen Leben der Gemeinschaft ausgeschlossen. Er war zur Unperson geworden. Damit es zu einer Verurteilung kam, konnte jeder, der wollte und rechtlich dazu befugt war, in der Regel jemand aus dem Kreis der Nachbarn, Anzeige beim Archon erstatten. Auch hier wählte Solon den Weg der Popularklage, um die Alten, die zur Selbsthilfe gegen ihre Kinder nicht in der Lage waren, vor Vernachlässigung und Misshandlung zu schützen.

Alles in allem war das Gesetzeswerk Solons der Versuch, mit Hilfe des Gesetzesrechts die Schwachen gegen Missbrauch zu schützen: die Schuldner vor der Übermacht ihrer Gläubiger, den bäuerlichen Kleinbesitz vor unbegrenzter Landakkumulierung seitens der Reichen und Mächtigen, die Hungernden durch Verbot der Ausfuhr von Nahrungsmitteln, die Landeigentümer gegen die Übergriffe von Nachbarn, die leiblichen Kinder gegen den Missbrauch der Testierfreiheit, Frauen und Kinder sowie alte Eltern vor der Willkür derjenigen, in deren Gewalt sie rechtlich oder faktisch standen. Darüber hinaus band Solon die Selbsthilfe zur Durchsetzung eines jeglichen Rechtsanspruchs an ein Gerichtsurteil und dehnte damit die Regelung, die Drakon für das Blutrecht geschaffen hatte, auf das gesamte Privatrecht aus. Insgesamt war so ein Gesetzeswerk zur Streitschlichtung geschaffen worden, und alle Bürger waren dazu aufgerufen, sich um die Durchsetzung des Rechts zu kümmern. Mit der Popularklage war jedem die Möglichkeit an die Hand gegeben, dies zu leisten.

Die solonischen Gesetze handelten auch von öffentlichen Institutionen: von Bürgerrechtsverleihungen und Vereinen, von der Einkommenserklärung zum Zweck der Einteilung der Bürger in eine der vier Schatzungsklassen und von Verwaltern öffentlicher Kassen. Aber keines der Fragmente des solonischen Gesetzeswerks bezieht sich auf diejenige politische Verfassung, die Aristoteles in seiner Darstellung vom *Staat der Athener* auf Solon zurückführt. Diese Verfassung ist Solon allerdings erst um die Mitte des vierten Jahrhunderts v. Chr. im Zusammenhang einer Debatte über eine Modifizierung der damals bestehenden demokratischen Verfassung Athens zugeschrieben worden. Die Hintergründe dieser Erfindung sind inzwischen geklärt. Das hat jedoch nicht verhindert, dass das Phantom einer solonischen Verfassung noch immer in modernen Darstellungen der athenischen Geschichte anzutreffen ist. Solon ist auch nicht der Erfinder der vier Schatzungsklassen, in die die Bürgerschaft traditionellerweise eingeteilt war. Diese Einteilung existierte schon vor seiner Zeit. Solons Neuerung lag auf einem Teilaspekt, der Hinzufügung eines zusätzlichen Berechnungsmaßstabs für Einkommen. Berechnet wurden diese ursprünglich nach dem Getreideertrag des Grundbesitzes: Die Angehörigen der ersten Klasse, die *Pentekosiomedimnoi*, die Fünfhundertscheffler, ernteten mindestens fünfhundert Medimnen, die *Hippeis*, die Ritter, dreihundert, die *Zeugiten*, die Männer in Reih und Glied, also die als Hopliten dienenden Vollbauern, zweihundert und die sogenannten *Theten*, die Armen, weniger als zweihundert. Nach diesen Schatzungsklassen erfolgte die Einteilung der Bürger zum Kriegsdienst: Die beiden ersten dienten in der Reiterei, die *Zeugiten* als schwerbewaffnete Hopliten und die *Theten* als Leichtbewaffnete und Trossknechte des Aufgebots. Weiterhin war die Einteilung für die Besetzung der Ämter von Bedeutung. Archonten und Schatzmeister gehörten in archaischer Zeit vermutlich allesamt der ersten Klasse an. Ihre Angehörigen verfügten über die notwendige Zeit zur Bekleidung der höchsten Ämter, und sie waren in der Lage, Schadensersatz und Strafen für Amtsverfehlungen zu leisten. Die Zugehörigkeit zu einer der vier Schatzungsklassen war naturgemäß nicht erblich, der Besitz und der von ihm erzielte Ertrag unterlagen Veränderungen. Da in Hinblick auf die Bedeutung der Schatzungsklassen für Kriegsdienst und Besetzung der Ämter aktuelle Daten benötigt wurden, bedurfte es der Erhebung eines Zensus in periodischen Abständen. Diese Zensuserhebung hat es mit Sicherheit schon vor Solon gegeben. Allerdings wissen wir nicht, in welchen Abständen dies geschah. Aristoteles spricht in seiner *Politik*, bezogen auf ganz Griechenland, von einem jährlichen oder von einem alle drei oder fünf Jahre erhobenen Zensus.

Was Solon anbelangt, so ordnete er eine jährliche Erhebung an und führte zusätzlich zu dem Getreideertrag zwei Vermögensarten als Berechnungsgrundlage für die Feststellung der Klassenzugehörigkeit ein: Schafe und Silber. Dies geht aus einer kurzen Notiz hervor, deren originale Form wie folgt lautet:

> «Für die Schätzung der Vermögen rechnet er ein Schaf oder eine Drachme für einen Medimnos.»
> (Solon. Gesetzeswerk F 77 Ruschenbusch) = Plut. Sol. 23,3

Die betreffenden Vermögenswerte waren Schafe nach Stückzahlen und Silber nach dem Gewicht von Drachmen, das sind etwa 4,4 Gramm nach dem Standard der Solon zugeschriebenen Gewichtsreform. Eine Münzgeldprägung in diesem Gewichtsstandard gab es jedoch in Athen damals noch nicht. Gemeint sind also nicht als Münzen ausgeprägte Silberdrachmen, sondern Silber nach dem Standardgewicht. Die Neuerung zur Feststellung der Klassenzugehörigkeit ist als Zeichen einer fortschreitenden ökonomischen Diversifizierung zu interpretieren. Für Schafzüchter, Handwerker und Händler, also für alle diejenigen, deren Einkommen nicht aus den Erträgen des Ackerbaus stammte, musste eine Wertrelation zu dem traditionellen Maßstab für die Messung des Getreideertrags, dem Medimnos, gefunden werden. Solon bestimmte diese Relation im Verhältnis von 1:1:1 und nahm dabei offenbar in Kauf, dass er Inkommensurables, Einkommen aus Getreideanbau und Vermögen, das aus Schafen und Silber bestand, gleichstellte. Dennoch ist die von ihm festgelegte Relation nie verändert worden. Noch im vierten Jahrhundert v. Chr. wurde die Klassenzugehörigkeit der Bürger auf diese Weise ermittelt. Platon geht in seinem Buch *Über Gesetze*, dem athenischen Recht folgend, von vier Schatzungsklassen aus (legg. 744 C), lässt den Zensus jährlich stattfinden und legt der Zuweisung in eine dieser vier Klassen neben dem jährlichen Ertrag aus Getreideanbau ebenfalls das Vermögen zugrunde (Plat. legg. 955 B).

Weitere Gesetze mit öffentlich-rechtlichen Regelungen betrafen Bürgerrechtsverleihungen und Vereinsautonomie. Solon bot Flüchtlingen, die wegen einer Blutschuld ihre Heimat verlassen mussten, und Handwerkern, die sich mit ihren Familien niederlassen wollten, um in Athen ein Gewerbe zu betreiben, die Einbürgerung an. Der Zweck der Einbürgerung des zweiten Personenkreises liegt auf der Hand: Es ging um die Stärkung des gewerblichen Sektors der athenischen Ökonomie, und insofern steht diese Regelung in Übereinstimmung mit der familienrechtlichen, dass ein Vater nur dann Anspruch auf Unterhalt durch den Sohn hat, wenn er diesen einen Beruf lernen lässt. Was die Unterscheidung von Personen anbelangt, die entweder ihre Heimat allein oder mit ihrer Familie verlassen mussten, so ist daran zu denken, dass nach dem Muster des archaischen athenischen Rechts auch anderenorts zwischen flüchtigen Blutschuldigen, die ihres Vermögens verlustig gingen, und solchen, denen es erhalten blieb, unterschieden wurde. Im letzteren Fall konnte die Familie in der Heimat bleiben und musste nur der Täter fliehen; sofern jedoch der Täter zusätzlich zur Verbannung mit Entzug seines Vermögens bestraft worden war, blieb ihm nur übrig, mitsamt seinen Angehörigen Zuflucht in der Fremde zu suchen.

Was die Gewährung der Vereinsautonomie anbelangt, so hat uns der kaiserzeitliche römische Jurist Gaius (lebte im zweiten Jahrhundert n. Chr.) die von Solon getroffene Regelung im Wortlaut erhalten. Sie lautet:

> «Was eine Gemeinde oder Phratriemitglieder oder *Orgeonen* [Vereine zur Durchführung von Opferkulten] oder *Gennetai* [Geschlechter] oder Gastmahlbrüder oder ein Begräbnisverein oder Leute, die auf Beute oder Handel ausgehen, untereinander abmachen, das soll rechtens sein, wenn es nicht durch staatliche Verordnung untersagt ist.»
> (Solon. Gesetzeswerk F 76a Ruschenbusch)

Die Aufzählung nennt Untergliederungen der athenischen Bürgerschaft nach Personalverbänden (Phratrien, Geschlechter und Orgeonen). In diesen Fällen ging es hauptsächlich um die Organisation von kultischen Verpflichtungen. Hinzu kommen Zusammenschlüsse zu bestimmten Gemeinschaftszwecken, Speise- und Begräbnisvereine sowie Gesellschaften zur Ausübung von Handel und Seeraub. Die diesen Verbänden und Vereinigungen zugestandene Freiheit, ihre Angelegenheiten selbst zu regeln, fand ihre Grenze in dem übergeordneten Recht der Polis, der politischen Gemeinschaft Athens.

Dieses Prinzip war durch die Gesetzgebungsakte Drakons und Solons in Kraft getreten und war genuiner Ausdruck fortschreitender Begrenzung der Eigengewalt durch Institutionalisierung staatlicher Gewalt. Man muss sich allerdings, wie oben angedeutet wurde, von der Vorstellung freimachen, dass Drakon und Solon Verfassungsgeber, das heißt Begründer eines politischen Grundgesetzes, gewesen seien. In Aristoteles' *Staat der Athener* sind die Erfindungen nachzulesen, die im Zuge der im vierten Jahrhundert geführten Debatte über die radikale Demokratie als die politischen Verfassungen Drakons und Solons ausgegeben wurden. Worum es zunächst Drakon und dann Solon ging, war die Verhinderung einer die Gemeinschaft zerstörenden Eigengewalt, die Beseitigung der Schuldknechtschaft und anderer Missstände, die den inneren Frieden in Frage stellten. Es genügte nicht, den Griff nach der Tyrannis und die Beteiligung an einem tyrannischen Regime unter Strafe zu stellen, sondern die Gemeinschaft musste in die Lage versetzt werden, die Voraussetzungen zu beseitigen, die die Machtergreifung eines Tyrannen begünstigten. In diesem Sinn hat Solon selbst sein Werk charakterisiert:

> «Solches habe ich getan
> Mit des Gesetzes Macht, Gewalt und Recht in eins
> Verschlingend.»
> (Solon F 24,15–17 Diehl. Übersetzung nach Kaibel-Crusius)

Dem Volk gab Solon das Geschenk persönlicher Freiheit und der Niederschlagung der Schulden, und den Reichen und Mächtigen verwehrte er, sich auf Kosten verschuldeter Bauern zu bereichern, doch bewahrte er sie vor einer Neuverteilung von Grund und Boden. Er schützte also die einen vor den anderen. Das ist der Sinn der bereits oben zitierten Verse im fünften Fragment nach der Zählung von Diehl. Daran lassen die beiden letzten, hier im Wortlaut wiederholten Verse keinen Zweifel:

> «Ich stand und deckte über beide einen starken Schild,
> Ungerecht siegen ließ ich weder die einen noch die anderen.»
> (Solon, F 5,5 f. Diehl)

Was die politische Verfassung Athens anbelangt, so war Solon keineswegs ein Neuerer, der die Stellung des Adels zugunsten des Volkes hätte schmälern wollen.

Die Gesetzgeber Drakon und Solon hatten ein Werk vollbracht, das einen Kulturfortschritt im Zusammenleben der Athener, ja, vielleicht sogar der Menschheit bezeichnet. Nirgends ist das großartiger zur Anschauung gebracht als in der im Jahre 458 v. Chr. uraufgeführten *Orestie* des Aischylos. Der Stoff gehört dem Mythos an: Agamemnon, der Heerführer der Griechen im Troianischen Krieg, wird bei seiner Heimkehr von Klytaimnestra, seiner Frau, und ihrem Liebhaber Aigisthos umgebracht. Der Sohn Orestes tut, wozu er nach älterem Rechtsverständnis verpflichtet ist: Er tötet die Mörder seines Vaters. Aber indem er dem Gebot des Delphischen Apollon, den Vater zu rächen, Folge leistet, lädt er mit der Tötung der eigenen Mutter eine schwere Blutschuld auf sich und droht den Rachegeistern, den Erinyen, zu verfallen. Es ist ein unauflösbarer tragischer Konflikt, in den Orestes verstrickt ist: Indem er der Rachepflicht genügt, macht er sich schuldig. Doch Aischylos löst den Konflikt mit Rückgriff auf den Kulturfortschritt, den die Durchsetzung des Gerichtszwangs in Athen gebracht hatte. Im Schlussstück der *Orestie*, den *Eumeniden*, wird der Muttermörder Orest von dem Gott Hermes nach Athen zur Akropolis geleitet. Dort bringen er und die ihn verfolgenden Rachegeister gute Argumente jeweils für ihre Sache vor. Lösbar wird der Konflikt erst durch das Eingreifen der Athene, der Schutzgöttin Athens. Sie setzt für ewige Zeiten in Athen einen Gerichtshof ein, der in Mordfällen Recht spricht. Vor diesem Gerichtshof – entsprechend der Gerichtsverfassung zur Zeit des Dichters ist es der Areopag, nicht mehr die Epheten Solons – kämpfen Apollon und die Erinyen um das Schicksal des Orestes. Die vorgetragenen Plädoyers atmen die Luft athenischer Gerichtshöfe des fünften Jahrhunderts, doch hinter den Argumenten der Gerichtsparteien wird ein mächtiger Kulturkonflikt sichtbar: Apollon, der Sohn des Zeus, steht für die jüngere Göttergeneration, die das Spiegelbild der vaterrechtlich organisierten griechischen Gesellschaft darstellt. Deshalb wiegt für Apollon das Rachegebot für einen Vatermord schwerer als die Tötung der Mutter. Die Erinyen aber stehen für die Urwelt weiblicher Fruchtbarkeit, in der die Mütter heilig sind. Mit großer Intuition hat hier der Dichter den Konflikt um die Tat des Orestes auf Grundmächte menschlicher Ordnung, die vaterrechtliche und die mutterrechtliche, zurückgeführt und gezeigt, dass der eingesetzte Gerichtshof das Dilemma zwar nicht aufheben kann, wohl aber die sich fortzeugende, verheerende Kraft der Privatrache durch den Gerichtszwang und das Gerichtsurteil überwindet und so den Fluch in Segen verwandelt.

4. Die Peisistratiden und Kleisthenes: Tyrannis und Gemeinschaft der Bürger im Widerstreit

Trotz des Fortschritts in der Rechtskultur, den die Gesetzeswerke Drakons und Solons gebracht hatten, blieb die Gefahr der Machtergreifung eines Tyrannen virulent. Solon war zwar mit Erfolg der Gefahr eines Bürgerkrieges entgegengetreten, hatte aber keine Seite voll zufriedengestellt. Er musste erleben, dass die Gefahr eines Griffs nach der Tyrannis noch keineswegs überwunden war. Der Überlieferung zufolge gab es, nachdem Solons Amtszeit abgelaufen war, heftige innere Auseinandersetzungen um die Besetzung des Archontenamtes. Mehrere Jahre blieb das Amt unbesetzt. Dann weigerte sich Damasias, Archon eponymos im Jahr 582/81, das Amt an den gewählten Nachfolger abzugeben, und behauptete sich insgesamt für die Zeit von zwei Jahren und zwei Monaten. Zwei Jahrzehnte später erlebte Solon wohl noch die erste Machtergreifung des Peisistratos, eines Adligen, der über eine große Klientel im innerattischen Bergland verfügte. Solon schalt das Volk dafür, dass es die Tyrannenherrschaft zugelassen hatte, und schrieb:

«Von der Wolke her kommt die Gewalt des Schnees und des Hagels,
Und der donnernde Schlag kommt von dem strahlenden Blitz.
So von großen Männern verdirbt die Stadt, in die Knechtschaft
Eines Herrschers versinkt durch seine Torheit das Volk.

Wen man zu hoch emporhob, den kann man nicht leicht hinterher noch
Niederdrücken, zuvor soll man das Ganze durchschaun.»
(Solon F 10 Diehl. Übersetzung nach H. Fränkel)

Und in einem anderen Gedicht, das wahrscheinlich ebenfalls auf die erste Machtergreifung des Peisistratos um das Jahr 561/60 v. Chr. Bezug nimmt, heißt es:

«Habt ihr jetzt Trübsal zu leiden durch Schlechtigkeit eures Verhaltens,
Führt auf die Götter nicht davon das Schicksal zurück.
Selber machtet die Männer ihr groß, denn ihr gabt ihnen Schutz.
Dadurch zogt ihr euch Knechtschaft die hässliche zu.
Ihr aber wandelt ein jeder für sich auf Spuren des Fuchses,
Alle gemeinsam jedoch habt ihr nur hohlen Verstand.
Denn ihr blickt auf die Zung' und das Wort eines wendigen Mannes,
aber ihr seht nicht darauf, was denn an Taten geschieht.»
(Solon F 8 Diehl. Übersetzung nach H. Fränkel)

Peisistratos war es im Jahr 561/60 v. Chr. gelungen, das Volk in der Stadt, dem politischen Zentrum des athenischen Staates, zu überreden, ihm eine Leibwache zu geben und so eine informelle Herrschaft jenseits der ordentlichen Magistraturen in der Polis, des Kollegiums der Archonten, zu gewinnen. So erzählt es Herodot nach mündlicher Überlieferung, und so scheint es das zitierte solonische Gedichtfragment vorauszusetzen. Mit einer an Sicherheit grenzenden Wahrscheinlichkeit wird man sich die Unterstützung des Volkes nicht als formellen Mehrheitsbeschluss wie in klassischer Zeit, sondern wie in homerischer Zeit in der Form einer informellen Zustimmung per Zuruf vorzustellen haben. Auf diese Weise ließ sich die Tyrannis freilich nur für kurze Zeit sichern. Die Führer der konkurrierenden adligen Faktionen, Megakles, der Sohn des Alkmaion, und Lykurgos, der Sohn des Aristolaides, taten sich zusammen und vertrieben mit ihrem Anhang Peisistratos aus Athen. Sie alle rekrutierten ihre Gefolgschaft aus den Regionen, in denen ihre Clans mächtig waren: Megakles aus der Küstenebene, Lykurgos aus der zentralen Ebene Attikas und Peisistratos, wie gesagt, aus dem Bergland. Aber die Sieger entzweiten sich nach kurzer Zeit, Megakles geriet ins Hintertreffen, rief Peisistratos zurück, bot ihm die Herrschaft an, aus der er vertrieben worden war, und gemeinsam verjagten sie im Jahr 556/55 v. Chr. Lykurgos aus Athen. Das Bündnis wurde auf der Grundlage einer arrangierten Ehe zwischen Megakles' Tochter und Peisistratos geschlossen, die aber scheiterte. Die Folge des aufgelösten Familienbündnisses war, dass Peisistratos erneut in die Verbannung, dieses Mal für zehn Jahre, gehen musste. Er nutzte diese Zeit, um bei seinen auswärtigen Gastfreunden materielle Unterstützung zu gewinnen. So wurde ihm die Anwerbung von Söldnern ermöglicht. Im zehnten Jahr nach seiner Vertreibung, also etwa im Jahr 546 v. Chr., fiel er mit einem Söldnerkorps in Attika ein, sammelte seine Anhänger aus seiner Heimatregion, besiegte seine Gegner und gewann dieses Mal die Tyrannis auf Lebenszeit, das heißt bis zu seinem Tod im Jahr 528/27 v. Chr. Allen diesen Ereignissen, den Usurpationen wie dem jeweiligen Sturz der Tyrannis, lag der Konkurrenzkampf adliger Clans zugrunde, die in der Lage waren, einen großen Anhang aus den Regionen Attikas, wo sie über Besitz und Einfluss verfügten, zu rekrutieren und zusätzlich von außen, mit Hilfe ihrer auswärtigen Beziehungen, die Rückkehr zu erzwingen.

Die mächtigen Adligen, die wie Peisistratos nach der Tyrannis griffen und der kollektiven Adelsherrschaft zeitweise ein Ende setzten, stützten sich auf ein Netzwerk adliger Verbündeter außerhalb ihrer eigenen Polis, und sie gingen zur Sicherung ihrer Stadtherrschaft Absprachen mit heimischen Adelsfamilien ein. Es handelte sich um Bündnisse zur Wahrung gemeinsamer Interessen. Als Peisistratos daranging, seine dritte Tyrannis zu gewinnen, bediente er sich unter anderem der Hilfe eines gewissen Lygdamis, eines Adligen aus Naxos. Von ihm heißt es, dass er als eifriger Unterstützer Geld und Leute für den Zug des Peisistratos nach Athen mitbrachte. Peisistratos revanchierte sich, indem er Lygdamis zur Stadtherrschaft auf Naxos verhalf, und dieser wiederum zeigte sich erkenntlich, indem er die von Peisistratos aus Athen Verbannten auf der Insel internierte. Ebenso gab es athenische Adelsfamilien, die zum Machtkartell des Peisistratos gehörten und von dieser Zugehörigkeit profitierten. Das prominenteste Beispiel ist der ältere Miltiades, Sohn des Kypselos, aus dem Clan der Philaiden.

Miltiades war der Urenkel des Tyrannen Kypselos von Korinth. Diesem war es, wovon oben bereits die Rede war, um die Mitte des siebten Jahrhunderts gelungen, die mächtige Adelsfamilie der Bakchiaden aus Korinth zu vertreiben und eine Stadtherrschaft zu begründen, die über drei Generationen, nach Aristoteles dreiundsiebzig Jahre und sechs Monate, Bestand hatte. Der letzte Tyrann der Familie, ein Enkel des Dynastiegründers, trug den Namen des ägyptischen Herrschers Psammetichos, ein Indiz dafür, dass die Beziehungen der Familie bis an den Hof der Pharaonen reichten. Der Grund für die lange Dauer der Tyrannenherrschaft der Kypseliden lag freilich nicht nur in ihrer Vernetzung mit mächtigen auswärtigen Familien und Dynastien, sondern mindestens ebenso darin, dass es ihnen gelang, den sozialen Sprengstoff, den ähnlich wie in Athen die materielle Not der Unterschichten angehäuft hatte, durch das Mittel der Kolonisation zu entschärfen. Auch im Falle Korinths war die Kolonisation nicht das Werk einer sich selbst regierenden Bürgerschaft, sondern eines adligen Clans, der die Stadtherrschaft errungen hatte. Was nun den Athener Miltiades den Älteren anbelangt, so gründete er mit Peisistratos' Unterstützung eine Niederlassung athenischer Siedler auf der thrakischen Chersones, den heutigen Dardanellen. Diese strategisch bedeutende Herrschaft vererbte er seinem Neffen Stesagoras. Nach dessen Tod fiel sie an dessen Bruder, den jüngeren Miltiades, der im Jahr 524/23 v. Chr. im Einvernehmen mit den Söhnen des Peisistratos in Athen das Amt des eponymen Archonten bekleidete und im Kampf mit Lampsakos die Inseln Lemnos und Imbros gewann.

Peisistratos selbst hatte im Kampf mit Mytilene das den Eingang zu den Dardanellen kontrollierende Sigeion gewonnen und dort nach dem Vorbild der Kypseliden einen Sohn seiner argivischen Nebenfrau, Hegesistratos, als Tyrannen eingesetzt. Die Beziehungen der Peisistratiden zu den großen Familien des athenischen Adels unterlagen mannigfachen Wandlungen. Der Alkmaionide Megakles hatte Athen verlassen müssen, als Peisistratos seine dritte Tyrannis begründete, aber Kleisthenes, der Sohn des Megakles, durfte zurückkehren und bekleidete unter der Herrschaft der Söhne des Peisistratos, wie das Fragment einer athenischen Archontenliste zu erkennen gibt, das eponyme Archontat des Jahres 525/24 v. Chr. Doch später musste er ins Exil gehen und trug von dort aus, wie zu erzählen sein wird, entscheidend zum Sturz der Tyrannis der Peisistratiden bei.

Vergleichbar war das Schicksal der Philaiden. Der ältere Miltiades profitierte von der letzten Usurpation des Peisistratos, doch sein Stiefbruder Kimon musste Athen verlassen. Die Unterstützung, die er von seinen auswärtigen Gastfreunden erhielt, erlaubte es ihm jedoch, auch im Exil als großer Herr aufzutreten und zwei olympische Siege in dem kostspieligsten Wettbewerb, dem Wagenrennen, zu erringen (536 und 532 v. Chr.). Den zweiten Sieg ließ er für Peisistratos ausrufen, und nach dieser Ehrerweisung durfte er nach Athen zurückkehren. Hier geriet er nach seinem dritten olympischen Sieg im Wagenrennen (528 v. Chr.) in Konflikt mit den Nachfolgern des Peisistratos und wurde auf Veranlassung des Tyrannen Hippias umgebracht. Sowohl die Verbannung des Alkmaioniden Kleisthenes als auch die Tötung des Philaiden Kimon waren Indizien zunehmender Spannungen zwischen der Tyrannenfamilie und den großen Familien des athenischen Adels. Nach Peisistratos' Tod hatten sich diese Spannungen durch den Mordanschlag erheblich verschärft, den das adlige Freundespaar Harmodios und Aristogeiton an den Panathenäen, einem mehrtägigen attischen Fest, des Jahres 514 v. Chr. auf die beiden Söhne und Nachfolger des Peisistratos, Hippias und Hipparchos, verübt hatten. Diesem Anschlag fiel allein Hipparchos zum Opfer, Hippias überlebte und behauptete die Tyrannis bis zum Jahr 511/10. Als Motiv der Tat wurde unmittelbar nach der Vertreibung des Hippias die Wiederherstellung gleichen Rechts, griechisch *isonomia*, genannt, und Harmodios und Aristogeiton wurden als Tyrannenmörder mit der Aufstellung von Statuen öffentlich geehrt. In Trinkliedern, die nach dem Sturz der Tyrannis auf adligen Gastmählern gesungen wurden, heißt es denn auch:

> «Für immer lebe auf Erden euer Ruhm,
> Harmodios und Aristogeiton, ihr lieben,
> denn ihr tötetet den Tyrannen
> und machtet Athen zu einer Stadt der Gleichheit.»

Eine andere Version des gleichen Motivs lautete:

> «In einem Myrtenzweig werde ich das Schwert tragen,
> wie es Harmodios und Aristogeiton taten,
> als sie den Tyrannen töteten
> und Athen zu einer Stadt der Gleichheit machten.»
> (Athen. deipn. XV, 695)

Tyrannis steht in diesen Liedern als Gegenteil von Gleichheit oder, genauer noch, von gleichem Recht. Ob Adelsgleichheit oder Bürgergleichheit gemeint ist, kann dem Wortlaut nicht entnommen werden. Das Verständnis hängt von den Umständen ab, in denen die Lieder gesungen wurden. Diese Umstände wandelten sich, wie zu schildern sein wird, nach dem Sturz der Tyrannis in schneller Folge. Das Ergebnis war die Polis der Bürger. *Isonomie* wurde so zum Vorläufer des Begriffs der Demokratie, der erst im fünften Jahrhundert entstanden ist.

Thukydides, der Begründer einer kritischen Geschichtsschreibung, hat zur Zeit des Peloponnesischen Krieges diese Interpretation der Tat als sinnstiftende Erfindung zurückgewiesen. Nicht um die Beseitigung der Tyrannis war es nach seiner Darstellung gegangen, sondern um einen Racheakt aus rein persönlichen Motiven, und nicht Hippias, den eigentlichen Machthaber, hatte der Tod getroffen, sondern seinen Bruder. Die Tyrannis endete also nicht mit der Ermordung des Hipparchos. Aber so viel ist immerhin erkennbar: Auf den Anschlag reagierte Hippias mit Maßnahmen zu seiner Sicherheit, die aus Furcht und Misstrauen geboren waren, und darüber schwand die Zustimmung, die Peisistratos mit seiner Politik der Förderung adliger Verbündeter und materieller Interessen breiter Schichten gewonnen hatte. Er hatte nichts an der rudimentären politischen Organisation der Polis geändert, und die drakontischen und solonischen Gesetze blieben als bewährtes Mittel zur Erhaltung des inneren Friedens in Kraft. Die einzige institutionelle Neuerung, die Peisistratos zuzuschreiben ist, war die Belastung des landwirtschaftlichen Ertrags mit einer Abgabe von fünf Prozent. Wir wissen nicht, wozu die so erzielten Einnahmen dienten, ob zur Bestreitung der Ausgaben der Gemeinde oder als Dispositionsfonds des Tyrannen.

Jedenfalls erlebte Athen unter den Peisistratiden eine umfangreiche Bautätigkeit und eine in die Zukunft weisende Ausgestaltung der religiösen Festkultur. Diese Förderung bewirkte unter anderem den Ausbau des Heiligtums der Demeter und des Triptolemos in Eleusis, den Umbau des Tempels der Athene auf der Akropolis, die unvollendete Anlage des gewaltigen Zeustempels in der Ilissosebene, an dem bis in die Zeit des römischen Kaisers Hadrian (117–138 n. Chr.) gebaut wurde, die Ausgestaltung des in jedem vierten Jahr gefeierten Festes der Stadtgöttin, der Panathenäen, die Errichtung eines heiligen Bezirks für Dionysos am Südhang der Akropolis und die Erfindung eines neuen Festes für den Gott, der Großen Dionysien mit musischen Wettkämpfen, aus denen die attische Tragödie des fünften Jahrhunderts hervorgehen sollte. Alle diese Tätigkeiten, zu denen auch die Berufung der Dichter Anakreon und Simonides an den Hof der Peisistratiden gehörte, bedeuteten höchste Steigerungen des Glanzes adliger Lebensführung. Aber ebenso liegt auf der Hand, dass

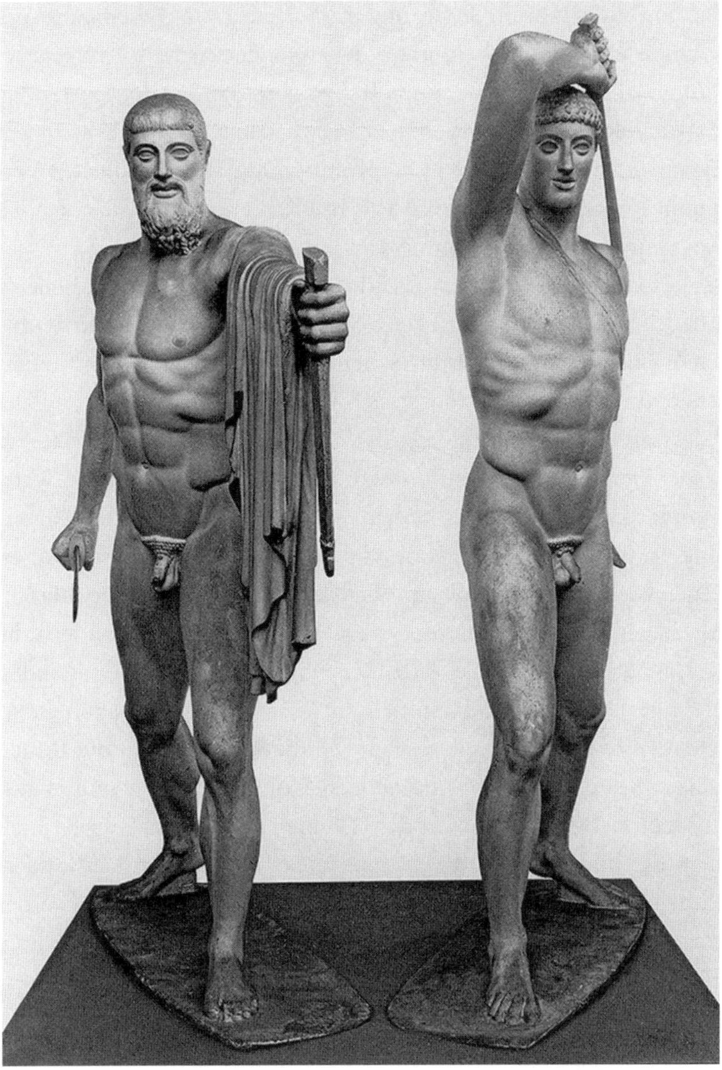

Marmorkopie der Tyrannenmörder Harmodios und Aristogeiton

Das verlorene Original aus Bronze wurde von den Bildhauern Kritios und Nesiotes nach den Perserkriegen als Ersatz für die Gruppe des Antenor geschaffen, die von den Persern unter Xerxes zerstört beziehungsweise entführt worden war.

Rom, Museo dei Gessi dell'Università

die neu eingeführten Feste und Kulte, die nach Beseitigung der Tyrannis erhalten blieben, unter den veränderten Bedingungen des fünften Jahrhunderts eine große Integrationskraft bei der Entstehung der demokratischen Bürgerschaft entwickelten. Der Lebensstil der Tyrannen war eingebettet in die Kultur und die überstaatlichen Verbindungen des griechischen Adels. Insofern entsprach die Mentalität der Tyrannen derjenigen des Adels.

Besonders augenfällig wurde dies an den vier großen panhellenischen Festen, den Olympischen Spielen (in Olympia), den Pythischen (in Delphi), den Isthmischen (in Korinth) und den Nemeischen (in Nemea). Dort traf sich alle vier Jahre der griechische Adel, um zu Ehren der Götter der vier Heiligtümer seine Kräfte im sportlichen Wettkampf zu messen. Den vornehmsten dieser Wettkämpfe, das Wagenrennen, bestritten die von professionellen Wagenlenkern gefahrenen Gespanne von reichen Rennstallbesitzern, zu denen die Tyrannen und die Elite der großen Familien gehörten. Als Sieger ausgerufen wurden nicht die Wagenlenker, sondern die Rennstallbesitzer, die je nach Vermögenslage unter Umständen mehrere Gespanne ins Rennen schickten. Die großen panhellenischen Feste mit ihren sportlichen Wettbewerben waren die Bühne adliger Selbstdarstellung und adligen Ruhmesstrebens, und es war nur folgerichtig, dass dies in den Themen sowohl der Chorlyrik als auch der bildenden Kunst bis hin zu der im sechsten Jahrhundert blühenden Vasenmalerei seinen Niederschlag fand. Auch die Künstler gewannen mit ihren Darstellungen Anteil an der Wertschätzung, die dem Sieger in den sportlichen Wettkämpfen von der Elite beigemessen wurde.

Die Tyrannen der archaischen Zeit waren Teil der griechischen Adelsgesellschaft; ja, mehr noch: sie verkörperten geradezu das Ideal dieser Gesellschaft, immer und überall der erste zu sein und an Macht und Reichtum alle Standesgenossen zu übertreffen. Eben darin lag aber auch das Prekäre ihrer Stellung. Wie am Beispiel der Peisistratiden am deutlichsten abzulesen ist, suchten die Tyrannen ihre Herrschaft vor allem durch Adelsbündnisse innerhalb und außerhalb der von ihnen beherrschten Polis und gegebenenfalls mit einer großzügigen Förderung adliger Familien zu sichern, indem sie deren konkurrierende Herrschaftsinteressen nach außen lenkten. Aber die adligen Familien waren zugleich ihre Konkurrenten, die ihre Herrschaft gefährdeten. Die Masse des Volkes stand demgegenüber abseits. Die Bauern und Handwerker waren darauf angewiesen, ihrem Stück Land oder ihrem Gewerbe den notwendigen Unterhalt für ihre Familien abzugewinnen. In dieser Hinsicht fuhren sie mit einer adligen Tyrannis nicht einmal schlecht. Eine solche Herrschaft brachte, zumindest auf Zeit, den Kampf der Adelsfaktionen um die Macht zum Stillstand. Der so erzwungene Friede und die von Tyrannen ins Werk gesetzte Errichtung repräsentativer Bauten und die Ausgestaltung der Festkultur schufen gute Voraussetzungen für einen wirtschaftlichen Aufschwung, an dem die Masse des Volkes Anteil hatte. Ablesbar ist dies für uns vor allem an der Verbreitung der technisch und künstlerisch überlegenen attischen Keramik, zuerst seit den 560er Jahren der schwarzfigurigen, dann seit etwa 530 v. Chr. der berühmten rotfigurigen. So erklärt es sich, dass die Tyrannis nicht an der Unzufriedenheit der Masse des Volkes scheiterte, sondern an der Gegnerschaft adliger Geschlechter. Dazu trug das seit dem Mordanschlag des Jahres 514 wachsende Misstrauen des Tyrannen Hippias gegen den Adel entscheidend bei. Wie sich aber aus der Beseitigung der Tyrannis nicht einfach die Wiederherstellung des *status quo ante*, sondern die Anfänge der demokratischen Ordnung ergaben, wird im Folgenden zu schildern sein.

Den Sturz der Tyrannis und die Folgen hat als Erster Herodot geschildert. Dieser verfasste sein Geschichtswerk im dritten Viertel des fünften Jahrhunderts v. Chr., ohne über schriftliche Quellen zu verfügen. Er stützte sich auf das, was die Leute erzählten, also auf mündliche Überlieferung. Diese war höchst selektiv und reichte allenfalls hundert Jahre zurück. Die kollektive Erinnerung knüpfte an Familienüberlieferungen an, bevorzugte aufregende Ereignisse, hielt mit Vorliebe das Verwunderliche fest und verschmähte auch pikante Geschichten nicht, besaß aber wenig Sinn für innere Entwicklungen und die Ausgestaltung der politischen Institutionen. Doch hat das den Vorteil, dass er im fünften Buch seiner Historien die Ereignisse, die im letzten Jahrzehnt des sechsten Jahrhunderts stattfanden, nicht wie die sogenannten Atthidographen, die Verfassungshistoriker des vierten Jahrhunderts, und, aus ihnen schöpfend, Aristoteles aus teleologischer Perspektive als Stufen einer zielgerichteten Entwicklung zur Demokratie betrachtet.

Seine Darstellung folgt der Familientradition der Alkmaioniden. Ihr Oberhaupt, Kleisthenes, betrieb in der Verbannung den Sturz der Tyrannis, scheiterte zunächst, gewann dann aber, wie erzählt wird, durch den prachtvollen Ausbau des Apollontempels in Delphi, den er mit Hilfe seiner Freundschaftsbeziehungen betrieb, die Unterstützung Spartas. Nachdem die Peisistratiden der ersten spartanischen Invasion zunächst mit Hilfe ihrer thessalischen Verbündeten Herr geworden waren, schickten die Spartaner ein größeres Heer unter König Kleomenes I. Die Peisistratiden zogen sich in die befestigte Anlage der Akropolis zurück, wurden hier belagert und schlossen mit den Belagerern ein Abkommen, nachdem ihre Kinder bei einem heimlichen Fluchtversuch gefasst worden waren. Daraufhin einigten sich die Parteien darauf, dass der Tyrann Hippias gegen die Zusicherung freien Abzugs die Burg übergab und im Gegenzug seine Kinder zurückerhielt. Er selbst zog sich nach Sigeion, den Stützpunkt der Familie am Eingang der Dardanellen, zurück. Danach begann in Athen das alte Spiel: Zwei adlige Wortführer kämpften mit ihrer Gefolgschaft um die Macht, der Alkmaionide Kleisthenes und ein gewisser Isagoras, dessen Herkunft zu Herodots Zeit bereits in Vergessenheit geraten war. Kleisthenes drohte, wie Herodot schreibt, den Machtkampf zu verlieren, doch konnte er ihn in der Zeit zwischen 511/10 und 509/8 v. Chr. gleichwohl fortsetzen, indem er das Volk auf seine Seite zog, während Isagoras von dem spartanischen König Kleomenes unterstützt wurde. Drei Jahre tobte in Athen ein Bürgerkrieg, in dem die eine Partei das Volk mobilisierte und die andere von einer auswärtigen Macht unterstützt wurde.

Es begann damit, dass Isagoras seinen Gastfreund, den spartanischen König, zu Hilfe rief, als er gegen die Faktion seines Nebenbuhlers, der die Unterstützung des Volkes gewonnen hatte, ins Hintertreffen zu geraten drohte. Dieser kam und forderte durch einen Herold die Verbannung des Kleisthenes und der Übrigen, deren Vorfahren sich einst eines schweren Religionsfrevels bei der Niederwerfung von Kylons Usurpationsversuch schuldig gemacht hatten (der oben näher geschildert worden ist). Kleisthenes ging daraufhin freiwillig in die Verbannung. Kleomenes erschien persönlich mit einem kleinen Heer in Athen, vertrieb 700 Familien, die Isagoras ihm als blutschuldig benannte, und verteilte die Regierungsämter an dessen Parteigänger. Aber der Rat widersetzte sich seiner Auflösung und sorgte für einen so massiven Widerstand, dass sich Kleomenes mit den Spartanern und Isagoras mit seinen Anhängern auf der Akropolis verschanzen und nach zweitägiger Belagerung kapitulieren mussten. Die Spartaner und wohl auch Isagoras durften unbehelligt abziehen. Damit war die Geschichte der spartanischen Interventionen jedoch noch nicht zu Ende. Kleomenes fühlte sich gedemütigt und sann auf Rache. Er sammelte auf der Peloponnes ein Heer aus den mit Sparta verbündeten Städten und verabredete mit den Boiotern und den Chalkidiern aus Euboia einen gemeinsamen Einfall nach Attika. Aus dem Bürgerkrieg wurde so ein Krieg gegen auswärtige Angreifer. Kleomenes verfolgte mit dem Plan, Isagoras in Athen zum Tyrannen einzusetzen, das Ziel einer persönlichen Machterweiterung, doch er scheiterte. Die Verbündeten aus der Peloponnes hielten, so Herodot, den Krieg für ungerecht; sie zogen ab und mit ihnen der zweite König Damaratos, der sich ihnen wegen seiner Verfeindung mit Kleomenes anschloss. Zwar war es diesem noch gelungen, die Wahl des Isagoras zum eponymen Archonten für das Jahr 508/7 durchzusetzen, aber dann brach seine Machtstellung aus dem soeben genannten Grund zusammen, und sein Scheitern kostete Isagoras das Leben. Die Affäre hatte noch ein Nachspiel in Sparta: Dort verfügte die Gemeinde, dass künftig nur einer der Könige das Aufgebot in einem Feldzug kommandieren dürfe, damit nicht deren Rivalität den militärischen Erfolg eines Feldzugs in Frage stelle.

Nach dem endgültigen Abzug des Kleomenes und dem Ende des Isagoras soll der Überlieferung zufolge Kleisthenes seine Phylenreform durchgeführt haben, mit der er sein Bündnis mit dem Volk, das er zur Überwindung seines Rivalen und der Abwehr auswärtiger Interventionen geschlossen hatte, auf eine institutionelle Grundlage stellte. Herodot hat den Sinn und die Einzelheiten der Phylenreform des Kleisthenes nicht mehr verstanden beziehungsweise nicht zur Kenntnis genommen, obwohl diese zu seinen Lebzeiten und darüber hinaus Bestand hatte. Er führt die neue Ordnung, in der die vier traditionellen Personalverbände mit den gemeinionischen Bezeichnungen durch zehn territoriale Phylen ersetzt wurden, einseitig und fehlerhaft auf eine Familientradition im Hause des Kleisthenes zurück. Dieser war über seine Mutter der Enkel des gleichnamigen Tyrannen von Sikyon. Von ihm war noch bekannt, dass er in Sikyon die traditionellen dorischen Phylen mit herabwürdigenden Namen versehen und eine zusätzliche vierte geschaffen hatte, in die er sich selbst einschreiben ließ. Aber die Phylenreform in Athen war eine Neuschöpfung eigener Art und erklärt sich nicht aus dem vermeintlichen Vorbild aus Sikyon.

Kleisthenes' Phylenreform beruhte auf einer künstlichen Gliederung des athenischen Staatsgebietes. Attika wurde in drei Regionen aufgeteilt, in die Stadt Athen (*asty*), das Küstengebiet (*paralia*) und das Binnenland (*mesogaia*), und diese drei Regionen, die das Einflussgebiet der drei großen adligen Clans darstellten, wiederum in jeweils zehn Bezirke, die sogenannten Trittyen, das heißt Drittel. Die bestehenden 139 Siedlungen mit ihrer unterschiedlich starken Bevölkerung, die sogenannten *demoi*, wurden auf die neugebildeten dreißig Einheiten so verteilt, dass jede annähernd die gleiche Bürgerzahl umfasste. Dann wurden per Los jeweils drei Trittyen – je eine aus jeder der drei Regionen – zu der neuen künstlichen Einheit einer Phyle zusammengefügt. Insgesamt bestand das athenische Staatsgebiet somit aus zehn Phylen mit dreißig Trittyen aus unter-

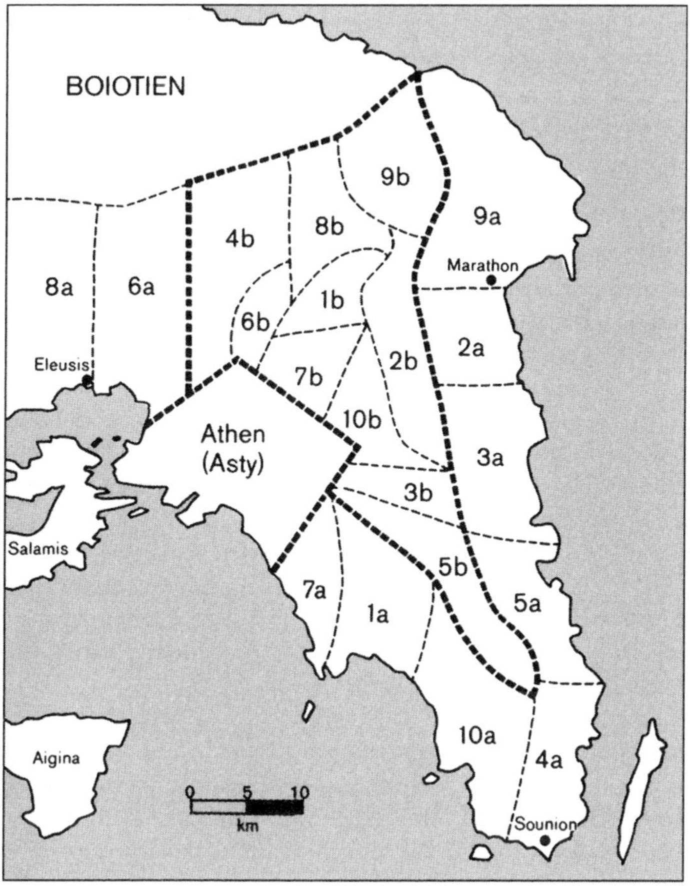

Demen	Trittyen		Phylen
139 lokale Selbstverwaltungseinheiten, so auf die Trittyen verteilt, dass jede etwa die gleiche Zahl erwachsener Männer umfasste →	10 städtische (Asty) 10 aus der Küstenzone (a) 10 aus dem Binnenland (b)	Rechengröße zur Durchmischung der Bürgerschaft; je 1 Trittye aus den drei Zonen bilden eine neue Phyle →	10 Phylen – wählen je 50 Mitglieder des Rates; – die Beamten; – stellen je eine Hoplitenabteilung mit 1 Strategen

Die Neueinteilung des athenischen Bürgergebiets durch Kleisthenes: Trittyen und Phylen schiedlichen Regionen. Zu Versammlungen trat nun das Gesamtvolk nach den zehn Phylen gegliedert zusammen. Der politische Sinn dieser ingeniösen Konstruktion liegt auf der Hand. Die regionalen Machtbasen der großen Adelsgeschlechter wurden zerschlagen und die Bürgerschaft neu gemischt. Ein Adliger hatte nun, anders als Peisistratos, keine Chance mehr, auf seine regionale Gefolgschaft gestützt, die Macht zu ergreifen oder seine Wahl zum eponymen Archonten durchzusetzen. Er konnte dies umso weniger, als mit der Schöpfung des Rates der Fünfhundert (fünfzig Ratsherren aus jeder Phyle) die Volksversammlung einen geschäftsführenden Ausschuss erhielt, der, wie die Vertreibung des Königs Kleomenes und die Hinrichtung der Gegner des Kleisthenes lehrt, den Widerstand der Mehrheit des Volkes zu organisieren in der Lage war. Demgegenüber ist es von zweitrangiger Bedeutung, dass Kleisthenes seiner Sippe bei der Gründung der neuen, aus Trittyen zusammengesetzten Phylen einen gewissen Vorteil bei Wahlen verschaffte. Er sorgte dafür, dass die Trittyen der Küstenebene, in der die Alkmaioniden die führende Adelsfamilie waren, in den Phylen I, VII und X mit drei städtischen Trittyen vereint wurden, in denen ebenfalls die Alkmaioniden großen Einfluss besaßen. So kam es, dass, wie mit Recht gesagt worden ist, das ganze Gebiet der betreffenden Phylen einen nahezu geschlossenen territorialen Block bildete, wie er sonst in Attika nirgends existierte. Das Entscheidende war jedoch der politische Paradigmenwechsel. An die Stelle von Wettbewerb um die Errichtung einer Tyrannis trat die institutionell gesicherte Befugnis der mit einem geschäftsführenden Ausschuss versehenen Versammlung des Gesamtvolkes, die Magistrate zu wählen und Beschlüsse mit bindender Kraft zu fassen.

Die Phylenreform bewirkte indessen nicht nur einen politischen Paradigmenwechsel, sie schuf auch einen festen Rahmen für die Heeresverfassung der Stadt. Die Phylen bildeten, um von den komplizierten Einzelheiten hier abzusehen, die organisatorischen Einheiten des militärischen Aufgebots. Jede Phyle stellte 900 Hopliten sowie eine uns nicht bekannte Zahl von Reitern. An die

Spitze der Phylenaufgebote wurden zehn jährlich gewählte Kommandeure gestellt, sogenannte Strategen. Die Bestimmung der Strategen durch Wahl bedeutete, dass die zum Kriegsdienst Verpflichteten aus dem Kreis derjenigen, die aufgrund ihrer Vermögensqualifikation das passive Wahlrecht besaßen, Kandidaten ihres Vertrauens wählen konnten, die vom Kriegshandwerk etwas verstanden und Kriegserfahrung besaßen. Dies alles resultierte in einer erheblichen Steigerung der militärischen Effizienz der Stadt. Athen wurde so in die Lage versetzt, im Jahre 506 v. Chr. den Krieg gegen Kleomenes und sein Aufgebot siegreich zu beenden. Nicht zu Unrecht hat Herodot das Ergebnis der Reform, die den Grund für die im fünften Jahrhundert ausgestaltete Demokratie legte, so beschrieben:

> «Athen war schon vorher eine große Stadt, aber nach der Befreiung von den Tyrannen wurde es noch mächtiger.»
> (Hdt. V,66,1. Übersetzung nach A. Horneffer)

Diese Wirkung zeigte sich gleich nach dem endgültigen Abzug des Kleomenes. Die Athener gingen sofort zur Gegenoffensive gegen dessen Verbündete über und besiegten zugleich sowohl die Boioter als auch die Chalkidier. Eine große Zahl von Gefangenen wurde in Ketten gelegt und später gegen Lösegeld freigegeben. In Chalkis wurde das Land der reichen Grundbesitzer an athenische Kolonisten verteilt. Wie viele angesiedelt wurden, ist unklar. Die Zahlenangabe Herodots – er spricht von 4000 Kolonisten – ist vermutlich zu hoch gegriffen. Die Athener weihten die Ketten der Gefangenen als Siegesdenkmal auf der Akropolis und errichteten vom zehnten Teil des Lösegelds ein Viergespann aus Erz. Herodot hat beides noch gesehen und teilt den Wortlaut der Siegesinschrift, deren Bruchstücke sich bis auf den heutigen Tag erhalten haben, wie folgt mit:

«Als die Söhne Athens durch ihre Taten im Kriege
Die Völker der Boioter und Chalkidier bezwangen,
Erstickten sie mit drückenden Fesseln aus Eisen ihren Übermut
Und weihten als Zehnten davon Pallas (Athene) dies Pferdegespann.»
(Hdt. V,77,4 = Meiggs/Lewis 15 B. Übersetzung nach A. Horneffer)

Herodot hat den Machtanstieg und den militärischen Erfolg Athens auf die Beseitigung der Tyrannis und die Begründung der bürgerlichen Gleichheit und Selbstverantwortung zurückgeführt und dafür die folgende Formulierung gefunden:

«Athen also wuchs. Die Gleichheit ist eben in jeder Hinsicht etwas Wertvolles und Schönes, denn als die Athener Tyrannen hatten, waren sie keinem einzigen ihrer Nachbarn überlegen. Jetzt aber, da sie von den Tyrannen befreit waren, standen sie weitaus als die Ersten da. Man sieht daraus, dass sie, als sie als Untertanen für einen Herrn kämpften, vorsätzlich schlecht waren, während dann, nachdem sie die Freiheit errungen hatten, jeder bereitwillig für die eigene Sache eintrat.»
(Hdt. V,78. Übersetzung nach A. Horneffer)

Wie aber kam das Engagement der Bürger für die öffentlichen Angelegenheiten zustande? Selbstverständlich ist es nicht. In der Zeit der Tyrannis war davon nichts zu spüren, und als die Tyrannis fiel, geschah das nicht auf Initiative der Bürgerschaft, sondern durch das Zusammenwirken einer adligen Konspiration und der Intervention eines spartanischen Königs. Die Masse des Volkes hatte sich beim Sturz der Tyrannis, soweit erkennbar, ruhig verhalten, und dass es so war, ist auch verständlich. Der durchschnittliche Athener, der Bauer, Händler oder Handwerker, war vollauf damit beschäftigt, sich und seine Familie zu unterhalten, und hatte in dieser Hinsicht keinen Grund, mit der Tyrannis unzufrieden zu sein, im Gegenteil: Die Beendigung des offenen Machtkampfs adliger Faktionen und die Errichtung repräsentativer Bauten müssen Handel und Wandel gefördert und damit das harte Geschäft der Gewinnung eines ausreichenden Lebensunterhalts erleichtert haben. Aber mit dem Sturz der Tyrannis lebte der Machtkampf adliger Faktionen wieder auf, insgesamt dreimal intervenierten die Spartaner beziehungsweise König Kleomenes mit seinen Truppen, mit dem Ergebnis, dass Athen schließlich von allen Seiten bedroht wurde, vom Aufgebot des Peloponnesischen Bundes unter Führung des Königs, von Boiotern und von Chalkidiern.

Kleisthenes' ingeniöse Idee, das Volk im Machtkampf mit Isagoras auf seine Seite zu ziehen, hatte unter diesen Umständen eine zündende Kraft, die weit über die persönlichen Zwecke des von Isagoras bedrängten Kleisthenes hinausging. Die elementare Bedrohung Athens von innen und von außen lehrte die Menschen, ihr Wohl und Wehe mit den öffentlichen Angelegenheiten verknüpft zu betrachten, und dies bewirkte eine Politisierung, die, wie Herodot schrieb, Athen groß und stark machte. Es handelte sich also um nichts Geringeres als um die Grundlegung eines Engagements der Bürger, aus der die Demokratie hervorging.

Es ist kein Zufall, dass etwa aus der Zeit, in der Athen den Sieg über Boioter und Chalkidier errang, der erste Volksbeschluss stammt, der inschriftlich wenigstens teilweise erhalten ist. Er verdankt seine Entstehung vermutlich der Absicht, die Attika vorgelagerte Insel Salamis gegen einen Rückgewinnungsversuch von Seiten Megaras durch Organisation der dort stationierten Militärsiedlung (griechisch *kleruchia*) zu sichern. Der Beschluss hat, soweit lesbar, folgenden Wortlaut:

> «Beschlossen hat das Volk: Die Militärsiedler auf Salamis
> soll man auf Salamis wohnen lassen [zu folgenden Bedingungen]:
> dass sie nach Athen Abgaben entrichten und Militärdienst leisten, ihr Land auf Salamis
> nicht verpachten, wenn nicht auch die Pächter dort wohnen [?]; wenn
> einer aber [an andere] verpachtet, sollen Pächter und Verpächter
> jeder [eine Strafe in Höhe von … entrichten]
> an die Gemeindekasse; eintreiben soll [die Strafsumme] der

Archon; wenn nicht, soll er zur Rechenschaft gezogen werden.
Die Bewaffnung sollen sie selbst stellen im Wert von
dreißig Drachmen; wenn sie sich bewaffnet haben,
soll der Archon die Bewaffnung mustern.
Unter dem Rat ...»
(Meiggs/Lewis, Nr. 14)

Ob eine entsprechende Regelung für die ebenfalls damals angelegte Militärkolonie in Chalkis auf Euboia getroffen wurde, entzieht sich unserer Kenntnis, man darf es aber immerhin vermuten. Auf jeden Fall traf die Volksversammlung von nun an die Entscheidung in allen Angelegenheiten, die über bloße Verwaltungsroutine hinausgingen.

Die Entscheidungsbefugnis des Volkes setzte sich in Athen allem Anschein nach verhältnismäßig spät durch. Es war die schiere Größe des Territoriums, 2530 Quadratkilometer, verteilt auf 139 Gemeinden, die die Artikulation des Volkswillens erschwerte und den Griff nach der Tyrannis erleichtert hatte. In der Krisenzeit des sechsten Jahrhunderts waren zur Behebung der die Existenz der Gemeinschaft bedrohenden Missstände sogenannte Aisymneten als Gesetzgeber eingesetzt worden, aber nichts deutet darauf hin, dass die von ihnen ausgearbeiteten Gesetze durch förmlichen Volksbeschluss in Kraft traten. In Athen scheinen sich vielmehr die politischen Strukturen, die die Verwirklichung des politischen Willens der Gemeinschaft ermöglichten und damit die Voraussetzung für eine demokratische Verfassung bildeten, erst mit der Phylenreform des Kleisthenes durchgesetzt zu haben. Er schuf die institutionellen Voraussetzungen dafür, dass das Gesamtvolk in die Rolle des Souveräns einrücken konnte. Kleinere Gemeinden hatten es leichter als die große, komplex zusammengesetzte Polis Athen. Seit sich der Gebrauch der Schrift im siebten und sechsten Jahrhundert durchgesetzt hatte, gibt es außerhalb Athens inschriftliche Belege, die die rechtsetzende Kompetenz des Volkes und der aus seiner Mitte gebildeten Institutionen bezeugen. Die betreffenden Texte bezeugen, dass

Athen keineswegs eine Vorreiterrolle im Prozess der Staatsbildung zugefallen ist. Doch die im Folgenden zitierten Inschriften sind Momentaufnahmen. Was fehlt, ist die Möglichkeit, die Voraussetzungen der Entstehung politischer Strukturen wie im Falle Athens zu erforschen und zu verstehen.

Das früheste Zeugnis stammt aus dem argivischen Tiryns. Es reicht in eine Zeit zurück, als die Gemeinde noch kein städtisches Zentrum besaß, sondern ähnlich wie Sparta aus mehreren dörflichen Siedlungen bestand. Das betreffende Dokument handelt von der Strafgewalt der Vorsteher jener Speisegemeinschaften, in die sich die Bürgerschaft nach dorischem Brauch gliederte. Deren gemeinschaftliches Vermögen, von dem die Mahlzeiten bestritten und die auferlegten Strafen bezahlt wurden, bestand aus Getreideerträgen. Es herrschte also noch reine Naturalwirtschaft. Hoch entwickelt präsentiert sich hingegen die Rechtssetzungskompetenz des Demos. Der überlieferte Text aus dem siebten Jahrhundert lautet:

> «... die Platiwoinarchen [die Vorsteher der Speisegemeinschaften] ... sollen die Plataiwonoi [die Mitglieder der Speisegemeinschaften] für jedes Vergehen bestrafen. Wenn sie als Strafe nicht auferlegen, Zeus und Athene dreißig Medimnen [Getreide] schuldig zu sein, sollen sie selbst das Doppelte schuldig sein ... Wenn die Platiwoinarchen das Amt niederlegen, sollen sie es dem Hieromnamon [dem zuständigen Priester] übergeben ... Der Hieromnamon soll das gemeinschaftliche Vermögen verwalten, *wie es das Volk beschließt*. Die Versammlung ... Die Platiwoinarchen sollen die Strafe darbringen aus dem Gemeinschaftsvermögen; wenn sie aber [den fälligen Betrag] nicht vollständig aufbringen, soll der Epignomon [der Gerichtsmagistrat] [den Rest] aus dem Privatvermögen [einziehen] ...»
> (Körner, Nr. 31)

Aus dem unvollständig und lückenhaft erhaltenen Text geht nicht nur hervor, dass die Volksversammlung die Vorschriften erlassen hat, nach denen der Hieromnamon das Gemeinschaftsvermögen verwaltet; es kann auch kein vernünftiger Zweifel daran bestehen, dass die gesamte Anordnung, aus der der Text besteht, vom Volk getroffen worden ist.

Ebenfalls in das siebte Jahrhundert beziehungsweise in die erste Hälfte des sechsten gehören die Gesetze aus der kretischen Gemeinde Dreros und von der Ägäisinsel Chios. Auch ihnen liegen Beschlüsse des Volkes zugrunde, und beide betreffen die Regelung von Einzelheiten der öffentlichen Ordnung, also von Materien, die konstitutiver Teil der Verfassung einer Polis sind. Die ältere der beiden Inschriften, die aus Dreros, die oben bereits zitiert worden ist, hat folgenden Wortlaut:

> «Gott … So hat die Polis beschlossen: Wenn jemand Kosmos [Mitglied des Gremiums der fünf obersten Magistrate] ist, dann soll derselbe zehn Jahre nicht mehr Kosmos sein. Wenn er aber dennoch Kosmos ist, soll er mit dem Doppelten von dem, was er als Richter auferlegte, bestraft werden, und er soll amtsuntauglich [das heißt nicht mehr wählbar] sein, und was er als Kosmos verfügt hat, das soll nichtig sein. Beschwören sollen dies das Gremium der Kosmoi und die Damioi und die Zwanzig der Gemeinde.»
> (Meiggs/Lewis, Nr. 2 = Körner, Nr. 90)

Das Gesetz verbietet die Iteration – die erneute Übernahme – des höchsten Amtes der Polis für einen Zeitraum von zehn Jahren, enthält Bestimmungen für den Fall eines Verstoßes gegen das Iterationsverbot und ordnet zum Schluss an, dass die drei mit der Führung der laufenden Geschäfte beauftragten Kollegien einen Eid auf das beschlossene Gesetz leisten. Neben den Kosmoi werden die Damioi und die Zwanzig der Gemeinde genannt. Was sich hinter den Namen verbirgt, ist umstritten. Am wahrscheinlichsten ist, dass mit den Ersteren die Verwalter des öffentlichen Gutes und mit den Letzteren der Rat der Gemeinde beziehungsweise der geschäftsführende Ausschuss der Ratsversammlung gemeint sind. Der Zweck des Gesetzes war, zu verhindern, dass ein kleiner Kreis prominenter

Bürger die obersten Magistrate besetzte und sich damit auf Dauer die Machtposition richterlicher Befugnisse sicherte.

Das Bruchstück des Gesetzes von Chios oder des gegenüberliegenden kleinasiatischen Erythrai aus dem zweiten Viertel des sechsten Jahrhunderts behandelt, soweit der Sinn verständlich ist, die Sanktionierung von Beamtenbestechlichkeit und die Regelung von Appellationsverfahren. Auffallend ist, dass neben die erwähnten beziehungsweise vorausgesetzten Institutionen der traditionellen Ordnung – den Basileus/König und den Adelsrat – die Vertreter des Gesamtvolkes treten, der Demarchos, das heißt ein aus dem Volk gewählter Magistrat, und ein Volksrat, bestehend aus fünfzig gewählten Repräsentanten aus jeder Phyle. Wie aus Fragment C hervorgeht, konnte der mit Strafgewalt ausgestattete Volksrat, wenn er am neunten Tag eines Monats zusammentrat, neben der Beratung über die übrigen öffentlichen Angelegenheiten bei anfallenden Appellationsverfahren das abschließende Urteil fällen. Es heißt:

> «… soll er an den Volksrat appellieren. Am dritten Tag nach dem Siebentagesfest [das jeden Monat zu Ehren des Apollon gefeiert wurde] soll der Volksrat versammelt werden, der Bußen verhängen kann, der gewählte, fünfzig pro Phyle. Er soll die übrigen Angelegenheiten des Volkes verhandeln und die Rechtsstreitigkeiten, in denen Appellation in diesem Monat erfolgt, alle … (entscheiden).»
> (Meiggs/Lewis Nr. 8 C = Körner, Nr. 61 C)

Aus dem Text geht hervor, dass der aus gewählten Vertretern der Phylen bestehende Rat des Volkes nicht nur in Appellationsprozessen als Gericht fungierte, sondern auch über die öffentlichen Angelegenheiten der Gemeinde regelmäßige Beratungen abhielt. Insoweit war der Volksrat von Chios ein Vorläufer des kleisthenischen Rates der Fünfhundert.

Einen guten Einblick in die Materie und in die Verfahrensweise bei Gesetzgebungen gibt ein Dokument aus einer lokrischen Gemeinde, möglicherweise aus Naupaktos, das etwa aus derselben Zeit stammt wie das athenische Gesetz über die Kleruchie auf Salamis. Die betreffende Inschrift enthält eine komplexe Regelung über eine Landverteilung und ihre für den Fall eines drohenden Krieges vorgesehene Revision. Der Text lautet in Übersetzung:

> «Dieses Gesetz das Land betreffend soll für die Aufteilung der Ebene von Hyla und Liskaria [Lokalisierung ungeklärt] in Geltung sein, sowohl der abgeteilten wie der öffentlichen Ländereien. Das Nutzungsrecht sollen Eltern und Kind haben. Wenn kein Sohn vorhanden ist, die Tochter; wenn keine Tochter vorhanden ist, der Bruder (des Erblassers); wenn kein Bruder vorhanden ist, soll unter Nahverwandten vererbt werden gemäß dem Recht; wenn von den Nahverwandten niemand vorhanden ist [?], soll [der Erblasser das Seine geben, wem er will]. – Was einer angepflanzt hat, das soll gegen Zugriff geschützt sein. Nur unter dem Zwang eines Krieges sollen hundertundein Mann, die nach ihrem Wert ausgesucht sind, mit ihrer Mehrheit beschließen, mindestens zweihundert kampffähige Männer als Neusiedler einzuweisen. Wenn aber sonst jemand eine Landverteilung beantragt oder [dazu] seinen Stimmstein im Ältestenrat, in der Polis [das heißt in der Volksversammlung] oder beim Ausschuss der Gewählten [abgibt] oder wenn er einen Bürgerkrieg wegen der Aufteilung des Landes anstiftet, soll er samt seiner Familie verflucht sein für alle Zeiten, sein Besitz eingezogen und sein Haus zerstört werden nach dem Gesetz zum Blutrecht. – Dieses Gesetz soll dem Pythischen Apollon und seinen Tempelgenossen heilig sein. Wer es übertritt, soll zugrunde gehen, er selbst, seine Familie und seine Besitzungen, doch der Gott möge dem freundlich sein, der es befolgt.
>
> [1. Zusatz] Das Land soll zur Hälfte den bisherigen Besitzern, zur Hälfte den Neusiedlern gehören.
>
> [2. Zusatz] Sie sollen die im Tal gelegenen Landstücke verteilen. Tausch soll gültig sein, er soll aber vor dem Archonten stattfinden.
>
> [3. Zusatz] Wenn sie [ihr Landlos] erhalten [?], soll einer berechtigt sein, das seine zu geben, wem er will.
>
> [4. Zusatz] Wenn die Demiurgen [die Verwalter der Gemeindekasse]

> mehr Gewinn machen als vorgeschrieben, sollen sie Apollon Echetos eine Statue weihen am Ende von neun Jahren, und soll der Gewinn nicht [der Gemeindekasse] gutgeschrieben werden.
> (Meiggs/Lewis, Nr. 13 = Körner, Nr. 47)

Das Dokument weist eine klare Gliederung auf. Am Anfang steht das Thema, die Aufteilung des betreffenden Landes. Was folgt, sind die Garantie des Nutzungsrechts an dem zugeteilten Stück Land und die Bestimmungen über Vererbung gemäß dem Erbrecht der Gemeinde. Dann wird das Nutzungsrecht mit einem Vorbehalt versehen: Für den Kriegsfall wird eine Kommission von 101 Mitgliedern, die, wie es heißt, nach ihrem Wert auszuwählen sind, dazu ermächtigt, mindestens zweihundert kriegstüchtige Männer zu Lasten der Altbesitzer einzuweisen. Die Betreffenden sollen also mit Land ausgestattet werden, so dass sie in der Lage sind, Kriegsdienst als Schwerbewaffnete, das heißt als Hopliten zu leisten. Hopliten mussten damals ihre Rüstung selbst stellen und von zu Hause abkömmlich sein. Kriegsdienst in der Phalanx Schwerbewaffneter war, wie Max Weber gesagt hätte, von plutokratischen Voraussetzungen abhängig. Wie die Bestimmung, dass die Mitglieder der Zuteilungskommission nach ihrem Wert ausgewählt werden sollen, zu interpretieren ist, ist umstritten. Es wird angenommen, dass sie aus Angehörigen des Adels bestehen sollte. Das ist jedoch angesichts des Umfangs der Kommission – hundertundeine Person – so gut wie ausgeschlossen. Eher ist die Bestimmung so zu interpretieren, dass angesehene Bürger, Adlige und Nichtadlige, gewählt werden sollten. Die Formel, wonach die Auswahl von Repräsentanten, sei es einer Phyle, sei es der gesamten Bürgerschaft, nach dem Maßstab der Wertschätzung erfolgen soll, die die betreffenden Personen genießen, begegnet auch sonst. Erinnert sei nur an die Bestimmung des drakontischen Blutrechts, dass bei Fehlen von Verwandten des Getöteten an deren Stelle zehn nach ihrem Wert ausgewählte Phratriegenossen berechtigt sein sollen, dem flüchtigen Täter Verzeihung und damit die Rückkehr nach Athen zu gewähren. Dass die

Verfassungsordnung der das Gesetz beschließenden Gemeinde in großen Zügen der athenischen vergleichbar war, ist dem Gesetzestext selbst zu entnehmen. Der Ältestenrat in der lokrischen Gemeinde entspricht dem athenischen aus ehemaligen Archonten bestehenden Areopag, die Ausgewählten dem kleisthenischen Rat der Fünfhundert und die Polis, die Gemeinde in ihrer Gesamtheit, der Volksversammlung. Im Ganzen zeigen die Verfassungsordnungen, die aus dem siebten und sechsten Jahrhundert überliefert sind, die zunehmende Bedeutung der gewählten Räte und der Volksversammlungen. Mit anderen Worten: Es ist letztlich die Volksversammlung, die das die Gemeinde bindende Recht setzt, und sie bildet den Rahmen, der den Führungsanspruch adliger Eliten begrenzt. Ihre Angehörigen können nicht mehr die Herrschaft usurpieren, sondern sie sind darauf verwiesen, als Antragsteller Mehrheiten und so Einfluss in ihrer Gemeinde zu gewinnen. Ein Indiz dafür ist die Existenz von Zusätzen zu einem beschlossenen Gesetz, wie sie in dem zitierten Text in Erscheinung treten. Ihnen lagen separate Anträge zugrunde, entweder Einzelner oder des Rates, der sich individuelle Initiativen zu eigen machte. Rechtsgültigkeit gewannen Anträge in jedem Fall erst durch Beschluss der Volksversammlung.

Die durch die Volksversammlung repräsentierte Gemeinde regelte nicht nur ihre internen Angelegenheiten, sondern auch die völkerrechtlichen Verpflichtungen, die sie einging. Das früheste Beispiel ist der Freundschaftsvertrag, den das unteritalische Sybaris unter Einschluss seiner Bundesgenossen mit den Serdaiern, einer achäischen Kolonie, deren Lage nicht identifiziert ist, zwischen 550 und 525 v. Chr. schloss. Eine Bronzetafel mit dem Text des Vertrags ist 1960 im Heiligtum von Olympia gefunden worden. Er lautet:

> «Die Sybariten und ihre Bundesgenossen schlossen mit den Serdaiern eine Vereinbarung über treue Freundschaft ohne Arglist für alle Zeiten. Bürgen sind Zeus, Apollon und die übrigen Götter sowie die Gemeinde Poseidania.»
> (Meiggs/Lewis Nr. 10)

Die Sybariten schlossen diese Vereinbarung zugleich im Namen ihrer Bundesgenossen. Diese sind deswegen nicht mit Namen aufgeführt. Eine späte Quelle aus augusteischer Zeit (um die Zeitenwende) überliefert, dass Sybaris vier der benachbarten Stämme beherrschte und der Gemeinde fünfundzwanzig Städte untertan waren. Um welche Städte und Stämme es sich handelt, wissen wir freilich nicht. Als Garanten des Vertrags sind ganz nach archaischem Brauch die Götter genannt. Ihnen ist die Bestrafung eines Vertragsbruchs vorbehalten. Dass zusätzlich die Gemeinde Poseidania/ Poseidonia – der spätere Name ist Paestum – genannt wird, entspricht einer neueren Weiterentwicklung des Garantiebegriffs im Vertragsrecht. Poseidonia war eine Kolonie von Sybaris, aber sie war unabhängig, gehörte also nicht zu den Untertanen der Mutterstadt. Die Vertragschließenden einigten sich auf diese Polis als Garantiemacht. Das heißt, dass Poseidonia gegebenenfalls als Schiedsrichter bei Streitigkeiten über die eingegangenen Verpflichtungen angerufen wurde. So trat neben die göttliche Sanktionierung des Vertrags eine außerhalb des geschlossenen Vertragsverhältnisses stehende Gemeinde als schiedsrichterliche Instanz zur Streitbeilegung – ganz entsprechend der Überzeugung, die auch eine der grundlegenden Voraussetzungen des solonischen Gesetzeswerks war: dass die göttliche Fürsorge die Menschen nicht davon entlastet, Vorkehrungen gegen das Misslingen einer guten Ordnung, griechisch *eunomia,* zu treffen.

V. DER KAMPF UM DIE FREIHEIT

1. Die Griechen Kleinasiens unter persischer Herrschaft

Der griechischen Kolonisation waren von Anfang an durch die Großreiche des Ostens – Ägypten und das Assyrische beziehungsweise (Neu-)Babylonische Reich – sowie durch die Konkurrenz der phoinikischen Kolonie Karthago Grenzen gesetzt. Auf der anderen Seite aber waren die Griechen bei ihrem Ausgreifen an die Küsten des Mittelmeeres und des angrenzenden Schwarzen Meeres durch die weltpolitische Lage begünstigt. Daran änderte im siebten Jahrhundert auch der Einfall der Kimmerier nach Kleinasien nichts. Die Kimmerier waren ein nomadisches Reitervolk. Sie stammten aus fernen Regionen nördlich des Kaukasusgebirges – im Altertum haftete ihr Name auch nach ihrem Untergang weiterhin an der Meerenge, die das Asowsche vom Schwarzen Meer trennt, der Straße von Kertsch, die in der Antike «Kimmerischer Bosporus» hieß. Als Grund des Einfalls der Kimmerier nach Kleinasien wird in den Quellen angegeben, dass sie ihrerseits den nach Süden wandernden Skythen auswichen. Schon dem Dichter der Odyssee sind sie bekannt als ein Volk, das am Ende des Ozeans hoch im Norden am Eingang zur Unterwelt lebt:

> «Das (Schiff) aber gelangte zum Ende des tiefströmenden Okeanos.
> Dort aber ist der kimmerischen Männer Volk und Stadt,
> Eingehüllt in Nebel und Wolken, und niemals schaut auf
> Sie herab die leuchtende Sonne mit ihren Strahlen,
> Weder wenn sie zum gestirnten Himmel aufsteigt
> Noch wenn sie zurück vom Himmel her sich zur Erde wendet:

> Sondern grausige Nacht ist über die armen Sterblichen gebreitet.»
> (Hom. Od. XI,13–19. Übersetzung nach J. H. Voß)

Nachdem die Griechen mit dem Volk aus dem Norden bekannt geworden waren, erzählte der vom Marmarameer stammende Aristeas von Prokonnesos um die Mitte des sechsten Jahrhunderts eine phantastische Geschichte von Völkerwanderungen, die vom nördlichen Rand der Erde ihren Ausgang nahmen und an deren Ende die am Nordrand des Schwarzen Meeres lebenden Kimmerier standen. Aristeas beschrieb in einem epischen Gedicht, wie er, von göttlicher Raserei ergriffen, zu den Issedonen im Norden gewandert sei und bei ihnen von dem einäugigen Volk der Arimaspen und anderen Fabelwesen erfahren habe, die mit Ausnahme der im äußersten Norden lebenden Hyperboreer nach Süden wanderten und dabei ihre Nachbarn verdrängten. Herodot gibt die märchenhafte Erzählung des Aristeas wie folgt wieder:

> «Jenseits der Issedonen wohnen die Arimaspen, Menschen mit einem Auge, jenseits der Arimaspen wohnen goldhütende Greife, und jenseits der Greife die Hyperboreer, die an ein Meer grenzen. Von diesen Völkern sei eines nach dem anderen gegen seine Nachbarn zu Felde gezogen, nur nicht die Hyperboreer. Zuerst seien von den Arimaspen die Issedonen aus ihrem Lande vertrieben worden, dann von den Issedonen die Skythen, dann von den Skythen bedrängt, hätten die Kimmerier ihr Land am Südmeer (das heißt im Norden des Schwarzen Meeres) verlassen müssen.»
> (Hdt. IV,13,2 f. Übersetzung nach A. Horneffer)

Dies ist in Gestalt einer Fabel der Bericht von einer Völkerwanderung, die Kleinasien und das Land nördlich von Mesopotamien zwischen dem Urmia- und dem Vansee in Mitleidenschaft zog. Im westlichen Kleinasien besiegten die Kimmerier um 676 v. Chr. den phrygischen König Midas. Einer Invasion der Kimmerier fiel bei deren zweitem Versuch um 644 v. Chr. Gyges, der Begründer des lydischen Königreiches, zum Opfer. Getroffen von den Verheerungen dieses Kimmeriersturms wurden auch die griechischen Städte Ioniens an der Westküste Kleinasiens. Gyges' Sohn und Nachfolger Ardys hatte sich weiterer Angriffe der Kimmerier zu erwehren. Die Angreifer vermochten sogar, Sardes zu erobern, die Hauptstadt des Lydischen Reiches – mit Ausnahme der Burg. In der ersten Hälfte des sechsten Jahrhunderts gelang es dann Alyattes, dem Vater des Kroisos, des letzten Königs der Dynastie, im Zuge der Ausdehnung des Lydischen Reiches bis zum Oberlauf des Halys (heutiger Name Kızılırmak, das bedeutet *Roter Fluss*), die Kimmerier aus Kleinasien zu vertreiben. So wenigstens berichtet es Herodot.

Die griechischen Städte an der kleinasiatischen Küste waren zwar von den Plünderungszügen der Kimmerier betroffen, aber sie profitierten auch von den erfolgreichen Abwehrmaßnahmen der lydischen Könige. Doch erwiesen sich diese letztlich als die nachhaltigere Bedrohung. Die Kimmerier kamen und gingen, doch das Reich der lydischen Könige blieb, und während die Plünderungszüge der Kimmerier eine vorübergehende Belästigung bedeuteten, war die Politik der Könige darauf gerichtet, die griechischen Städte am Rande ihres Reiches ihrer dauernden Herrschaft zu unterwerfen. Herodot sah darin den Anfang einer Kontinuität, die von den lydischen Herrschern bis zu den persischen Großkönigen reichte. Dies befähigte ihn, die Frage nach den Ursachen der Feindschaft zwischen Griechen und Persern von mythischen Erzählungen zu befreien und auf der Ebene der Historizität anzusiedeln. Damit wurde er zum ersten Historiker Europas – «Vater der Geschichtsschreibung» pflegt er genannt zu werden; genauer wäre «Vater historischer Erkundung», denn *historia* bedeutet im Griechischen ursprünglich so viel wie Erkundung beziehungsweise Erforschung. Er begann seine Erzählung von den Ursachen der kriegerischen Auseinandersetzungen zwischen Griechen und Barbaren zwar mit dem Referat mythischer Schuldzuweisungen, doch überwand er sie mit dem Rekurs auf eine geschichtliche Persönlichkeit, auf Kroisos, den letzten König des Lydischen Reiches (ca. 560–547 v. Chr.):

> «Ich will aber nicht entscheiden, ob es so oder anders gewesen ist. Aber den Mann will ich nennen, von dem ich sicher weiß, dass er es war, der mit den Feindseligkeiten gegen die Hellenen den Anfang gemacht hat.»
> (Hdt. I,5,3. Übersetzung nach A. Horneffer)

Von Kroisos heißt es bei Herodot, wohl nicht ganz korrekt, dass er als Erster griechische Städte Westkleinasiens seiner Herrschaft unterworfen habe, dann dem Begründer des Perserreiches, Kyros II., unterlegen sei und diesem sein Reich mitsamt der Herrschaft über die griechischen Städte habe überlassen müssen:

> «Kroisos war der Erste unter den Barbaren (das heißt: Nichtgriechen), von dem wir wissen, dass er Hellenen abgabenpflichtig machte und mit anderen Hellenen Verträge schloss. Steuerpflichtig machte er die Ioner, Aioler und Dorer in Kleinasien, und Freundschaft schloss er mit den Lakedaimoniern. Vor Kroisos' Herrschaft aber waren alle Hellenen frei. Denn der Zug der Kimmerier, der einst bis Ionien vordrang, noch vor den Zeiten des Kroisos, unterjochte die Städte nicht, sondern plünderte sie nur im Vorüberziehen aus.»
> (Hdt. I,6,2 f. Übersetzung nach A. Horneffer)

Ohne Vorläufer war Kroisos in der Herrschaft über griechische Städte nach Herodots Erzählung allerdings nicht. Schon Gyges, der Begründer der Dynastie (ca. 680–644 v. Chr.), führte, so überliefert Herodot, Krieg gegen Milet und Smyrna und nahm Kolophon ein. Ardys, sein Sohn und Nachfolger (ca. 644–625 v. Chr.), eroberte Priene und unternahm einen Feldzug gegen Milet. Im Falle von Milet, das damals nicht eingenommen werden konnte, endeten die Plünderungszüge mit einem Freundschaftsvertrag zwischen Alyattes, Ardys' Enkel (ca. 600–561 v. Chr.), und Thrasybulos, dem Tyrannen von Milet. Weiterhin eroberte Alyattes Smyrna und unternahm einen erfolglosen Feldzug gegen Klazomenai. Aber das waren Einzelfälle, und es kam nicht zu einer umfassenden Unterwerfung der griechischen Städte unter ein ihnen auferlegtes Abgabensystem. Zunächst handelt es sich eher um Razzien und die Erhebung eines Tributs, einer einmaligen Abgabe. Schon der Begründer der Dynastie war freilich, wie der Dichter Archilochos bezeugt, sprichwörtlich reich. In Lydien fand sich eine natürlich vorkommende Metalllegierung aus Gold und Silber im Verhältnis von 3:1, das sogenannte Elektron, das härter als Gold ist und als Werkstoff für Schmuck und Gefäße Verwendung fand. Elektron wurde wie Gold und Silber nach Gewicht in Wertrelation zu anderen Gütern gesetzt und dementsprechend als Tauschmittel verwendet. Als beispielsweise Solon in Athen die Vermögensklassen neu ordnete, setzte er, wie oben geschildert worden ist, den Gegenwert eines Medimnos Getreide (ca. 52 Liter) oder eines Schafes so hoch an wie eine Drachme Silber (ca. 4,4 Gramm).

Gold oder Elektron waren weitaus wertvoller als Silber. Das Wertverhältnis zwischen Silber und Gold lag mit Schwankungen etwa bei 1:12. Daraus folgt, dass Edelmetalle zu wertvoll waren, um zum Kauf von Waren des täglichen Bedarfs zu taugen, wohl aber waren sie erste Wahl bei der Verhängung von Strafen und bei der Anwerbung von Söldnern. Denn im Unterschied zu Getreide oder Schafen ist Metall nicht verderblich. Es konnte zeitlich unbegrenzt aufgehoben werden, bis es gebraucht wurde. Seine Akkumulierung bedeutete die Ansammlung erheblicher Kaufkraft und konnte damit potentiell auch zur Mehrung politischer und militärischer Macht eingesetzt werden. Dies war der Grund, warum Kroisos und vielleicht schon seine Vorgänger darauf aus waren, die griechischen Städte mit ihren Einnahmen aus dem maritimen Großhandel tributpflichtig zu machen. Der Verwendung von Edelmetallen bei der Zumessung von Strafen, der Anschaffung von Schiffen und Rüstungsgütern sowie der Anwerbung von Söldnern waren indessen wegen der Unbequemlichkeit, das Metall dem jeweiligen Bedarf entsprechend nach Gewicht zu portionieren, Grenzen gesetzt. Den Ausweg aus dieser Schwierigkeit wies die Erfindung des Münzgeldes mit Wertangabe und Gewichtsgarantie. Dies gab die Gewähr, dass der jeweilige Münzherr und in der Folge alle Nutzer des Zahlungsmittels es zum Nennwert jederzeit honorierten. Eingeführt wurde das aus Elektron beziehungsweise Gold bestehende Münzgeldes bereits zur Zeit des Ardys seit etwa 645 v. Chr. Unter Kroisos war dessen Verwendung schon so verbreitet, dass es sich lohnte, die griechischen Städte, mit Ausnahme von Milet und Ephesos, das wegen des Heiligtums der altanatolischen Muttergottheit Magna Mater (von den Griechen Artemis genannt) einen Sonderstatus erhielt, einer ständigen Steuerpflicht zu unterwerfen.

Generelle Feindschaft zwischen den lydischen Königen und speziell zwischen Kroisos und der griechischen Welt entstand daraus nicht. Kroisos befragte vor jedem seiner Feldzüge, durch die er die Völker Kleinasiens bis zum Oberlauf des Halys unterwarf, griechische Orakel, mit Vorliebe das delphische, um sich des Erfolgs zu versichern. Kroisos' Gegenleistung bestand aus wertvollen Weihgeschenken, deren eindrucksvolle Liste Herodot im ersten Buch seiner Historien bewahrt hat. Die Beziehungen zwischen Kroisos und der griechischen Welt beschränkten sich indessen nicht auf die Einholung von Orakeln und die Dankesgaben an die Gottheiten der konsultierten Orakelstätten. Herodot weiß zu berichten, dass der König vor seinem letzten Feldzug auch das Bündnis mit Sparta, der führenden Macht des griechischen Mutterlandes, suchte. Es ist der Reflex dieser Beziehungen, dass in Herodots Geschichte des Kroisos die mündliche Tradition zur Frühgeschichte von Athen und Sparta mit eingeflochten ist und der Weg des Kroisos vom Glück zum Untergang in der novellistischen Erzählung von den fiktiven Begegnungen des Königs mit Solon als Repräsentanten griechischer Lebensweisheit reflektiert wird.

Kroisos und seine Dynastie fanden ihr Ende beim Zusammenbruch der Großmächte des Vorderen Orients und bei der Entstehung des persischen Weltreiches in der Zeit zwischen 559 und 539 v. Chr. Die Ausgangslage war durch vier Mächte bestimmt: das Medische Reich, das sich vom Halys bis in den Westen des persischen Hochlands erstreckte, das Lydische westlich des Halys, das

Neubabylonische im Zweistromland und das von Pharaonen der saitischen Dynastie regierte Ägypten. Der Zusammenbruch dieser Mächtekonstellation ging von der Erhebung eines Vasallen des medischen Herrschers Astyages aus: Kyros II. erhob sich in der am Persischen Golf gelegenen Landschaft Persis gegen seinen Oberherrn. Astyages wurde besiegt, und sein Reich fiel im Jahr 550/49 v. Chr. an seinen Überwinder. Daraufhin schloss Kroisos Bündnisse mit Babylon, Ägypten und Sparta, der stärksten Macht im damaligen Griechenland, und überschritt im Jahr 546 v. Chr. den Halys, um sein Reich nach Osten zu erweitern. Angeblich hatte ihm das Delphische Orakel auf die Frage nach dem Ausgang des Unternehmens geantwortet: «Wenn Du den Halys überschreitest, wirst du ein großes Reich zerstören.» Es sollte sein eigenes sein. Nachdem er jenseits des Halys zwei Niederlagen erlitten hatte, trat er den Rückzug an und wurde in Sardes, seiner Residenz, eingeschlossen. Dort musste er nach kurzer Belagerung kapitulieren und geriet in Gefangenschaft. Wenige Jahre später, im Jahr 539 v. Chr., eroberte Kyros auch das Neubabylonische Reich, und 525 v. Chr. unterwarf Kambyses, Kyros' Sohn und Nachfolger, Ägypten. Ein neues Großreich war damit in einer Größenordnung entstanden, wie es die vorderasiatische Welt noch nicht gesehen hatte.

Die Griechen Kleinasiens waren von Kroisos' Katastrophe mit betroffen. Sie hatten sich während des Krieges geweigert, Kyros' Forderung nachzukommen, sich ihm anzuschließen, und mussten nach Kroisos' Kapitulation mit einer Verschlechterung ihrer Stellung innerhalb des neuen Herrschaftsverbands rechnen. Jedenfalls nahm Kyros das Angebot der Städte, sich ihm zu den alten Bedingungen zu unterwerfen, nicht an – nur Milet bestätigte er das Bündnis zu den alten Konditionen. Die übrigen Städte entschlossen sich zum Widerstand und schickten Gesandte nach Sparta, das mit Kroisos ein Bündnis gegen Kyros geschlossen hatte, und baten um Hilfe. Das wurde abgelehnt, stattdessen unternahm Sparta einen diplomatischen Vorstoß und forderte vergeblich von Kyros, sich aller Übergriffe gegen die Städte zu enthalten.

Rotfigurige Bauchamphora des Myson, 500-490 v. Chr.:
König Kroisos auf dem Scheiterhaufen

Gezeigt wird Kroisos in einer Momentaufnahme, wie er nach der Einnahme von Sardes im Jahr 547 v. Chr. einem Diener den aufgerichteten Scheiterhaufen in Brand zu setzen befiehlt.

Paris, Musée du Louvre

Die Szene gehört zu der Legende der wunderbaren Errettung des Königs und seiner Familie. Die erste erhaltene Schriftversion stammt von dem Dichter Bakchylides aus seinem Lied auf den dritten Sieg, den der Tyrann Hieron von Syrakus im Jahr 468 v. Chr. im Olympischen Wagenrennen gewonnen hatte:

«Aber sobald des schrecklichen Feuers
leuchtende Macht den Bau durchschlug,

Führte Zeus eine schwarzbergende Wolke herauf
und löschte die gelbe Flamme.

Unglaubhaft ist nichts, was Götterwille

Wirkt: zu jener Stunde hat der delosgeborene Apollon

Den Greis mit seinen schlankfüßigen Töchtern zu den Hyperboreern

Entrückt und ihnen eine neue Heimat gegeben,

Wegen seiner Frömmigkeit,
weil er von allen Sterblichen die reichsten Gaben

Zur hochheiligen Pytho gesandt hatte.»

(Bakchyl. Epin. 3: 4. und 5. Triade.
Übersetzung nach H. Fränkel)

Nach Kyros' Heimkehr in sein Kernland kam es zu einem Aufstand in Lydien, dem sich die griechischen Städte anschlossen. Dieser Aufstand wurde unterdrückt, und dabei wurden auch die griechischen Städte von den Persern eingenommen. Die erste Stadt, die der persische Befehlshaber angriff, war Phokaia. Die Bürgerschaft wollte sich nicht unterwerfen, sondern beschloss, zu Schiff zu fliehen und sich auf den dem Festland vorgelagerten Inseln, den Oinussen, niederzulassen. Das scheiterte an der Weigerung von Chios, den flüchtigen Phokaiern die Inseln zu verkaufen. Daraufhin kehrte ein Teil der Flüchtlinge zurück und unterwarf sich; die anderen siedelten sich auf Korsika an und betrieben, wie oben im Zusammenhang mit der Schilderung der Endphase der griechischen Kolonisation bereits erwähnt wurde, das Geschäft der Piraterie, bis Etrusker und Karthager ihnen das Handwerk legten. Mehr Erfolg hatten die aus Teos stammenden Auswanderer, die, um der persischen Herrschaft zu entgehen, ihre Heimatstadt verließen, sich an die thrakische Küste flüchteten und hier die zu Beginn des sechsten Jahrhunderts von Thrakern zerstörte Kolonie Abdera im Mündungsgebiet des Nestos wiederbesiedelten. Alle griechischen Festlandstädte in Kleinasien mit Ausnahme Milets wurden erobert und wiederum der persischen Herrschaft unterworfen. Dabei blieb es freilich nicht: Aus Furcht vor den Siegern unterwarfen sich auch die Ioner auf den Ägäisinseln freiwillig dem persischen Generalstatthalter, dem in Sardes residierenden Satrapen Harpagos. Herodot hat in seinem Geschichtswerk die fortschreitende Unterwerfung der Ioner wie folgt beschrieben:

> «Diese beiden Bürgerschaften aus Ionien (Phokaia und Teos) waren die Einzigen, die lieber ihre Heimat verließen als sich knechten zu lassen. Die Übrigen, mit Ausnahme von Milet, nahmen den Kampf mit Harpagos auf, kämpften tapfer, jeder für die eigene Stadt, unterlagen aber und wurden unterworfen. Jeder blieb in seiner Heimat und zahlte die Abgaben, die ihm auferlegt wurden. Milet hatte, wie ich schon erzählte, einen Bündnisvertrag mit Kyros geschlossen und blieb unbehelligt. So verlor Ionien zum zweiten Mal seine Unabhängigkeit. Als aber Harpagos die Ioner auf dem Festland unterworfen hatte, fürchteten die Ioner auf den Inseln das gleiche Schicksal und ergaben sich freiwillig.»
> (Hdt. I,169,1 f. Übersetzung nach A. Horneffer)

Noch weiter dehnten die Perser ihre Herrschaft in der Ägäis aus, als Kyros' Sohn und Nachfolger Kambyses im Jahr 525 v. Chr. Ägypten unterwarf. Damals fiel auch die große und reiche Insel Samos den Persern in die Hände. Hier hatte Polykrates, ein samischer Adliger, eine Stadtherrschaft errichtet, eine Flotte gebaut und mit Hilfe von Piraterie und Handel große Reichtümer angesammelt, die ihm die Mittel für eine prachtvolle Hofhaltung und die Errichtung vielbewunderter Monumentalbauten verschafften: des gewaltigen Heratempels, der Hafenmole und der durch einen Tunnel geführten Wasserleitung. Als Kambyses gegen Ägypten zog, bot Polykrates ihm unter Bruch seines Bündnisses mit Pharao Amasis I., dem Herrscher Ägyptens, eine Hilfsflotte an. Dazu kam es jedoch nicht. Die Besatzung der ausgesandten Flotte erhob sich gegen den Tyrannen und gewann die Unterstützung von Sparta und Korinth. Doch Polykrates behauptete sich. Seine expandierende Seeherrschaft vor der karischen Küste im Südwesten Kleinasiens war wohl der Grund, warum der Satrap Oroites im Jahr 525 v. Chr. Polykrates durch eine List in seine Gewalt brachte und kreuzigen ließ. Herodot hat die Geschichte vom Glück und Ende des Polykrates in einer novellistischen Erzählung dargestellt und damit mannigfache Bearbeitungen in neuerer Zeit angeregt. Erinnert sei nur an Schillers Ballade *Der Ring des Polykrates*. Aber Herodot hat auch das machtpolitische Motiv beim Namen genannt, das Oroites bestimmte:

> «Polykrates nämlich war, wenn man von Minos, dem Herrscher von Knossos, und einigen anderen seebeherrschenden Königen älterer Zeit absieht, der Erste uns bekannte Hellene, der sich zum Herrn des Meeres machen wollte. Seit der Zeit der Heroen gab es vor Polykrates wenigstens keinen, der Ionien und die Inseln sich zu unterwerfen trachtete. Diese Pläne also kannte Oroites und sandte deshalb einen Boten ..., der Polykrates veranlasste, an den Hof des Satrapen zu reisen.»
>
> (Hdt. III,122,2 f. Übersetzung nach A. Horneffer)

So gelangten nicht nur die griechischen Städte auf dem kleinasiatischen Festland, sondern auch die der Küste vorgelagerten Inseln unter persische Herrschaft. Dieser Machtzuwachs wurde nicht einmal beschränkt, als Kambyses auf der Rückkehr aus Ägypten im Jahr 522 v. Chr. starb und anschließend ein großer Aufstand die Kernländer des Perserreiches erschütterte. Er ging aus von einem gewissen Gaumata, der sich als den jüngeren Bruder des Kambyses ausgab.

Dieser hatte seinen Bruder bei seiner Thronbesteigung, vermutlich um sich eines möglichen Rivalen zu entledigen, töten lassen und den Mord geheim gehalten. Die Quellen bezeichnen den Usurpator als den falschen Bardiya beziehungsweise auf Griechisch als Smerdis. Der Aufstand begann nach akkadischen Dokumenten im März 522 v. Chr. und dauerte bis zum 29. September desselben Jahres. Seine schnelle Niederschlagung wurde dem aus einer Nebenlinie des Herrscherhauses der Achaimeniden stammenden Dareios verdankt, auf den sich die Vertreter des persischen Adels als legitimen König geeinigt hatten. Dareios I., wohl der bedeutendste Herrscher der Dynastie, hat nach Niederschlagung des Aufstandes die Wiederherstellung der legitimen Herrschaft seiner Dynastie in einer großen Inschrift, der von Behistun (so genannt nach dem Fundort, einem Dorf in der Nähe von Kermanshah), dokumentiert und darin die ideologischen Wurzeln seines Herrschaftsanspruchs dargelegt. Ihre Kernaussagen, die auch für das Verständnis der Perserkriege fundamental sind, lauten wie folgt:

> «Es verkündet Dareios der König: Nach dem Willen Ahura Mazdas [des obersten Gottes] wurde ich König. Ahura Mazda verlieh mir die Herrschaft.
>
> Es verkündet Dareios der König: Dies sind die Länder, die mir zugekommen sind, nach dem Willen Ahura Mazdas bin ich König: Persien, Elam, Babylonien, Assyrien, Arabien, Ägypten, (die Länder,) die am Meer liegen, Lydien und Ionien, Medien, Armenien, Kappadokien, Parthien, Dragiana, Areia, Choresmenien, Baktrien, Sogdiana, Gandhara, Skythien, Sattagydien, Arachosien, Maka – insgesamt dreiundzwanzig Länder.
>
> Es verkündet Dareios der König: Diese Länder sind mir zugekommen. Nach dem Willen Ahura Mazdas sind (sie) mir untertan geworden. Sie leisten mir Tribut. Was ihnen von mir befohlen wurde, sei es bei Nacht, sei es bei Tag, haben sie getan.
>
> Es verkündet Dareios der König: In diesen Ländern habe ich einen Mann, der (mir) ergeben war, belohnt, einen Mann, der treu-

brüchig war, den habe ich streng bestraft. Nach dem Willen Ahura Mazdas folgten diese Länder meinen Gesetzen. Wie ich ihnen verkündet habe, so haben sie gehandelt.

Es verkündet Dareios der König: Ahura Mazda verlich mir diese Herrschaft. Ahura Mazda half mir von dieser Herrschaft Besitz zu ergreifen. Nach dem Willen Ahura Mazdas habe ich diese Herrschaft inne.»

(Col. I, 11–26. Übersetzung nach R. Borger/W. Hinz)

Es folgt der umfangreiche Bericht über die Niederschlagung des großen Aufstandes im Jahr 522 v. Chr. In der Zusammenfassung endet die Inschrift mit der Liste der Abtrünnigen, die in den Kernländern des Reiches Aufstände angezettelt hatten:

«Es verkündet Dareios der König: Dies ist es, was ich nach dem Willen Ahura Mazdas im Laufe ein und desselben Jahres vollendet habe, nachdem ich König geworden bin. Ich lieferte neunzehn Schlachten. Nach dem Willen Ahura Mazdas schlug ich sie [die Abtrünnigen] und nahm neun Könige gefangen. Einer war der Magier Gaumata. Er log, er sprach so: ‹Ich bin Bardiya, Sohn des Kyros.› Er machte Persien abtrünnig. Einer war Atschina, ein Elamier. Er log, indem er sagte. ‹Ich bin König in Elam.› Er machte Elam abtrünnig. Einer war Nidintu-Bel, ein Babylonier; er log, indem er sagte: ‹Ich bin Nebukadnezar, Sohn des Nabonid.› Er machte Babylon abtrünnig. Einer war Martiya, ein Perser; er log, indem er sagte: ‹Ich bin Imanisch, König in Elam.› Er machte Elam abtrünnig. Einer war Fravartish, ein Meder; er log, indem er sagte: ‹Ich bin Khshathrita aus dem Geschlecht des Kyaxares.› Er machte Medien abtrünnig. Einer war Cissantakhma, ein Sagarthier; er log, indem er sagte: ‹Ich bin König in Sagarthien, aus dem Geschlecht des Kyaxares.› Er machte Sagarthien abtrünnig. Einer war Frada, ein Margianer; er log, indem er sagte: ‹Ich bin König in Margiana.› Er machte Margiana abtrünnig. Einer war Vahyazdata, ein Perser; er log, indem er sagte: ‹Ich bin Bardiya, Sohn des Kyros.› Er machte Persien abtrünnig. Einer war Araxa, ein Armenier; er log, indem er sagte: ‹Ich bin Nebukadnezar, Sohn des Nabonid.› Er machte Babylon abtrünnig.»

(Col. IV, 2–31. Übersetzung nach R. Borger/W. Hinz)

Dieser Aufzählung zufolge bestand das Gebiet des Aufstandes aus den iranischen Kernlanden Persis, Elam und Medien sowie aus dem benachbarten Zweistromland. Unter den Anführern der Erhebung waren mehrheitlich Personen, die sich auf die alten Königsdynastien zurückführten, zwei namens Bardiya, Sohn des Kyros, zwei aus dem Geschlecht des Kyaxares, das heißt aus der medischen Herrscherfamilie, und zwei namens Nebukadnezar, Sohn des Nabonid, des letzten Königs von Babylon. Über die verdeckten Ursachen der Revolten sind verschiedene Vermutungen angestellt worden. Sicher ist: Dareios blieb mit Hilfe seiner Verbündeten aus den sechs großen persischen Adelsfamilien Sieger. Aus seiner Sicht waren die Aufständischen Lügenkönige und war er, der legitime König und Vertreter Ahura Mazdas, des Gottes der Wahrheit, auf Erden dazu bestimmt, die Lüge, wozu alle Formen des Verrats zählen, zu bekämpfen und auszutilgen. Dieser Gesichtspunkt spielte wohl auch in der persischen Auseinandersetzung mit den Griechen, wie sich aus den im Folgenden dargestellten Ereignissen ergibt, eine erhebliche Rolle.

Dareios ging in der Folgezeit daran, sein vielgestaltiges Reich zu arrondieren und seine Oberherrschaft über eine Vielzahl lokaler Gewalten zu reorganisieren. Die Einzelheiten seines Vorgehens sind hier nur so weit näher in den Blick zu nehmen, wie Griechen seitdem in privater oder politischer Hinsicht in die Geschichte des Perserreiches seit Dareios verstrickt waren. Der riesige Herrschaftsbereich des Großkönigs Dareios reichte von der Ägäis im Westen bis nach Afghanistan und an das Stromgebiet des Indus im Osten, vom Schwarzmeergebiet und Mittelasien im Norden bis an die Südgrenze Ägyptens. Lange Zeit war das Perserreich für Europäer nur aus der Perspektive griechischer Quellen, vor allem Herodots, bekannt, es fehlten die Zeugnisse der persischen Seite. Das ist längst anders geworden. Eine große Zahl von Dokumenten – oben ist

Relief vom Schatzhaus in Persepolis

Der persische Großkönig Dareios I. auf dem Thron, hinter ihm sein Sohn und Thronfolger Xerxes

Teheran, Archäologisches Museum

aus einem von ihnen, der Behistun-Inschrift des Dareios, zitiert worden – wird durch Neufunde immer noch vermehrt. Neben der archäologischen und ikonographischen Dokumentation der Königspaläste von Persepolis und Pasargadai stehen Tausende von Schrifttäfelchen, die unter anderem Aufschluss über die Palastwirtschaft der Zentralgewalt geben, Königsinschriften und das regionale Material, vor allem aus dem Zweistromland und Ägypten. Freilich sind wir für die Kriege zwischen Griechen und Persern in der Zeit von 500 bis 478 v. Chr. nach wie vor fast ausschließlich auf Herodot angewiesen. Dieser schrieb seine Geschichte der Perserkriege und ihrer Vorgeschichte zwei bis drei Generationen nach den erzählten Ereignissen auf der unsicheren Grundlage einer mündlichen Überlieferung griechischer Herkunft. Die persische Sichtweise ist nicht überliefert, aber sie kann aus der Vorgeschichte der Kriegszüge, die Dareios und sein Nachfolger Xerxes gegen Athen und dessen Verbündete unternahmen, und der Herrschaftsideologie der Achaimeniden, wie sie in der Behistun-Inschrift und anderen Zeugnissen zutage tritt, erschlossen werden.

Der Selbstbehauptung einer Koalition griechischer Staaten gegen Dareios und Xerxes ist in neuerer Zeit die Rettung der griechischen Kultur als der Grundlage der modernen zugeschrieben worden. Dieses Urteil verkennt möglicherweise das Wesen persischer Herrschaftspraxis. Diese beruhte auf der Verpflichtung der Untertanen zum Gehorsam gegenüber dem König, der Loyalität, Tributzahlungen und unter Umständen Heeresfolge verlangte. Das Perserreich war ein Überbau, der riesige Ländermassen unterschiedlicher kultureller Traditionen sowie wirtschaftlicher und politischer Organisationsformen vereinte. Die Perser hatten nicht den Ehrgeiz und auch nicht die Mittel, an die Stelle der unterschiedlichen kulturellen und politischen Traditionen, die sie vorfanden, ihre eigene zu setzen. Dazu fehlten alle Voraussetzungen, und nicht einmal die Idee einer Vereinheitlichung konnte gefasst werden. Den Unterworfenen blieben ihre traditionellen Lebensformen, Religion, Kultur, Recht und lokale Selbstregierung, erhalten. Soweit die Herrschaft des Großkönigs nicht in Frage gestellt wurde, war das Perserreich großzügig und tolerant. Ja, mehr noch: Der Großkönig wurde im Sinne seiner Untertanen tätig, um ihre traditionellen Lebensordnungen zu befestigen. So sorgte Dareios etwa dafür, dass das in Ägypten gültige Recht kodifiziert wurde und dass unter persischer Herrschaft die von den Babyloniern in das Zweistromland deportierte Elite des Königreiches Juda in ihre Heimat zurückkehren und den zerstörten Tempel in Jerusalem wiederaufbauen durfte. Mit Genehmigung des Perserkönigs haben im fünften Jahrhundert Esra und Nehemia die auf dem Pentateuch, den fünf Büchern Mose, gegründete religiöse Lebensform der erneuerten jüdischen Gemeinschaft gestiftet. Persisch war das multiethnische und multikulturelle Reich nur insofern, als an seiner Spitze Herrscher aus einer persischen Dynastie standen und persische Adlige die höchsten Ämter bei Hofe und in der in Satrapien eingeteilten Reichsverwaltung innehatten. Somit ist es eher unwahrscheinlich, dass dem Perserreich die griechische Kultur und die auf die Stadt gegründete politische Struktur Griechenlands zum Opfer gefallen wären, wenn die Griechen der Herrschaft des Großkönigs unterworfen worden wären.

Seitdem die persische Herrschaft sich infolge der Eroberung des Lyderreiches auf den griechischen Siedlungsraum am westlichen Saum Kleinasiens erstreckte, waren griechische und in einem griechischen Umfeld sozialisierte Fachleute in persischen Diensten eine verbreitete Erscheinung. Griechische Ärzte dienten seit Dareios den Königen als Leibärzte: zuerst Demokedes aus Kroton, der vorher der Arzt des Tyrannen Polykrates von Samos gewesen war, dann Apollonides von Kos, Polykrates von Mende und Ktesias von Knidos. Griechische und karische Steinmetzen wirkten am Bau der Königsresidenzen in Persepolis und Pasargadai mit, und ein griechischer Architekt war der Konstrukteur der großen Brücke, auf der das persische Aufgebot von Kleinasien zu Land nach Europa geführt wurde. Für den Skythenfeldzug des Jahres 513/12 v. Chr., mit dem Dareios, wohl unter Verkennung der geographischen Verhältnisse, die Grenze des Reiches gegen Invasionen aus der Tiefe der nördlichen Steppen Mittelasiens zu sichern versuchte, baute der aus Samos stammende Mandrokles die Brücke über den Bosporus. Der Baumeister erhielt reiche Belohnung, und von einem Teil der empfangenen Reichtümer stiftete er für den Heratempel von Samos ein Gemälde, auf dem die Überbrückung des Bosporus dargestellt war. Herodot hat das Bild gesehen und beschrieben, die auf ihm angebrachte Inschrift gelesen und zitiert:

> «Am Ufer sitzt König Dareios auf einem Thron, und das Heer zieht über die Brücke ... und darauf ließ er (Mandrokles) folgende Inschrift setzen:
> ‹Über die fischreichen Fluten des Bosporus schlug eine Brücke
> Mandrokles, und er gab Hera dieses Bild zum Dank.
> Sich errang er den Kranz und Ruhm seiner Vaterstadt Samos,
> Weil er getreulich erfüllt König Dareios' Begehr.›»
> (Hdt. IV,88,1 f. Übersetzung nach A. Horneffer)

Dareios' Expedition wurde im Schwarzen Meer von einer von den griechischen Städten Kleinasiens gestellten Flotte begleitet, und wieder bauten Griechen – wir kennen den Baumeister nicht mit Namen – die Brücke über die Donau. Sie lag unmittelbar vor der Stelle, wo der Fluss sich in viele Mündungsarme zu verzweigen beginnt. Als Dareios zwischen 518 und 515 v. Chr. das Indusgebiet eroberte, beauftragte er den aus Karyanda in Karien stammenden Kapitän Skylax damit, den Seeweg zu den westlichen Teilen des Reiches zu erkunden. Er selbst kehrte auf dem Landweg dorthin zurück. Skylax hat die Fahrt beschrieben: Sie führte vom Indus in den Indischen Ozean und zur Arabischen Halbinsel, nach ihrer Umrundung in das Rote Meer bis in die Gegend des heutigen Suezkanals. Skylax' Entdeckungsfahrt war es vermutlich, die Dareios anregte, das von Pharao Necho (ca. 610–595 v. Chr.) begonnene, aber wieder aufgegebene Projekt eines Kanals vom Roten Meer zum Nil aufzugreifen und zu vollenden. Damit war eine Verbindung auf dem Seeweg von Indien bis zum Mittelmeer geschaffen.

Nach Abschluss seines indischen Feldzugs wandte sich Dareios dem Westen zu, unterwarf die Kyrenaika mit ihren griechischen Städten und brach, wie oben erwähnt, auf dem Weg über den Bosporus und die untere Donau zu dem Kriegszug auf, der die Skythen im Norden des Reiches befrieden sollte. Das Unternehmen scheiterte; Dareios musste den Rückzug antreten. Aber im Bereich der strategisch wichtigen Meerengen und auf der Balkanhalbinsel gelang ihm eine Erweiterung der persischen Herrschaft. Unter dem Namen Skudra wurde, wie Dareios in seiner Grabinschrift von Naqsh-e Rustam erwähnt, das gold- und silberreiche Thrakien Teil des Reiches und Amyntas I., König von Makedonien, wurde durch die Verheiratung seiner Tochter mit einem Achaimeniden als Vasall an die persische Königsdynastie gebunden.

In Griechenland selbst stand seit dem Jahr 508/7 v. Chr. Athen unter dem bedrohlichen Schatten eines persischen Herrschaftsanspruchs. Denn als die Athener unter Kleisthenes' Führung den ihnen von dem spartanischen König Kleomenes aufgezwungenen Stadtherrn Isagoras beseitigt hatten – davon war oben die Rede –, fürchteten sie, dass Kleomenes das nicht hinnehmen würde, und beschlossen, zu ihrem Schutz ein Bündnis mit den Persern einzugehen. Zu diesem Zweck schickten sie eine Gesandtschaft nach Sardes. Was dann geschah, erzählt Herodot so:

> «Als die Boten in Sardes ankamen, fragte der Satrap von Sardes, Artaphernes, Sohn des Hystaspes, was für ein Volk [die Athener] das sei und wo es wohne, das Bundesgenosse der Perser sein wolle. Als man ihm Bescheid gab, fertigte er die Boten mit dem kurzen Bescheid ab, wenn die Athener dem König Dareios Erde und Wasser gäben, wolle der das Bündnis mit ihnen abschließen, wenn nicht, sollten sie gehen. Die Boten erklärten auf eigene Verantwortung Athens Bereitwilligkeit, weil sie das Bündnis gern zustande bringen wollten. Als sie nach Hause zurückgekehrt waren, machte man ihnen schwere Vorwürfe.»
>
> (Hdt. V,73,2 f. Übersetzung nach A. Horneffer)

Die Eigenmächtigkeit der Gesandten hatte zunächst keine Folgen, der zugesagte Akt der Unterwerfung unterblieb, und ein Bündnis kam nicht zustande. Der Konflikt zwischen Athen und dem Perserreich entzündete sich dann an der Unterstützung, die Athen zusammen mit der auf Euboia gelegenen Polis Eretria den Städten an der kleinasiatischen Küste leistete, als diese sich im Jahr 500/499 v. Chr. im sogenannten Ionischen Aufstand gegen ihren persischen Oberherrn erhoben. Die tieferen Gründe für den Abfall lagen in der doppelten Einschränkung der städtischen Freiheit durch die Perser. Diese erhoben einen Tribut und hatten griechische Vertrauensleute als Stadtherren eingesetzt, also, griechisch gesprochen, Tyrannen. Die Erhebung ging aus von einem Milesier namens Aristagoras, einem Verwandten des dortigen Tyrannen Histiaios. Dieser hatte Aristagoras zu seinem Vertreter gemacht, als er sich nach Susa an den Hof des Dareios als Berater für griechische Angelegenheiten begeben hatte. In seiner Abwesenheit erschienen Verbannte aus Naxos, Gastfreunde des Histiaios, in Milet und baten Aristagoras um militärische Unterstützung für die Rückkehr in ihre Vaterstadt. Aristagoras ließ sich mit dem Hintergedanken, die Stadtherrschaft über Naxos zu gewinnen, darauf ein. Da er selbst nicht über Truppen in der benötigten Stärke verfügte, gewann er den persischen Satrapen in Sardes, Artaphernes, einen Bruder des Königs, für das geplante Unternehmen mit dem Argument, dass er auf diese Weise die persische Herrschaft über Naxos und die Kykladen ausdehnen könne. Nachdem Dareios in Susa seine Zustimmung gegeben hatte, stellte Artaphernes eine Flotte und Truppen zur Verfügung. Aus nichtigem Anlass zerstritt sich jedoch Aristagoras mit dem Befehlshaber der persischen Expeditionsstreitkräfte und verriet nach diesem Zerwürfnis den Naxiern den drohenden Angriff. Die Bürger versetzten daraufhin die Stadt in den Verteidigungszustand. Nach viermonatiger Belagerung zogen die Angreifer unverrichteter Dinge ab, nachdem sie schwere Verluste erlitten hatten und die finanziellen Mittel einschließlich des von Aristagoras zugeschossenen Beitrags zu den Kriegskosten aufgebraucht waren.

Aristagoras hatte also sein Versprechen nicht halten können, dazu hatte er sich mit dem persischen Satrapen in Kleinasien, einem Angehörigen des Königshauses, überworfen und sich für das gescheiterte Unternehmen persönlich verschuldet. Um seinen Kopf aus der Schlinge zu ziehen, kam er – so liest man bei Herodot, der einzigen Quelle für diese Ereignisse – auf den Gedanken, die persische Herrschaft über die Griechen Kleinasiens abzuschütteln. Er beriet sich mit seinen Ratgebern, und bis auf einen einzigen stimmten alle dem Plan zu. Die Stimme der Vernunft – sie gehörte einem Kenner des Perserreiches, der es auf seinen Forschungsreisen erkundet hatte – fand kein Gehör:

> «Nur Hekataios, der Logograph [einer der ersten Prosaschriftsteller, der sich die Beschreibung der Welt zum Ziel gesetzt hatte], riet ab, mit dem Perserkönig Krieg anzufangen. Er nannte alle Volksstämme, über die Dareios gebot, und erklärte ihnen die Stärke der persischen Heeresmacht. Als das nichts half, riet er ihnen, sich dann wenigstens zu Herren des Meeres zu machen; er sehe nicht ab, wie das Unternehmen anders Erfolg haben könnte, denn er wisse doch, wie schwach die Streitmacht Milets sei.»
> (Hdt. V,36,2 f. Übersetzung nach A. Horneffer)

Der zweite Rat, den Hekataios nach Ablehnung des ersten gab, beruhte auf der Annahme, dass die von Kroisos in den Apollontempel von Didyma geweihten wertvollen Geschenke sich zu Geld machen ließen und damit die Aufstellung einer großen Flotte finanziert werden könne. Dies wurde von der Versammlung jedoch ebenso abgelehnt. Trotzdem wurde der Abfall von den Persern beschlossen.

Um das Volk hinter sich und seinen – sich später als katastrophal erweisenden – Kurs zu bringen, erklärte Aristagoras die Tyrannis in Milet für beendet und setzte für andere ionische Städte das Gleiche durch. Das war das Zeichen für die offene Rebellion der kleinasiatischen Griechen. Die Tyrannen in den Städten waren die Garanten der Oberherrschaft des Großkönigs, und umgekehrt war es dieser,

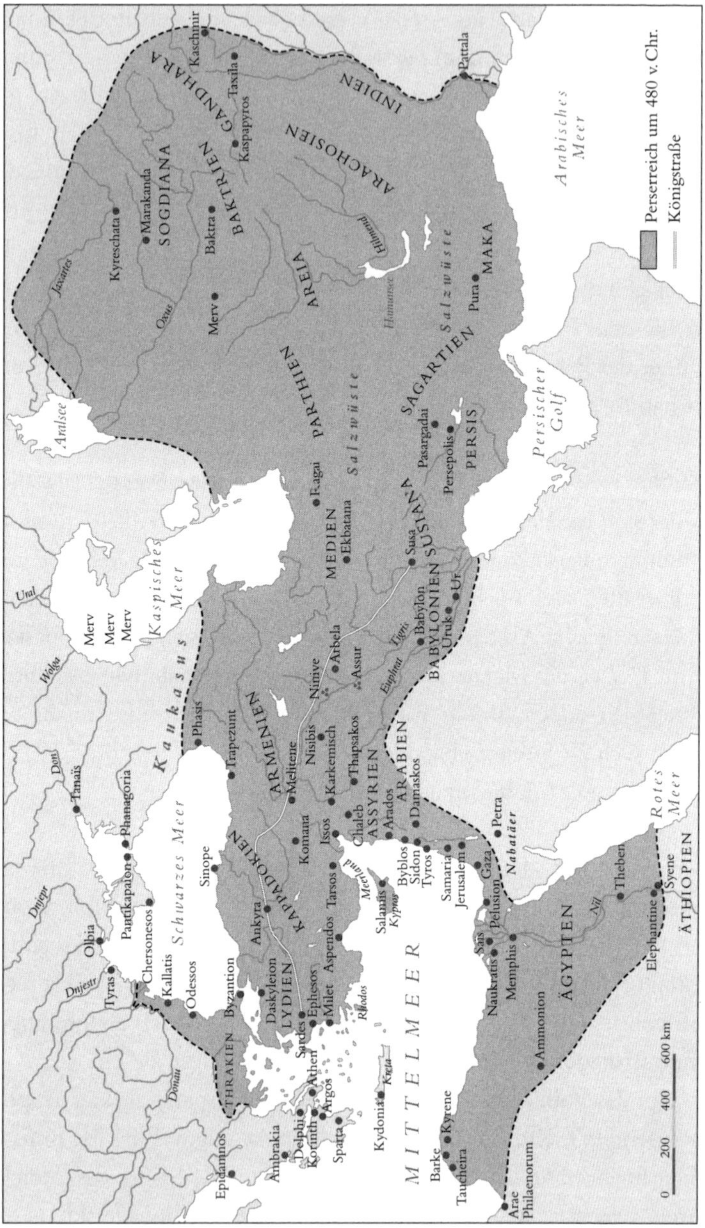

Das Perserreich und Griechenland zur Zeit der Perserkriege

der sie als seine Vasallen an der Macht hielt. Nach dem Umsturz begab sich Aristagoras zunächst nach Sparta, um einen mächtigen Verbündeten zu gewinnen. Er verhandelte mit König Kleomenes, doch der ließ sich nicht überreden. Er fragte, wie viele Tagesreisen es von der ionischen Küste bis zum Großkönig seien. Als Aristagoras drei Monate, entsprechend den hundert Stationen der von Susa nach Sardes führenden Königsstraße, nannte, brach der König die Unterredung mit den Worten ab:

> «Freund aus Milet, verlasse Sparta, noch ehe die Sonne untergeht. Du willst Lakedaimonier drei Monate vom Meer ins Land führen. Das ist keine annehmbare Bedingung für sie.»
> (Hdt. V,50,3. Übersetzung nach A. Horneffer)

Von Sparta abgewiesen, reiste Aristagoras nach Athen weiter, und hier fand er den Boden für sein Anliegen vorbereitet. Dem lag folgende Situation zugrunde: Hippias, der aus Athen vertriebene Tyrann, betrieb von Sigeion aus, seinem Zufluchtsort an den Dardanellen, seine Rückkehr nach Athen mit allen Mitteln. Sein erster Versuch, dies mit Unterstützung Spartas zu erreichen, scheiterte am Widerspruch, den die Bundesgenossen gegen den Plan einer neuen Intervention in Athen erhoben. Dann wollte Hippias bei Artaphernes, dem Satrapen in Sardes, erreichen, dass die Perser ihn nach Athen zurückführten. Die Athener bekamen Wind von diesen Umtrieben und schickten ihrerseits eine Gesandtschaft nach Sardes, um eine Intervention von persischer Seite zu verhindern. Dies wurde schroff zurückgewiesen und den Athenern Gewalt angedroht, wenn sie Hippias nicht wieder bei sich aufnähmen:

> «Artaphernes ließ sagen, wenn ihnen ihr Leben lieb sei, sollten sie Hippias wieder in die Stadt aufnehmen.»
> (Hdt. V,96,2. Übersetzung nach A. Horneffer)

Doch die Athener weigerten sich und waren zum Widerstand entschlossen. Genau zu dieser Zeit einer anwachsenden antipersischen Stimmung traf Aristagoras in Athen ein und bat um Unterstützung gegen die Perser. In der Volksversammlung wurde der Beschluss gefasst, den ionischen Städten zwanzig Schiffe zu schicken. In dem sarkastischen Kommentar Herodots heißt es:

> «Es ist augenscheinlich leichter, viele zu täuschen als einen: Mit dem einen Kleomenes in Sparta war es ihm nicht gelungen, mit dreißigtausend Athenern gelang es ihm.»
> (Hdt. V,97,2. Übersetzung nach A. Horneffer)

Verstärkt wurde das athenische Kontingent durch fünf Schiffe aus Eretria. Damit wollten die Bürger dieser Stadt Milet eine Dankesschuld abstatten. Unterstützt von der Flotte, zogen die Aufgebote der ionischen Städte nach Sardes und eroberten die Stadt. Sie ging in Flammen auf, doch konnten die Griechen die Burg, die von Artaphernes gehalten wurde, nicht einnehmen und traten den Rückmarsch an. Bei Ephesos trafen sie auf ein persisches Truppenkontingent und erlitten eine schwere Niederlage. Die Überlebenden zerstreuten sich in ihre Heimatstädte. Daraufhin gaben die Athener und die Eretrier die Sache der Ioner verloren und verweigerten Aristagoras jede weitere Unterstützung.

Aristagoras konnte nun freilich nicht mehr zurück. Er musste den Kampf fortsetzen, da weder er noch seine Verbündeten von Dareios Gnade erwarten konnten. Zwar hatten sich die meisten Städte auf Zypern dem Aufstand angeschlossen, doch konnten sie nicht verhindern, dass die Perser die Insel zurückeroberten und dann die Niederwerfung der Aufständischen in Kleinasien in Angriff nahmen. Aristagoras aber flüchtete, an einem Sieg gegen die Perser verzweifelnd, mit seinen Gefolgsleuten nach Myrkinos in Thrakien, an den Ort, den Dareios bei seiner Rückkehr aus dem skythischen Feldzug Histiaios geschenkt hatte. In Thrakien fand er mit den Seinen den Tod. Die persische Offensive gegen die abgefallenen Griechen in Kleinasien richtete sich zunächst gegen Milet, die bedeutendste der ionischen Städte. Vor Milet lagen sich die beiden Flotten gegenüber. Die persische wurde hauptsächlich von den phoinikischen Städten, aber auch von Ägyptern und anderen gestellt. Die Griechen unterlagen im Jahr 494 v. Chr. in der Seeschlacht bei der Insel Lade, und damit war auch das Schicksal des belagerten Milet besiegelt. Die Stadt wurde von den Belagerern erobert, die Schätze des Apollonheiligtums von Didyma geplündert, Frauen und Kinder versklavt und die überlebenden Männer an die Mündung des Tigris deportiert. Die Unterwerfung der übrigen Städte war für die Perser Routine. Artaphernes ordnete die Tributzahlungen neu, indem er das Land als Bezugsgröße für die Berechnung der Abgaben vermessen ließ, und sicherte den Landfrieden, indem er die Städte zwang, ihre Streitigkeiten auf dem Rechtsweg auszutragen. Herodot schreibt dazu:

> «Artaphernes, der Satrap von Sardes, beschied Abordnungen aus den ionischen Städten zu sich und zwang sie, Verträge miteinander abzuschließen: Streitigkeiten sollten künftig auf gütlichem Wege beigelegt werden, und die gegenseitigen Plünderungen sollten aufhören. Ferner ließ er das Territorium der einzelnen (Städte) nach Parasangen ausmessen – das ist das persische Wort für dreißig Stadien [etwa 5,5 km] – und erlegte ihnen danach die Abgaben auf, die seit jener Zeit bis auf den heutigen Tag in der von Artaphernes festgesetzten Höhe fortbestehen. Artaphernes' Festlegung (der Abgabensumme) änderte an dem Betrag, den sie vorher gezahlt hatten, wenig. Das trug zum Frieden in Ionien bei.»
> (Hdt. VI,42,1 f. Übersetzung nach A. Horneffer)

Der persische Friede machte dem Zustand des Krieges aller gegen alle bei den Griechen in Kleinasien ein Ende und erwies sich, wie Herodot ausdrücklich hervorhebt, als höchst vorteilhaft für die Ioner. Zugleich ließ Dareios durch Mardonios, seinen Neffen und Schwiegersohn, überall die Herrschaft der durch den Abfall schwer diskreditieren Tyrannen beseitigen und, wie Herodot sich ausdrückt, die Demokratie einführen. Damit zog er die Konsequenz aus der Erfahrung, dass die Stadtherren sich als wetterwendische Vasallen gezeigt hatten. Die Unzuverlässigkeit eines Aristagoras und eines Histiaios, der sich als Beauftragter des Königs ebenfalls als abtrünnig erwiesen hatte, war keine Ausnahmeerscheinung. Mit der Beseitigung der Tyrannen wurde also durch persische Intervention das Grundmuster der griechischen Verfassungsentwicklung, die sich selbst regierende Bürgerschaft mit jährlich wechselnden Magistraten, Rats- und Volksversammlungen, wieder in Kraft gesetzt. Dies meinte Herodot, wenn er unter Verwendung des erst im fünften Jahrhundert entstandenen Wortes *demokratia* von einer Einsetzung der Demokratie sprach.

Mardonios hatte noch einen weiteren Auftrag auszuführen: die europäische Satrapie Thrakien wieder unter persische Oberhoheit zu bringen und den Vasallenstatus Makedoniens zu sichern. Darüber hinaus war es, wenn man Herodot glauben kann, das letzte Ziel des Unternehmens, Athen und Eretria für ihre Unterstützung der aufständischen Ioner zu bestrafen. So weit kam es freilich nicht. Mardonios hatte heftige Kämpfe gegen den thrakischen Stamm der Bryger zu bestehen, bei denen er selbst verwundet wurde. Dennoch erfüllte er seinen Auftrag, soweit dieser Thrakien und Makedonien betraf. Die schweren Einbußen, die dabei das Landheer und anschließend die Flotte erlitten hatten – sie war bei dem Versuch, die Halbinsel Athos zu umrunden, in heftige Stürme geraten –, veranlassten Mardonios, das weitere Unternehmen abzubrechen und nach Kleinasien zurückzukehren. Die vorgesehene Bestrafung Athens und Eretrias sollte im nächsten Jahr erfolgen. Zur Sicherung der Aktion forderte Mardonios von allen griechischen Gemeinden Erde und Wasser als Zeichen der Unterwerfung. Der strategisch wichtigen Insel Thasos an der thrakischen Küste, die den aus ihren thrakischen Minen gewonnenen Reichtum zum Bau einer Stadtmauer und einer Flotte benutzt hatte, wurde auferlegt, die Mauer niederzureißen und die Schiffe den Persern auszuliefern. Thasos gehorchte, und ebenso taten dies die meisten Gemeinden der Inseln und des griechischen Festlands, indem sie Erde und Wasser sandten.

So sollten Athen und Eretria isoliert und der persischen Rache für die Unterstützung des Ionischen Aufstandes ausgeliefert werden. Im Falle Athens kam erschwerend hinzu, dass seine Gesandten, wie Herodot berichtet, dem Satrapen von Sardes im Jahr 508/7 v. Chr., ohne dazu autorisiert zu sein, die Unterwerfung unter die Herrschaft des Großkönigs angeboten hatten. Vom persischen Standpunkt bedeutete dies, dass die Athener wie die Lügenkönige der Behistun-Inschrift oder die gegen ihren Oberherrn rebellierenden Tyrannen Kleinasiens gegen die auf dem Prinzip der Wahrheit beruhende Ordnung der Welt verstoßen hatten und zur Wiederherstellung dieser Ordnung bestraft werden mussten.

2. Die Abwehr der persischen Invasion und die Entstehung der Demokratie in Athen

Der Zug nach Griechenland wurde für das folgende Jahr, 490 v. Chr., anberaumt. Mardonios wurde abgelöst, und an die Spitze des persischen Aufgebots traten der Meder Datis und Artaphernes, der Neffe des Königs und Sohn des oben mehrfach erwähnten gleichnamigen Satrapen in Sardes. Diese Expedition nahm einen anderen Weg als die vorhergehende. Gewählt wurde der Seeweg durch die Inselwelt der Ägäis. Das erste Ziel war die Bestrafung von Naxos. Die Gemeinde hatte vor Ausbruch des Ionischen Aufstandes den Angriff des Tyrannen Aristagoras, den dieser mit dem Satrapen Artaphernes verabredet und mit persischer Hilfe unternommen hatte, abgewehrt und dabei den Angreifern schwere Verluste zugefügt. Bei Erscheinen der persischen Flotte flohen die Einwohner der Stadt in die Berge. Wer den Persern in die Hände fiel, wurde versklavt, Stadt und Heiligtümer gingen in Flammen auf. Dagegen wurde Delos als heiliger Ort, der als Geburtsstätte des Geschwisterpaares Apollon und Artemis galt, verschont.

Dann setzten die Perser die Fahrt in Richtung Euboia fort. Auf den kleinen Inseln, die auf dem Wege lagen, forderten sie die

Stellung von Mannschaften und nahmen Geiseln. Karystos an der Südspitze von Euboia, das beides verweigerte, wurde belagert und das Land verwüstet, bis die Stadt sich unterwarf. Die Eretrier, die wie Athen den Milesiern gegen die Perser zu Hilfe gekommen waren, baten die Athener um Unterstützung. Diese entsandten die Militärkolonisten, die sie in Chalkis auf dem Land der reichen Grundbesitzer angesiedelt hatten. Doch zogen sie wieder ab, als sie erfahren hatten, dass in Eretria zwei Parteien miteinander im Streit lagen: Die einen wollten sich nicht ergeben, sondern in die Berge fliehen, die anderen waren bereit, sich den Persern zu unterwerfen. Die Athener retteten sich, indem sie auf das Festland nach Oropos übersetzten, die Eretrier aber entschlossen sich, in ihrer Stadt zu bleiben und Widerstand zu leisten. Nach sechstägiger Belagerung fiel die Stadt durch Verrat. Die eindringenden Perser zerstörten sie, plünderten die Heiligtümer und steckten sie in Brand, um die Verbrennung der Heiligtümer in Sardes zu ahnden, an der Eretrier beteiligt gewesen waren. Die Einwohner wurden in die Sklaverei geführt. Dann folgte die Invasion in Attika.

Die Perser landeten in der Ebene von Marathon im Nordosten von Attika. Dazu hatte Hippias, der ehemalige Tyrann von Athen, in Kenntnis der Küstengestalt Attikas geraten. Er hatte sich nach Susa an den Hof des Perserkönigs begeben, um dort seine Wiedereinsetzung zum Stadtherrn von Athen zu betreiben. An der Bucht von Marathon lag eine Ebene, die der Reiterei, neben den Bogenschützen die Hauptwaffengattung des persischen Heeres, die besten Entfaltungsmöglichkeiten bot. Hier erwartete die Perser das athenische Aufgebot, das von dem persischen denkbar verschieden war. Es bestand nicht aus Berufskriegern wie das persische, sondern im Kern aus einer Bürgermiliz, deren Angehörige zivilen Berufen nachgingen und über die notwendigen Mittel verfügten, die Bewaffnung als schwerbewaffnete Hopliten selbst zu stellen: Schwert und Lanze sowie Schild, Helm und Brustpanzer. Den so qualifizierten Bürgern gehörten alle waffenfähigen Jahrgänge an, von den Zwanzigjährigen bis zu den etwa Fünfzigjährigen. Zum Kampf aufgestellt wurde das

Aufgebot in kompakter Formation mit lang aufgereihter Front und unterschiedlicher Tiefenstaffelung. Ziel war es, die gegnerische Formation durch die Wucht des Aufpralls zu zerbrechen und, wenn möglich, auf dem ungedeckten rechten Flügel – ungedeckt, weil die Schilde der gegnerischen Männer links getragen wurden – zu überflügeln und anschließend die ganze Formation aufzurollen. Die Leistungsfähigsten kämpften an vorderster Front, die Übrigen wurden in den hinteren Reihen aufgestellt. Die Schwäche dieser Aufstellung zum Kampf lag in ihrer Verwundbarkeit auf beiden Flanken. Die griechische Phalanx war nicht in der Lage, Front gegen einen Flankenangriff der gegnerischen Reiterei zu machen, während sie von vorn mit einem Hagel von Pfeilen überschüttet wurde. Dennoch errang die athenische Phalanx in der Ebene von Marathon wider Erwarten den Sieg über den gefürchteten Feind. Sie verdankte dies einer Aufstellung, die die potentielle Überlegenheit der persischen Kampfweise konterkarierte. Nach Herodot wurde diese Aufstellung dem jüngeren Miltiades aus der Adelsfamilie der Philaiden verdankt, aber möglicherweise entstammt die von ihm erzählte Version der Familientradition, die nach dem frühen Tod des Vaters von seinem Sohn Kimon, dem führenden Politiker Athens nach der endgültigen Abwehr der Perser, propagiert wurde.

Miltiades hatte im Jahr 524/23 v. Chr. unter dem Tyrannen Hippias in Athen das Amt des höchsten Magistrats der Stadt, des Archon eponymos, bekleidet und war anschließend ausgesandt worden, in Nachfolge seines Bruders Stesagoras und seines Onkels, des älteren Miltiades, die Herrschaft auf der thrakischen Chersones anzutreten. Hier unterwarf er sich der persischen Oberhoheit und nahm 514/13 v. Chr. an dem Skythenzug des Königs Dareios teil. Danach beteiligte er sich an der Erhebung der Ioner und musste nach der Niederlage fliehen. Er kehrte nach Athen zurück, wo er wegen der Tyrannenherrschaft, die er auf der thrakischen Chersones ausgeübt hatte, angeklagt, aber freigesprochen wurde. Als wenig später die persische Invasion drohte, wurde er zu einem der zehn Strategen des nach den zehn Phylen gegliederten Heeresaufgebots gewählt. Die benachbarten Plataier schlossen sich dem athenischen Aufgebot an. Dessen Oberbefehlshaber war der Polemarch Kallimachos von Aphidnai, der dritte der neun Archonten. Im Kriegsrat war umstritten, wie man der persischen Invasion am besten begegnen solle. Der Überlieferung zufolge plädierten fünf der zehn Strategen dafür, sich nicht auf einen Kampf einzulassen, sondern auf das Erscheinen der Spartaner zu warten, an die ein Hilfeersuchen ergangen war. Die übrigen fünf folgten dem Vorschlag, die Perser in der Ebene von Marathon unverzüglich in einen Kampf zu verwickeln. Die Entscheidung brachte der Polemarch, der sein Votum zugunsten des angeblich von Miltiades eingebrachten Vorschlags für einen Angriff abgab. Das athenische Heer wurde am Ausgang des heute so genannten Vrana-Tals, das über einen Bergpfad von Athen aus erreichbar war, mit Front zu der an der Küste entlang nach Athen führenden Hauptstraße zur Schlacht aufgestellt. Geschützt war diese Stellung auf beiden Seiten durch Berge, und zusätzlich verstärkt wurde sie wurde durch Verhaue aus Bäumen. Diese geschützte Flankenstellung der Athener konnten die Perser nicht durch ihre Reiterei aufrollen. Gleichwohl waren sie gezwungen, die Athener aus ihrer Stellung zu vertreiben; denn sie konnten nicht riskieren, in Marschformation angegriffen zu werden, wenn sie den Versuch machten, die Ebene von Marathon auf der Hauptstraße in Richtung Athen zu verlassen. Sie saßen also gewissermaßen in einer Falle. Denn, wie kriegsgeschichtliche Studien ergeben haben, waren beide Seiten, anders als die mündliche Überlieferung der Athener will, etwa gleich stark, 5000 bis 6000 Mann, und so war es den Persern unmöglich, mit einem Teil ihres Heeres die Athener in ihrer Flankenstellung festzuhalten und mit dem anderen die Ebene auf der Straße nach Athen zu verlassen, um die Athener zu umgehen. Die Perser mussten also angreifen, nicht die Athener, wie die bei Herodot fixierte mündliche Überlieferung behauptete; denn in ihrer Flankenstellung konnten sie die Perser in der verhältnismäßig kleinen Ebene so lange, wie es ihnen beliebte, blockieren.

Nach einigen Tagen des Zauderns entschlossen sich die Perser zu einem nach Lage der Dinge riskanten Befreiungsschlag und griffen an. Als sie auf etwa 100 bis 150 Meter herangekommen waren, unterlief die Phalanx im Laufschritt den Pfeilhagel der persischen Bogenschützen und stürzte sich in geschlossener Formation auf den Gegner, der keine Zeit mehr hatte, die Überlegenheit seiner Fernwaffe zur Geltung zu bringen. Die Athener verfolgten die Fliehenden etwa 1500 Meter weit. Dann hielten sie, vom Lauf erschöpft, inne, so dass die Perser Zeit gewannen, sich zurückzuziehen und einzuschiffen. Bei dem Kampf, der sich dann am Landeplatz der Schiffe entspann, erbeuteten die Athener nur noch sieben Kriegsschiffe. Das Gros der persischen Flotte und des Heeres entkam. Die Athener bestatteten ihre Toten, genau 192 Hopliten, unter ihnen den in der Schlussphase der Verfolgung gefallenen Polemarchen Kallimachos, an der Stelle in der Ebene, an der sie bei der Verfolgung der Feinde zunächst Halt gemacht hatten. Der Grabhügel ist heute noch in der Ebene sichtbar.

Die Perser umschifften nach Verlassen des Schlachtfeldes Attika und beabsichtigten, in Phaleron, dem im Saronischen Golf gelegenen Hafen Athens, zu landen, angeblich in Abrede mit den Alkmaioniden, die zur Unterwerfung unter die persische Oberherrschaft bereit waren. Aber sie nahmen davon Abstand, als sie merkten, dass das athenische Heer bereits in der Stadt eingetroffen war, und kehrten nach Asien zurück.

Das Unternehmen war gescheitert. Der Erfolg der Athener machte umso größeren Eindruck, als dies das erste Mal war, dass ein griechisches Heer den Persern standgehalten und einen Sieg errungen hatte. Herodot schreibt:

> «Die Athener waren die Ersten unter allen hellenischen Stämmen, soweit wir wissen, die den Feind im Laufschritt angriffen, sie waren auch die Ersten, die dem Anblick medischer (d. h. persischer) Kleidung und medisch gekleideter Krieger standhielten. Bis dahin fürchteten sich die Hellenen, wenn sie nur den Namen Meder hörten.»
> (Hdt. VI,112,3. Übersetzung nach A. Horneffer)

Der persische Angriff war abgewehrt, aber die Gefahr und die Furcht blieben. Es war und blieb umstritten, ob man der persischen Forderung nach Unterwerfung Widerstand entgegensetzen oder ihr Folge leisten und Hippias, den ehemaligen Tyrannen, der Gefolgsmann des Großkönigs geworden war, als Stadtherrn wieder aufnehmen solle. Die Partei der zum Widerstand Entschlossenen, zu der Miltiades, der Sieger von Marathon, gehörte, argwöhnte, dass die Perser sich mit den Alkmaioniden verabredet hatten, die Stadt zu übergeben, als ihre Flotte mit dem Heer vor dem Hafen von Phaleron erschien. Der Bericht Herodots lautet:

> «In Athen schrieb man es einer Hinterlist der Alkmaioniden zu, dass die Perser auf diesen Gedanken [Athen zu erreichen, bevor das athenische Aufgebot von Marathon in die Stadt zurückgekehrt war] gerieten. Man sagte, sie hätten mit den Persern ein Zeichen verabredet, einen Schild emporzuheben, sobald sie mit den Schiffen erschienen.»
>
> (Hdt. VI,115. Übersetzung nach A. Horneffer)

Dieses Gerücht, dessen Wahrheitsgehalt Herodot in Unkenntnis der damaligen innenpolitischen Situation in Athen bestritt, stimmt indessen zu den Indizien, die anzeigen, dass der Kurs, der gegenüber den Persern einzuschlagen sei, in Athen weiterhin hoch umstritten war. Denn mit der siegreichen Schlacht von Marathon erschien es keineswegs gesichert, dass die Perser von ihrem Plan, Athen zu unterwerfen, ablassen würden. Die Alkmaioniden neigten zur Unterwerfung, um Athen zu retten; zur Gegenpartei gehörte neben Miltiades, dem Sieger von Marathon, vor allem Themistokles, der im Jahr 493/92 v. Chr. eponymer Archon war und als solcher den Ausbau der Hafenanlagen an der Westküste Attikas durchgesetzt hatte. Er war es auch, der als Archon veranlasste, dass am Fest der städtischen Dionysien das Stück *Der Fall Milets* des dramatischen Dichters Phrynichos, das die Einnahme Milets durch die Perser im Jahr 494 v. Chr. zum Gegenstand hatte, aufgeführt wurde. Damit erinnerte er die Athener an das Schicksal, das die mit ihnen verbündeten Milesier erlitten hatten, die Zerstörung ihrer Stadt und Deportation der Bevölkerung, und bewirkte mit der Furcht und Mitleid erregenden Darstellung, dass die Zuschauer in Tränen ausbrachen. Die Athener mochte ein schlechtes Gewissen plagen, dass sie ihre Verbündeten im Stich gelassen hatten, und die Furcht leiten, dass die Perser ihnen ein ähnliches Schicksal bereiten könnten. So gesehen dürfte die Aufführung dazu beigetragen haben, die wichtigste Streitfrage der damaligen Politik emotional aufzuladen, und es ist anzunehmen, dass Themistokles den Versuch unternommen hat, die durch das Stück bewirkte Stimmung zur Stärkung des Widerstandswillens gegen die persische Forderung nach Unterwerfung zu benutzen. Jedenfalls wurde das Stück nach Herodot mit einem Aufführungsverbot belegt und über den Dichter eine hohe Geldstrafe, angeblich 1000 Drachmen, verhängt. Vermutlich wollten die Gegner des Themistokles der durch das Stück erregten antipersischen Stimmung entgegenwirken.

Miltiades starb schon ein Jahr nach dem Sieg bei Marathon. Er hatte die Athener zu einem Feldzug gegen die Verbündeten der Perser in der Ägäis veranlasst und wurde bei der vergeblichen Belagerung von Paros verwundet. Er brach das Unternehmen ab und kehrte nach Athen zurück. Hier wurde er von dem mit der Tochter eines Alkmaioniden verheirateten Xanthippos, dem Vater des später berühmten Perikles, vor Gericht gestellt und wegen Täuschung des Volkes angeblich zu einer exorbitant hohen Geldstrafe verurteilt; Herodot spricht von fünfzig Talenten – 300 000 Drachmen. Kurze Zeit später erlag Miltiades seinen Verletzungen. Immerhin war er durch seine Heirat mit der Tochter des thrakischen Königs Oloros in den Besitz von Goldbergwerken gekommen und reich geworden. Dies versetzte seinen Sohn Kimon, den Erben seines Vermögens, der nach der Abwehr der Perser für lange Zeit zum einflussreichsten Politiker Athens aufsteigen sollte, in die Lage, die Strafsumme, wie hoch sie tatsächlich auch war, zu zahlen.

Unmittelbar nach Miltiades' Tod ließ sich Athen in einen un-

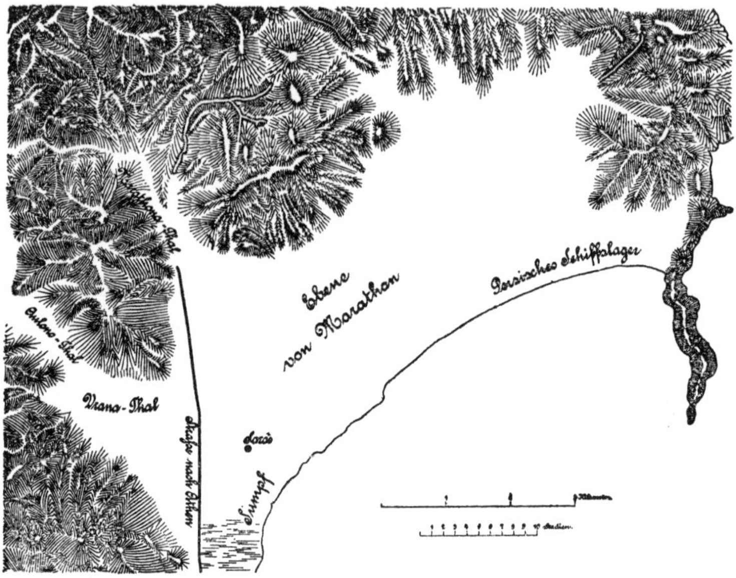

Plan der Schlacht von Marathon (Hans Delbrück)

glücklich verlaufenden Krieg gegen die bedeutende Handels- und Seemacht Aigina im Saronischen Golf verwickeln. Athen war schon der Flotte der Aigineten nicht gewachsen, geschweige denn der persischen. Ob man sich der Forderung nach Unterwerfung fügen oder Widerstand leisten solle, bestimmte den Richtungskampf, den Athen in den 80er Jahren des fünften Jahrhunderts austrug. In diesem Zusammenhang kam es zu zwei Verfassungsreformen. Die erste, der sogenannte *ostrakismos*, «Scherbengericht», schuf die Möglichkeit, dass das Volk durch schriftliche Stimmabgabe auf einer Tonscherbe mit qualifizierter Mehrheit einen der um die Führung der Stadt rivalisierenden Politiker für zehn, später für fünf Jahre aus Athen verbannte. Die zweite Maßnahme machte das Archontat zu einem Amt, über dessen Besetzung nun das Los, nicht mehr eine Wahl entschied. Um die Mitte des vierten Jahrhunderts, als in Athen eine Debatte über eine Revision der demokratischen Verfassung ge-

Grabhügel der in der Schlacht von Marathon gefallenen 192 Athener

führt wurde, sind beide Maßnahmen auf das Streben nach Demokratisierung zurückgeführt worden. Aber es ist mehr als fraglich, ob damit das Motiv, das im Jahr 488/87 v. Chr. den beiden Verfassungsreformen zugrunde lag, richtig bestimmt ist. Es gab damals noch nicht einmal den Begriff der Demokratie. Vielmehr ist anzunehmen, dass die beiden Reformen ihren Sitz in der inneren Auseinandersetzung angesichts der persischen Drohung hatten. Dies zeigen sowohl die politischen Umstände, unter denen die Reformen erfolgten, als auch ihre Wirkung in der Auseinandersetzung um den außenpolitischen Kurs Athens.

Das eponyme Archontat, das sowohl Miltiades als auch Themistokles bekleidet hatten, war zu Beginn des fünften Jahrhunderts noch immer eine Schlüsselposition bei der Bestimmung des politischen Kurses der Stadt. Den Peisistratiden hatte die Kontrolle über die Besetzung dieses Amtes ihre Herrschaft in Athen gesichert. Der eponyme Archon berief die Volksversammlung ein, legte die Tagesordnung in Absprache mit dem Rat fest, bestimmte die Rednerliste und hatte damit gute Chancen, seine Meinung in der Volksversammlung durchzusetzen. Wie weit seine Macht ursprünglich ging, verrät der bei seinem Amtsantritt geleistete Eid, dass er nicht in die Vermögensverhältnisse der Bürger eingreifen werde. Dies impliziert nach dem Urteil von Eberhard Ruschenbusch, dass er ursprünglich, das heißt vor der Reform, die Vollmacht hatte, Schuldenerlass und Landverteilung auf die Tagesordnung zu setzen. So ist zu erklären, dass Solon den umstrittensten Teil seiner Reformen, die Befreiung der Bauern und ihres Bodens von der Schuldknechtschaft, durchsetzen konnte, als er das eponyme Archontat bekleidete und zum Aisymneten bestimmt worden war. Zwar war der Archon seit der kleisthenischen Verfassungsreform zur Zusammenarbeit mit dem Rat der Fünfhundert verpflichtet, aber das änderte nur wenig an dem politischen Gewicht des Amtes. Groß war deshalb bei den jährlichen Wahlen der Archonten die Konkurrenz der großen adligen Familien; denn hier wurde eine Vorentscheidung über den politischen Kurs der Stadt getroffen. Die von Kleisthenes eingeführte Phylenordnung hatte zwar die regionalen Grundlagen der Macht der Adelsfaktionen weitgehend zerschlagen, aber er hatte die Grenzen der Phylen so gezogen, dass seiner eigenen Sippe, den Alkmaioniden, eine privilegierte Stellung bei der Wahl des eponymen Archonten erhalten blieb. Dagegen richtete sich nun die Reform des Jahres 486 v. Chr., die an die Stelle der Wahl die Auslosung des Archontenamtes setzte. Bei Wahlen setzten sich die durch Ehrgeiz, Durchsetzungsvermögen und Ansehen ausgezeichneten Oberhäupter der großen Adelsfamilien durch, das Los konnte hingegen jedem Beliebigen zu dem höchsten Staatsamt verhelfen, sofern er nur der Vermögensklasse angehörte, die für dessen Bekleidung vorgeschrieben war. Damit war die Wahrscheinlichkeit gegeben, dass der Zufall irgendwelche Personen ohne politisches Gewicht traf, die zur politischen Führung im Rat der Fünfhundert und der Volksversammlung kaum geeignet waren. Die Reform bezweckte also die Abwertung des eponymen Archontats als des eigentlichen politischen Führungsamtes der Stadt.

Die Entmachtung des eponymen Archonten ergänzte die andere Reform, die ein Jahr früher in Kraft getreten war, das sogenannte Scherbengericht. Über das entsprechende Gerichtsverfahren unterrichtet Philochoros (ca. 340–262/61 v. Chr.), der bedeutendste der sogenannten Atthidographen, die Athens Geschichte im vierten Jahrhundert unter dem Gesichtspunkt der Verfassungsentwicklung behandelten. Das betreffende Fragment seines Werkes lautet:

> «Vor der achten Prytanie (etwa im Januar) stimmte das Volk vorweg darüber ab, ob es ihm gut schien, einen Ostrakismos durchzuführen. Wenn es ihn beschloss, wurde der Versammlungsplatz mit Zäunen abgeteilt, und wurden zehn Zugänge freigelassen, durch die sie eintraten und nach Phylen geordnet die Stimmtafeln abgaben, wobei sie die Beschriftung nach unten kehrten. Die Aufsicht führten die neun Archonten und der Rat (der Fünfhundert). Nachdem die Stimmen ausgezählt waren, wer die meisten auf sich vereinte, und zwar von nicht weniger als sechstausend (die ihre Stimme abgaben?), musste der Betreffende innerhalb von zehn Tagen seine privaten Geschäfte ordnen und die Stadt dann für zehn Jahre verlassen (später waren es fünf). Ihm blieb der Ertrag seines Besitzes, und er durfte sich nicht über Kap Geraistos auf Euboia (heute Kap Mandelo an der Südspitze der Insel) (der Stadt) nähern ...»
> (Philochoros FGrHist 328 F 30 Jacoby)

Der Zweck beider Maßnahmen, des Scherbengerichts und des Losverfahrens bei der Bestellung des eponymen und der übrigen Archonten, lag in der Absicht, im Kampf der politischen Führungsaspiranten um die Bestimmung des politischen Kurses der Stadt – die dem Votum der Volksversammlung oblag – eine Vorentscheidung herbeizuführen. Zu diesem Zweck wurde auf der einen Seite das traditionelle Amt des Versammlungsleiters mit seinen Möglichkeiten zur Beeinflussung der Volksversammlung praktisch beseitigt und auf der anderen Seite mit dem Mittel der Verbannung eines der Führer der rivalisierenden Parteien sichergestellt, dass eine Vorentscheidung zugunsten einer der beiden Parteien fiel, die in der Volksversammlung um die Mehrheit rangen.

Eine große Zahl von Ostraka, Scherben mit den eingeritzten Namen der zur Verbannung vorgesehenen politischen Führer, sind bei Ausgrabungen auf der Agora, dem politischen Zentrum der Stadt, und auf dem Kerameikos, dem Staatsfriedhof, zutage gekommen: 1698 beschriftete Ostraka wurden auf dem Gelände der Agora gefunden, dann kamen, von einzelnen Streufunden abgesehen, bei den deutschen Ausgrabungen auf dem Kerameikos 4463 weitere hinzu. Sie alle stammen mehrheitlich aus der Zeit der achtziger Jahre des fünften Jahrhunderts, als die Drohung einer persischen Invasion Athen zu einer Entscheidung zwang, wie ihr begegnet werden solle, mit Unterwerfung oder mit dem Risiko des bewaffneten Widerstands. Die Zahl der gefundenen Ostraka stellt nur einen Bruchteil der abgegebenen Stimmen dar, und dieser Umstand macht es unmöglich zu erkennen, welche der auf den Scherben genannten Personen mit der relativen Mehrheit der abgegebenen Stimmen zu einer zehnjährigen Verbannung verurteilt worden sind. Zu einer solchen Feststellung sind entsprechende Nachrichten aus der literarischen Überlieferung notwendig. Glücklicherweise sind solche für die Zeit vor 480 v. Chr. – dem Jahr, in dem am Vorabend des bevorstehenden zweiten persischen Feldzugs nach Griechenland alle durch Ostrakismos Verbannten nach Athen zurückberufen wurden – verhältnismäßig zahlreich, und sie sind instruktiv.

Der Erste, den der Ostrakismos im Jahr 487 v. Chr. traf, war Hipparchos, Sohn des Charmos, der 496/95 v. Chr. das politische Führungsamt des eponymen Archontats bekleidet hatte. Er war ein Verwandter der Peisistratiden, deren Wiedereinsetzung die Perser gefordert hatten. Ein Jahr später folgte Megakles, Sohn des Hippokrates. Er war der Neffe des Reformers Kleisthenes und ein prominentes Mitglied der Familie der Alkmaioniden. Im Jahr 485 v. Chr. wurde wahrscheinlich Kallias, Sohn des Kratias, verurteilt, doch fehlt eine literarische Überlieferung, und vor 1967 waren nur drei Scherben mit seinem Namen bekannt, aber in jenem Jahr fand man

789 weitere, die zusammen mit den zugleich gefundenen 2216 Ostraka mit dem Namen des Megakles deponiert worden waren. Im Fall des Kallias ist seine Parteistellung in der politischen Auseinandersetzung um Annahme oder Verweigerung der persischen Unterwerfungsforderung durch Beischriften auf vier Ostraka klar, die ihn als Perserfreund bezeichnen. Auf einer Scherbe ist er zudem auf einer Umrisszeichnung in persischer Tracht dargestellt. Dann folgten 484 v. Chr. Xanthippos, Sohn des Arrhiphron, Schwager des Alkmaioniden Megakles (s. oben) und Vater des Perikles. Auf einer der Scherben heißt es von ihm in einem elegischen Doppelvers:

> «Dies Ostrakon sagt, dass Xanthippos, der Sohn des Arrhiphron,
> Am meisten Unrecht tut von den verfluchten Führern.»
> (Meiggs/Lewis, Nr. 21)

Im Jahr 482 v. Chr. wurde Aristeides, der Sohn des Lysimachos, durch Ostrakismos verbannt. Er war 489/88 eponymer Archon gewesen und war ein Gegner der Flottenrüstungspolitik des Themistokles, die der Abwehr der bevorstehenden persischen Invasion galt. Deshalb wurde er auf einer Beischrift als «Aristeides, (Kreatur) des (persischen Feldherrn) Datis» bezeichnet. Demnach gehörte er zu den Anhängern der von den Alkmaioniden und deren Gefolgsleuten betriebenen Politik, Athen durch Unterwerfung vor dem drohenden persischen Strafgericht zu retten. Ebenso aus der Zeit vor 480 v. Chr. stammen 263 Ostraka mit dem Namen Kallixenos, Sohn des Aristonymos, der als «einer der Alkmaioniden» oder als «Kallixenos, der Verräter» apostrophiert wird.

Hinter dem innenpolitischen Feldzug gegen die Alkmaioniden und ihren Anhang stand nicht zuletzt Themistokles, der Führer der Partei, die zum Widerstand gegen die Perser entschlossen war. Es versteht sich von selbst, dass in den achtziger Jahren des fünften Jahrhunderts mehrfach der Versuch von Seiten der Alkmaioniden unternommen wurde, Themistokles durch Ostrakismos aus dem Streit um den politischen Kurs zu entfernen. In dem in einen Brunnen eingefüllten Schutt, den die Zerstörung Athens durch die Perser im Jahr 480/79 v. Chr. hinterlassen hatte, wurden 190 ungebrauchte Ostraka mit dem Namen des Themistokles gefunden. Diese Scherben weisen vierzehn verschiedene Handschriften auf. Das heißt, dass sie von Angehörigen der Partei der Alkmaioniden zur Verteilung an Stimmberechtigte vorbereitet worden waren, die des Schreibens unkundig waren. Doch obwohl Themistokles bis zum Ende der achtziger Jahre wahrscheinlich mehrfach zur Ostrakisierung vorgeschlagen wurde – insgesamt 2264 der gefundenen Scherben tragen seinen Namen –, gelang es seinen Gegnern nicht, die dafür notwendige relative Stimmenmehrheit zu erreichen. Erst zehn Jahre später wurde er aus Athen verbannt.

Dem Einfluss des Themistokles wird es zugeschrieben, dass im Jahre 482 v. Chr. der Beschluss von der Volksversammlung gefasst wurde, die athenische Kriegsflotte von siebzig auf zweihundert Schiffe zu verstärken. Begründet wurde dieser enorme Ausbau mit der für einen Krieg gegen Athens alte Rivalin Aigina notwendigen Flottenrüstung, aber es lag auf der Hand, dass dieses militärische Machtinstrument auch gegen die Perser eingesetzt werden konnte. Der Bau, die Unterhaltung und die Bemannung von Kriegsschiffen waren eine kostspielige Angelegenheit, und der Beschluss zum Flottenbau wird der Volksversammlung nicht leicht gefallen sein, zumal die dafür vorgesehenen Mittel, der Ertrag des Silberbergbaus im attischen Laureiongebirge, ursprünglich für eine Verteilung an die Bürger Athens vorgesehen waren. Dass dieser Plan zugunsten der Flottenrüstung aufgegeben wurde, ist ohne die persische Bedrohung, das Charisma und die politische Überzeugungskraft des Themistokles schwer vorstellbar.

Athen besaß freilich auch einzigartige Voraussetzungen für eine Flottenrüstung im großen Stil. Das Standardkriegsschiff, der sogenannte Dreiruderer (griechisch *triere*), erforderte, um im Kampf die notwendige Schnelligkeit und Manövrierfähigkeit zu erreichen, eine Besatzung von mehr als zweihundert Mann, die meisten als Ruderer, die gut ausgebildet und trainiert werden mussten. Eine

Flotte von zweihundert Schiffen benötigte demnach, wenn alle Schiffe gleichzeitig bemannt wurden, vierzigtausend Ruderer. Diese Zahl hätte selbst Athen überfordert. Aber auch wenn nur ein Teil der verfügbaren Schiffe mobilisiert wurde, war doch klar: Nur eine bevölkerungs- und einkommensstarke Polis wie Athen konnte sich solch einen Flottenbau leisten. Hundertdreißig Schiffe mussten auf Kiel gelegt, mit Masten, Ruderwerk, Segeln und Rammspornen aus Metall ausgestattet werden. Dazu waren große Mengen Holz und andere Materialien notwendig, und eine große Zahl von Handwerkern musste in Lohn und Brot gesetzt werden, Zimmerleute, Seiler, Segeltuchmacher und Schmiede. Für die Bemannung aller Kriegsschiffe wurden mit Sicherheit mehr Ruderer benötigt, als das Rekrutierungspotential der Bürgerschaft hergab. Entweder musste man sich damit begnügen, nur einen Teil der Schiffe zu bemannen, oder bei Mobilisierung des gesamten Schiffsraumes Ruderer von auswärts anwerben. Es liegt auf der Hand, dass Materialbeschaffung, Herstellung der Schiffe und Rekrutierung der Besatzungen gewaltige Kosten verursachten. Ohne die Erfindung des Geldes und speziell des Münzgeldes wäre Athen nicht in der Lage gewesen, zu der bedeutenden Seemacht aufzusteigen, für die Themistokles am Vorabend der persischen Invasion unter Führung des Xerxes den Grund gelegt hatte. Um eine Vorstellung von dem außerordentlichen Machtpotential zu gewinnen, das Athen in den kleinteiligen Verhältnissen der griechischen Staatenwelt mit seiner Flotte besaß, muss man sich die beschränkten Möglichkeiten, die eine durchschnittlich große Polis mit 250 bis 1000 erwachsenen männlichen Bürgern besaß, vor Augen halten. Sie konnte, wenn überhaupt, ein einziges, allenfalls zwei Kriegsschiffe in Dienst stellen.

Aber nicht nur von der Zahl der erwachsenen männlichen Bürger und von dem Besitz eines oder mehrerer Häfen war die Möglichkeit abhängig, eine große Flotte zu unterhalten. Mindestens ebenso wichtig waren Mittel zum Ankauf der benötigten Materialien und zur Bezahlung der beim Bau der Schiffe anfallenden Arbeitskosten und des Ruderdienstes. Mit Umlagen und mit der Rekrutierung von unbezahlter Arbeit, wie dies vermutlich durch die achtundvierzig Schiffsbezirke (griechisch *naukrariai*) in vorkleisthenischer Zeit geschehen war, ließ sich das umfangreiche Flottenprogramm des Themistokles, das den Ausbau des Hafens von Phaleron umfasste, zumindest in kurzer Zeit nicht realisieren. Wie oben bereits angedeutet worden ist, war die Verfügung über das aus Silber bestehende Münzgeld als Zahlungsmittel eine der beiden Voraussetzungen der von Themistokles unter schwerem Streit durchgesetzten Flottenpolitik.

Dieser Umstand rechtfertigt und erfordert einen Exkurs über die Entstehung des Münzgeldes. Entstanden ist es vor 600 v. Chr., worauf oben bereits hingewiesen wurde, bei den Lydern in Nordwestkleinasien. Es bestand zunächst aus Elektron, einer Gold-Silber-Legierung, die in der Region des Paktolos und seines Nebenflusses Hermes auch natürlich vorkommt. In der nächsten Generation wurde unter dem lydischen König Kroisos (ca. 560–547 v. Chr.) Münzgeld aus Gold oder Silber geprägt. Der früheste Münzfund – er stammt aus der Basis des Artemisheiligtums von Ephesos und umfasst knapp hundert Stücke zusammen mit Schmuck und Silber – weist drei verschiedene Wertstandards mit differenzierten Nominalen auf. Dies legt die Schlussfolgerung nahe, dass das frühe Münzgeld für verschiedene regionale Umlaufgebiete geprägt wurde und nicht etwa für die Vereinheitlichung des Zahlungsverkehrs im überregionalen Handel gedacht war. Das blieb auch so, als sich der Gebrauch von Münzgeld im griechischen Raum seit der zweiten Hälfte des sechsten Jahrhunderts immer weiter verbreitete: von Aigina, Korinth und Athen zu den Städten an der thrakischen Küste, nach Sizilien und Unteritalien. Die wichtigste Gewichtseinheit war überall die Drachme, aber ihr Gewicht war regional verschieden. So wog sie beispielsweise in Aigina 6,4, in Korinth 2,8 und in Athen 4,37 Gramm. Der Wert dieser Silberdrachmen war im sechsten Jahrhundert sehr hoch, und die Unterschiede in der Gewichtsnorm bedeuteten eher eine Erschwerung als eine Erleichterung des Handels. Die Annahme liegt also nahe, dass nicht die Erleichterung des überregionalen Zahlungsverkehrs der Entstehungsgrund des Münzgeldes war.

Dem Münzgeld voraus ging der Gebrauch von abgewogenen Silbermengen nach dem Gewichtsstandard der Drachme. Das zu handhaben war mühsam und konnte leicht zu Streitigkeiten über ein Missverhältnis zwischen dem tatsächlichen Gewicht einer gewogenen Silbermenge und der Gewichtsnorm führen. Deshalb liegt es auf der Hand, dass Münzen, deren Wert und Gewicht durch den Stempel der emittierenden Polis garantiert waren, einen großen Fortschritt für den Gebrauch von Silber als Wertmaßstab für die Festlegung des Zensus, nach dessen Höhe sich die Rechte und Pflichten der Bürger bemaßen, und für die Festlegung der Höhe einer Strafe seitens der politischen Gemeinschaft darstellte. Dies war der Gebrauch, den die Polis von Silber machte. Diese Rolle des Silbergeldes war ihrerseits von zwei Voraussetzungen abhängig. Ursprünglich wurde bei der Zensuserhebung die Höhe des Vermögens nach dem landwirtschaftlichen Ertrag und dem Viehbesitz, Getreide und Schafe, festgelegt. Aber mit dem Aufstieg von Handel und Gewerbe ergab sich die Notwendigkeit, Einkommen und Vermögen, die nicht aus Landwirtschaft und Viehzucht stammten, zu bewerten. In den solonischen Gesetzen geschah das, wie oben gezeigt wurde, in der Weise, dass das Gewicht einer Silberdrachme dem Wert eines Schafs oder eines Scheffels gleichgesetzt wurde. Was die durchgehende Spezifizierung von Strafsummen in Silberdrachmen in den solonischen Gesetzen anbelangt, so wirkte hier ein anderes Motiv. Silber konnte thesauriert werden, und seine Akkumulierung eröffnete der Staatskasse bei Bedarf jederzeit den Rückgriff auf die Kaufkraft des Edelmetalls. Demgegenüber wäre die Einziehung von Strafsummen in landwirtschaftlichen Gütern kontraproduktiv gewesen: Schafe sterben, und gelagertes Getreide fressen die Mäuse. Hinzu kommt, dass die Notwendigkeit, Speicher, Weiden und Ställe zu unterhalten, entfällt, ganz zu schweigen von dem Aufwand für die Versorgung und Vermarktung der Tiere.

So erklärt es sich, dass der Ausbau eines staatlichen Strafsystems,

Attische Trinkschale mit schwarzfiguriger Bemalung, 520-500 v. Chr.

Kriegsschiff mit Rammsporn, das, von zwei Ruderreihen angetrieben, kurzfristig eine hohe Geschwindigkeit erreichen konnte, im Angriff auf einen Frachtensegler

London, Britisches Museum

wie ihn die solonischen Gesetze beispielhaft bezeugen, und die Verhängung von Geldstrafen in Gestalt von Silberdrachmen Hand in Hand gingen. Alle Indizien sprechen somit dafür, dass der Ursprung der Geldwirtschaft nicht in den Bedürfnissen des überregionalen Handels liegt, sondern in dem Interesse der öffentlichen Gewalt, mochte sie von Königen, Tyrannen oder Gemeindestaaten ausgeübt werden, sich ein Zahlungsmittel zu verschaffen, das für jeden Zweck zu jeder Zeit eingesetzt werden konnte. In den Anfängen war die zur Verfügung stehende Silbermenge klein, aber sie nahm mit der Ausbeutung neu entdeckter Silbervorkommen so zu, dass der Wert des Silbers, und das heißt seine Kaufkraft, vom sechsten bis zum vierten Jahrhundert erheblich gefallen ist. Näheres ist dem Vergleich der Strafsummen zu entnehmen, die nach den solonischen Gesetzen und nach Aussagen der attischen Redner des vierten Jahrhunderts für dieselben Delikte verhängt wurden. So bedroht eines der solonischen Gesetze üble Nachrede, sofern diese strafrechtliche Konsequenzen für den Betroffenen nach sich ziehen konnte, ihn also einer existenziellen Gefährdung aussetzte, mit einer Strafe von fünf Drachmen; im vierten Jahrhundert war das Hundertfache zu zahlen.

Athen zog Gewinn aus dem Silberabbau im attischen Laureiongebirge. Dort fand die Förderung von Bleisilbererz, aus dem Silber gewonnen wurde, bereits seit der mittleren Bronzezeit statt. Wie mit gutem Grund angenommen wird, wurde die Förderung unter den Peisistratiden intensiviert. Gesteigert wurde die Silbergewinnung, seitdem das im Laureiongebirge gelegene Grubenfeld von Maroneia in den achtziger Jahren des fünften Jahrhunderts erschlossen worden war. Dessen Ausbeute genügte zur Finanzierung des Flottenbauprogramms, das Themistokles 482 v. Chr. durchsetzte. Der Bau der Flotte kam noch rechtzeitig, da die Wiederaufnahme der persischen Invasion später stattfand, als erwartet worden war. Die Gründe der Verzögerung waren der Thronwechsel von Dareios I. zu seinem Sohn Xerxes im November 486 v. Chr. und im Anschluss daran eine Reihe von Rebellionen gegen die persische Herrschaft in Ägypten und im Zweistromland. Sie niederzuschlagen dauerte bis in das Jahr 482. Keilschriftliche Tafeln zeigen an, dass noch im vierten Regierungsjahr des Xerxes zwei Usurpatoren als Herrscher in Babylon anerkannt waren. Kurze Zeit später hatte Xerxes seine Herrschaft überall durchgesetzt, so dass er den Rücken frei hatte, um gegen Athen zu ziehen. Im Frühjahr 480 v. Chr. brach er mit Heer und Flotte zu einer großangelegten kombinierten See- und Landoperation nach Griechenland auf. Schon vorher hatte er zur Vorbereitung die Halbinsel Athos durchstechen lassen, um eine Wiederholung des Desasters zu verhindern, das die Flotte seines Vaters bei dem Versuch, die Chalkidike bei stürmischer See zu umschiffen, getroffen

Athenische Tetradrachme 490/482 v. Chr.
aus der Zeit des Flottenbauprogramms des Themistokles

Vorderseite: Kopf der Stadtgöttin Athene, Rückseite:
Eule, Athens Wappentier, mit Lorbeerzweig und abgekürzter
Angabe der emittierenden Gemeinde: ‹von den (A)the(nern)›
Dr. Busso Peus Nachf. Auktion 414, Nr. 61

hatte. Zur Überquerung des Hellesponts durch das Landheer wurden auf Befehl des Königs zwei Schiffsbrücken errichtet. Nach Herodots Bericht war das Heer, das Xerxes nach Griechenland führte, einschließlich des Trosses 4 200 000 Mann stark. Eine derartige Zahlenangabe ist eine Übertreibung, die die Grenze zur Absurdität denkbar weit überschreitet. Um die Wende vom neunzehnten zum zwanzigsten Jahrhundert hat der deutsche Militärhistoriker Hans Delbrück dies in seinem Buch zur *Geschichte der Kriegskunst. Erster Theil. Das Alterthum, Berlin 1900, 10* mit der Methode der Sachkritik unwiderleglich bewiesen. Er schrieb nicht ohne Sarkasmus:

> «Ein (deutsches) Armeekorps, das sind 30 000 Mann, nimmt nach der deutschen Marschordnung etwa drei Meilen (ca. 22,5 km) ein (ohne den Fuhrpark). Die Marsch-Kolonne der Perser wäre also 420 Meilen lang gewesen, und als die Ersten vor Thermopylä ankamen, hätten die Letzten grade aus Susa jenseits des Tigris ausmarschieren können.»

Es ist nicht nötig, hier alle Argumente, die Delbrück zur Widerlegung der von Herodot und seinen griechischen Gewährsleuten angegebenen Heereszahlen anführt, im Einzelnen zu wiederholen. Die von Herodot beziehungsweise seinen Gewährsleuten genannten Zahlen sind das Produkt maßloser Übertreibung, die sich dem Bestreben verdankt, die Siege, die die Griechen errangen, ins Märchenhafte zu steigern. Alle Zahlenangaben sind somit wertlos; denn sie sehen völlig ab von dem, was möglich ist in Hinblick auf Marsch, Ernährung und den für die Aufstellung großer Truppenkörper zur Schlacht benötigten Raum. Unter Berücksichtigung dieser Gesichtspunkte hat Hans Delbrück die Stärke des persischen Heeres, das Xerxes nach Griechenland führte, auf etwa 20 000 Mann geschätzt. Ebenfalls übertrieben ist die Angabe der persischen Flottenstärke mit 1207 Schiffen in der im Jahr 472 v. Chr. aufgeführten Tragödie *Die Perser* des Aischylos. Realistische Schätzungen gehen von ungefähr 500 Schiffen bei der Ausfahrt der Flotte aus.

Den Persern stellten sich von den etwa 700 Gemeinden Griechenlands nur einunddreißig Poleis entgegen; an ihrer Spitze standen die beiden großen Mächte Sparta und Athen. Wir besitzen ein authentisches Zeugnis über die Teilnehmer an dem Kampfbündnis zur Abwehr der Perser in Gestalt der Inschrift auf der Schlangensäule im Hippodrom von Konstantinopel. Kaiser Konstantin der Große (306–337 n. Chr.) hatte sie anlässlich des Ausbaus des alten Byzantion zur zweiten Reichshauptstadt von ihrem ursprünglichen Aufstellungsort in Delphi nach Konstantinopel verbringen lassen. Sie war Teil des Weihgeschenks gewesen, das die Teilnehmer an dem antipersischen Kampfbündnis nach der siegreichen Schlacht bei Plataiai (479 v. Chr.) als Dank dem Delphischen Apollon gestiftetet hatten. Die ca. sechs Meter hohe, auf einer Basis ruhende Bronzesäule bestand aus drei sich umeinander windenden Schlangen, auf denen die Namen der beteiligten Staaten standen. Die Schlangensäule trug einen goldenen Dreifuß, das eigentliche Weihgeschenk, das jedoch im vierten Jahrhundert v. Chr. der Plünderung des Heiligtums durch die Phoker anheimfiel. Das Gold wurde ein-

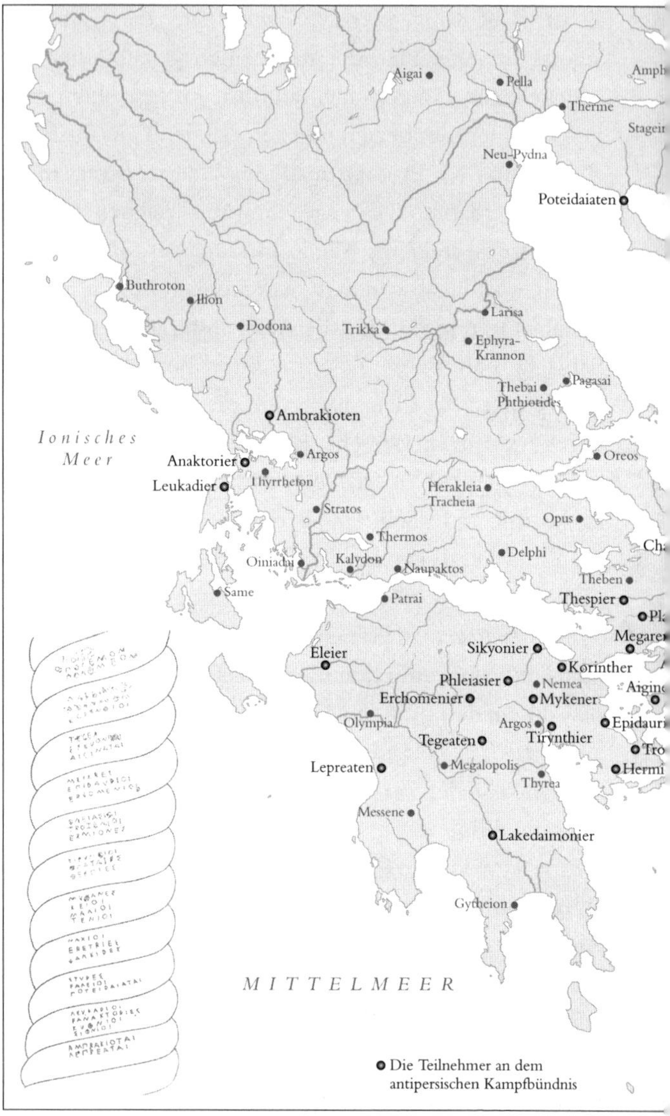

Schlangensäule, Teil des Weihgeschenks, das die Verbündeten der antipersischen Koalition nach dem Sieg von Plataiai

im Jahr 479 v. Chr. nach Delphi weihten

Istanbul, Hippodrom

geschmolzen und zu Geld gemacht. Die Schlangensäule wurde im Jahr 324 n. Chr. nach Konstantinopel transferiert; in Delphi steht nur noch die Basis, auf der die Säule mit dem Weihgeschenk ruhte. Die Weihinschrift auf der Schlangensäule lautet:

> «Folgende haben in dem Krieg (gegen die Perser) gekämpft: Lakedaimonier, Athener, Korinther, Tegeaten, Sikyonier, Aigineten, Megarer, Epidaurier, Erchomenier, Phleiasier, Troizenier, Hermioner, Tirynthier, Plataier, Thespier, Mykenier, Keer, Malier, Tenier, Naxier, Eretrier, Chalkider, Styrier, Eleier, Potaidaiaten, Leukadier, Anaktorier, Kythnier, Siphnier, Amprakioten, Lepreaten.»
> (Meiggs/Lewis, Nr. 27: s. Karte S. 302 f.)

Die Liste enthält nicht nur die Teilnehmer an der Schlacht von Plataiai, sondern die aller an dem antipersischen Kampfbündnis beteiligten Gemeinden. Die Liste ist in Dreiergruppen gegliedert; die erste nennt die drei führenden Mächte des Bündnisses: Lakedaimonier, Athener und Korinther. Dann folgen deren Verbündete. Sparta steht an der herausgehobenen ersten Stelle der Liste, denn seine Könige hatten den Oberbefehl inne. Was ihre Rolle in der Zeit der Perserkriege anbelangt, so ist daran zu erinnern, dass sie sich keineswegs darauf beschränkten, als militärische Befehlshaber dem politischen Willen der Gemeinde und ihrer Organe, das heißt der Ephoren und der Versammlung der Gleichen, der Apella, zu dienen. Sie waren vielmehr willens und in der Lage, persönliche Politik zu betreiben und sich gegenseitig zu bekämpfen, wie die Führer adliger Faktionen dies im Kampf um die Macht zu tun pflegten. Wenn Xenophon im vierten Jahrhundert die Stellung der Könige in dem angeblich von Lykurg begründeten spartanischen Kosmos so beschreibt, dass sie auf die bloße militärische Führung und die diesbezüglichen kultischen Handlungen in einem von der Gemeinde beschlossenen Krieg beschränkt und von der Entscheidung in allen den Krieg betreffenden politischen Fragen ausgeschlossen seien, so trifft dies für die spätarchaische Zeit nicht zu. Zwar hatte König Kleomenes die Tyrannis in Athen im Auftrag der Gemeinde gestürzt, aber seine anschließende Intervention, die, wie oben beschrieben worden ist, das Ziel verfolgte, seinen Gastfreund Isagoras in Athen an die Macht zu bringen, war durch das persönliche Interesse motiviert, sich eine auswärtige Klientel zu schaffen. Nachdem er mit seinem ersten Versuch gescheitert war, bot er seine Gefolgsleute aus der Peloponnes auf, um sein Ziel doch noch zu erreichen.

Doch scheiterte er – wie oben in dem Kapitel über das Ende der Tyrannis in Athen berichtet wurde – daran, dass sich sein Mitkönig Damaratos den Bedenken der Korinther gegen die persönliche Politik des Kleomenes anschloss. Damaratos trat Kleomenes zum zweiten Mal entgegen, als die Athener nach dem Sieg bei Marathon ihre alten Feinde, die Aigineten, in Sparta der Verbindung mit den Persern beschuldigten. Als Kleomenes daraufhin in Aigina die angeblichen Rädelsführer festnehmen wollte, musste er sich den von seinem Mitkönig lancierten Vorwurf anhören, dass er gar nicht im Auftrag der Gemeinde handle, sondern dass ihn die Athener bestochen hätten, als Gegenleistung deren Feinde festzunehmen. Kleomenes rächte sich, indem er den Vorwurf illegitimer Abstammung gegen Damaratos erhob und durchsetzte, dass dieser durch die Gemeinde abgesetzt wurde. Aber als Kleomenes' Machenschaften ruchbar wurden, musste er fliehen, um einer Verurteilung zu entgehen. Er ging nach Thessalien und anschließend nach Arkadien. Dort fasste er den Plan, seine Stellung mit Hilfe des arkadischen Adels gewaltsam zurückzugewinnen. Herodot beschrieb das geplante Unternehmen wie folgt:

> «Von dort (Thessalien) ging er nach Arkadien und wiegelte die Arkader gegen Sparta auf. Er ließ sie schwören, ihm zu folgen, wohin er sie führen würde; namentlich wollte er die Stammeshäuptlinge der Arkader bewegen, sich in der Stadt Nonakris zu versammeln, um dort beim Wasser der Styx (des Unterweltsflusses) den Eid zu leisten.» (Hdt. VI,74,1. Übersetzung nach A. Horneffer)

Dies war das klassische Modell einer Adelsverschwörung mit dem Ziel des Anführers, im Bund mit auswärtigen Schwurgenossen die verlorengegangene Stellung in seiner Heimat zurückzugewinnen. Das Erstaunliche ist, dass Kleomenes Erfolg hatte: Die Spartaner holten ihn, wie Herodot schreibt, aus Furcht zurück und nahmen ihn wieder als ihren König an. Der auf seine Veranlassung abgesetzte König Damaratos aber floh zu den Persern und wurde als prominenter Überlaufer in Gnaden aufgenommen. Dareios verlieh ihm die Herrschaft über Pergamon und andere Orte in der Troas. Als Vasall und Berater des Xerxes nahm er dann, wohl mit dem Ziel, wieder in die Königswürde eingesetzt zu werden, an dessen Feldzug gegen seine Heimatgemeinde und den Bund der Einunddreißig teil.

Die verbündeten Griechen beschlossen am Vorabend der persischen Invasion als Erstes, alle Fehden und Kriege wie den zwischen Aigina und Athen beizulegen, Spione nach Kleinasien zu schicken, die die Stärke des Feindes auskundschaften sollten, und Gesandtschaften zur Gewinnung weiterer Bundesgenossen auszusenden. Als dann die Perser mit Unterstützung der Flotte an der Westküste der Ägäis nach Süden zogen, sah der griechische Kriegsplan vor, die Pässe zu sperren, die der Feind auf seinem Weg zu passieren hatte. Der am weitesten nördlich gelegene dieser Pässe lag im Tempetal, durch das ein Fluss, der Peneios, zwischen dem sogenannten Niederen Olymp und dem Ossagebirge zum Meer durchbricht. Das Tal, 8 Kilometer lang und bis zu 500 Meter tief eingeschnitten, ist an seiner schmalsten Stelle nur knapp 40 Meter breit und bildet in Meeresnähe den leicht zu sperrenden Weg, der von Makedonien nach Thessalien führt. Freilich kann diese Passstraße umgangen werden. Deshalb wurde als zweite Sperrlinie der an der südlichen Küste des Malischen Meerbusens gelegene Küstenpass der Thermopylen gewählt, der den leichtesten Zugang von Nord- nach Mittel- und Südgriechenland gewährt. Diese ca. 1500 Meter lange Passstraße war stellenweise so schmal, dass nur ein Wagen passieren konnte. Der Durchlass auf dem Bergsattel des sogenannten Mitteltores war nur 14,8 Meter breit und wurde zusätzlich durch eine Mauer geschützt, die die Phoker gegen die Thessaler gebaut hatten. An dem ca. 2000 Meter davon entfernten sogenannten Osttor betrug die engste Stelle wiederum nur eine Wagenbreite. Auch hier war eine Umgehung über die Berge möglich, setzte aber genaue Ortskenntnis voraus. Die dritte und letzte Sperrlinie bildete die Mauer auf dem Isthmus von Korinth. Auf sie zurückzufallen hätte die Preisgabe Boiotiens und Attikas bedeutet, so dass den Verteidigern auf dem Festland nur noch die Peloponnes als Rückzugsbasis verblieben wäre. Dieser Kriegsplan war darauf angelegt, die Perser daran zu hindern, ihre überlegene Kampfweise und ihre numerische Übermacht in einer offenen Feldschlacht zu entfalten. Aber seine Schwäche bestand darin, dass die beiden ersten Sperrlinien umgangen werden konnten. Erst an der dritten, dem Isthmus von Korinth, war eine Umgehung auf dem Landweg ausgeschlossen, eine Invasion der Peloponnes auf dem Seeweg war nur möglich, wenn die persische Flotte die Seeherrschaft besaß.

Gleich zu Beginn des Krieges gaben die Verbündeten den ersten, im Tempetal gelegenen Sperrgürtel auf, als die Perser im Begriff waren, sie zu umgehen, und bezogen die zweite Riegelstellung an den Thermopylen. Ihre Flotte konzentrierten sie bei Kap Artemision an der Nordostspitze von Euboia. Sie hatte den doppelten Auftrag, die Einfahrt in den Golf von Malia zu blockieren und so dem unter dem Befehl des spartanischen Königs Leonidas stehenden Heer die Flanke von der See her zu decken sowie der gegnerischen Flotte die Weiterfahrt nach Süden zu verwehren. Aber auch dieses Mal erwies sich als entscheidende Schwäche der griechischen Stellung, dass der Sperrriegel an den Thermopylen umgangen werden konnte. Den Persern gelang dies angeblich mit Hilfe des ortskundigen Griechen Ephialtes, und daraufhin ließ der Oberkommandierende, der spartanische König Leonidas, den Großteil des griechischen Heeres – seine Stärke betrug nur etwa 5300 Mann – den Rückzug antreten. Er selbst hielt mit dreihundert Spartanern sowie, nach Herodots Bericht, siebenhundert Thespiern und vierhundert Thebanern die Perser so lange auf, dass das Gros des griechischen

Heeres entkommen konnte. Beim sogenannten Kolonoshügel wurden die Verteidiger von Persern, die von den Bergen in das Tal gelangt waren, auch im Rücken angegriffen. Daraufhin ergaben sich die überlebenden Thebaner, Leonidas aber kämpfte mit seinen Spartanern weiter, bis alle den Tod gefunden hatten. Bei den Ausgrabungen, die im Jahr 1939 am Kolonoshügel vorgenommen wurden, ist eine Unzahl von Pfeilspitzen zutage getreten: Die persischen Bogenschützen hatten ihre Gegner mit einem Pfeilhagel überschüttet. An dieser Stelle errichteten die Griechen nach dem Krieg ein schlichtes Mahnmal, für das der Dichter Simonides das bekannte Epigramm schrieb, das in Schillers Übersetzung folgenden Wortlaut hat:

> «Wanderer, kommst Du nach Sparta, verkündige dorten,
> Du habest uns hier liegen gesehen, wie das Gesetz es befahl.»

Die griechische Flotte löste sich nach dreitägigem unentschiedenem Kampf von der persischen und fuhr entlang der Ostküste Euboias und Attikas in den Saronischen Golf ein. Hier erweiterten die Griechen ihre Flotte um dreiundfünfzig athenische und fünfundfünfzig Schiffe der Inselgriechen und reparierten diejenigen, die in den vorangegangenen Kämpfen beschädigt worden waren. Sie konnten sich also nach ihrem Rückzug von Kap Artemision wesentlich verstärken, die Perser konnten es nicht. Für diesen Vorteil hatten die Griechen freilich einen hohen Preis gezahlt. Boiotien fiel den Persern zu, und auch die Athener mussten ihr Land und ihre Stadt den Feinden überlassen. Athen wurde geplündert und zerstört, aber es war den Athenern vorher gelungen, die große Masse der Bevölkerung teils in die Küstenstädte auf der Peloponnes und teils nach der Attika im Westen vorgelagerten Insel Salamis zu evakuieren. Mit Recht ist gesagt worden, dass danach den Griechen nur übrig blieb, den Versuch zu wagen, die persische Flotte im Saronischen Golf zum Kampf zu stellen und so zu schwächen, dass die Perser nicht mehr in der Lage sein würden, ihre Strategie weiterzuverfolgen und die Griechen durch kombinierte Operationen zur See und zu Lande zu zwingen, die Mauersperre am Isthmus von Korinth aufzugeben und sich auf der Peloponnes zum Kampf zu stellen. Ob diese es dann gewagt hätten, den Persern eine Feldschlacht in offenem Gelände zu liefern, darf angesichts der Überlegenheit der persischen Seite bezweifelt werden.

In dieser Lage kam für die Griechen alles darauf an, dass es ihnen gelang, der persischen Flotte eine Niederlage im Saronischen Golf zuzufügen. Anderenfalls hätten sie sich vermutlich über kurz oder lang Xerxes unterwerfen müssen. Was die persische Seite anbelangt, so musste sie der griechischen Flotte die Möglichkeit nehmen, eine Umgehung der Sperrmauer am Isthmus von Korinth zu verhindern. Sie mussten also die griechische Flotte besiegen, wenn der Plan, die Griechen durch eine kombinierte Operation zu Wasser und zu Lande in die Knie zu zwingen, sein Ziel erreichen sollte. Die von beiden Seiten angestrebte Seeschlacht fand Ende September 480 v. Chr. in dem schmalen Sund zwischen Attika und Salamis statt. Angeblich war es Themistokles, der durch eine List Xerxes veranlasste, dort anzugreifen: Er ließ Herodots Erzählung zufolge dem König die Nachricht zukommen, dass bei den Griechen Uneinigkeit zwischen denen, die zum Kampf gegen die Perser entschlossen seien, und denen, die sich ihnen unterwerfen wollten, herrsche, ja, dass sie in Begriff stünden, sich gegenseitig zu bekämpfen. Das mag zutreffen oder eine Legende sein. Wie immer aber der Entschluss des Königs zustande kam, seine Flotte griff an und wurde geschlagen.

Damit war die persische Strategie gescheitert. Xerxes zog sich mit dem manövrierfähigen Rest seiner Flotte und einem Teil des Landheeres nach Kleinasien zurück – möglicherweise, um eine Abfallbewegung unter den ionischen Städten und in anderen Teilen seines riesigen Reiches zu verhindern. Mit dem Oberbefehl über die in Griechenland verbleibenden Truppen betraute er seinen Schwager Mardonios. Dieser überwinterte in Thessalien, wo er seine Armee leicht auskömmlich versorgen konnte, versuchte vergeblich mit Versprechungen, die Athener auf seine Seite zu ziehen, und erwartete die Fortsetzung des Landkriegs im kommenden Frühjahr. Die griechische Seite war sich über die Fortführung des Krieges im Winter 480/79 lange Zeit uneinig. Die Athener waren nach der Schlacht von Salamis in ihre zerstörte Stadt zurückgekehrt und verlangten von Sparta, dass es mit dem gesamten peloponnesischen Aufgebot Attika gegen eine erneute persische Invasion schützte, die Spartaner aber wollten die gefürchtete Landschlacht vermeiden und schlugen, unterstützt von Themistokles, eine Flottenexpedition zur kleinasiatischen Küste vor. Dort sollten die ionischen Städte zum Abfall gebracht und Mardonios so, auf indirekte Weise, zum Rückzug aus Griechenland genötigt werden.

Nach dem Ende des Winters, im Frühjahr 479 v. Chr., ergriff Mardonios die Initiative, fiel in Attika ein und verwüstete Stadt und Land zum zweiten Mal. Wiederum mussten sich die Athener zu Schiff außer Landes retten. Mit der Drohung, sich den Persern zu unterwerfen, erhöhten sie den Druck auf Sparta, die schützenden Mauern am Isthmus zu verlassen und sich mit dem gesamten Aufgebot der Peloponnesier und der Athener den Persern zum Kampf zu stellen. Mardonios zog sich aus Attika zurück und erwartete die Griechen in dem mit ihm verbündeten Boiotien. Das von Pausanias, dem Vormund des minderjährigen Königs Pleistarchos, befehligte griechische Heer überschritt den Kithairon, das Grenzgebirge zwischen Attika und Boiotien, und nahm, verstärkt durch das Aufgebot der Plataier, eine Verteidigungsstellung in dem Bergland jenseits des Kithairon und des Flüsschens Aisopos ein. Mardonios besetzte mit seinem Heer die gegenüberliegende Ebene und blockierte damit die Griechen zwischen dem Gebirge und dem Aisopos so wirkungsvoll, dass sie unter erheblichem Nahrungsmangel litten, während die Perser ihr Heer ohne Schwierigkeiten aus dem Land mit allem Notwendigen versorgen konnten.

Als die Griechen sich dieser Notlage durch einen nächtlichen Rückzug entziehen wollten, griff Mardonios an. Der Kampf zerfiel in mehrere Treffen. Ein Teil der Griechen, die aus den Aufgeboten von zwanzig Gemeinden zusammengesetzte Einheit, wich unter dem Druck der persischen Reiterei weiter zurück, als vereinbart worden war, und wäre fast aufgerieben worden, während der Rückzug der auf dem rechten Flügel aufgestellten Kontingente der Spartaner und Tegeaten sowie der Athener auf dem linken Flügel sich wegen mangelnder Abstimmung bis zum Morgen verzögerte. Die Athener wendeten sich in die Ebene, die Spartaner und Tegeaten zogen aus Furcht vor der persischen Reiterei an den Bergen und dem Abhang des Kithairongebirges entlang. Dort wurden sie von den persischen Bogenschützen und der von Mardonios angeführten Reiterei angegriffen und mit einem Pfeilhagel überschüttet. Sie erlitten große Verluste, hielten aber stand, und als sie in geschlossener Formation zum Gegenangriff übergingen, konnten die Perser in ihrer lockeren Formation dem Angriff der Phalanx nicht standhalten. Doch erst nach heftigem Kampf zogen sie sich zurück. Unter ihren Gefallenen war auch Mardonios. Unterdessen waren die Athener mit Unterstützung der Phliasier und Megarer auf die griechischen Verbündeten der Perser gestoßen und hatten deren Phalanx besiegt, so dass sie noch in den Kampf um das persische Hauptlager eingreifen konnten. Die im Zentrum aufgestellten persischen Truppen hatten in diese voneinander getrennten Begegnungen überhaupt nicht eingegriffen. Artabazos, ihrem Befehlshaber, blieb nur noch übrig, das Feld zu räumen und mit dem ihm verbliebenen Teil der Armee den Rückzug nach Byzantion anzutreten.

Noch vor der Entscheidungsschlacht von Plataiai erreichte den spartanischen König Leotychidas, der die in der Ägäis bei Delos stationierte griechische Flotte befehligte, das Gesuch der Samier, zugunsten der zum Abfall von den Persern entschlossenen ionischen Städten Kleinasiens auszulaufen und die persische Flotte anzugreifen. Diese zog sich zu der gegenüber Samos gelegenen Halbinsel Mykale in den Schutz eines befestigten Schiffslagers zurück. Hier gelang es König Leotychidas, die ionischen Kontingente in den persischen Streitkräften mit Freiheitsparolen zum Abfall zu bewegen und mit deren Hilfe das persische Schiffslager zu erstürmen. Danach kehrte die griechische Flotte nach Samos zurück. Im Kriegsrat wurde erörtert, wie die Ioner in Kleinasien vor einer erneuten Unterwerfung unter persische Herrschaft geschützt werden könnten, durch eine Umsiedlungsaktion nach dem griechischen Festland oder durch Aufnahme in das zu Beginn des Krieges konstituierte Bündnis der Hellenen. Das Ergebnis der Beratungen war, dass nur die Samier und die übrigen Inselgriechen nach Leistung eines Treueids in dieses Bündnis unter spartanischer Führung aufgenommen wurden. Es wurde beschlossen, den Krieg nach den Dardanellen zu tragen und den noch in Europa stationierten persischen Truppen den Rückweg nach Kleinasien abzuschneiden. An dieser Operation beteiligten sich, wie es bei Herodot heißt, auch Griechen aus Ionien und vom Hellespont.

Bei der langwierigen Belagerung von Sestos kam es zu einer für die griechische Geschichte zukunftsweisenden Konstellation. König Leotychidas schied aus dem Unternehmen gegen Sestos aus und kehrte mit den peloponnesischen Flotteneinheiten nach Griechenland zurück. Auch die athenische Bürgermiliz wollte angesichts des bevorstehenden Winters nach Hause. Aber die Strategen, an ihrer Spitze Xanthippos, der Vater des Perikles, widersetzten sich und machten geltend, dass sie nicht eher abfahren würden, als bis sie die Stadt erobert hätten oder sie von der Gemeinde, das heißt durch Beschluss der athenischen Volksversammlung, zurückberufen würden.

Die Athener blieben also und nahmen ohne die Mithilfe der Spartaner kurze Zeit später Sestos ein. Doch Sparta zog sich noch nicht aus dem antipersischen Bündnis zurück. Pausanias, der Sieger von Plataiai, führte im Frühjahr 478 v. Chr. griechische See- und Landstreitkräfte zum Hellespont und setzte sich in Byzantion fest. In Sparta wurden indes gegen ihn Vorwürfe wegen selbstherrlicher Behandlung der griechischen Verbündeten und wegen Konspiration mit den Persern erhoben. Daraufhin wurde er von der Regierung nach Sparta zurückberufen und angeklagt, doch sprach ihn das Gericht von allen Anschuldigungen frei. Einige Zeit später setzte er sich auf eigene Faust wieder in Byzantion fest. Von dort wurde er von dem athenischen Strategen Kimon, dem Sohn des jüngeren Miltiades, vertrieben. Dies geschah, als Sparta sich aus dem gemeinsamen Kampf gegen die Perser zurückgezogen hatte und Athen die Inseln der Ägäis und die befreiten Städte Kleinasiens zu einem Sonderbündnis, der sogenannten Delisch-Attischen Symmachie, vereint hatte, um die Freiheit aller Griechen gegen persische Versuche zur Wiederherstellung ihrer Herrschaft zu schützen. Nicht Themistokles, der Schöpfer der athenischen Flotte und Sieger von Salamis, war damals der führende Politiker Athens, sondern neben Kimon seine alten Gegner aus dem Umfeld der Alkmaioniden, Aristeides und Xanthippos, der Vater von Perikles, denen es gelungen war, sich an die Spitze der offensiven Strategie gegen das Perserreich zu setzen. Themistokles versuchte vergeblich, sich zu behaupten, indem er die Erinnerung an den Tag von Salamis wachhielt. Im Jahr 476 v. Chr. ließ er als amtlich bestellter Chorege – als Chorführer, der die Kosten einer dramatischen Aufführung aus eigenen Mittel zu tragen hatte – an den städtischen Dionysien die *Phoinikerinnen* des Phrynichos aufführen, die von der Erschütterung der Frauen handelt, als sie die Nachricht vom Verlust ihrer Männer in der Seeschlacht von Salamis erfuhren. Die Inschrift, die der siegreiche Chorege auf einer Tafel zur Erinnerung an seinen Sieg weihte, lautete:

> «Themistokles aus Phrearrhioi war Chorege, Phrynichos
> Leiter der Aufführung, Adeimantos Archon.»
> (Plut. Them. 5. Übersetzung nach K. Ziegler)

Aber die Erinnerung an Salamis rettete Themistokles nicht vor Verbannung und übler Nachrede. Gegen Ende der siebziger Jahre des fünften Jahrhunderts hatten seine Feinde endlich erreicht, dass das Scherbengericht ihn traf. Er musste in die Verbannung gehen und wurde in Abwesenheit zum Tode verurteilt, als Sparta ihn zusammen mit Pausanias, dem Sieger von Plataiai, der Konspiration mit den Persern beschuldigte. Themistokles floh, fand schließlich Zuflucht bei Xerxes' Nachfolger Artaxerxes I. und starb als persischer

Vasall und Stadtherr von Magnesia am Maiandros. Darauf wurde, wie bei Herodot nachzulesen ist, der Vorwurf gegründet, er habe in der Absicht, sich eine Zuflucht beim Großkönig offenzuhalten, den Athenern widerraten, die bei Salamis geschlagene persische Flotte zu verfolgen:

> «Durch diesen Rat wollte er sich bei den Persern in Gunst setzen, um einen Zufluchtsort zu haben, wenn es ihm in Athen einmal schlecht gehen würde, was ja später auch geschah. Das war der Hintergedanke, den Themistokles bei seiner Rede hatte, und die Athener fügten sich ihm.»
> (Hdt. VIII,109,5–110,1. Übersetzung nach A. Horneffer)

Auch in Sparta nahmen die Sieger aus den beiden Königshäusern, Pausanias und Leotychidas, ein bitteres Ende. Von Pausanias, dem Sieger von Plataiai, war oben bereits die Rede. Nachdem er aus Byzantion, das er aus eigenem Entschluss wiederbesetzt hatte, von dem athenischen Strategen Kimon vertrieben worden war, setzte er sich, gewissermaßen als Stadtherr, im kleinasiatischen Kolonai in der Troas fest. Erst im Jahr 471/70 erhielt er von der Regierung in Sparta den Befehl zur Rückkehr und wurde wegen propersischer Konspiration erneut angeklagt, zudem noch der Verschwörung mit den Heloten beschuldigt, doch auch dieses Mal wurde er freigesprochen. Seine Gegner in Sparta ließen indessen nicht locker. Als sie angeblich neues Beweismaterial gegen ihn vorlegten, floh er in den Tempel der Athena Chalkioikos und erlitt dort den Hungertod. Was König Leotychidas anbelangt, so fand auch er ein wenig rühmliches Ende. Als Führer einer Strafexpedition gegen den perserfreundlichen Adel Thessaliens wurde er während des vergeblichen Versuchs, Larissa einzunehmen, nach Sparta zurückgerufen und der Bestechlichkeit angeklagt. Er entzog sich der Verurteilung und ging ins Exil nach Tegea, wo er verstarb.

Wider alle Erwartungen war es also einer Handvoll griechischer Stadtstaaten gelungen, die beiden Invasionen der Perser abzuwehren. Dies geschah durch ein von Sparta, der traditionellen Führungsmacht in Griechenland, geleitetes Bündnis. Aber unverkennbar rückte Athen, die aufsteigende Seemacht, an die Stelle Spartas als Führungsmacht, als es im Gegenzug zu Xerxes' gescheiterter Invasion nach Griechenland darum ging, die Griechen Kleinasiens von der persischen Herrschaft zu befreien. Mit der Selbstbehauptung gegen die Perser war das Ende der Tyrannis in Griechenland und die Durchsetzung des Staates der Bürger auf das Engste verknüpft. Sparta mochte sich rühmen, dass es als einzige der großen griechischen Gemeinden niemals von Tyrannen beherrscht worden war. Tatsächlich aber waren es vom Ausgang des sechsten bis zum Anfang des fünften Jahrhunderts Angehörige der beiden spartanischen Königshäuser, die mit ihrer am eigenen Machtinteresse orientierten, überstaatlichen Ausrichtung ihrer Politik geradezu idealtypisch das Bild der spätarchaischen Tyrannis verkörperten. Das gilt für König Kleomenes und seinen Bruder, den Prinzen Dorieus, ebenso wie für die Könige Damaratos und Leotychidas sowie für Pausanias, den Sieger von Plataiai. Von ihnen ist das Notwendige oben gesagt worden. Die Gemeinde setzte schließlich, repräsentiert durch die fünf Ephoren, die Geronten, den Rat der Alten, und die Apella, die Versammlung der vollberechtigten Bürger, ihrer Eigenmächtigkeit ein Ende und reduzierte ihre Rolle auf das militärische Oberkommando in den von der Gemeinde beschlossenen Kriegen, wie wir es in Xenophons Schrift über die *Verfassung der Lakedaimonier* lesen.

Anders, aber im Ergebnis vergleichbar, verlief die Entwicklung in Athen. Nach dem Sturz der Peisistratiden mobilisierte Kleisthenes, der anfangs gegen seinen Rivalen Isagoras um die Alleinherrschaft gekämpft hatte, das Volk gegen diesen und den ihn unterstützenden König Kleomenes und beseitigte durch seine Phylenreform die regionalen Machtbasen der großen adligen Geschlechter, die wiederholt zu Versuchen geführt hatten, die Tyrannis zu usurpieren. Kleisthenes mobilisierte das Volk, weil König Kleomenes der Stadt seinen Kandidaten aufzwingen wollte, indem er sie mit seiner Gefolgschaft besetzte und die Nachbarn zu Angriffskriegen gegen Athen anstachelte. Der Kampf zur Verhinderung der Tyrannis war also zugleich ein Kampf gegen Fremdbestimmung und für territoriale Integrität. Das zeigte Wirkung und veränderte die Mentalität des Volkes. Während das Volk unter der Herrschaft der Peisistratiden ruhig geblieben war, nahm es nun Anteil an den Geschicken des Gemeinwesens und engagierte sich für seine Verteidigung; denn jedermann stand vor Augen, dass es um fundamentale eigene Interessen ging. Diese Einstellung setzte sich fort, als in den achtziger Jahren ein Kampf um die Frage entbrannte, ob die Stadt sich den Persern unterwerfen oder widersetzen sollte. Es handelte sich um eine Wahl zwischen Selbstbehauptung und Unterwerfung oder Freiheit und Unfreiheit. Wie heftig die Auseinandersetzung gewesen ist, zeigen die Ersetzung der Wahl durch das Los bei der Bestimmung der Archonten und die Einführung des Scherbengerichts, dessen Votum entschied, welcher von den beiden Wortführern der einander gegenüberstehenden Parteien die Stadt für mehrere Jahre verlassen und seinem Rivalen die Meinungsführerschaft in der Volksversammlung überlassen musste.

Auf diesem Wege wurde die Volksversammlung dazu ermutigt und ermächtigt, der persischen Forderung nach Unterwerfung entgegenzutreten, und das hieß nichts Geringeres, als die von Kleisthenes gelegte Grundlage der Demokratie dahingehend zu erweitern, dass das Volk auch die Außenpolitik als sein ureigenes Interesse begriff und dass die Volksversammlung zur regierenden Institution der Polis wurde.

VI. DIE WISSENSKULTUR DER SPÄTARCHAISCHEN ZEIT

Ungeachtet der Zwänge, die von Politik und Krieg ausgingen, existierte im sechsten Jahrhundert v. Chr. die Sphäre kultureller Lebensgestaltung und individueller Freiheit. Selbst ein Mann wie Solon, der als Aisymnet in heftigsten Auseinandersetzungen mit den gegnerischen Parteiungen Athen vor der Gefahr einer Selbstvernichtung gerettet hatte, zog sich nach vollbrachter Tat zu den Freuden adligen Lebensgenusses ins Privatleben zurück. Er dichtete:

> «Nun sind die Werke erwünscht mir der Kyprisgeborenen, des Bakchos
> Und der Musen, die froh machen der Männer Gemüt.»
> (Solon F 20 Diehl. Übersetzung nach H. Fränkel)

Die Freuden der Liebe und des Gastmahls mit Wein und Gesang – das Beiwort *Kyprisgeborene* meint Aphrodite, die Göttin der Liebe, Bakchos ist der Gott des Weines, und die *Musen* stehen für die Inspiration des Dichtens – waren freilich nicht die einzigen Freuden, die das Leben bot. Hinzu traten der geistige Austausch mit Gleichgesinnten und die ungebrochene Freude, Neues zu lernen, solange das Alter dies zuließ. Dies war das Milieu, in dem so etwas wie ein intellektueller Diskurs in Griechenland entstand. Solon las die Verse des Mimnermos, in denen dieser die menschliche Hinfälligkeit beklagte und sich einen leichten Tod vor Eintritt der Beschwerden des Alters wünschte:

«Wenn mich doch ohne Krankheit und ohne peinliche Sorgen
Mit dem sechzigsten Jahr träfe des Todes Geschick.»
(Mimn. F 6 Diehl. Übersetzung nach H. Fränkel)

Solon widersprach und forderte den Dichter auf, sich zu korrigieren:

«Wenn du nachträglich vielleicht auf mich hören willst, streiche den Vers
Und verüble mir nicht, dass ich das Bessere fand.
Schreibe ihn neu, du vom Sängergeschlecht, und singe ihn also:
Mit dem achtzigsten Jahr treffe des Todes Geschick.»
(Solon F 22,1–4 Diehl. Übersetzung nach F. Frankel)

Solon verschwieg den Grund nicht, warum er für ein um zwanzig Jahre längeres Leben plädierte, sondern sagte:

«Mit dem Altern zugleich lerne ich vieles hinzu.»
(Solon F 22,7 Diehl. Übersetzung nach H. Fränkel)

Solon war keineswegs der Einzige, der sich im sechsten Jahrhundert das Lernen zum Lebensmotto gemacht hatte. Damals entstand die Tradition von den *Sieben Weisen*, lebensklugen Männern, die durch Reisen weit in der Welt herumgekommen waren und in ihren Heimatstädten mit Rat und Tat eine bedeutende politische Rolle als Aisymneten oder als Ratgeber gespielt hatten. Zu der frühesten Schicht dieser Traditionsbildung gehören Erzählungen über den Athener Solon und über drei weitere Persönlichkeiten des sechsten Jahrhunderts: Thales von Milet, Pittakos von Mytilene und Bias von Priene.

Zu dieser Traditionsbildung gehören Nachrichten über Erkundungsreisen, die, von Kleinasien abgesehen, vornehmlich nach Ägypten und nach dem Zweistromland, den Traumländern einer verehrten alten Kultur, führten. Schon der homerische Odysseus hatte sich dadurch ausgezeichnet, dass er «vieler Menschen Städte gesehen und Brauch gelernt hat» (Hom. Od. I,3), aber er hatte dies gezwungenermaßen auf seinen Irrfahrten im Mittelmeer getan. Demgegenüber stand die im sechsten Jahrhundert anhebende Welle von Reisen, die freiwillig um der Welterkundung und Wissenserweiterung willen unternommen wurden – von Forschungsreisenden wie Aristeas von Prokonnesos oder Hekataios von Milet und im fünften Jahrhundert von Herodot aus Halikarnassos. Diesen Forschungsreisen, die von Einzelnen auf eigene Kosten um der Erkenntnis willen unternommen wurden, waren die Entdeckungen vorausgegangen, die den praktischen Zwecken von Seefahrern, Händlern und Auswanderern zu verdanken waren. Davon war oben in dem der Migration gewidmeten Kapitel schon die Rede. Ihren schriftlichen Niederschlag fand diese Form zielgerichteter Erweiterung der Weltkenntnis in Werken, die der praktischen Orientierung dienten: in Logbüchern und zusammenfassenden Handbüchern, von denen sich einiges erhalten hat. Darin ging es um nautische Probleme, um Reiseentfernungen, Häfen und Ankerplätze, um Klima und örtliche Besonderheiten. Aus dem sechsten Jahrhundert sind uns zwei dieser zusammenfassenden Werke aus sekundärer Überlieferung kenntlich: Das älteste stammte von einem anonymen Griechen aus Massalia (heute Marseille), in dem dieser die Küstenstrecke von seiner Heimatstadt bis zu dem bedeutenden Hafenplatz Tartessos an der Mündung des Guadalquivir beschrieb; das zweite betraf die Strecke, die der karische Seefahrer Skylax zwischen 519 und 516 v. Chr. im Auftrag des persischen Königs Dareios I. von der Westküste Indiens südlich der Mündung des Indus um die Arabische Halbinsel bis in das Rote Meer zurückgelegt hatte. Schon vorher hatte einer der ägyptischen Pharaonen namens Necho II. um 600 v. Chr. die Umsegelung Afrikas durch phoinikische Seeleute veranlasst, und diese aufsehenerregende Tat wurde, wie aus Herodots Geschichtswerk hervorgeht, auch in Griechenland bekannt. Herodot schreibt im vierten Buch seiner Historien:

> «Als Necho nämlich den Bau jenes Kanals eingestellt hatte, der den Nil nach dem Arabischen Meerbusen (gemeint ist das Rote Meer) führen sollte, schickte er Phoiniker aus und gab ihnen den Auftrag, den Rückweg durch die Säulen des Herakles (die Straße von Gibraltar) zu nehmen und also durch das mittelländische Meer nach Ägypten zurückzukehren. So fuhren denn die Phoiniker durch das Rote Meer nach Süden fort. Als der Herbst kam, gingen sie an Land, bebauten das Feld, an welcher Stelle Afrikas sie sich nun gerade befanden. Nach der Ernte fuhren sie weiter. So ging es zwei Jahre lang, und im dritten Jahr bogen sie bei den Säulen des Herakles ins nördliche Meer ein und gelangten nach Ägypten. Sie erzählten (was ich aber nicht glaube, vielleicht erscheint es anderen eher glaublich), dass sie während der Umschiffung die Sonne auf einmal zur Rechten gehabt hätten.»
> (Hdt. IV,42,2–4. Übersetzung nach A. Horneffer)

Was Herodot unglaubhaft fand, ist das sicherste Indiz für die Glaubwürdigkeit des Berichts: Die Richtungsänderung von Süden nach Norden erklärt das Phänomen, dass die Fahrenden die aufgehende Sonne nicht mehr zur Linken, sondern zur Rechten sahen.

Weiter berichtet Herodot davon, dass schon die Karthager Afrika in umgekehrter Richtung umrundet hätten. Das wird eine Anspielung auf die Expedition des Hanno sein, der nach seinem in griechischer Übersetzung erhaltenen Fahrtbericht etwa bis zum heutigen Sierra Leone gelangte. Die Umrundung Afrikas gelang ihm freilich nicht; daran hinderten ihn die Strömungs- und Windverhältnisse im Atlantik. Im fünfzehnten Jahrhundert brauchten die Portugiesen von Heinrich dem Seefahrer bis zu Vasco da Gama bekanntlich mehrere Jahrzehnte, bis ihnen die Umrundung Afrikas vom Atlantik her gelang. Vom Mittelmeer aus wurden nicht nur der Süden und Osten der Erde erkundet, sondern auch der Norden. Leider ist der Bericht über die Fahrt, die den Karthager Himilko etwa zur gleichen Zeit wie Hanno nach Süden von den Säulen des Herkules in Richtung Norden zum zinnreichen Cornwall führte, nicht erhalten. Auch die Erforschung der nördlich des Schwarzen Meeres gelegenen Landmasse wurde um die Mitte des sechsten Jahrhunderts im Gefolge des den Flussläufen folgenden Handelsverkehrs in Angriff genommen. Wie oben bereits erwähnt wurde, unternahm Aristeas von Prokonnesos – der heutige Name der im Marmarameer gelegenen Insel ist Marmara Adası – eine Expedition, die ihn über die in das Schwarze Meer mündenden Ströme tief in das Innere des Hinterlandes führte. Er kam bis zu den Issedonen, einem in Mittelasien lebenden Volk skythischer Herkunft, und zog dort Erkundigungen über die Nachbarvölker ein. Die Ergebnisse teilte er in dem nach den Nachbarn der Issedonen, den Arimaspen, benannten Epos *Arimaspeia* mit. Darin enthalten war eine Herleitung der Kimmeriereinfälle, die im siebten Jahrhundert Kleinasien und das Zweistromland getroffen hatten, aus dem Phänomen einer nach Süden gerichteten Völkerwanderung, zu der exotische Nordvölker und Fabelwesen den Anstoß gegeben haben sollen. Der Bericht Herodots lautet:

> «Jenseits der Issedonen wohnen die Arimaspen, Menschen mit einem Auge, jenseits der Arimaspen wohnen goldhütende Greife, und jenseits der Greife die Hyperboreer, die an ein Meer grenzen.»
> (Hdt. IV,13,1. Übersetzung nach A. Horneffer)

Ein Fragment aus diesem Zusammenhang hat ein byzantinischer Autor des zwölften Jahrhunderts bewahrt:

> «... die Isseden; sie prangen im wallenden Schmucke der Locken;
> Und sie sagen, es wohne im Binnenlande des Nordens
> Als ihre Nachbarn ein Volk, sehr zahlreich, sehr tapfer im Kriege,
> Reich an Rossen, mit Herden von vielen Schafen und Rindern.
> Aber an Augen hat jeder nur eins auf der reizenden Stirne;
> Üppig ihr Haarwuchs sprießt, und sie sind die stärksten der Menschen.»
> (Tzetzes, Chil. VII,686 ff. Übersetzung nach H. Fränkel)

Aristeas' phantastische Völkerbeschreibungen nach Hörensagen, wie sie sich übrigens ganz ähnlich nach der Entdeckung der Neuen Welt am Ende des fünfzehnten Jahrhunderts wiederholen sollten, mochten eher der Unterhaltung als der Kenntnis der realen Verhältnisse dienen. Dennoch kommt Aristeas das Verdienst zu, sich als Erster der Erkundung der eurasischen Landmasse zugewandt und davon in einem literarischen Werk, wie phantastisch auch immer, Zeugnis gegeben zu haben. Daraus und aus den Berichten über die Entdeckungsreisen zur See hatte sich im sechsten Jahrhundert eine bedeutende Erweiterung des geographischen Wissens ergeben. Was fehlte, war die Zusammenfügung der vielen Einzelheiten zur Einheit eines kartographischen Weltbildes. Das war keine praktische, sondern eine wissenschaftliche Aufgabe.

Die ersten Schritte zu einer Verwissenschaftlichung geographischer Kenntnisse, das heißt zur Konstruktion eines Weltmodells, sind noch im sechsten Jahrhundert getan worden. Geschehen ist diese Verwissenschaftlichung im Zusammenhang mit einer geistigen Revolution, die an die Stelle des theologisch-kosmologischen Weltbildes, dessen Urbild Hesiods *Theogonie* darstellt, rationale, nichttheologische Modelle der Welterklärung setzte. Diese Revolution kam nicht über Nacht, und sie war das Werk einer kleinen Elite, die sich wie Solon jenseits ihrer politischen Rolle als Ratgeber und Konfliktschlichter um Wissen um des Wissens willen bemühte und nicht darauf angewiesen war, daraus einen Beruf zu machen.

Auch im sechsten Jahrhundert war das theologisch-kosmologische Weltbild im Sinne Hesiods, gegen das Intellektuelle wie Xenophanes von Kolophon oder Heraklit von Ephesos opponierten, noch immer verbreitet. Aber wie die Überreste des Werkes des Pherekydes von Syros (ca. 606–560 v. Chr.) mit dem seltsamen Titel *Heptamychos* (Siebenschlucht) erkennen lassen, zeigen die abstrusen Spekulationen des Verfassers doch einzelne Züge einer Modernisierung im Sinne der Zeit. Das Buch begann mit der grundlegenden Aussage, dass drei Gottheiten von Ewigkeit zu Ewigkeit existieren:

> «Zas [Zeus, der Gott des Himmels] und Kronos [wohl eine Urform der Zeit] waren immer und Chthonie [die Potenz der Erdentiefe und Unterwelt]. Chthonie aber ward ‹Erde› benannt, seitdem ihr Zas die Erde als Gabe verlieh.»
> (Pherek. F 1 Diels/Kranz. Übersetzung nach H. Fränkel)

In diesem Satz steckt eine Überwindung des traditionellen genealogischen Musters der aufeinanderfolgenden Göttergenerationen. Auch das Folgende, die Entstehung der Erde durch die Gabe von Zas an Chthonie, enthält bei aller Altertümlichkeit, die dem Konzept anhaftet, ein neues Element, die bildliche Darstellung der Verteilung von Festland und Wasser auf der Erde:

> «Und als der dritte Tag kommt für die Hochzeit, da macht Zas ein Gewand, groß und schön, und auf ihm webt er bunt die Erde und den Ogenos [den Okeanos, das Meer] und des Ogenos Häuser ...»
> (Pherek. F 2 Diels/Kranz. Übersetzung nach H. Fränkel)

Mit dieser Brautgabe gewinnt Chthonie zu der gründenden Tiefe, die ihr von Haus aus eigen war, die aus Land und Wasser bestehende Oberfläche hinzu und verwandelt sich so zur Erde, wie sie Zas im gewebten Bild des Gewandes dargestellt hat. Himmel und Erde sind also zusammen mit der Zeit die göttlichen Potenzen, denen Ewigkeit zugesprochen wird.

Wie die Verteilung von Land und Wasser auf der Erde in der Wirklichkeit zu denken ist, hat dann als Erster der Naturphilosoph Anaximander von Milet (ca. 610–547 v. Chr.) nach einem Schema zu konstruieren versucht, nach dem die Landmasse vom Meer umflossen ist, und er hat, wie es in einer hellenistischen Übersicht über die Geschichte der Erdkunde als wissenschaftlicher Disziplin heißt, «als Erster gewagt, die bewohnte Erde auf einer Tafel aufzuzeichnen». Daran knüpfte Hekataios (ca. 560–480 v. Chr.), ebenfalls ein Milesier, an, und er tat dies, wie derselbe Berichterstatter sagt, ungleich genauer, das heißt in einer Weise, die für die Entwicklung der griechischen Wissenschaften typisch ist: dem jeweiligen Vorgänger zu widersprechen und das Alte durch das Neue, das Unzureichende durch das Bessere zu ersetzen. Hekataios übernahm von seinem Vorgänger die Vorstellung, dass der Ozean im Kreis die Erde umfließt. Neu war bei ihm die symmetrische Gliederung der Landmasse nach den Himmelsrichtungen. Die Ost-West-Achse bildeten in seinem Modell einer Weltkarte das Mittelmeer und das Schwarze Meer. Diese breite Wasserstraße trennte die Landmasse in der Mitte des umfließenden Ozeans in eine nördliche und eine südliche Hälfte. Nach seiner Vorstellung war sie mit dem umgebenden Ozean verbunden, im Westen durch die Straße von Gibraltar, im Osten über das Schwarze Meer durch einen Fluss namens Phasis (heutiger Name Rioni), den er in das Kaspische Meer als vermeintlichen Teil des die Erde umgebenden Ozeans münden ließ. Diese Achse trennte nach seiner Vorstellung Europa im Norden von Asien im Süden. Die Nord-Süd-Achse, die Europa und Asien in zwei Quadranten teilte, bildeten zwei Flüsse, die untere Donau (die obere war unbekannt) und der Nil, die Hekataios sich beide als einander gegenüberliegend und aus dem nördlichen beziehungsweise südlichen Ozean entspringend dachte. Die Erdbeschreibung als solche folgte einer Rundfahrt von Gibraltar längs den Nordküsten von Mittel- und Schwarzem Meer bis Phasis und von dort an den Südküsten zurück bis zum Ausgangspunkt. Die Beschreibung geht jeweils von den Küstengegenden aus, die dank den Erkundungsfahrten am besten bekannt waren, und schreitet von dort zu dem dahinter liegenden Land fort, bis sich dieses im Nebel einer *terra incognita* verliert. Der Schematismus dieses Bildes der Erde ist im fünften Jahrhundert von Herodot kritisiert und nach den fortgeschrittenen geographischen Kenntnissen seiner Zeit verbessert worden. Im zweiten Jahrhundert v. Chr. schrieb der bedeutende hellenistische Gelehrte Eratosthenes in seiner Übersicht über die Geschichte der Geographie, dass Hekataios ein Mann war, der bei allem Bestreben nach Genauigkeit vielfach in die Irre ging. So war es, und so musste es sein. Schon der Antike war bekannt, dass zwischen dem Anfang und dem ausgereiften Stadium einer Wissenschaft ein langer Weg zu liegen pflegt. Allein mit konstruktiver Phantasie ließ sich die Lücke zwischen den unzähligen Details, über die Hekataios bereits verfügte, und der ungenügenden Kenntnis der Gestalt der Erde und der Verteilung der Weltmeere und Kontinente nicht schließen.

Hekataios wandte sich mit seinen Forschungen nicht nur der bewohnten Erde zu, sondern auch der komplexen und verwirrenden Sagenüberlieferung über die einander folgenden Generationen der Götter und Heroen, die aus der Verbindung von Göttern und Menschen hervorgegangen waren. Auf solche Urväter führte der griechische Adel, unter anderen auch der aus einer der vornehmen Familien Milets stammende Hekataios, mit Vorliebe seine eigene Herkunft zurück. Hekataios wollte in seinen vier Büchern *Genealogien*, diese Überlieferungen ordnen und von allem reinigen, was ihm, gemessen am gesunden Menschenverstand, unwahrscheinlich oder unsinnig erschien. Aber es lag nicht in seiner Absicht, den gesamten Sagenstoff in das Reich der Fiktion zu verbannen. Denn das hätte ja bedeutet, dass er die Legitimationsgrundlage seiner eigenen Klasse vernichtet hätte. Vielmehr wollte er die Welt der Heroen in der Welt der realen Erfahrung verankern, und in dieser Absicht schulmeisterte er im Gefühl einer übersteigerten Selbstgewissheit die in Griechenland umlaufende Sagentradition. In der Einleitung zu seinen *Genealogien* heißt es in diesem Sinn:

> «Folgendes schreibe ich, wie ich es für wahr halte. Denn die Reden der Hellenen erweisen sich mir als vielgestaltig und lächerlich.»
> (Hekat. FGrHist I, F 1 Jacoby)

Beispielsweise verneinte er, dass der Heros Aigyptos nach Argos gekommen sei, sondern er dekretierte:

> «Aigyptos kam nicht selbst nach Argos, wohl aber seine Söhne; wie Hesiod erzählt hat, fünfzig, nach mir aber noch nicht zwanzig.»
> (Hekat. FGrHist I, F 19 Jacoby)

Auch an der Heraklessage brachte er seine Korrekturen an. So verwandelte er beispielsweise den Höllenhund Kerberos, den Herakles der Sage nach überwältigt und aus der Unterwelt, dem Hades, an das Licht des Tages getragen hatte, in eine Giftschlange, die am Tanairon lebte, und behauptete, dass man sie deshalb ‹Höllenhund› genannt habe, weil jeder, den sie gebissen hatte, sterben musste. Und was die Besiegung der Riesenschlange Hydra durch Herakles anbelangt, so stutzte er das Untier auf Menschenmaß, indem er erklärte:

> «Ich aber bin der Meinung, dass die Schlange nicht so groß und [gewaltig?] war [wie erzählt wird], wohl aber schrecklicher als die anderen Schlangen, und dass Eurystheus [mythischer Herrscher von Argos und Herakles' Gegenspieler] deswegen den Befehl gab, den er für unausführbar hielt.»
> (Pap. Cair. bei B. Wyss, Antimachi Colophonii reliquiae (1936), S. 83, 28 ff. Übersetzung nach H. Fränkel)

Anders als sein Zeitgenosse Akusilaos aus Argos, der in seiner Prosaschrift den Mythenstoff unter Erhaltung seiner märchenhaften Züge darstellte, tilgte Hekatios alles, was ihm nach dem Urteil des gesunden Menschenverstands unwahrscheinlich erschien. Damit wollte er die Substanz der Überlieferung retten. Offenbar blieb ihm verborgen, dass er rationale Kritik am falschen Objekt übte.

Hekataios führte seine Familie auf göttliche Herkunft in der sechzehnten Generation zurück. Er war in seiner Heimatstadt Milet wegen dieser Herkunft und wegen seiner Erkundung der Welt ein angesehener Mann, und sein Rat war gefragt. Am Vorabend des Ionischen Aufstandes riet er unter Berufung auf die Größe und die Machtmittel des Perserreiches, von denen er aufgrund seiner Forschungen eine konkrete Vorstellung besaß, von dem Wagnis einer Erhebung ab. Der Rat wurde abgelehnt, und auch der folgende, dann wenigstens mit Hilfe der im Heiligtum des Apollon lagernden Schätze eine starke Flotte zu bauen, um sich mit ihrer Hilfe der Eroberung durch die Perser zu erwehren, wurde in den Wind geschlagen. Seine überlegene Weltkenntnis kam gegen die blinde Entschlossenheit, das Unmögliche zu wagen, nicht an.

Hekataios waren in der ersten Hälfte des sechsten Jahrhunderts drei andere Milesier vorausgegangen, die in Griechenland den Grund zu einer neuen Wissenskultur auf einem geeigneteren Feld, als es Hekataios in seinen Genealogien beackerte, mit den Mitteln der Beobachtung, der Erfahrung und des rationalen Denkens legten. Dieses Feld betraf die physikalische Natur der Welt. Das Nachdenken über deren Struktur lief darauf hinaus, das theologisch-kosmologische Weltbild der mythischen Überlieferung endgültig zu überwinden. Gemeint sind die Begründer der sogenannten Naturphilosophie, wie sie Aristoteles und seine Schule benannt haben: Thales, Anaximander und Anaximenes. Sie stimmten darin überein, dass sie die Fülle der Naturphänomene auf physikalische Ursachen zurückführten, auf die Veränderungen des Aggregatzustandes einer Grundsubstanz, aber sie waren sich nicht einig darüber, welche diese Grundsubstanz ist, aus der die Welt besteht, Wasser, ein Stoff, der unbegrenzt und noch nicht auf eine konkrete Ausprägung festgelegt ist, das sogenannte *apeiron*, oder Luft. Der eine antwortete also dem anderen in dem Bestreben, den jeweiligen Vorgänger zu verbessern – ganz so, wie Solon dem Dichter Mimnermos die bessere Lösung für eine wünschenswerte Lebensdauer vorgeschlagen hatte oder wie Hekataios das von Anaximander gezeichnete Bild der Verteilung von Wasser und Erde auf der Grundlage einer Verbindung von empirischen Daten und konstruktivem Denken zu konkretisieren versuchte. Leider besitzen wir von den Aufstellungen der drei milesischen Naturphilosophen fast ausschließlich Kunde aus zweiter Hand, aus Aristoteles und dem Kreis seiner Schüler, die die ionischen Naturphilosophen unter dem Gesichtspunkt ihrer eigenen Fragestellung betrachteten. Aber es gibt unter den wenigen Zitaten eines aus erster Hand, das Aristoteles' Schüler Theophrast uns überliefert hat. Er schreibt:

«Anaximander nimmt als Ursprung weder Wasser noch einen der anderen sogenannten Grundstoffe an, sondern eine grenzenlose, unbestimmbare Beschaffenheit, aus der sich alle Himmel bilden und die von ihnen umschlossenen Welten [dann folgt das wörtliche Zitat aus dem Buch des Anaximander]: ‹Woraus aber das Wesen ist den seienden Dingen, in das hinein geschieht auch ihr Vergehen; denn sie geben einander gerechte Strafe und Buße für ihr Unrecht nach der Anordnung der Zeit.› So drückt er sich in poetischer Sprache aus.» (Anaxim. A 9 und F 1 Diels/Kranz)

Offenbar erklärte Anaximander mit diesem Satz das Phänomen der Entstehung und Auflösung aller aus Materie gebildeten Objekte der Erfahrungswelt, und er tat dies mit Rückgriff auf das griechische Rechtsdenken seiner Zeit. Für das Unrecht der Entstehung aus dem Unbegrenzten muss alles Seiende als gerechten Ausgleich an dieses Unbegrenzte mit dem eigenen Untergang und das heißt der Rückkehr in den Ursprung zahlen, aus dem es hervorgegangen ist. Dass ein Ausgleich für begangenes Unrecht ‹nach der Ordnung der Zeit›, also früher oder später, geschehen muss, ist eine stehende Vorstellung des griechischen Rechtsdenkens der archaischen Zeit. Solon hat dies klar in den Gedichten zum Ausdruck gebracht, in denen er die drohende Strafe beschwört, die die Schuldigen an der Versklavung von Land und Leuten in Attika für das von ihnen begangene Unrecht ‹gemäß dem Gesetz der Zeit› erreicht hatten. Anaximander dehnte also das dem Rechtsdenken entlehnte Konzept des gerechten Ausgleichs auf die Erklärung physikalischer Phänomene aus. So wenig dies im Sinne moderner Naturwissenschaft auch ist, so ist es doch ein Zeugnis für das Bemühen, die Prozesse des Entstehens und Vergehens nach einer Gesetzmäßigkeit und nicht mit dem Eingreifen von Göttern zu erklären. Die Naturphänomene selbst sind Träger göttlicher Eigenschaften – ganz im Sinne des Satzes, der Thales zugeschrieben wird: «Alles ist voll von Göttern» und den Aristoteles als Vorstellung einer Immanenz des Göttlichen im Weltall deutet (Thales A22 = Aristot. De anima 411 a 7).

Mit der Entstehung einer spekulativen Naturphilosophie als Vorstufe einer Naturwissenschaft im modernen Sinn waren auch die Ursprünge einer wissenschaftlichen Mathematik verknüpft, wenn die Überlieferung nicht trügt. Wichtige Anregungen kamen aus Ägypten und Mesopotamien. Von Thales ist anzunehmen, dass er bei seinem Aufenthalt in Ägypten mit der von Schreibern betriebenen Mathematik als Hilfsmittel zur Lösung praktischer Probleme der Administration und der ökonomischen Organisation bekannt wurde. Zu diesem Zweck gab es Musterbücher mit beispielhaften Aufgaben und ihren Lösungen, in denen die mathematischen Verfahren demonstriert wurden, die zur Berechnung von Feldgrößen und Ernteerträgen, zur Schätzung von Steueraufkommen und zur Berechnung des für den Bau eines großen Gebäudes notwendigen Erdaushubs, des Bedarfs an Arbeitskräften sowie der zur Ernährung der Arbeiter erforderlichen Rationen notwendig waren. Ein weiteres Aufgabenfeld bestand in genauer Zeitmessung und Aufstellung eines Kalenders auf der Grundlage astronomischer Beobachtungen. Derartige Beobachtungen erlaubten auch die Vorhersage von Sonnenfinsternissen. Thales war der erste Grieche, von dem überliefert ist, dass er sich die mathematischen und astronomischen Kenntnisse Ägyptens und Mesopotamiens zu eigen machte und in einem konkreten Fall von seinem Wissen spektakulären Gebrauch machte. Der betreffende Fall fand im sechsten Jahr eines Krieges zwischen Lydern und Medern statt und prägte sich dem kollektiven Gedächtnis ein, so dass noch Herodot von dieser Sonnenfinsternis und ihrer Wirkung auf die Kämpfenden berichten konnte:

> «Als sie (Lyder und Meder) den Krieg auch im sechsten Jahr weiter fortsetzten, begab es sich während der Schlacht, dass der Tag sich plötzlich in Nacht verwandelte. Diese Vertauschung von Tag und Nacht hatte Thales aus Milet den Ionern vorausgesagt und hatte genau das Jahr angegeben, in dem diese Verwandlung dann auch stattfand.»
> (Hdt. I,74,2. Übersetzung nach A. Horneffer)

So können auch wir noch das genaue Datum angeben: Es handelt sich um die totale Sonnenfinsternis, die im östlichen Kleinasien am 28. Mai 585 v. Chr. beobachtet werden konnte. In den antiken Werken zur Geschichte der Mathematik wird Thales eine Reihe von Berechnungen aufgrund mathematischer Methoden zugeschrieben wie die der Entfernung eines Schiffes von der Küste oder der Höhe einer Pyramide aus der Länge ihres Schattens sowie mehrere geometrische Sätze: dass der Durchmesser den Kreis halbiert, dass in gleichschenkligen Dreiecken die Basiswinkel identisch und die Scheitelwinkel zweier sich schneidenden Geraden gleich sind oder dass der Winkel in einem Halbkreis ein rechter ist. Man ist sich heute darüber einig, dass Thales für diese richtigen Aussagen keine formalen Beweise aufstellte, sondern dass er sie nach dem Vorbild der ägyptischen und mesopotamischen Mathematik induktiv zur Lösung praktischer Aufgaben heranzog.

Ob Pythagoras einen Schritt weiter auf dem Weg zu einer wissenschaftlichen, deduktiv verfahrenden Mathematik ging, wie sie uns im späten fünften und vierten Jahrhundert entgegentritt, das heißt, ob sich «in der pythagoreischen Mathematik die Umwendung vom Anschaulichen zum Begrifflichen vollzieht» (Kurt Reidemeister), wird inzwischen ebenfalls mit gutem Grund angezweifelt. Pythagoras besaß ein genuines Interesse an Mathematik, aber wohl nicht um ihrer selbst als einer exakten Wissenschaft willen, sondern wegen der ihr zugeschriebenen Funktion für die Erklärung der Welt. Doch zunächst sei zum besseren Verständnis des Problems einiges zur Person des Mannes vorausgeschickt: Pythagoras wurde um 570 v. Chr. in Samos geboren. Um das Jahr 530 verließ er seine Heimatstadt, wie es heißt, um der Tyrannis des Polykrates zu entgehen, und siedelte sich im unteritalischen Kroton an. Dort bildete er eine Lebensgemeinschaft auf der Grundlage einer Weltanschauung, die auf der Lehre von der Seelenwanderung und den daraus abgeleiteten Geboten der Lebensführung, der Verpflichtung zur Wahrheit und Gerechtigkeit, beruhte. Das hatte in der Übergangszeit des späten sechsten und frühen fünften Jahrhunderts, als Tyrannis, Adels-

und Volksherrschaft miteinander im Streit lagen, auch politische Folgen. Die sogenannten Pythagoreer gewannen sogar zeitweise erheblichen Einfluss in Unteritalien, doch konnten sie ihn nicht auf Dauer bewahren. Viele der in späterer Überlieferung berichteten Einzelheiten sind unsicher, da sich früh Legenden der Geschichte des Pythagoras und seiner Gemeinschaft bemächtigten. Die pythgoreische Schule bestand nach dem Tod des Meisters nachweislich bis ins vierte Jahrhundert v. Chr. fort. Sie besaß damals in der Person des Archytas von Tarent einen Gelehrten, in dessen Arbeiten das rein wissenschaftliche Interesse an Mathematik, Mechanik und Musiktheorie klarer als bei dem Gründer der Gemeinschaft hervortritt.

Pythagoras wird das Wort zugeschrieben: «Alles ist Zahl.» Zahlen aber unterschied er in die zwei Gruppen der geraden, im Griechischen die *gefügen* genannt, die symmetrische Figuren bilden, und der ungeraden, der sogenannten *überschüssigen*. Mit dem Begriff *gefüge* war die Vorstellung von Klarheit und Ordnung sowohl in der physischen wie in der gesellschaftlich-politischen Sphäre verbunden. Dementsprechend ist es eines der Lieblingsworte Solons zur Bezeichnung einer in Gerechtigkeit geordneten Gemeinschaft. Insbesondere die Vier oder, geometrisch gesprochen, das Quadrat wurde als doppelt symmetrische Figur mit dem Prinzip der Gerechtigkeit und Rechtlichkeit mit folgender Begründung gleichgesetzt: Gerechtigkeit vergilt Gleiches mit Gleichem, in der Quadratzahl widerfährt jedem der beiden Faktoren zwei bei der Multiplikation dieselbe Veränderung, die er dem anderen zufügt. Eine ähnliche Rolle spielte im pythagoreischen System die Zehn, die Grundeinheit des Dezimalsystems. Zehn ist die Summe der ersten vier Zahlen. In figürliche Form umgesetzt, ergibt sich ein Dreieck, dessen Seiten von jeweils vier Einheiten gebildet werden:

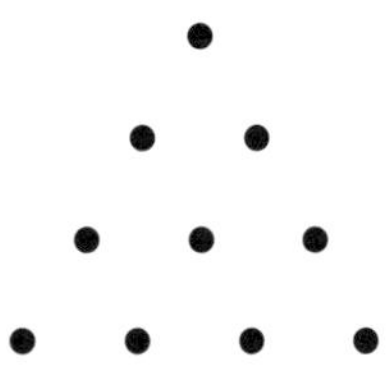

Dieses gleichseitige Dreieck, von den Pythagoreern Vierheit (griechisch *tetraktys*) genannt, steht nicht nur für das auf der Zehn gegründete Zahlensystem, sondern stellt auch das Bauprinzip für die Welt dar. Deshalb nahmen die Pythagoreer zu Erde, Sonne, Mond, Fixsternhimmel und den fünf Planeten noch eine sogenannte Gegenerde als zehnten Himmelskörper an. Offenbar galt den Pythagoreern die Vierheit, die Tetraktys, nicht nur als Inbegriff der Welt, sondern sie stand auch für Gott; denn ihre Eide, so ist überliefert, leisteten die Pythagoreer nicht bei den Schwurgöttern der positiven Religion, sondern bei der Vierheit, dem Symbol des Weltenbaus.

Während sich auf diese Weise mathematisches Denken mit spekulativer Welterklärung vermischte, gelang den Pythagoreern auf dem Gebiet der Musik die reale Entdeckung, dass die Konsonanzen auf Zahlenproportionen beruhen. In der Musik, so ist gesagt worden, kleiden sich die Zahlen in direkt wahrnehmbare Vorgänge und beweisen im Reich der Töne sinnfällig ihre mächtige Wirkung auf das Gefühl und den Willen (Hermann Fränkel). Mit anderen Worten: Auf Zahlenproportionen beruht die psychagogische Wirkung der Musik – und bei entsprechender Anwendung die heilende Kraft musikalischer Harmonie. Von daher übertrugen die Pythagoreer den Begriff der Harmonie auf das menschliche Verhalten und auf die Bewegungen der Himmelskörper im Weltall: Gutheit (*arete*), der Inbegriff des sittlichen und anständigen Verhaltens, galt ihnen als eine Form der Harmonie, und die gleichmäßige Bewegung der Himmelskörper wurde nach ihrer Theorie von dem harmonischen Zusammenklang der Sphärenmusik begleitet – ganz so, wie Goethe es im *Faust* beschreibt:

> «Die Sonne tönt nach alter Weise
> In Brudersphären Wettgesang.»

Mit Recht ist darauf hingewiesen worden, dass in den Anfängen des mathematischen Denkens Menge, Form und Proportion als Funktion der Zahl galten und damit die Vorstellung verbunden wurde, die Zahl sei das Prinzip der Welt, das es ermögliche, die Phänomene zu erklären. Darin lag ebenso eine Grenzüberschreitung wie in den Theorien der damaligen Naturphilosophen über die materielle oder die nichtmaterielle Grundsubstanz, aus der die Welt gebaut sei.

Das Ungenügen an den vorgeschlagenen Theorien rief indessen naturgemäß Kritik und neue Erklärungsmodelle hervor, und so entstand am Ende der archaischen Zeit ein intellektueller Diskurs, in dem Kritik und Widerspruch die gängigen Vorstellungen und Bräuche ebenso trafen wie die neuen theoretischen Entwürfe und die Sammlungen empirischen Wissens. Gegen Ende der Epoche ließ sich Heraklit von Ephesos (ca. 550–480 v. Chr.) in diesem Sinne so vernehmen:

> «Vielwisserei lehrt nicht Verstand haben. Sonst hätte sie's Hesiod gelehrt und Pythagoras, ferner auch Xenophanes und Hekataios. Denn eines nur ist Weisheit, den Gedanken zu verstehen, der alles auf alle Weise zu steuern versteht.»
> (Herakl. F 40/41 Diels/Kranz)

Weder Homer noch Hesiod fanden mit ihrer Welterklärung Gnade vor den Augen Heraklits. Vor allem Homer, der doch nach den Worten seines Kritikers weiser war als alle Hellenen, wird schnöde abgefertigt:

> «Homer verdient aus den Preiswettbewerben [der Rhapsoden] herausgeworfen und mit Rutenstreichen gezüchtigt zu werden.»
> (Herakl. F 42 Diels/Kranz)

Und von Hesiod heißt es:

> «Lehrer der meisten ist Hesiod. Von ihm sind sie [die Leute] überzeugt, er wisse am meisten – er, der doch Tag und Nacht nicht erkannte. Ist doch eine Einheit.»
> (Herakl. F 57 Diels/Kranz)

Das richtet sich gegen die Lehre von der Scheidung von Tag und Nacht als grundlegenden Schritt im Prozess der Weltentstehung. Hesiod teilte diese Lehre mit altorientalischen Weltentstehungslehren einschließlich des Schöpfungsberichts der Bibel. Aber diese Lehre hielt dem neuen Denken nicht stand. Der Wechsel von Tag und Nacht entsteht durch die Bewegung eines Planeten, entweder der Sonne, wie fälschlich angenommen wurde, oder der Erde, wie im dritten Jahrhundert v. Chr. der große Astronom Aristarchos von Samos, gewissermaßen als Vorläufer von Kopernikus, nachwies. In beiden Fällen aber ist Tag und Nacht, wie Heraklit sagt, *eins*, nämlich Zeit, die im Wechsel entweder vom Sonnenlicht affiziert oder nicht affiziert wird.

Um auf Homer und seine von Heraklit geforderte Verbannung aus den Preiswettbewerben der Rhapsoden zurückzukommen: Rhapsoden hatten die Aufgabe, Stücke homerischer Dichtung bei musischen Wettbewerben zu rezitieren, aber auch sie waren nicht mehr durchweg vorbehaltlose Verehrer der alten Epen und ihres Weltbildes. Der ebenfalls von Heraklit kritisierte Xenophanes war von Beruf Rhapsode. Nach seinem eigenen Zeugnis hatte er Kolophon, seine Heimat, als sie unter persische Herrschaft fiel, verlassen und danach Griechenland 67 Jahre als Rhapsode durchzogen, bis er sich in hohem Alter im süditalischen Elea niederließ. Er hatte Dichtung vorgetragen, aber sich dabei einem neuen Prinzip unterworfen: «Was man auch tue, es sei zweckvoll auf Gutes gestellt.» Diesem Anspruch konnten Hesiod und Homer nicht genügen, und so dichtete er in der Beschreibung eines Gastmahls:

> «Doch von den Männern rühme man den, der durch edle Gespräche
> Zeigt sein Bemühen um rechte Art und des Gedächtnisses Kraft,
> Nicht indem er von Kämpfen erzählt der Titanen, Giganten
> Und Kentauren – das sind Fabeln der Menschen von einst –
> Oder von wütendem Streit, der keinen brauchbaren Sinn hat.»
> (Xenoph. F 1,19–23 Diels/Kranz)

Nicht zu Unrecht hat Hermann Fränkel geurteilt, dass Xenophanes damit die gesamte dichterische Tradition, von der sein Berufsstand gezehrt hatte, auf den Kehrichthaufen einer überholten Vergangenheit warf. Er maß das Überkommene am Gesichtspunkt seiner Brauchbarkeit und blieb nicht bei der Dichtung stehen, sondern zog auch Religion und gesellschaftliche Normen vor den Richterstuhl der Vernunft.

Was die Religion anbelangt, so richtete sich Xenophanes' Kritik gegen den Anthropomorphismus und die Unmoral des den Göttern zugeschriebenen Verhaltens. In einer Art Gedankenexperiment erwies er die Abhängigkeit der Gottesvorstellung vom Selbstbild des Menschen:

> «Aber wenn Hände hätten die Rinder oder die Löwen
> Malen könnten mit Händen und Werke bilden wie Menschen,
> Würden die Pferde Pferden, die Rinder Rindern entsprechend
> Malen der Götter Figuren und würden die Leiber gestalten
> Solcher Art, wie sie selber geformt sind.»
> (Xenoph. F 15 Diels/Kranz)

Vor allem an dem Bild, das Homer und Hesiod von den Taten und dem Verhalten der Götter zeichnen, hat Xenophanes vom Standpunkt der Moral harte Kritik geübt:

> «Alles haben Homer und Hesiod von den Göttern behauptet,
> Was nur irgend bei uns, den Menschen, als Schimpf und Schande gilt:
> Stehlen und Buhlschaft und einer den andern Betrügen.»
> (Xenoph. F. 11 Diels/Kranz)

Dem Götterhimmel, den Homer und Hesiod gezeichnet hatten, stellt Xenophanes den einen körperlosen Gott gegenüber, der Geist ist und nur geistig erfasst werden kann. Doch der eine Gott schließt die Existenz anderer Götter nicht aus:

> «Ein Gott! Unter Göttern und Menschen der Größte,
> Nicht an Gestalt den Sterblichen artgleich, nicht an Gedanken.»
> (Xenoph. F 23 Diels/Kranz)

Dieser Größte der Götter und Menschen bewegt sich nicht im Raum, weil er körperlos gedacht ist, und wirkt nicht durch überlegene körperliche Kraft, sondern durch die Kraft seines Geistes:

> «Er sieht als ein Ganzes, als Ganzes denkt er und hört er.
> Immer im Selben verharrt er, bewegungslos. An verschiedene
> Orte sich hinzubegeben gehört sich für ihn nicht. Statt dessen
> Schwingt seines Geistes Wollen ein jegliches ohne Bemühen.»
> (Xenoph. F 24–26 Diels/Kranz)

Die traditionelle Göttervorstellung und die Kultpraxis der *religion civile* sind durch die neuen Ideen nicht beeinflusst, geschweige denn beseitigt worden. Eher hat sich ein Nebeneinander zwischen der Religion des Staates, dem volkstümlichen Götterglauben und dem religionskritischen Denken einer geistigen Elite entwickelt.

Wie seine Vorläufer, die ionischen Naturphilosophen, oder wie sein Zeitgenosse und Kritiker Heraklit von Ephesos verwarf Xenophanes die religiöse Welterklärung Hesiods, die von der Entstehung der Welt über die Abfolge der Göttergeschlechter bis zur genealogischen Verknüpfung von Göttern und Menschen reicht. Dies alles schob Xenophanes beiseite und führte seinerseits die Vielfalt der Phänomene der Welt auf das Widerspiel des trägen und des beweglichen Elements, Erde und Wasser, zurück:

> «Erde und Wasser ist alles, was irgend entsteht und sich bildet.»
> (Xenoph. F 29 Diels/Kranz)

Xenophanes wandte sich nicht nur gegen die Gottesvorstellung der positiven Religion und gegen die traditionelle mythische Welterklärung; er maß auch die verbreitete Überschätzung der Bedeutung des Sports und die den Siegern in den panhellenischen Wettkämpfen gewidmeten Ehrungen an der Richtschnur, der er sich verschrieben hatte, dem Nutzen für die Gemeinschaft. An diesem Maßstab gemessen, erschien nicht nur die Haltung der Mehrheit, sondern auch die große Dichtung verfehlt, die damals Dichter wie Pindar und Bakchylides den Siegern in den großen Wettkämpfen widmeten. Xenophanes hielt mit seinem Verdikt nicht zurück. Sein Urteil lautete:

«Denn mag einer im Volk im Faustkampf trefflich und gut sein
Oder im Fünfkampf vielleicht oder als Ringer sehr stark
Oder an Raschheit der Füße (und dies gilt immer als Erstes
Und vornehmstes, wo man Leistung der Stärke erprobt):
So wird doch die Ordnung des Staates durch ihn nicht gebessert.
Kleine Freude erwächst davon der heimischen Stadt,
Dass da jemand am Ufer der Pisa im Wettkampf Erfolg hat;
Denn die Kammern der Stadt werden durch solches nicht fett.»
(Xenoph. F 2,15–22 Diels/Kranz)

Die unverhältnismäßigen Ehren, die den Olympioniken in ihren Heimatstädten zuteilwurden, ließ Xenophanes allenfalls als eine kleine Freude gelten, und sie bedeuteten in seiner Sicht keineswegs, wie Pindar es sah, das Erreichen des Höchsten, was einem Sterblichen beschieden sein konnte. Olympische Siege trugen nichts zur Ordnung des Staates bei, sie waren insofern unnütz. Gemessen an der Nützlichkeit der Weisheit, die Xenophanes für sich in Anspruch nimmt, erscheinen die Ehrungen der Sieger in sportlichen Wettkämpfen gänzlich unangemessen, und so heißt es:

«Dieser erscheint dann dem Volk würdiger, wenn es ihn sieht,
Und er erhält bei Festen den Ehrenplatz zur Belohnung,
Und gespeist wird er aus dem Gemeindebesitz
Von der Stadt und empfängt dazu eine kostbare Gabe;
Auch wenn nur sein Gespann siegte, bekommt er dies alles,

> Ohne mir gleichzukommen an Wert. Denn besser als Stärke,
> Von Mann oder Ross, ist doch die Weisheitskunst, die ich verstehe.»
> (Xenoph. F 2,6–12 Diels/Kranz)

Mit der Weisheitskunst, die Xenophanes meinte, war nicht die berufliche Kompetenz des Rhapsoden gemeint, bei festlichen Anlässen Dichtung zu rezitieren, sondern im Sinne des neuen Weisheitsideals das Wahre und das Nützliche zu erkennen und zu verkünden. Dieser Anspruch griff auch auf die praktische Heilkunst über. Der oft als Arzt oder Pythagoreer bezeichnete Naturphilosoph Alkmaion von Kroton (frühes fünftes Jahrhundert v. Chr.) wandte sich von dem Glauben ab, dass innere Krankheiten von den Göttern geschickt würden; doch er wusste um die Begrenztheit der menschlichen Fähigkeit, die Ursachen der Krankheiten zu erkennen, und schrieb seinen Schülern ins Stammbuch, dass Menschen nicht über das Wissen der Götter verfügen, sondern versuchen müssen, aus beobachteten Indizien Rückschlüsse auf die Ursachen von Krankheiten zu ziehen. Er schrieb:

> «Über das Nichtwahrnehmbare (so gut wie) über das Menschliche haben die Götter Klarheit, aber die, welche Menschen sind, müssen Anzeichen deuten.»
> (Alkm. F 1 Diels/Kranz)

Dies war Sache ärztlicher Erfahrung – die Möglichkeiten moderner Diagnostik waren ja unbekannt –, doch Alkmaion lieferte darüber hinaus eine allgemeine Theorie über den Ursprung von Gesundheit und Krankheit, das Gegenstück zu den philosophischen Theorien über die Grundlagen der Welt und der aus ihnen gebildeten Phänomene der Natur. Alkmaion betrachtete Gesundheit als harmonisches Verhältnis von gegensätzlichen Qualitäten wie Warm und Kalt und Krankheit als Störung der Harmonie durch Alleinherrschaft einer einzigen der verschiedenen Qualitäten. Er fragte weiter, welches die Ursache der Störung des Gleichgewichts sei, welche Körperteile betroffen sein könnten und welche äußeren Ursachen zu inneren Krankheiten führten. Erhalten ist dieser Bericht:

> «Gesundheitsbewahrend sei die Gleichberechtigung der Kräfte des Feuchten und des Trockenen, des Kalten und des Warmen, des Bitteren und des Süßen und dergleichen, die Alleinherrschaft dagegen sei bei ihnen krankheitserregend. Denn verderblich wirke die Alleinherrschaft des einen der Gegensätze. Und zwar ließen sich die Krankheitsfälle, was die Ursache angehe, auf das Übermaß an Hitze oder Kälte [er dachte vermutlich an hohe und niedrige Körpertemperaturen als Indikatoren] zurückführen; was die Veranlassung, auf Übermaß oder Mangel an Nahrung; was die Örtlichkeit, so würden Blut, Eingeweide oder Hirn betroffen; doch entstünden hier Krankheiten aus äußeren Veranlassungen, zum Beispiel durch besondere Beschaffenheit von Wasser oder Land oder Anstrengung oder Folterqualen und dergleichen. Gesundheit dagegen beruhe auf der gleichmäßigen Mischung der Qualitäten.»
> (Alkm. F 4 Diels/Kranz, aus Aetius von Amida, Tetrabibl. V,30,1)

Am Ende der archaischen Epoche stehen zwei Denker, deren Lehren gegensätzlicher nicht sein können, Heraklit von Ephesos und Parmenides von Elea. Gemeinsam ist beiden bei aller Differenz, dass sie eine Revolution des Denkens herbeigeführt haben. Was Heraklit anbelangt, so widersprach er dem Ansatz der ionischen Naturphilosophen, die Entstehung der Welt auf einen bestimmten Grundstoff zurückzuführen. Dies hielt er wohl, wie gesagt worden ist, für eine unerlaubte Grenzüberschreitung. Heraklit betrachtete die Welt nicht als entstanden, sondern als eine ewige Ordnung, als ein Spannungsfeld, in dem alle Dinge sich ständig verändern, ja, prozesshaft jeweils in ihr Gegenteil umschlagen, so dass die Einheit des Ganzen erhalten bleibt. Diese Weltsicht hat Heraklit in immer neuen Maximen seinen Lesern eingeprägt. Als Belege seien einige seiner Sinnsprüche nach der Sammlung von Diels/Kranz zitiert:

«Diese Weltordnung, dieselbe für alle Dinge, schuf weder einer der Götter noch der Menschen, sondern sie war immerdar und ist und wird sein ewig lebendiges Feuer, entflammend nach Maßen und erlöschend nach [denselben] Maßen» (F 30). «Gott ist Tag-Nacht, Winter-Sommer, Krieg-Frieden, Sattheit-Hunger. Er wandelt sich aber wie das Feuer, das, wenn es mit Räucherwerk vermengt wird, nach dem Duft eines jeglichen heißt» (F 67). «Ein und dasselbe ist: lebend und tot, wach und schlafend, jung und alt. Denn dieses schlägt in jenes um und jenes zurück in dieses» (F 88). «Krieg ist aller Dinge Vater, aller Dinge König. Die einen erweist er als Götter, die anderen als Menschen, die einen macht er zu Sklaven, die anderen zu Freien» (F 53). «Man soll aber wissen, dass der Krieg (allen Dingen) gemeinsam ist, und Recht Streit ist, und dass alles geschieht gemäß Streit und Schuldigkeit» (F 80). «Denen, die in dieselben Flüsse hineinsteigen, strömen andere und wieder andere Wasserfluten zu» (F 12). «In dieselben Flüsse steigen wir und steigen wir nicht, wir sind und wir sind nicht» (F 49a). «Es ist unmöglich, zweimal in denselben Fluss hineinzusteigen, so Heraklit» (F 91). «Das Kalte erwärmt sich, Warmes kühlt sich ab, Feuchtes trocknet, Trockenes wird feucht» (F 126).

Heraklit setzte dem religiösen Mythos der Weltentstehung ein definitives Ende, und er übernahm auch nicht den grundlegenden Ansatz der ionischen Naturphilosophie, dass sich die Welt aus einem Urstoff gebildet habe. Im Gegenteil, er ist der Begründer der Theorie von der Ewigkeit der Welt: dass alles sich ständig ändert und in diesem Prozess dennoch das Ganze sich gleich bleibt. Der Gottesbegriff ist rein immanent gedacht: Gott wohnt den sich in ihr Gegenteil verwandelnden Dingen inne, und er verändert sich mit ihnen und in ihnen. Das hat Heraklit nicht daran gehindert, das Buch, in dem er seine Lehre niedergelegt hatte, einer der Göttinnen des Volksglaubens zu weihen: Er legte das Buch in dem berühmten Heiligtum der Artemis von Ephesos nieder. In diesem Akt bahnte sich die Haltung zur Religion an, die für die neu entstehende intellektuelle Elite typisch werden sollte. Der traditionelle Volksglauben wurde ebenso wie die theologischen Vorstellungen der Dichter und Denker der Korrektur des kritischen Denkens unterworfen, aber die Religion der Kultgemeinschaft, die *religion civile*, wurde, von wenigen Ausnahmen abgesehen, nicht in Frage gestellt.

Heraklit hat wie andere Philosophen und Logographen der spätarchaischen Zeit sein Werk in Prosa abgefasst und nicht in der überlieferten, der dichterischen Form öffentlicher Mitteilung. Wer auf die Sache um der Sache willen und nicht auf die öffentliche Wirkung Wert legte, konnte auf die dichterische Form der Mitteilung verzichten. Dass Heraklit sein Buch der Göttin weihte und es in ihrem Heiligtum niederlegte, stimmt zu dieser Haltung ebenso wie die aristokratische Verachtung, mit der er nicht nur sein Verdikt über Dichter und Denker aussprach, sondern auch die Haltung des Volkes in den Parteikämpfen seiner Heimatstadt aufs schärfste verurteilte:

> «Recht täten die Ephesier, sich Mann für Mann aufzuhängen allesamt und den Halbwüchsigen ihre Stadt zu hinterlassen, sie, die Hermodoros, ihren wertvollsten Mann, hinausgeworfen haben mit den Worten: ‹Von uns soll keiner der wertvollste sein oder, wenn schon, dann anderswo und bei anderen.›»
> (Herakl. F 121 Diels/Kranz)

Aber auch abgesehen von der aristokratischen Verachtung eines Heraklit für Dichter und Denker der Vergangenheit und Gegenwart setzte sich der Verzicht auf die dichterische Form in den Werken, die von empirischen Erkundungen und den Ergebnissen theoretischen Denkens handelten, allmählich allgemein durch. Die Ausnahmen bilden Xenophanes und der große Revolutionär, der eine Umkehr des wissenschaftlichen Denkens in spätarchaischer Zeit bewirkte, Parmenides von Elea. Sie bedienten sich der metrischen Form des Lehrgedichts, wie es Hesiod getan hatte. Aber während Xenophanes als gelernter Rhapsode die dichterische Sprache souverän zur Darlegung seiner Lehren handhabte, kann dies von Parmenides nicht gesagt werden. Dafür griff er in der Gesamtanlage seines Lehrgedichts auf die archaische Vorstellung einer göttlichen Einweihung in die Wahrheit zurück. Die revolutionäre Wahrheit, die er von seiner Auffahrt zu der Göttin des Lichts mitbrachte, bestand, modern gesprochen, in der Unterscheidung einer exakten Wissenschaft, in der Denken und Gegenstand des Denkens, wie es sich in der Mathematik manifestiert, identisch sind, und empirischer Wissenschaften, die sich auf die Erkenntnis der äußeren Welt beziehen und die, gemessen an der exakten Wissenschaft, nicht über bloßes Meinen, falsches oder plausibles, hinauskommen. Demonstrationsobjekt dieser unvollkommenen Wissensform aber sind die Kosmogonien und Kosmologien, wie sie die Naturphilosophen einschließlich Pythagoras konstruiert hatten. Demgegenüber besteht Parmenides darauf, dass von wirklicher Erkenntnis nur die Rede sein kann, wenn das Erkannte, in Parmenides' Sprache das Sein, ausschließlich rein formalen Ansprüchen genügt und sich damit als absolut Zuverlässiges und keiner Änderung Unterworfenes erweist, das heißt Eigenschaften aufweist, die auf einen empirischen Gegenstand und einen empirischen Sachverhalt grundsätzlich nie zutreffen.

Parmenides vergleicht am Schluss seiner Darlegung, dass nur das dem Denken erkennbare Seiende die Bedingungen wahrer Erkenntnis enthält, dieses intelligible Seiende mit einer mathematischen Figur, einer Kugel:

> «Aber da es eine letzte Grenze gibt, ist es allseits vollendet, gleich der Masse einer wohlgerundeten Kugel, vom Zentrum her sich gleichmäßig in alle Richtungen erstreckend. Denn es ist notwendig, dass es weder hier noch dort etwas größer oder etwas kleiner ist. Es gibt nämlich kein Nichtseiendes, das es hindern würde, zum Gleichmäßigen zu gelangen, noch könnte Seiendes irgendwie hier mehr, dort weniger vorhanden sein als Seiendes, da es als Ganzes unversehrt ist. Sich selbst nämlich ist es von allen Seiten her gleich, gleichmäßig begegnet es seinen Grenzen.»
> (Parm. F 8,42–49 Diels/Kranz)

Im Unterschied zu mathematischen Aussagen können die Meinungen über empirische Sachverhalte wie die über Entstehung und Beschaffenheit der uns umgebenden Welt nie dem Anspruch exakten Wissens genügen. An der Schnittstelle zwischen dem Teil des Gedichts, das dem exakten Wissen gewidmet ist, und dem anderen, in dem es um die mehr oder weniger plausiblen Meinungen der Menschen geht, heißt es:

> «Damit beende ich Dir verlässliche Aussage und Begriff hinsichtlich der Wahrheit. Von hier ab aber lerne die menschlichen Meinungen verstehen, indem du die trügerische Ordnung meiner Verse anhörst.» (Parm. F 8,50–53 Diels/Kranz)

Parmenides' Unterscheidung zwischen einem exakten Wissen und einem bloßen Meinen verbannte die Theorien der ionischen Naturphilosophen aus dem Reich eines absoluten Wissens und privilegierte die formalen Wissenschaften wie Mathematik und Logik, die im Unterschied zu den empirischen Disziplinen einem Wahrheitsbegriff verpflichtet sind, der ausschließlich auf der Konsistenz und Kohärenz von Begriffen und Aussagen beruht. Diese Entdeckung der Sonderstellung der formalen Wissenschaften gab den Anstoß zur Ausbildung einer wissenschaftlichen Mathematik, meist in Form einer Geometrie, deren Ergebnisse im dritten Jahrhundert v. Chr. Euklid in einem berühmten Werk systematisch dargestellt hat. Im Gegensatz zu der auf die Lösung praktischer Aufgaben zugeschnittenen Rechenkunst arbeitet die rein theoretische Form der Mathematik mit abstrakten Begriffen, allgemeinen Sätzen und axiomatisch-deduktiven Beweisen. Das war wie in der Philosophie Angelegenheit einer kleinen Elite, die ihrerseits einen Ausschnitt aus der gesellschaftlichen Elite darstellte und Wissenschaft um ihrer selbst und nicht um einer beruflichen Anwendung willen betrieb. Sokrates, von Berufs wegen Handwerker, war, was seine Stellung in der Gesellschaft anbelangt, die Ausnahme, die die Regel bestätigt.

Parmenides' Unterscheidung einer streng formalen Wissenschaft und induktiver Wissensdisziplinen war die Voraussetzung der Ausbildung einer wissenschaftlichen Mathematik und Logik. Den Griechen der Antike verdankt sich in der Folge von Parmenides' Entdeckung das begriffliche Denken als eines der großen Mittel aller wissenschaftlichen Erkenntnis. Max Weber hat dies in seinem berühmten Essay *Wissenschaft als Beruf* am Beispiel des platonischen Sokrates wie folgt charakterisiert:

> «Hier zum ersten Mal schien ein Mittel zur Hand, womit man jemanden in den logischen Schraubstock setzen konnte, so dass er nicht herauskam, ohne zuzugeben: entweder dass er nichts wisse: oder dass dies und nichts anderes die Wahrheit sei, die ewige Wahrheit, die nie vergehen würde, wie das Tun und Treiben der blinden Menschen.»
> (Wissenschaft als Beruf [1919], 18)

Von einer Geschichtsschreibung, wie sie im fünften Jahrhundert mit den Werken des Herodot und des Thukydides ihre Anfänge und zugleich einen glanzvollen Höhepunkt erlebte, war die spätarchaische Zeit noch weit entfernt. Die verbreitete Annahme, dass die sogenannten Logographen, die Verfasser von Genealogien in Hekataios' Art, die Vorläufer Herodots gewesen seien, führt in die Irre. Die Entstehung von Geschichtsforschung und Geschichtsschreibung knüpfte im fünften Jahrhundert an die Erfahrung der großen Kriege an, die die Griechen mit den Persern und dann gegeneinander unter Führung von Athen und Sparta ausfochten. Vorläufer der Geschichtswerke war zu Beginn des fünften Jahrhunderts die Dichtung: Die Tragödien des Phrynichos, *Der Fall Milets* und *Die Phoinikerinnen*, sowie *Die Perser* des Aischylos beschworen in Athen die Erinnerung an die Zerstörung Milets und an die siegreiche Schlacht von Salamis. Neben die Tragödienaufführungen in Athen traten Lyrik und Elegie. Die großen Schlachten der Jahre 480/79 v. Chr., bei Artemision, an den Thermopylen, bei Salamis und Plataiai, sind in antiken Erwähnungen und Fragmenten von Werken des Simonides von

Keos (556/53–468/65) bezeugt. Von ihm stammt auch das berühmte Grabepigramm auf die an den Thermopylen gefallenen Spartaner. Durch einen spektakulären Papyrusfund haben wir im Jahr 1992 genauere Kenntnis von einem elegischen Kleinepos gewonnen, in dem es aus der Sicht des Führers des spartanischen Aufgebots, des Regenten Pausanias, um die Schlacht von Plataiai ging. Dieses Gedicht war, wie wahrscheinlich gemacht worden ist, für eine öffentliche Rezitation an einem Fest bestimmt und ist insofern mit den in Athen aufgeführten Tragödien aus der Perserzeit vergleichbar. Worum es jeweils ging, war, den Ruhm der Heldentaten, durch die der Ansturm der Perser abgewehrt worden war, vor dem Vergessen zu bewahren und für den Perserkrieg das zu leisten, was Homer für die Rettung der Erinnerung an den gemeinsamen Krieg der Griechen gegen Troia getan hatte. Als dann Herodot in der zweiten Hälfte des fünften Jahrhunderts sein großes Geschichtswerk über die Auseinandersetzung mit den Persern schrieb, teilte er mit den Dichtern die Absicht, zu verhindern, dass die Erinnerung an die großen Taten der Vorfahren verlösche. Im Proömium zu seinem Geschichtswerk schrieb er:

> «Dies ist des Halikarnassiers Herodot Darlegung seiner Erkundung, damit weder das von Menschen Geschehene mit der Zeit verblasse noch große und bewunderswerte Taten, die entweder Griechen oder Barbaren verrichtet haben, ihres Ruhmes verlustig gehen, vor allem aber, aus welcher Ursache sie gegeneinander Krieg führten.»
> (Hdt. I, Proöm.)

Dies ist das Programm der entstehenden Geschichtswissenschaft. Herodot teilte mit der Dichtung der Perserzeit das Anliegen, dem Vergessen zu wehren und den Ruhm großer Taten zu bewahren, aber er ging darin über die Vorläufer hinaus, dass er sich das Ziel setzte, Vergangenes durch Forschung ans Licht zu bringen und nach der Ursache des Geschehens zu fragen, das der Hauptgegenstand seines Werkes ist.

RÜCKBLICK UND AUSBLICK

Die Vorfahren der Griechen hatten Anteil an dem tiefgreifenden Wandel aller Lebensverhältnisse, der weltweit in der sogenannten Jungsteinzeit erfolgte, als die Nahrungsaneignung durch Jagen und Sammeln von der Nahrungsproduktion durch Ackerbau und Haustierhaltung abgelöst wurde. Ackerbau und Viehzucht bewirkten zwei einander ergänzende und doch gegenläufige Phänomene: Sesshaftigkeit auf der einen und Suche nach neuem Siedlungsland auf der anderen Seite. Seitdem bestimmten Migration sowie soziale und sprachliche Differenzierung das Schicksal der Menschheit. Die landwirtschaftliche Produktionsweise zog die vaterrechtliche Organisation der Familie nach sich, und auch in der Religion trat die Welt der Götter als Familie mit einer Vatergottheit an der Spitze in Erscheinung. Die neuen Produktionsverhältnisse modifizierten insbesondere das Kernstück antiker Religionen, das Ritual des blutigen und unblutigen Opfers. In der älteren Steinzeit, dem Zeitalter des Jagens und Sammelns, waren Menschen gezwungen, Wildtiere zu töten, um zu überleben, und damit eine grauenerregende Handlung zu vollziehen. Zur Sühne setzten sie, wie Überreste gelehrt haben, das Knochengerüst wieder so zusammen, wie dieses das lebende Tier geformt hatte – und sie taten das wohl in der Erwartung seiner Neubelebung durch höhere Mächte. Im Neolithikum wurden Haustiere geschlachtet, und daraus entstand der Brauch, die Götter als die Mächte, von denen das Wohl und Wehe der Menschen abhängt, zu ihrer Versöhnung zu Gast zu laden und ihnen die nicht essbaren Teile zu weihen. Ergänzt wurde das blutige durch das unblutige Opfer eines Anteils an dem Ertrag, der aus den kultivierten Pflanzen gezogen wurde. Das Opfer aber war das rituelle Kernstück aller antiken Religionen und also auch der griechischen; den Opferkult begleitete der Mythos, die Erzählungen von den Göttern, die gerade bei den Griechen eine reiche Ausgestaltung erfuhren.

Seit dem zweiten Jahrtausend v. Chr. besiedelten Griechisch sprechende Zuwanderer in mehreren Wellen die südlichen Ausläufer der Balkanhalbinsel. Umständehalber benötigten sie zwei Anläufe, um die Chance einer kontinuierlichen Entwicklung in ihren neuen Wohnsitzen zu gewinnen. In der Phase der ersten Landnahme gerieten sie unter den Einfluss der minoischen Palastkultur, einer hierarchisch geordneten Gesellschaftsformation mit zentraler Wirtschafts- und Herrschaftsstruktur, die in Anknüpfung an die fortgeschrittenen Kulturen Ägyptens und des Vorderen Orients entstanden war. Den zuwandernden Griechen gelang es – wir wissen nicht, wie das im Einzelnen geschah – sich an die Stelle der alten Herrenschicht zu setzen und eine eigene Palastkultur, die mykenische, zu entwickeln. Doch von kontinuierlicher Dauer war diese Palastkultur nicht. Der sogenannte Seevölkersturm, der um 1200 v. Chr. über die östliche Mittelmeerwelt hereinbrach, setzte ihr definitiv ein Ende.

Der Neuanfang stand unter dem Zeichen einer stark verminderten Bevölkerung, einer niedrigeren Kulturstufe und neuer Zuwanderungen aus dem nördlich gelegenen Vorland des ehemals mykenisch geprägten Griechenlands. Diese Inkubationszeit, in der sich der Neubeginn der griechischen Geschichte vorbereitete, dauerte etwa drei Jahrhunderte. Es sind dies die sogenannten Dunklen Jahrhunderte, über die wir trotz einzelner bedeutender Bodenfunde zu wenig wissen. Am Ende dieser Epoche, im achten Jahrhundert, sehen wir dann einen Aufbruch zu neuen Ufern. Er war bewirkt durch eine deutlich vermehrte Bevölkerung und eine ausgeprägte soziale Differenzierung zwischen einer führenden Adelsschicht und der Masse des aus Bauern, Seefahrern, Handwerkern und Tagelöhnern bestehenden Volkes. Völlig abgebrochen war die Verbindung mit der mykenischen Phase der griechischen Geschichte freilich nicht. Das Ältere lebte fort in dem zweiten Kernstück der griechischen Religion, dem Mythos, den Erzählungen der Göttergeschichten, die auf die minoisch-mykenische Zeit zurückgehen, in heiligen Stätten der Götterverehrung, in Siedlungskontinuität und im Berufsstand der Sänger, die die überlieferten Stoffe und die dichterische Form der Sagentradition aus mykenischer Zeit im Wechsel der aufeinanderfolgenden Generationen den jeweiligen Lebensverhältnissen anpassten. Dieser Prozess der Anpassung hat dazu geführt, dass die nach Erfindung des griechischen Alphabets schriftlich fixierten homerischen Epen Ilias und Odyssee im Wesentlichen die Verhältnisse des achten und siebten Jahrhunderts abbilden. Insbesondere gilt dies für die Odyssee. Sie zeigt eine Welt der Seefahrer und des Adels, an dessen Höfen das Gastmahl, der Vortrag des Sängers und der sportliche Wettkampf die Höhepunkte der Geselligkeit, und zwar über die archaische Zeit hinaus, bildeten. Angesiedelt war dieses Leben in kleinen Stammes- oder Stadtgemeinden mit eher schwach ausgebildeten Institutionen. Es existierten König und Adelsrat sowie eine Versammlung des Volkes, die, bei Kriegsgefahr einberufen oder zu Gerichtsverhandlungen, ihren Einfluss durch Zurufe geltend zu machen versuchte, aber keine formellen Entscheidungsrechte besaß. Die erst in Ansätzen vorhandene öffentliche Gewalt war der Eigenmächtigkeit und der Gewalt der Starken und Mächtigen noch nicht Herr geworden. Entsprechend stark war die Sehnsucht nach Gerechtigkeit, wie sie sich vor allem im Werk des Hesiod, des Sängers der Welt der Bauern, niedergeschlagen hat.

Dieses Streben nach einer besseren Welt der Gerechtigkeit machte sich umso stärker geltend, als ein großer Teil der Bevölkerung unter materieller Not und den daraus resultierenden Streitigkeiten zu leiden hatte. Die Folge waren Versuche, die eigene Lebensgrundlage auf Kosten von Nachbarn zu erweitern, sei es durch Plünderungszüge zu Lande und zu Wasser oder durch Eroberung des Landes der Nachbarn und Unterwerfung seiner Einwohner. Wichtiger noch wurden individuelle und gemeinschaftliche Auswanderungen nach Übersee. Aus der erstgenannten Wurzel ist der Kriegerstaat der Spartaner erwachsen, in dem die Last der Produktion auf Staatssklaven, die Heloten, abgewälzt wurde und dessen *raison d'être* die

Ausweitung und Aufrechterhaltung dieses unmenschlichen Systems war. Individuen und Gruppen, die aus weniger straff organisierten Gemeinden stammten, als es der spartanische Kriegerstaat war, waren auf Auswanderung verwiesen, um bessere Lebensbedingungen zu erhalten, als sie die Heimat bot. Diese Auswanderung vollzog sich in und außerhalb einer Kolonisationsbewegung, die im Lauf von zwei Jahrhunderten die Küsten des Mittelmeeres und des Schwarzen Meeres mit einem Kranz griechischer Gemeinden und Niederlassungen umgab. Aufs Ganze gesehen war die griechische Kolonisation das Werk privater Initiativen, bei der Angehörigen des Adels eine führende Rolle zufiel.

Die Führungsrolle des Adels bot keineswegs die Garantie friedlicher Solidarität. Adlige waren darauf aus, im Wettstreit mit Standesgenossen Ruhm, Ehre und Vorrang zu gewinnen, und es ist klar, dass diese tief verwurzelte Mentalität Streitigkeiten und Konflikten Tür und Tor öffnete. In letzter Konsequenz führte die Konkurrenz um den Vorrang vor allem in den größeren Poleis zum Griff nach der informellen Stadtherrschaft, griechisch gesprochen: nach der Tyrannis. Diese war, dialektisch gedacht, sowohl die höchste Stufe des adligen Strebens nach Vorrang als auch die Negation des Ideals adliger Standessolidarität. Der Weg vom adligen Machtkartell zum Machtmonopol eines Usurpators wurde von dem in der Gesellschaft bereitliegenden sozialen Konfliktstoff begünstigt. Die Verhinderung einer Usurpation der Stadtherrschaft durch Beseitigung dieses Konfliktstoffs oder der gewaltsame Sturz des Tyrannen waren die Mittel, mit denen der Adel als Kollektiv seine Stellung zu erhalten oder wiederherzustellen suchte. Dies alles bot den Stoff zu Bürgerkriegen ebenso wie zu Reformversuchen, zu wechselnden Koalitionen innerhalb des Adels wie zu Einmischungen von außen. Von all diesen Möglichkeiten ist im siebten und sechsten Jahrhundert reichlich Gebrauch gemacht worden. So ist dieser Zeitraum zu einem der unruhigsten in der inner- und zwischenstaatlichen Politik der griechischen Geschichte geworden.

Das beste Beispiel, das unsere Quellen zur näheren Erforschung der Auseinandersetzungen um die Tyrannis geben, bietet Athen. Nach der Niederschlagung des ersten Versuchs zur Gewinnung einer Tyrannis sind zwei bedeutende Reformen ins Werk gesetzt worden. Auf die Massentötungen anlässlich der Niederschlagung dieses Putsches reagierte Drakon mit der Sicherung des bedrohten Landfriedens, indem er der Blutrache durch Einführung des Gerichtszwangs einen Riegel vorschob. Dann kam Solon, der die schwere Schuldenkrise, die die Existenz des Bauerntums, ja ganz Athens bedrohte, mit vollem Einsatz seiner persönlichen Autorität und Überzeugungskraft überwand, indem er, wie er sich anschaulich ausdrückte, Gewalt und Recht in eins verschlang und wie ein von Hunden umstellter Wolf nach beiden Seiten kämpfte, um die Maximalforderungen abzuwehren, die von Gläubigern und Schuldnern erhoben wurden. Darüber hinaus ermöglichte er durch eine umfassende Gesetzeskodifikation friedliche Lösungen der zahlreichen Konfliktfälle des Alltags. Ein Verfassungsreformer ist er entgegen verbreiteter Ansicht jedoch nicht gewesen. Entsprechende Behauptungen in den Quellen und in der wissenschaftlichen Literatur beruhen auf einer Erfindung des vierten Jahrhunderts v. Chr. Das eigentliche Ziel, das Solon mit seinen eindrucksvollen Worten und Taten anstrebte, die Verhinderung einer Tyrannis, hat er freilich verfehlt. Was kam, war die Tyrannis des Peisistratos und seiner Söhne.

Gestürzt hat die Alleinherrschaft des Hippias, des ältesten Sohnes von Peisistratos, nicht der Freiheitswille des Volkes, sondern ein Adelskomplott unter Beteiligung des spartanischen Königs Kleomenes. Es war wohl eine unvorhersehbare List der Geschichte, dass sich im Kampf der beiden Anwärter um eine erneuerte Tyrannis der eine von beiden, der Alkmaionide Kleisthenes, gegen den von König Kleomenes unterstützten Isagoras nur durchsetzen konnte, indem er zunächst das Volk gegen seinen Rivalen auf seine Seite zog und dann durch seine Reformen der Möglichkeit einer erneuten Machtergreifung eines Einzelnen einen Riegel vorschob. Mit der Phylenreform und der Schaffung des aus der Gesamtheit des Volkes rekrutierten Rates der Fünfhundert hat er, wie sich bald zeigen sollte, die

Weichen der Verfassungsentwicklung in Richtung Demokratie gestellt.

Dann kamen die Perser, und wider Erwarten gelang es dem von Sparta und Athen angeführten Kampfbündnis, die Invasoren zweimal zurückzuschlagen. Im Verlauf des heftigen Streits, der in Athen um die Antwort auf die persische Forderung nach Unterwerfung ausgetragen wurde, kam es zu zwei Reformen: dem sogenannten Ostrakismos, der Entscheidung des Volkes über die Verbannung eines prominenten politischen Wortführers, und der Ersetzung der Wahl der Archonten durch das Los. Der Grund für beide Reformen war situationsbedingt. Es ging um die Entscheidung, ob Athen sich den Persern widersetzen oder sich unterwerfen sollte, und in der Auseinandersetzung um diese Entscheidung hatten die beiden Neuerungen den Zweck zu verhindern, dass einem Befürworter der Unterwerfung die Schlüsselposition des eponymen Archonten zufiel, und zu ermöglichen, den Führer der Partei, die einer Unterwerfung das Wort redete, zeitweilig aus Athen zu entfernen. Über den beschriebenen Anlass hinaus hatte dies zur Folge, dass dem Volk die Funktion der Regierung zuwuchs. Denn in allen Angelegenheiten, die über die Verwaltungsroutine hinausgingen, wurde fortan in der Volksversammlung um die Mehrheit gerungen und von ihr die Entscheidung gefällt.

So weit kam es in Sparta nicht. Hier gelang es der aus fünf Ephoren und einschließlich der beiden Könige aus dreißig Geronten bestehenden Regierung mit Zustimmung der Volksversammlung, der Selbstherrlichkeit der Könige, die zuletzt wie Tyrannen ihre eigene Außenpolitik betrieben hatten, das Handwerk zu legen und die Angehörigen der Königsfamilien der politischen Gemeinde unterzuordnen.

Im Endergebnis hatten die Griechen die Bedrohung ihrer Freiheit durch die Perser abgewendet, und die Bürgergemeinde, die Polis der Politen, wie Alfred Heuß sie genannt hat, hatte sich, von Randzonen wie Sizilien abgesehen, wo die Tyrannis weiterhin blühte, allgemein durchgesetzt. Für die Flottenrüstung hatte sich

Athen der Möglichkeiten des neu erfundenen Zahlungsmittels, des Münzgeldes, bedient und damit der Geldwirtschaft, die die Welt verändern sollte, Bahn gebrochen. Darüber hinaus waren in archaischer Zeit in Anknüpfung an das Vorbild des Orients und Ägyptens die Grundlagen einer spezifisch griechischen Kultur gelegt worden. Die Griechen schufen eine eigene monumentale Tempelbauweise aus Stein, die vollendete plastische Darstellung des menschlichen Körpers, das Wunder der schwarz- und rotfigurigen Vasenmalerei, die Ausbildung der verschiedenen Gattungen einer Dichtung, die alle Aspekte des Lebens betraf: die Welt der Götter und der Religion, die Welt der Menschen und das gesamte Spektrum individueller Befindlichkeit. Was die wissenschaftliche Erklärung der physikalischen Welt anbelangt, so fehlte den Griechen die Möglichkeit des Experiments, des Königswegs zur Erforschung der Natur. Aber gegen Ende der archaischen Zeit wurde in der Schule des Parmenides die andere Methode der Wissenschaft entdeckt: das folgerichtige Denken und der logische Beweis. Damit waren die Grundlagen der Philosophie und der wissenschaftlichen Mathematik, die sich der Methode des Beweises bedient, gelegt. Neben rassistischer Anmaßung kam in dem Wort eines Platonikers aus dem vierten Jahrhundert v. Chr. auch der berechtigte Stolz auf erbrachte Leistungen zum Ausdruck, wenn er in seiner Schrift *Epinomis,* das heißt: «Ergänzung zu (Platons) Gesetzen», feststellte: «Was immer die Griechen von den Nichtgriechen übernehmen, arbeiten sie schöner aus.»

Der Abschluss einer Epoche ist immer auch der Ausgangspunkt neuer Entwicklungen, die ihren Ausgang notwendigerweise von dem Erreichten nehmen. Davon soll, soweit sie die allgemeine Geschichte betreffen, noch in dem folgenden Ausblick die Rede sein.

Durch die Gründung der Delisch-Attischen Symmachie am Ende der Perserkriege (478/77 v. Chr.) stieg Athen zu einer Macht auf, deren außenpolitischer Aktionsradius vom östlichen Mittelmeer bis Unteritalien und Sizilien reichte. Das Instrument dieser weitgespannten Außenpolitik war die Flotte, zu deren Finanzierung die überwältigende Mehrzahl der Bundesgenossen, die nicht in der

Lage waren, selbst Kriegsschiffe zu unterhalten, Geldzahlungen beisteuerte. Athen wurde nicht zuletzt durch diesen ständigen Geldzufluss zu einem Zentrum der Geldwirtschaft. Mit Geld wurde das Machtinstrument der Flotte ebenso finanziert wie das demokratische System der Beteiligung der gesamten Bürgerschaft an der Regierung der Gemeinde, indem ärmeren Bürgern durch Zahlung von Tagegeldern die Bekleidung von Magistraturen, die Teilnahme am Rat der Fünfhundert und an den bis zu eintausend Richter umfassenden Geschworenengerichten ermöglicht wurde. Der Prachtbau der Akropolis mit dem Tempel der Stadtgöttin wurde mit Überschüssen aus der Kasse des Bundes finanziert. Die in fünfzehn Jahren errichtete Anlage kostete rund 3000 Talente, das sind 18 Millionen Drachmen. Abgesehen von den Materialkosten reichte das Geld für die Beschäftigung von etwa 3000 Arbeitskräften pro Jahr.

Aber je ferner die von den Persern ausgehende Bedrohung angesichts athenischer Offensiven gegen das Perserreich rückte, desto unwilliger ertrugen die Bundesgenossen die Geldzahlungen, die sie an Athen zu leisten hatten. Ihre Unzufriedenheit fand Gehör in Sparta, der Führungsmacht des Peloponnesischen Bundes, die von dem Aufstieg Athens ihre traditionelle Führungsrolle in Griechenland bedroht sah. Die so entstehende Rivalität der beiden von Athen und Sparta dominierten Bündnissysteme entlud sich, seit Perikles zum führenden Politiker Athens aufgestiegen war, in großen Kriegszügen, an deren Ende Sparta mit Hilfe einer mit persischem Geld aufgestellten Flotte die athenische besiegte und die Stadt zur Kapitulation zwang (404 v. Chr.).

Die Vernichtung der athenischen Seeherrschaft bedeutete unter anderem die Wiederherstellung der persischen Herrschaft über die griechischen Gemeinden Kleinasiens. Dies war der Preis, den Sparta für seinen Sieg zu zahlen hatte. Der Kampf rivalisierender Bündnissysteme um die Vorherrschaft fand freilich mit der Kapitulation Athens so wenig ein Ende wie mit dem Tod des Epameinondas, des Führers des von Theben dominierten Boiotischen Bundes. In der Schlacht von Mantineia im Jahre 362 v. Chr. endete der Kampf um die Hegemonie in Griechenland vielmehr ergebnislos. Xenophon, der Fortsetzer des thukydideischen Geschichtswerks, wählte dieses Ereignis zum Endpunkt seiner Historien, obwohl ihm bewusst war, dass es sich nur um ein Zwischenergebnis des innergriechischen Kräftemessens handelte, und schrieb:

> «Und die Unentschiedenheit und Verwirrung in Hellas wurden nach der Schlacht noch größer als zuvor. An diesem Punkt möge denn meine Erzählung schließen; was weiter folgte, wird vielleicht ein anderer berichten.»
> (Xen. Hist. VI,5)

Aus der Abwehr der Perser resultierte der Primat der Außenpolitik, das heißt der mit militärischen Mitteln ausgetragene Machtkampf um die Vormacht in Griechenland. Darin unterscheidet sich die sogenannte klassische Epoche von der vorangehenden der archaischen Zeit. Der Machtkampf wurde unter Einsatz großer materieller Mittel und unter hohen Verlusten an Menschenleben ausgetragen – ohne dass ein definitives Ergebnis den Unfrieden beendete.

Schon als der Historiker der Perserkriege, Herodot, in den Anfängen des Peloponnesischen Krieges (431–404 v. Chr.) es in seinem Geschichtswerk wagte, die Verdienste Athens bei der Abwehr der Perser zu würdigen, musste er sich gegen die athenfeindliche Stimmung in Griechenland wenden und schrieb:

> «Ich muss daher offen meine Meinung sagen und darf die Wahrheit nicht verschweigen, so unangenehm sie den meisten griechischen Städten erscheinen mag: Hätte auch Athen den [persischen] Angreifer gefürchtet, hätten die Athener ihre Stadt verlassen oder hätten sie sich samt ihrer Stadt Xerxes ergeben, so hätte kein Grieche gewagt, dem König zur See entgegenzutreten. Und hätte Xerxes zur See keinen Gegner gefunden, so wären die Dinge zu Lande wie folgt verlaufen: Die Peloponnesier konnten so viele Mauerzinnen, wie sie wollten, auf dem Isthmus [von Korinth] errichten, die Lakedaimonier

> wären trotzdem von allen Bundesgenossen, Stadt für Stadt, im Stich gelassen worden, nicht aus freien Stücken, sondern aus Not; denn die persische Flotte hätte eine Stadt nach der anderen eingenommen. Und von allen verlassen wären sie dann den Heldentod gestorben. Vielleicht hätten sie sich auch mit Xerxes verständigt, nachdem sie den Abfall aller anderen griechischen Städte gesehen hätten. In beiden Fällen wäre jedenfalls Griechenland unter das persische Joch gekommen; denn ich kann nicht einsehen, welchen Nutzen die Mauer über den Isthmus haben sollte, wenn der König das Meer beherrscht. Daher ist es nur die reine Wahrheit, wenn man die Athener die Retter Griechenlands nennt.»
> (Hdt. VII,139,1–5. Übersetzung nach A. Horneffer)

Auf einem anderen Blatt als die Verdienste Athens um die Abwehr der Perser standen die Leiden, die die Perserkriege und die folgenden Kriege der griechischen Bündnissysteme um die Hegemonie in Griechenland über das Land brachten. Auch hierzu ist die Meinung Herodots das aufschlussreichste Zeugnis, das wir besitzen. Darin werden die Perserkriege und die folgende Zeit der athenisch-spartanischen Rivalität in Anknüpfung an die düsteren Vorgaben eines Orakels so beurteilt:

> «Über Hellas kam zur Zeit des Dareios, des Sohnes des Hystaspes, und des Xerxes, des Sohnes des Dareios, und des Artaxerxes, des Sohnes des Xerxes, also innerhalb von drei Menschenaltern (522–425 v. Chr.) mehr Unglück als in den zwanzig Menschenaltern vor der Zeit des Dareios. Teils brachten die Perser das Unglück über Hellas, teils die führenden (griechischen) Mächte, die Krieg um die Vorherrschaft führten.»
> (Hdt. VI,98,2. Übersetzung nach A. Horneffer)

Natürlich gehörte es weiterhin zu den stereotyp wiederholten Argumenten athenischer Diplomatie, mit den Verdiensten Athens um die Freiheit der Griechen in der Zeit der Perserkriege eigene Machtansprüche zu begründen. In einer realistischen, von allen Elementen der Beschönigung gereinigten Analyse der Macht- und Interessenpolitik Athens, wie sie Thukydides im sogenannten Melierdialog vorgelegt hat, hatte die Berufung auf die betreffenden Verdienste Athens keinen Platz. In diesem Geist begründen die athenischen Gesandten die Forderung an eine kleine, auf Neutralität beharrende Inselgemeinde, sich der Bündnisorganisation Athens anzuschließen, ausschließlich mit der Macht des Stärkeren, dem Schwächeren seinen Willen aufzwingen zu können, und schieben Berufungen auf moralische und rechtliche Gesichtspunkte als schöne Worte ohne Gewicht beiseite – die Begründung athenischer Herrschaftsansprüche mit der Abwehr der Perser nicht ausgenommen:

> «Wir allerdings gedenken unsererseits nicht mit schönen Worten – etwa als Besieger der Perser seien wir zur Herrschaft berechtigt oder wir müssten erlittenes Unrecht jetzt vergelten – endlose und unglaubhafte Reden euch vorzutragen, noch dürft ihr meinen, wenn ihr sagt, obwohl Abkömmlinge Spartas [die Inselbewohner waren wie die Spartaner dorischer Herkunft], hättet ihr [ihnen] doch keine Heeresfolge geleistet oder ihr hättet uns nichts getan, sondern sucht das Mögliche zu erreichen nach Maßgabe dessen, was wir wirklich denken; denn ihr wisst so gut wie wir, dass nach menschlicher Berechnung das Gerechte nur Anerkennung bei gleicher Nötigung findet, doch der Überlegene durchsetzt, was er kann, und der Schwächere es hinzunehmen hat.»
> (Thuk. V,89. Übersetzung nach G. P. Landmann)

Aber das war nicht das letzte Wort zur Rolle der Perserkriege im Dienst aktueller Politik. Der verheerende Peloponnesische Krieg, der ein allgemeingriechischer war und nach dem Vertragsabschluss zwischen Sparta und König Dareios II. die Perser wieder ins Spiel brachte, so dass am Ende das Ergebnis der Perserkriege, die Freiheit der griechischen Städte Kleinasiens von persischer Herrschaft, wieder aufgehoben wurde, zog die Propagierung einer alternativen, an dem Ideal griechischer Einigkeit im Krieg gegen die ‹Barbaren› – so begann man die Perser zu nennen – orientierten Politik nach sich. Dies begann mit dem bedeutenden Sophisten Gorgias von Leontinoi. Er hielt mitten im Peloponnesischen Krieg, als während der Olympischen Spiele die Waffen schwiegen, vor den zur Feier versammelten Besuchern aus allen Teilen der griechischen Welt seine Olympische Rede, in der er die Kriegführenden zur Einigkeit und zum Kampf gegen die Perser aufrief: Nicht die Städte Griechenlands, sondern das Land der Barbaren sollte der Kampfpreis sein. Niemand hat im vierten Jahrhundert v. Chr. dieses Konzept beharrlicher vertreten als Isokrates, der Begründer einer politischen Publizistik, die sich des geschriebenen anstelle des gesprochenen Wortes bediente. Es ist hier nicht der Ort, auf die situationsbedingten Varianten dieses sogenannten ‹panhellenischen› Programms einzugehen. Im Kern ging es darum, Frieden und Einigkeit in der zerstrittenen griechischen Staatenwelt auf Kosten des Perserreiches in der Weise zu sichern, dass die Kriegsbeute die materielle Not in Griechenland linderte und damit, so wird behauptet, die Ursache von Bürgerkriegen innerhalb der einzelnen Poleis und von Kriegen zwischen den einzelnen Staaten beseitigte. In der Flugschrift an Philipp II. von Makedonien (359–336 v. Chr.) wird dieser Zweck dahingehend konkretisiert, dass er, der König, aufgefordert wird, als Wohltäter der Griechen die notleidende Masse der Heimatlosen und Verbannten im eroberten Kleinasien anzusiedeln. In diesem Konzept dient die (angebliche) Einigkeit bei der Abwehr der Perser im frühen fünften Jahrhundert als Vorbild gemeinsamen Handelns und die Rache für die von den Persern zerstörten griechischen Heiligtümer als Rechtfertigung eines gemeinsamen Feldzugs.

Dies alles war politische Utopie und hatte keine Realisierungschance von Seiten der zerstrittenen griechischen Staatenwelt. Die Berufung auf die Perserkriege konnte im Übrigen nicht nur der Forderung nach Rache für die von den Persern angerichteten Zerstörungen und der Sicherung von Eintracht und innergriechischem Frieden dienen. Das Vorbild der Perserkriege konnte auch zur

Mobilisierung der Griechen gegen das Streben des makedonischen Königs Philipp nach Dominanz und Beherrschung der griechischen Staatenwelt mobilisiert werden. Mit Berufung auf die Verteidigung der griechischen Freiheit in den Perserkriegen hat Athens größter Redner, Demosthenes, ein panhellenisches Bündnis, sogar unter Einschluss der Perser, gegen die Bedrohung griechischer Unabhängigkeit durch das Vormachtstreben des makedonischen Königs gesucht.

Die Redner, die in Athen dazu aufriefen, dem Vordringen Philipps von Makedonien nach Griechenland mit Hilfe eines ‹panhellenischen› Kampfbündnisses einen Riegel vorzuschieben, beriefen sich in der athenischen Volksversammlung häufig auf das Vorbild der Vorfahren, die einst die Perser abgewehrt hatten. Dabei ließen sie Schriftstücke verlesen, die angeblich aus der Zeit der Perserkriege stammten. Sie wurden als authentische Zeugnisse einer Kampf- und Opferbereitschaft ausgegeben, die den Maßstab für den zur Abwehr der aktuellen Gefahr aus dem Norden geforderten panhellenischen Patriotismus bildeten. Von Echtheit der betreffenden ‹Urkunden› – insgesamt acht Texte sind bekannt – kann indessen nicht die Rede sein. Den sogenannten Eid von Plataiai, der als Teil des sogenannten Ephebeneides, den die Rekruten des athenischen Aufgebots zu leisten hatten, überliefert ist, hat schon der zur Zeit Philipps II. und Alexanders des Großen lebende Historiker Theopomp (ca. 378/77 – nach 320 v. Chr.) als Fälschung bezeichnet. Unecht sind auch die anderen sogenannten Urkunden wie beispielsweise der angeblich auf Antrag des Themistokles, des Siegers von Salamis, gefasste Volksbeschluss zur Rettung Athens. Als im Jahre 1960 das in der peloponnesischen Gemeinde Troizen gefundene sogenannte Dekret des Themistokles veröffentlicht wurde, hat die Debatte, die um die Frage der Echtheit geführt wurde, mit einer meines Erachtens an Sicherheit grenzenden Wahrscheinlichkeit ergeben, dass der aus Herodots Darstellung herausgesponnene, mit zahlreichen sachlichen und sprachlichen Anachronismen durchsetzte Text zu den patriotischen Fälschungen aus der Zeit der makedonischen Bedrohung gehört. Schriftlich fixiert worden sind sowohl der angeblich von Themistokles beantragte Volksbeschluss als auch der Eid von Plataiai von privater Seite, wie aus den Einleitungen zu beiden Inschriften hervorgeht. Die Eigentümlichkeit, dass ein Bürger von Troizen das sogenannte Themistoklesdekret in seiner Heimatstadt veröffentlichte, erklärt sich aus dem Umstand, dass ein Teil der auf Vorschlag des Themistokles im Sommer 480 v. Chr. aus Attika evakuierten Athener dort Aufnahme gefunden hatte und der Urheber der Inschrift dieser panhellenischen Solidarität seiner Heimat aus aktuellem Anlass ein Denkmal setzen wollte.

So führten die Beschwörungen der athenischen Redner, sich angesichts der aktuellen Bedrohung der Freiheit Griechenlands durch den makedonischen König des Vorbilds der Vorfahren zu erinnern, die die Perser abgewehrt hatten, zu den angeblich aus der Zeit der Perserkriege stammenden Urkunden. Doch davon abgesehen: die Perserkriege blieben in der Verklärung durch die Nachkommen das schlechthin größte vorbildliche Ereignis der athenischen, ja der griechischen Geschichte. Es ist zudem der Markstein, der zwei Epochen der griechischen Geschichte, die archaische und die klassische, zugleich trennt und miteinander verbindet.

Die Epoche, von der hier in einem Ausblick notgedrungen verkürzt die Rede war, ist die sogenannte klassische Zeit des antiken Griechenlands. Klassik steht oft für Vorbildlichkeit. Davon kann in Hinblick auf die mit Waffengewalt ausgetragenen Kämpfe um die Hegemonie kaum die Rede sein. Anders steht es mit der bildenden Kunst, der Dichtung in Gestalt der Tragödie und Komödie, der Sophistik und der Kunst des Argumentierens, der Philosophie und des exakten Denkens. Auf diese Aspekte kulturellen Lebens trifft die wertende Bezeichnung Klassik durchaus zu. Es wäre freilich Anmaßung, hierüber am Ende eines Buches über die der klassischen Zeit vorausgehende Epoche der griechischen Geschichte im Rahmen dieses knappen Ausblicks zu sprechen.

ANHANG

Hinweise zu Quellen und weiterführender Literatur

Ungefähr seit der Mitte des zweiten Jahrtausends sind Griechisch sprechende Zuwanderer in den südlichen Ausläufern der Balkanhalbinsel nachweisbar, aber wann die Geschichte der Griechen ihren Anfang genommen hat, ist durchaus strittig. Am großzügigsten verfährt **K.-W. Welwei**, dessen knappe Darstellung der frühgriechischen Geschichte in der Reihe in C.H.Beck Wissen die Anfänge auf die Zeit um 2000 v. Chr. datiert:

Die griechische Frühzeit. 2000–500 v. Chr., München 2002; 2007[2]

Welwei beginnt also mit der Zeit der minoischen Palastkultur, obwohl deren Träger keine Griechen waren; doch betrachtet er diese als Vorläuferin der griechisch bestimmten mykenischen Palastkultur seit der Mitte des zweiten Jahrtausends.

Demgegenüber berührt **O. Murray** in seiner vielgelesenen Darstellung die Zeit der mykenischen Palastkultur und der sogenannten Dunklen Jahrhunderte nach 1200 v. Chr. nur kursorisch als Vorgeschichte derjenigen Zeit, die auch schriftliche Zeugnisse hinterlassen hat. Damit ist die Periode gemeint, die vom homerischen Zeitalter bis zu den Perserkriegen, also ungefähr von 800 bis 480/79 v. Chr., reicht:

Early Greece, in: Fontana History of the Ancient World, 1980; ND 2010

Die deutsche Übersetzung erschien unter dem Titel:

Das frühe Griechenland, dtv Geschichte der Antike, München 1982; 1986[3]

Die mykenische Palastkultur ging um 1200 v. Chr. zugrunde. Die sogenannten Dunklen Jahrhunderte, die folgten, bedeuten einen Neuanfang, der nicht durch Schriftzeugnisse, sondern ausschließlich durch die materielle Hinterlassenschaft der Epoche beleuchtet wird. Ob Darstellungen der frühgriechischen Geschichte mit den Dunklen Jahrhunderten oder mit dem homerischen Zeitalter beginnen, ist abhängig von der Einschätzung der beiden Quellengattungen. Wer der Konvention einer Unterscheidung von Geschichte und Vor- und Frühgeschichte folgt, wird die Dunklen Jahrhunderte der Letzteren zurechnen. Wer jedoch diese konventionelle Fächergrenze nicht akzeptiert – und dafür gibt es gute Gründe – , wird die frühgriechische Geschichte mit der schriftlosen Zeit der Dunklen Jahrhunderte beginnen lassen. So geschieht es bei **R. Osborne** und **J. M. Hall**:

Greece in the Making. 1200–479 BC, Routledge History of the Ancient World, London und New York 1996; 2009[2]

A History of the Archaic Greek World ca. 1200–479 BC, Blackwell History of the Ancient World, Malden und Oxford 2006

Vom Standpunkt der beiden Autoren ist diese Bestimmung des Anfangs umso berechtigter, als sie geneigt sind, auch für die Zeit, in der Schriftquellen vorhanden sind, an der Vorrangstellung des Quellenwerts der materiellen Überreste festzuhalten. Hier ist freilich zu unterscheiden. Das betreffende Urteil trifft uneingeschränkt für alle Bereiche der materiellen Kultur und der bildenden Kunst zu; für viele Bereiche der Geschichte jedoch gilt, dass sich ohne Schriftzeugnisse mit entsprechendem Quellenwert Ereignisgeschichte, Institutionen des sozialen und politischen Lebens, menschliche Befindlichkeiten, Reflexionen und Motivationen nicht oder nicht hinreichend erhellen lassen. Beiden Gesichtspunkten trägt die neueste Darstellung von **E. Stein-Hölkeskamp** in C.H.Beck Geschichte der Antike, das deutsche Gegenstück zu den einschlägigen angelsächsischen Reihen, Rechnung:

Das archaische Griechenland. Die Stadt und das Meer, München 2015

Die Verfasserin nennt das Buch das vorläufige Endergebnis ihrer mehr als dreißigjährigen Beschäftigung mit dem Thema und hebt hervor, dass die Entwicklung Griechenlands vom zwölften bis zum sechsten Jahrhundert sich «als außerordentlich widerständig gegen abschließende Synthesen erwiesen hat» (S. 9 des Vorworts). Obwohl sie zu Recht betont, dass der enorme Zuwachs an archäologischen Daten für den Historiker immer wieder aufs Neue zu einer Herausforderung wird und sie, die Verfasserin, diese Herausforderung gerne angenommen hat, ist der weitaus größte Teil ihrer Darstellung auf Schriftquellen aufgebaut. Die zehn Abschnitte reichen chronologisch von *Die Welt der Paläste (II)* bis zu *Die Welt der Bürger (XI)* und stellen jeweils in sich geschlossene Sachkapitel dar, die an die Konzeption der Gattung *Erinnerungsorte* erinnern.

Aufs Ganze gesehen, nimmt nur der zweite Abschnitt die Rolle einer Vorgeschichte wahr – ähnlich wie bei **O. Murray**, der sich – anders als die Verfasserin – jedoch eher skeptisch über den Wert der archäologischen Zeugnisse äußert.

Natürlich ist nicht zu leugnen, dass die Bodenforschung die Grundlagen einer Geschichte schriftloser Zeiten legt und darüber hinaus wichtige Beiträge zur Kenntnis der folgenden, noch immer schriftarmen Perioden leistet. Gut dokumentiert ist dies in der Aufsatzsammlung, die das Lebenswerk des englischen Archäologen **A. Snodgrass** widerspiegelt:

Archaeology and the Emergence of Greece, Edinburgh 2006

Hinzu kommt eine Reihe von Monographien dieses Gelehrten, die den Beitrag der Archäologie zur Erfoschung von Geschichte bekräftigen:

The Dark Age of Greece. An Archelogical Survey, Edinburgh 1971; New York 1972 und 2001

Archeology and the Rise of the Greek State, New York 1977

Archaic Greece. The Age of Experiment, London 1980; New York 1981

An Archeology of Greece. The Present State and Future Scope of a Discipline, Berkeley 1987

The Dark Age of Greece: An Archeological Survey of the Eleventh to the Eighth Centuries B. C., Edinburgh 2000

Unter der Voraussetzung, dass die Erfindung der Schrift und die Verbreitung schriftlicher Mitteilungen seit dem achten Jahrhundert die Erkenntnismöglichkeiten des Historikers erheblich erweitern und in politischer Hinsicht erst konstituieren, hat **A. Heuß** den Begriff archaische Zeit auf die griechische Geschichte vom achten bis sechsten Jahrhundert fixiert und diese Begrenzung in zwei wichtigen Aufsätzen erläutert:

Die archaische Zeit Griechenlands als historische Epoche, in: Antike und Abendland 2, 1946, 26–62

Vom Anfang und Ende ‹archaischer› Politik bei den Griechen, in: ***G. Kurz u. a.*** *(Hrsg.), Gnomosyne. Menschliches Denken und Handeln in der frühgriechischen Literatur. Festschrift für Walter Marg zum 70. Geburtstag, München 1981, 1–29*

Beide Aufsätze sind abgedruckt in Heuß' gesammelten Schriften:

Gesammelte Schriften in drei Bänden I, Stuttgart 1995, 2–38 und 39–67

Von demselben Verfasser stammt eine schon in den 50er Jahren entstandene, noch immer lesenswerte Darstellung der griechischen Geschichte in archaischer und klassischer Zeit:

Hellas, in: Griechenland. Die hellenistische Welt, Propyläen-Weltgeschichte Bd. III, Berlin u. a. 1962, 69–400

In der Abgrenzung der Epoche vergleichbar ist das in eigenwilligem Stil geschriebene Buch des bekannten Althistorikers **Chr. Meier**:

Kultur, um der Freiheit willen. Griechische Anfänge – Anfang Europas?, München 2009

Was die Schriftquellen anbelangt, so ist folgende Unterscheidung wesentlich: Entweder sind sie Produkte der archaischen Epoche und erfüllen damit die Funktion von Primärquellen, auf denen jede Rekonstruktion von Geschichte mit wissenschaftlichem Anspruch aufbauen muss, oder es handelt sich um schriftlichen Niederschlag *mündlicher* Überlieferung. Auf deren Verwertung beruht die Gattung der Sekundärquellen, deren Benutzung ein Problem eigener Art bildet. Mündliche Überlieferung reicht allenfalls hundert Jahre zurück, sie ist interessengeleitet und verfährt dementsprechend selektiv. Das Problem hat **E. Ruschenbusch** in zwei Beiträgen erörtert:

Zur Genese der Überlieferung über die archaische Zeit und das 5.und 4.Jh. v. Chr. (zugleich eine Methodik der Quellenbenutzung), in: Historia 41, 1992, 385–394 = ders, Kleine Schriften zur Alten Geschichte, hrsg. von ***J. Kobes****, Philippika. Altertumswissenschaftliche Abhandlungen 65, Wiesbaden 2014, 1–8*

Welcher Art sind unsere geschichtlichen Erinnerungen? Ein Beitrag zur Geschichtsschreibung, a. a. O. 9–19

Mündliche Überlieferung aus archaischer Zeit ist erst im fünften Jahrhundert schriftlich fixiert worden, vor allem von Herodot. Seine Historien sind für die Zeit von der Mitte des sechsten Jahrhunderts v. Chr. bis zu den Perserkriegen eine notwendige, aber keineswegs unproblematische Quelle. Spätere Sekundärquellen, die keinen Zugang mehr zur mündlichen Überlieferung über die archaische Zeit hatten, sind freilich weitaus problematischer. Zu Recht hat **E. Ruschenbusch** zum Schluss des erstgenannten Aufsatzes festgestellt: «Grundsätzlich gilt die Regel, dass Herodot und Thukydides [als Quellenautoren] besser sind als Diodor und Plutarch [aus dem ersten vor- und dem ersten nachchristlichen Jahrhundert], und geradezu pervers ist es, einen bei Diodor befindlichen Bericht dem des Thukydides vorzuziehen.»

Nachdem der Zugang zu mündlicher Überlieferung endgültig verschüttet war, traten Erfindungen an die Stelle von Geschichte, phantasievolle Ausmalungen vergangenen Geschehens, das der Erforschung nicht mehr zugänglich war. Dies gilt beispielsweise für die romanhaften Schilderungen der Messenischen Kriege, die das vierte Buch von Pausanias' Beschreibung Griechenlands enthält, oder für die «Imagination» der Lebensgeschichte des Lykurg, des angeblichen Begründers der spartanischen Lebensordnung, in Plutarchs Sammlung der Lebensbeschreibungen berühmter Griechen und Römer. Sie sind als Zeugnisse der Lebensgeschichte der Personen, von denen sie handeln, wertlos. Dazu verweise ich *exempli gratia* auf **K. Bringmann**:

*Lykurg, in: **K. Brodersen** (Hrsg.), Große Gestalten der griechischen Antike. 58 historische Porträts von Homer bis Kleopatra, München 1999, 72–78*

Anders steht es mit Solon. Er ist die erste und einzige Persönlichkeit der archaischen Zeit, von der wir aufgrund seiner Selbstzeugnisse und seines Gesetzeswerks eine authentische Vorstellung gewinnen können. Zu verweisen ist vornehmlich auf einen Beitrag von **E. Ruschenbusch:**

Solon. Der Mann und sein Werk, in: Zeitschrift für Papyrologie und Epigraphik 100, 1994, 351–380 = ders., Kleine Schriften zur griechischen Rechtsgeschichte, Philippika. Marburger Altertumskundliche Abhandlungen 10, Wiesbaden 2005, 204–230

Erfindungen sind hingegen die in Aristoteles' *Staat der Athener* enthaltenen Angaben zu Verfassungsordnungen der athenischen Gesetzgeber Drakon und Solon. Sie entstammen einer Debatte, die um die Mitte des vierten Jahrhunderts v. Chr. über den Weg Athens zur radikalen Demokratie geführt wurde. Ihren Niederschlag fand diese Debatte in den Darstellungen, die die sogenannten *Atthidographen* über die Verfassungsgeschichte Athens im Kontext der betreffenden Debatte schrieben. Die Verfassungen Drakons und Solons in den Kapiteln 4–12 der aristotelischen Verfassung von Athen sind Erfindungen des vierten Jahrhunderts und besitzen keinerlei Quellenwert für unsere Kenntnis der Verfassungsgeschichte ihrer Vaterstadt. Diese Verhältnisse sind vor mehr als sechzig Jahren in einer brillanten Untersuchung von **F. Jacoby** aufgeklärt worden:

Atthis. The Local Chronicles of Ancient Athens, Oxford 1949

Auf der anderen Seite verdanken wir dieser Debatte die Kenntnis der in Gedichtform gekleideten Selbstaussagen Solons über die von ihm durchgesetzte Schuldenniederschlagung und Kodifizierung des athenischen Rechts und damit die Erhaltung einer authentischen Quelle von hohem Wert.

Selbst inschriftlich erhaltene Dokumente können zur Unterstützung politischer Ziele erfunden sein. Einen berühmten Fall stellt eine Serie von Urkunden aus der Mitte des vierten Jahrhunderts dar, die aus der Zeit der Perserkriege zu stammen vorgeben. Ihnen hat vor mehr als fünfzig Jahren **Ch. Habicht** einen bahnbrechenden Aufsatz gewidmet:

Falsche Urkunden zur Geschichte Athens im Zeitalter der Perserkriege, in: Hermes 89, 1961, 1–35

Ein anderes Beispiel ist eine in Kyrene gefundene Inschrift des vierten Jahrhunderts, in der aus aktuellem Interesse ein angeblicher Volksbeschluss der Gemeinde von Thera (heute Santorin) aus dem siebten Jahrhundert zur Unterstützung eines aktuellen Anliegens dieser Gemeinde zitiert wird. Auch dieser Beschluss dürfte unecht sein, aber er ist herausgesponnen aus der Gründungslegende von Kyrene, von der uns dank Herodot aus mündlicher Überlieferung zwei Versionen erhalten geblieben sind.

Seit dem siebten Jahrhundert nimmt die Zahl der echten, meist lückenhaft auf Inschriften erhaltenen Dokumente zu. Eine Auswahl in der Originalsprache mit Kommentar haben zwei englische Epigraphiker, **R. Meiggs** und **D. Lewis**, herausgegeben:

A Selection of Greek Historical Inscriptions to the End of the Fifth Century B. C., Oxford 1969 (mehrere Nachdrucke)

Eine Auswahl historischer griechischer Inschriften ist von **K. Brodersen**, **W. Günther** und **H. H. Schmitt** ins Deutsche übersetzt worden:

Historische griechische Inschriften in Übersetzung I. Die archaische und klassische Zeit, Darmstadt 1992

Die genannte Auswahl umfasst nur einen Teil des erhaltenen Inschriftenmaterials, insbesondere enthält es die reichen, wenn auch fragmentarischen Überreste der Rechtsordnungen archaischer Zeit nicht. In zwei Sammlungen edierten dieses Material im letzten Jahrzehnt des vorigen Jahrhunderts mit Kommentar und Übersetzung zwei französische Gelehrte, **H. Effenterre** und **F. Ruzé**, und ein deutscher, **R. Körner**:

Nomima. Recueil d'inscriptions politiques et juridiques de l' archaisme grec, Rom 1994/1995

Inschriftliche Gesetzestexte der frühen griechischen Polis. Aus dem Nachlass von Reinhard Körner herausgegeben von **Klaus Hallof**, *Akten der Gesellschaft für griechische und hellenistische Rechtsgeschichte, Köln u. a. 1993*

Das wohl umfangreichste und bedeutendste Gesetzgebungswerk der archaischen Zeit ist das des Atheners Solon. Es muss, abgesehen von einem Stück aus dem drakontischen Blutrecht, das wörtlich in die Revision des attischen Rechts vom Jahr 409 v. Chr. übernommen wurde, aus literarisch überlieferten Bezugnahmen und Erläuterungen aus dem vierten Jahrhundert v. Chr. und späteren Quellen rekonstruiert werden. Geleistet hat dies vor allem **E. Ruschenbusch** in einer Fragmentsammlung, der postum Übersetzung und Kommentar folgten:

ΣΟΛΩΝΟΣ ΝΟΜΟΙ. *Die Fragmente des solonischen Gesetzeswerkes mit einer Text- und Überlieferungsgeschichte, Historia Einzelschriften 9, Wiesbaden 1966; Neudruck Stuttgart 1983*

Solon: Das Gesetzeswerk – Fragmente, Übersetzung und Kommentar, hrsg. von ***K. Bringmann****, Historia Einzelschriften 215, Stuttgart 2010; 2014*[2]

Von den Inschriften der Perserkönige sind in diesem Buch ausgewählte Stellen aus der berühmten dreisprachige Behistun-Inschrift (benannt nach dem Fundort) Dareios' I. zitiert. Deutsche und englische Übersetzungen sind:

Texte aus der Umwelt des Alten Testaments I (TUAT), hrsg. von **O. Kaiser**, *Gütersloh 1982; 2005*[2]

R. N. Frye, *The History of Ancient Iran, Handbuch der Alterumswissenschaften III 7, München 1984, Appendix 2*

Eine Sammlung von inschriftlichen und literarisch überlieferten Quellentexten in englischer Übersetzung hat **Ch. W. Fornara** herausgegeben:

Archaic Times to the End of the Peloponnesian War, Translated Documents of Greece and Rome I, Cambridge u. a. 1983[2]

Unberücksichtigt bleibt in dieser Sammlung die Dichtung der archaischen Zeit, obwohl diese für ein Studium der gesellschaftlichen Verhältnisse, der Mentalitäten oder der religiösen Vorstellungen und der Welterklärung eine einzigartige Quelle darstellt. Das Standardwerk zu diesem Thema, das ausgewählte Texte in Übersetzung mit Interpretationen verbindet, ist dem klassischen Philologen **H. Fränkel** zu verdanken:

Dichtung und Philosophie des frühen Griechentums. Eine Geschichte der griechischen Epik, Lyrik und Prosa bis zur Mitte des fünften Jahrhunderts, München 1976[3] *(mehrere Nachdrucke)*

Da mein Buch sich nicht an ein fachwissenschaftliches, sondern an ein allgemeines Publikum richtet, zitiere ich für alle im Folgenden genannten Schriftquellen Übersetzungen beziehungsweise zweisprachige Ausgaben.

Die klassische Versübersetzung der beiden großen homerischen Epen, Ilias und Odyssee, stammt von **J. H. Voß** aus dem späten achtzehnten Jahrhundert. Sie ist bis auf den heutigen Tag vielfach nachgedruckt, teilweise in Bearbeitung. Benutzt ist oben die von **H. von Rupé** bearbeitete zweisprachige Version, die in den zwanziger

Jahren in der Sammlung der Tempel-Klassiker erschienen ist. Eine prachtvoll ausgestattete Übersetzung der Odyssee hat jüngst **K. Steinmann** mit einem lesenswerten Nachwort von **W. Burkert** im Manesse Verlag herausgebracht:

Homer, Odyssee. Aus dem Griechischen übersetzt, Zürich 2007

Eine philologisch möglichst getreue Übersetzung in Prosa, die also auf die Versform verzichtet, hat **W. Schadewaldt** vorgelegt:

Die Odyssee. Übersetzt in deutsche Prosa, Rowohlts Klassiker der Literatur und der Wissenschaft, Hamburg 1958

Ilias. Neue Übertragung, Frankfurt a. M. 1975

Die Hauptwerke des Sängers Hesiod, die *Theogonie*, ein Sukzessionsmythos über Götter und Weltentstehung, sowie *Werke und Tage*, worin der Bruder zu gerechtem Erwerb durch bäuerliche Arbeit ermahnt wird, sind ebenfalls mehrfach übersetzt worden. Genannt seien die zweisprachigen Ausgaben von **A. von Schirnding** in der Reihe Tusculum des Heimeran Verlags München und von **O. Schönberger** im Reclam Verlag Stuttgart. Zusätzlich nenne ich die ältere Versübersetzung von **Th. von Scheffer**:

Hesiod, Sämtliche Werke. Theogonie/Werke und Tage. Der Schild des Herakles, Wiesbaden 1947[2]

Eine zweisprachige Gesamtausgabe der archaischen griechischen Lyrik haben **Z. Franyo** und **P. Gau** unter Mitarbeit von **B. Snell** vorgelegt:

Frühgriechische Lyriker, 3 Teile, Berlin 1971–1976

Eine repräsentative zweisprachige Auswahl archaischer Lyrik stammt von **G. Wirth**:

Griechische Lyrik. Von den Anfängen bis zu Pindar. Griechisch und Deutsch, Rowohlts Klassiker der Literatur und Wissenschaft, Hamburg 1963

Theognis von Megara sei hier besonders genannt, nicht weil die im *Corpus Theognideum* vereinten Gedichte besonderen literarischen Rang beanspruchen könnten, sondern weil sie als Ausdruck einer Perversion adliger Wertvorstellungen in spätarchaischer Zeit eine aufschlussreiche Quelle darstellen. Die betreffenden Gedichte sind zusammen mit denen anderer Autoren von **D. U. Hansen** übersetzt und kommentiert worden:

Theognis, Mimnermos, Phokylides. Frühe griechische Elegien, Darmstadt 2005

Als einer Quelle politischer und gesellschaftlicher Wertvorstellungen hat **St. von der Lahr** dem *Corpus Theognideum* seine Dissertation gewidmet:

Dichter und Tyrannen im archaischen Griechenland. Das Corpus Theognideum als zeitgenössische Quelle politischer Wertvorstellungen archaisch-griechischer Aristokraten, Quellen und Forschungen zur antiken Welt 12, München 1992

Einen herausragenden Rang besitzen die Übertragungen archaischer Dichtung ins Englische, die dem kürzlich verstorbenen klassischen Philologen **M. L. West** verdankt werden:

Hesiod, Theogony, and Works and Days. Translated and with an Introduction, Oxford 1988

Greek Lyric Poetry. The Poems and Fragments of the Greek Iambic, Elegiac and Melic Poets (excluding Pindar and Bacchylides) down to 450 B. C., Oxford 1993

Greek Lyric Poetry. Translated with Introduction and Notes, Oxford 1994

Quellen, die den intellektuellen Aufbruch in spätarchaischer Zeit bezeugen, sind die frühen Vorsokratiker von Thales bis Xenophanes und Parmenides, die Entstehung einer Literatur in Prosa, die der reinen Sachmitteilung ohne ästhetischen Anspruch im Bereich der Welterkundung, der Mathematik sowie der Ordnung und Kritik der mythischen Überlieferung dient. Näheres und Weiterführendes findet sich bei **J. Mansfeld** und **O. Primavesi** über die Vorsokratiker sowie bei **K. Meister** über die Anfänge griechischer Geschichtsschreibung:

Die Vorsokratiker. Griechisch/Deutsch. Ausgewählt, übersetzt und erläutert, Stuttgart 2011[3]

Die griechische Geschichtsschreibung. Von den Anfängen bis zum Ende des Hellenismus, Stuttgart u. a. 1990

Was die Anfänge des mathematischen Denkens bei den Griechen betrifft, verweise ich auf das ältere Werk von **E. Hoppe** aus dem Jahr 1911, das **J. P. Schwindt** vor kurzem mit einem ergänzenden Nachwort von **M. Asper**, das über den neuesten Stand der Forschung orientiert, und mit einer Einleitung versehen neu herausgegeben hat:

Mathematik und Astronomie im klassischen Altertum I, Heidelberg 2011

Nach der Mitte des fünften Jahrhunderts hat die entstehende Geschichtsschreibung vornehmlich auf der Grundlage mündlicher Überlieferung Licht in das Dunkel der Vergangenheit zu bringen versucht. Für die Perserkriege und ihre Vorgeschichte hat dies Herodot getan. Aus der Fülle der Ausgaben und Übersetzungen seien *exempli gratia* zwei, die von **J. Feix** und **A. Horneffer**, genannt:

Herodot, Historien. Griechisch-deutsch, Sammlung Tusculum, 2 Bde., München 1963

Herodot, Historien, Deutsche Gesamtausgabe. Neu herausgegeben von **H. W. Haussig** *mit einer Einleitung von* **W. F. Otto**, *Stuttgart 1974*[4]

Was Herodot für das griechische Mutterland und Kleinasien geleistet hat, hat etwa zur gleichen Zeit Antiochos von Syrakus für Sizilien und Unteritalien einschließlich der Kolonisationsphase getan. Wie Herodot schöpfte er aus mündlicher Überlieferung. Von seinen beiden Werken, *Über Sizilien* und *Über Italien*, sind nur Fragmente erhalten, gesammelt in F. Jacoby, FGrHist. 555. Thukydides, der Historiker des Peloponnesischen Krieges, hat Antiochos für seinen Überblick über die griechische Kolonisation auf Sizilien in Hist. VI,2–5 benutzt; die Nachrichten über mehrere Kolonien in Unteritalien in FGrHist 555, F 8–13, hat der Geograph und Historiker Strabon von Amiseia um die Zeitenwende bewahrt. Für das Verhältnis von Königtum und Gemeinde in Sparta ist auf Xenophons Darstellung der spartanischen Verfassung zu verweisen. Sie ist von **St. Rebenich** übersetzt und erläutert worden:

Xenophon, Die Verfassung der Spartaner, Darmstadt 1998

Ausführliche Angaben zu Quellen und wissenschaftlicher Literatur unter Einschluss des Umfeldes der frühgriechischen Geschichte enthalten die einschlägigen Bände der Cambridge Ancient History (CAH):

The Middle East and the Aegean Region c. 1800–1380 BC, CAH II.1, 1973[3]

The Middle East and the Aegean Region c. 1380–1000 BC, CAH II.2, 1975[3]

The Prehistory of the Balkans, the Middle East and the Aegean World. Tenth to Sixth Centuries BC, CAH III.1, 1982[2]

The Expansion of the Greek World. Eighth to Sixth Centuries BC, CAH III.3, 1982[2]

Persia, Greece and the Western Mediterranean c. 525 to 479 BC, CAH IV, 1988[2]

Die *Griechische Geschichte*, die **H. Bengtson** für das *Handbuch der Altertumswissenschaften III.4, München 1950; 1960*[2] verfasst hat, ist längst veraltet. Eine Neubearbeitung befindet sich in Vorbereitung.

Handbuchcharakter besitzt auch das Kompendium zu der kleinteiligen griechischen Staatenwelt, das **M. H. Hansen** und **Th. H. Nielsen** unter Mitarbeit zahlreicher Spezialisten geschaffen haben:

An Inventory of Archaic and Classical Poleis, Oxford 2004

Einen knappen Überblick über die historischen Stätten Griechenlands von der Antike bis in die Gegenwart bietet das von **S. Laufer** herausgegebene Handbuch:

Griechenland. Lexikon der historischen Stätten. Von den Anfängen bis zur Gegenwart, München 1989

Von der Natur des Landes und seinen begrenzten Ressourcen handelt ebenso knapp wie instruktiv **R. Osborne** in seinem oben verzeichneten Buch unter der Überschrift *Setting the Stage* (53–69). Auch die moderne Länderkunde von **C. Liemann** kann mit Gewinn herangezogen werden:

Griechenland. Geographie eines Staates der europäischen Südperipherie, Wissenschaftliche Länderkunden 32, Darmstadt 1989

Die Griechen waren von den Anfängen ihrer Geschichte bis in die Gegenwart ein Volk von Bauern und Seefahrern, und Konstanten ihrer Geschichte sind Migration, Landnahme und Handel. Die erste Grundlage dieser Existenzform wurde in vorgriechischer Zeit gelegt, im Neolithikum mit der Erfindung von Ackerbau und Viehhaltung. Dieser weltweite Vorgang, der die Menschheit auf neue Bahnen brachte, hat jüngst durch **H. Parzinger** seine zusammenfassende Darstellung gefunden:

Die Kinder des Prometheus. Eine Geschichte der Menschheit vor Erfindung der Schrift, München 2014; 2015^{4}

Seetüchtige, mit Rudern und Segeln ausgerüstete Schiffe sind seit dem dritten Jahrtausend nachgewiesen. Ihre Überreste in Gestalt untergegangener Schiffe bieten der Unterwasserarchäologie ein reiches Material zur Erforschung von Seefahrt und Handel der Antike. Eine zusammenfassende Darstellung ist **L. Casson** zu verdanken:

Ships and Seamanship in the Ancient World, Princeton 1971; 1986^{2}

The Ancient Mariners: Seafarers and Sea Fighters of the Mediterraneum in Ancient Times, London 1959 (deutsche Übersetzung: Die Seefahrer der Antike, München 1979)

Eine gute Einführung in das Thema Handel und Unterwasserarchäologie mit reichen bibliographischen Angaben bietet **D. Gibbins** in einem Sammelwerk, das der Ökonomie des Hellenismus gewidmet ist:

Shipwrecks and Hellenistic Trade, in: ***J. Davies u. a.*** *(Hrsg.), Hellenistic Economies, London und New York 2001, 273–312*

Insbesondere haben die beiden metallurgischen Revolutionen, die zur Verwendung der Werkstoffe Bronze und Eisen führten, eine Ausweitung des Handels bewirkt. Ein berühmtes Beispiel bietet das im Text erwähnte Schiff von *Uluburun* aus der Bronzezeit. Aus der übergroßen Zahl der Veröffentlichungen sei auf zwei Beiträge des Leiters der Bergungsarbeiten **C. Pulak** verwiesen:

The Uluburun Shipwreck. An Overwiew, in: The International Journal of Nautical Archeology 27/3, 1998, 188–224

Das Schiffswrack von Uluburun, in: Poseidons Reich: Archäologie unter Wasser, Zaberns Bildbände zur Archäologie 23, Mainz 1995, 43–58

Die am meisten umstrittenen Fragen der frühgriechischen Geschichte betreffen die Entstehung einer Gemeinschaft der Griechisch Sprechenden sowie deren sich über rund tausend Jahre erstreckende Landnahme in den südlichen Ausläufern der Balkanhalbinsel, auf den Inseln der Ägäis und am westlichen Rand Kleinasiens. Was den ersten Punkt anbelangt, so fällt er in die Zuständigkeit der Indogermanischen Sprachwissenschaft. Diese rechnet damit, dass sich das von ihr rekonstruierte Urindogermanische durch Wanderungsbewegungen in verschiedene Sprachgemeinschaften ausdifferenziert hat. Eine Frühform des Griechischen wurde ungefähr seit der Mitte des zweiten Jahrtausends im Verbreitungsgebiet der mykenischen Palastkultur gesprochen. Daran lässt die von **M. Ventris** und **J. Chadwick** im Jahr 1952 entzifferte Schrift der Linear-B-Tontäfelchen keinen Zweifel. Beide Gelehrte haben ein Corpus dieser Täfelchen geschaffen und die Inschriften verstehen gelernt:

Evidence for Greek Dialect in the Mycenaean Archives, in: Journal of Hellenic Studies 73, 1953, 84–103

Documents in Mycenaean Greek, Cambridge 1956; 1974²

Als Zwischenstufe zwischen dem Urindogermanischen und dem Griechischen wird in der Sprachwissenschaft mit der Existenz eines Balkan-Indogermanischen im dritten Jahrtausend gerechnet, aus dem sich im zweiten Jahrtausend durch Wanderbewegungen die drei Sprachgemeinschaften des Griechischen in Europa sowie des Phrygischen und Armenischen in Kleinasien bildeten. Diese auf das Phänomen sprachlicher Verwandtschaft gestützte Hypothese ist von dem Sprachwissenschaftler **A. Meillet** aufgestellt worden:

Esquisse d'une grammaire comparée de l'armenien classique, Wien 1936²

Weitere Beiträge dazu haben **J. Matzinger** und **J. Clackson** vorgelegt:

Phrygisch und Armenisch, in: ***G. Meiser und O. Hackstein*** *(Hrsg.), Sprachkontakt und Sprachwandel, Akten der XI. Fachtagung der Indogermanischen Gesellschaft 1993 in Kopenhagen, Wiesbaden 1994, 221–233*

The Linguistic Relationship between Armenian and Greek, Publications of the Philological Society 30, Oxford 1994

Generell zu den Verwandtschaftsverhältnissen der indogermanischen Sprachen ist **G. Klingenschmitt** heranzuziehen:

Die Verwandtschaftsverhältnisse der indogermanischen Sprachen, in ***J. E. Rasmussen*** *(Hrsg.), In honorem Holger Pedersen, Wiesbaden 1994, 235–251*

Ein instruktives Beispiel des Zusammenhangs von Sprachgeschichte und Wanderbewegung bietet die Insel Kreta. Ursprünglich war sie von einer vorindogermanischen Bevölkerung besiedelt. Um die Mitte des zweiten Jahrtausends wanderten die mykenischen Griechen zu, die einen ostgriechischen Dialekt sprachen. Um 900 v. Chr. kamen die Nordwestgriechisch sprechenden Dorer. Alle Sprachen, auch die vorindogermanische, überlebten und koexistierten bis in die klassische Zeit. Eine knappe, gehaltvolle Darstellung der Geschichte Kretas bietet **A. Chaniotis**:

Das antike Kreta, C.H.Beck Wissen, München 2004; 2014²

Über die minoische Palastkultur und die sie ablösende, von griechischen Zuwanderern getragene mykenische orientieren zwei gehaltvolle Lexikonartikel von **G. Hiesel** mit weiterführender Literatur:

Minoische Kultur, in: Der Neue Pauly (DNP) 8, 2000, 221–232

Mykenische Kultur und Archäologie, a. a. O. 577–587

Zu Recht ist festgestellt worden, dass beide Palastkulturen, die minoische und die mykenische, den westlichen Saum der ägyptischen und altorientalischen Hochkultur auf europäischem Boden darstellen. Das gilt auch über die Dunklen Jahrhunderte hinweg für die archaische Zeit Griechenlands. **M. L. West** stellte in seiner Ausgabe der *Theogonie* Hesiods am Ende des Vergleichs des hesiodeischen mit den vorderasiatischen Sukzessionsmythen der Göttergeschlechter nicht zu Unrecht, freilich nicht ohne Einseitigkeit, fest:

«As it was, the great civilizations lay in the East, and from the first, Greece's face was turned to the sun. Greece is part of Asia; Greek literature is a Near Eastern literature.»

Dies gilt nicht nur für die Literatur oder für den orientalisierenden Stil der bildenden Kunst, sondern auch für die Neuerfindung der Kulturtechnik des Schreibens. Das griechische Alphabet ist nichts anderes als eine Adaption der westsemitischen Alphabetschrift an die griechiche Sprache. Zu diesem unerschöpflichen Thema der Beziehungen zwischen Griechenland und dem Alten Orient seien zwei, einseitige Zuspitzungen vermeidende Beiträge der Klassischen Philologen, **W. Burkert** und **A. Dihle**, genannt:

Die Griechen und der Orient. Von Homer bis zu den Magiern, München 2003; 2009³ (aus dem Italienischen: Da Omero ai Magi. La tradizione orientale nella cultura greca, Venedig 1999)

Hellas und der Orient. Phasen gegenseitiger Rezeption, Julius Wellhausen Vorlesung, Berlin 2009

Der Völkersturm, dem um 1200 v. Chr. nach der oben vertretenen Auffassung auch die mykenische Palastkultur zum Opfer fiel, erreichte auch das Nildelta. Allein dort gelang die Abwehr der Seevölker, wie die Invasoren in ägyptischen Quellen aus der Zeit Ramses' III. genannt werden. Den Umstand, dass in Ägypten Schriftquellen vorhanden sind, hat jetzt der amerikanische Archäologe und Althistoriker **E. H. Cline** dazu genutzt, den ersten Untergang einer Zivilisation, wie es im Untertitel heißt, darzustellen:

1177 B. C.: The Year Civiliziation Collapsed, Princeton 2014

Dieses Buch ist bereits ein Jahr nach seinem Erscheinen auch in deuscher Übersetzung publiziert worden:

1177 v. Chr. Der erste Untergang der Zivilisation, Darmstadt 2015

Die sogenannten Dunklen Jahrhunderte sind ausschließlich durch ihre materielle Hinterlassenschaft, Gräber mit Beigaben und Siedlungsspuren, greifbar. Die Archäologie hat punktuell dieses Material erschlossen. Dabei sind einige berühmte Einzelfälle zutage getreten wie das Heroon von Lefkandi auf Euböa oder das Haus von Nichoria im Südosten von Messenien. Jüngst hat **E. Stein-Hölkeskamp** in ihrem oben zitierten Buch über das archaische Griechenland beide Objekte in Fallstudien vorgestellt. Weiteres enthalten die oben genannten Darstellungen, die die frühgriechische Geschichte unter Einschluss der Dunklen Jahrhunderte darstellen.

Dem Aufbruch der Griechen zu neuen Ufern im Zeitalter Homers hat **R. Lane Fox** ein spannendes Buch gewidmet:

Reisende Helden. Die Anfänge der griechischen Kultur im homerischen Zeitalter, Stuttgart 2011 (englisches Original: Travelling Heroes, London 2008)

Eine knappe, gut orientierende Einführung in die Welt Homers einschließlich ihrer Religion mit weiterführender Literatur gibt **B. Patzek**:

Homer und seine Zeit, C.H.Beck Wissen, München 2003; 2009^2

Besondere Erwähnung verdient in diesem Zusammenhang das Standardwerk zur griechischen Religion, das dem klassischen Philologen **W. Burkert** verdankt wird:

Griechische Religion der archaischen und klassischen Epoche, Die Religionen der Menschheit 15, Stuttgart u. a. 1977

Über die Homerforschung seit dem späten achtzehnten Jahrhundert orientiert ein von **J. Latacz** herausgegebener Tagungsband:

Zweihundert Jahre Homer-Forschung, Colloquium Rauricum 2, Stuttgart und Leipzig 1991

Darin findet sich ein Beitrag von **F. Gschnitzer**, der sich kritisch mit der Tendenz der neueren Forschung auseinandersetzt, der Zeit Homers staatliche Institutionen abzusprechen:

Zur homerischen Staats- und Gesellschaftsordnung: Grundcharakter und geschichtliche Stellung, a. a. O. 182–204

Genannt seien zwei Hauptwerke der von Gschnitzer genannten Richtung, das ältere von **M. I. Finley** und das jüngere von **Chr. Ulf**:

The World of Odysseus, New York 1965 (deutsche Übersetzung: Die Welt des Odysseus, Darmstadt 1974)

Die homerische Gesellschaft. Materialien zur analytischen Beschreibung und historischen Lokalisierung, Vestigia 43, München 1990

Was Kolonisation und Handel in archaischer Zeit anbelangt, ist das Buch von **J. Boardman** das Standardwerk auf der Grundlage der damaligen archäologischen Forschungsergebnisse:

The Greeks Overseas. The Archeology of their Early Colonies and Trade, London u. a. 1964; zuletzt 1999[4] (deutsche Übersetzung nach der zweiten Auflage: Kolonien und Handel der Griechen vom späten 9. bis zum 6. Jahrhundert v. Chr., München 1981)

Eine Neubearbeitung wäre erwünscht. Sammelwerke wie die von **G. R. Tsetskhaldze** herausgegebenen drei Bände können eine systematische Berücksichtigung der verzweigten archäologischen Forschung nicht ersetzten:

The Greek Colonization of the Black Sea Area: Historical Interpretation of Archeology, Stuttgart 1998

Greek Colonization. An Account of Greek Colonies and other Settlements Overseas, Mnemosyne Supplementa, Leiden u. a. 2006 und 2008

Ein dritter Band ist in Vorbereitung.

Einer speziellen Ursache von Auswanderung, den Konflikten innerhalb der Polis, hat **F. Bernstein** seine Habilitationsschrift gewidmet:

Konflikt und Migration. Studien zu griechischen Fluchtbewegungen im Zeitalter der Großen Kolonisation, Mainzer Althistorische Studien V, St. Katharinen 2004

Das Standardwerk zur griechischen Tyrannis hat **H. Berve** verfasst; danach sei auf die Habilitationsschrift von **L. de Libero** verwiesen:

Die Tyrannis bei den Griechen, 2 Bde., München 1967

Die archaische Tyrannis, Stuttgart 1996

Dem speziellen Fall der Tyrannis der Peisistratiden in Athen hat **M. Stahl** seine Habilitationsschrift gewidmet:

Aristokraten und Tyrannen im archaischen Athen. Untersuchungen zur Überlieferung, zur Sozialstruktur und zur Entstehung des Staates, Stuttgart 1987

Eines der durchgehenden Themen der Forschung zur archaischen Geschichte Griechenlands betrifft die Entwicklung der spezifischen Stadtstaatlichkeit – wie A. Heuß es ausgedrückt hat, die Entwicklung zur *Polis der Politen* oder, anders formuliert, zur Beteiligung der Gesamtheit der Bürger an den öffentlichen Angelegenheiten bis zur Entstehung der athenischen Demokratie. Dazu ist mehr als genug geschrieben worden. Deshalb beschränke ich mich auf die Nennung des einschlägigen Buches von **U. Walter**:

An der Polis teilhaben – Bürgerstaat und Zugehörigkeit im archaischen Griechenland, Historia Einzelschriften 82, Stuttgart 1993

Zur Staatlichkeit im frühen Griechenland hat **F. Gschnitzer** eine repräsentative Sammlung von Beiträgen der älteren Forschung herausgegeben:

Zur griechischen Staatskunde, Wege der Forschung XCVI, Darmstadt 1969

An den im Untertitel genannten Gesichtspunkten ist die Gesamtdarstellung der griechischen Geschichte von **K.-W. Welwei** orientiert:

Die griechische Polis. Verfassung und Gesellschaft in archaischer und klassischer Zeit, Stuttgart u. a. 1983

Zwei neuere Sammelwerke, die sich mit der archaischen Zeit der griechischen Geschichte befassen, das von **L. G. Mitchell** und **P. J. Rhodes** sowie das von **K. A. Raaflaub** herausgegebene, seien ausdrücklich erwähnt:

The Development of the Polis in Archaic Greece, London und New York 1997

A Companion to Archaic Greece, Malden u. a. 2009

Eine ausführliche Rezension hat dem erstgenannten Werk **U. Walter** gewidmet:

Das Wesen im Anfang suchen: Die archaische Zeit Griechenlands in neuer Perspektive, in: Gymnasium 105, 1998, 537–552

Bei dem zweiten haben sich **R. Schulz** und **U. Walter** mit einer verhältnismäßig knappen Anzeige in einer Sammelrezension begnügt:

Literaturbericht Altertum, in: Geschichte in Wissenschaft und Unterricht 63, H. 11/12, 732f.

Was die Gesetzgebung der archaischen Zeit anbelangt, von der sich zahlreiche Inschriftenfragmente aus dem siebten und vor allem aus dem sechsten Jahrhundert erhalten haben, betrifft nur Weniges die Institutionalisierung einer Mitwirkung der Bürger an politischen Entscheidungsprozessen. Meist geht es um Rechtsvorschriften zu privatrechtlichen oder öffentlich-rechtlichen Materien, die als regelungsbedürftig angesehen wurden. Hierzu hat **K.-J. Hölkeskamp** ein wichtiges Buch verfasst:

Schiedsrichter, Gesetzgeber und Gesetzgebung im archaischen Griechenland, Historia Einzelschriften 131, Stuttgart 1999

Der Verfasser ist geneigt, die betreffende Gesetzgebung als Regelung von Detailproblemen zu sehen. In vielen, wenn nicht den meisten Fällen wird das richtig sein. Aber es gibt auch das Gesetzgebungswerk Solons, von dem feststeht, dass es sich um eine umfangreiche Kodifizierung handelte (s. die Darstellung oben), die das Ziel verfolgte, den in der Gesellschaft Athens vorhandenen Konfliktstoff abzubauen. Ähnlich wird man sich auch das Gesetzgebungswerk des Pittakos von Mytilene vorzustellen haben, und möglicherweise steht es mit den vielgenannten, aber in ihren Einzelheiten nicht recht fassbaren Gesetzen eines Zaleukos und Charondas im griechischen Westen, auf Sizilien und in Unteritalien, nicht anders.

Jede Griechische Geschichte, die es unternimmt, den größeren Zusammenhängen nachzugehen, läuft Gefahr, die Geschichte bestimmter Führungsmächte, vornehmlich Spartas und Athens, zu privilegieren. Das ist, schon wegen der Einseitigkeit unserer Quellen, schwer zu vermeiden, aber es gibt den Versuch von **H.-J. Gehrke**, dem Mangel gegenzusteuern:

Jenseits von Athen und Sparta. Das dritte Griechenland und seine Staatenwelt, München 1986

Was Sparta anbelangt, so steht der Dürftigkeit der Quellen das intensive Bestreben der Historikerzunft gegenüber, diesem Material mehr zuverlässige Aussagen abzugewinnen, als es zulässt. Entsprechend strittig ist vieles in der Geschichte Spartas in archaischer Zeit. Einen Eindruck davon gibt der von **K. Christ** herausgegebene Sammelband:

Sparta, Wege der Forschung 622, Darmstadt 1986

Eine knappe Darstellung der Geschichte Spartas, seiner Gesellschaft und Kultur bietet **E. Baltrusch**:

Sparta. Geschichte, Gesellschaft, Kultur, C.H.Beck Wissen, München 1998; 2016[5]

Ausführlicher sind die Werke von **P. Cartledge** und **K.-W. Welwei**, beide ausgewiesene Kenner der Geschichte Spartas:

Sparta and Lakonia. A Regional History 1300 to 362 BC, London und New York 2002[2]

Sparta. Aufstieg und Niedergang einer antiken Großmacht, Stuttgart 2004; 2013[3]

Dem frühen Sparta, einem hypothesenreichen Forschungsfeld, sind die Monographie von **St. Link** und der von **M. Meier** und **L. Thommen** herausgegebene Sammelband gewidmet:

Das frühe Sparta, Pharos 13, St. Katharinen 2000

Das frühe Sparta, Stuttgart 2006

Die Verfassungsgeschichte Spartas ist das Thema der Monographien von **L. Thommen** und **A. Luther**:

Sparta. Verfassungs- und Sozialgeschichte einer griechischen Polis, Stuttgart 2003

Könige und Ephoren. Untersuchungen zur spartanischen Verfassungsgeschichte, Studien zur Alten Geschichte 2, Frankfurt 2004

Athen nimmt schon deshalb eine Sonderstellung in der quellenarmen archaischen Zeit ein, weil nur in seinem Fall die Rolle kodifizierter Rechtsordnungen für die Ausbildung staatlicher Strukturen untersucht werden kann. Dazu verweise ich auf die Rekonstrution des solonischen Gesetzeswerks von **E. Ruschenbusch** (s. oben).

Die entscheidenden Schritte auf dem Wege zur Demokratie in Athen geschahen, als Kleisthenes durch seine Phylenreform den Versuchen, die Tyrannis zu okkupieren, einen Riegel vorschob, und dann, als nach Marathon im Zusammenhang der Auseinandersetzung darüber, wie der persischen Forderung nach Unterwerfung begegnet werden solle, durch die Einführung der Archontenauslosung anstelle der Wahl und durch den Ostrakismos die Volksversammlung zur Regierungsinstanz der Polis wurde. Die institutionelle Seite der Demokratie ist ausführlich von **J. Bleicken** dargestellt:

Die athenische Demokratie, Paderborn 1995[4]

Zum Verständnis der beiden Verfassungänderungen in der Zeit der Perserkriege ist mit Gewinn ein an entlegener Stelle publizierter Beitrag von **E. Ruschenbusch** heranzuziehen:

Änderung des Modus der Bestellung der Archonten vom Jahre 487/86 und der Ostrakismos, in: Athenische Innenpolitik im 5. Jahrhundert v. Chr. Ideologie oder Pragmatismus?, Bamberg 1979, 44–56

Aus der Zahl der Gesamtdarstellungen der Geschichte Athens ist die von **Chr. Meier** mit hohem literarischen Anspruch geschrieben:

Athen. Ein Neubeginn der Weltgeschichte, Berlin 1993

K.-W. Welwei hat seine Gesamtdarstellung zweimal herausgebracht, einmal in zwei sukzessive entstandenen Bänden, dann in einem einzigen, der die beiden vorangehenden vereint:

Athen. Vom neolithischen Siedlungsplatz zur archaischen Großpolis, Darmstadt 1992

Das klassische Athen. Demokratie und Machtpolitik, Darmstadt 1999

Athen. Von den Anfängen bis zum Beginn des Hellenismus, Darmstadt 2011

Die Perserkriege, die die Geschichte der Griechen in neue Bahnen lenkten, sind die erste Ereignisfolge, für die in Gestalt der *Historien* Herodots eine historische Darstellung aus der Retrospektive und aufgrund mündlicher Überlieferung vorhanden ist. Sie lädt zu historischer Kritik im Sinne einer Scheidung des Zuverlässigen und Unzuverlässigen ein. Was Heeresstärken und militärische Operationen anbelangt, hat vor langer Zeit der Militärhistoriker **H. Delbrück** die Darstellung Herdots einer kompetenten Kritik unterzogen:

Geschichte der Kriegskunst im Rahmen der politischen Geschichte. Erster Teil: Das Altertum, Berlin 1900 (mehrere Nachdrucke)

Für die jüngere Zeit ist vornehmlich auf die Darstellungen in englischer Sprache zu verweisen, auf die Monographien von **A. R. Burn**, **C. Hignett** und **J. F. Lazenby** sowie **W. Will**:

Persia and the Greeks: The Defence of the West, c. 546–478 BC, London 1962; 1984²

Xerxes' Invasion of Greece, Oxford 1963

The Defence of Greece 490–479 BC, Oxford 1993

Die Perserkriege, München 2010

Die Herrschaftsideologie der persischen Großkönige ist inschriftlich gut dokumentiert. **R. Borger** (zus. m. **W. Hinz**):

Die Behistun-Inschrift Dareios' des Großen, in: O. Kaiser, Texte aus der Umwelt des Alten Testaments (TUAT). Historisch-chronologische Texte I 4, Gütersloh 1984, 419–450

Alle einschlägigen Inschriften liegen jetzt in der Ausgabe von **R. H. Schmitt** vor:

Die Altpersischen Inschriften der Achaimeniden. Editio minor mit deutscher Übersetzung, Wiesbaden 2009

Erwähnung verdient zum Schluss der Papyrusneufund, der einen substantiellen Einblick in das Kleinepos gibt, das der Dichter Simonides dem Feldzug von Plataia unter Führung des Pausanias gewidmet hat. **P. J. Parsons** hat den Fund ediert und die 41 zusammenhängenden Verse, von denen freilich keiner vollständig erhalten ist, kommentiert:

The Oxyhrynchos Papyri 69, 1992, Nr. 3965 (S. 4 ff.)

Ein Jahr später hat **M. L. West** den Neufund in einem Aufsatz erläutert:

Simonides redivivus, in: Zeitschrift für Papyrologie und Epigraphik 98, 1993, 1–14

VERZEICHNIS DER QUELLENZITATE

REGISTER

Griechen aus der Antike

Nichtgriechen aus der Antike

Nicht aufgenommen sind die Namen der Usurpatoren und Länder, die in der Behistun-Inschrift (S. 270 f.) aufgelistet sind

Personen aus Mittelalter und Neuzeit

Götter und Göttinnen

Heroen und Personen der homerischen Epen

Geographische Begriffe

Athen und Sparta (Lakedaimon/Lakonien) stehen passim und sind deshalb nicht in das Ortsregister aufgenommen

ABBILDUNGSNACHWEIS

S. 36: Inv. Nr. NI 8696, © Staatliche Antikensammlungen und Glyptothek München/fotografiert von Renate Kühling

S. 42, 63, 289: © akg-images

S. 68: © Bernard Cox/Bridgeman Images

S. 69: © akg-images/De Agostini Picture Library/G. Nimatallah

S. 71: © bpk/RMN – Grand Palais/Les frères Chuzeville

S. 72: © akg-images/Nimatallah

S. 73: © bpk/Antikensammlung SMB/Ingrid Geske

S. 74: © akg-images/Quint & Lox

S. 75: © Hervé Champollion/akg-images

S. 142: © Look and Learn/Bridgeman Images

S. 172: © De Agostini Picture Library/G. Nimatallah/Bridgeman Images

S. 209: © bpk/The Trustees of the British Museum/British Museum Images

S. 215: Aus E. Ruschenbusch, Historisch Einzelschriften 9, Wiesbaden 1966, S. 24

S. 235: Museo dei Gessi, Rom

S. 241: Plan: Oswyn Murray, Das frühe Griechenland, dtv: München 1985, S. 335, Abb. 23; Tabelle: Werner Dahlheim, Die Antike, Schoeningh: Paderborn 1994, S. 165

S. 262: © Peter Willi/Bridgeman Images

S. 269: © akg-images/Jürgen Sorges

S. 288: Aus Hans Delbrück, Geschichte der Kriegskunst im Rahmen der politischen Geschichte, 1. Teil, Altertum, Berlin [3]1920, S. 55

S. 298: © bpk/The Trustees of the British Museum

S. 300: Svoronos, Taf. 5,35. Dr. Busso Peus Nachf., Frankfurt am Main, Auktion 414, 2015, Nr. 61

S. 302: Aus Oswyn Murray, a. a. O., S. 365, Abb. 25

S. 303: © akg-images/Gérard Degeorge

Sämtliche Karten: © Peter Palm, Berlin

C.H. Beck Geschichte der Antike

Elke Stein-Hölkeskamp

Das archaische Griechenland

Die Stadt und das Meer

2015. 302 Seiten mit 26 Abbildungen und 4 Karten. Klappenbroschur

Beck Paperback Band 6151

Sebastian Schmidt-Hofner

Das klassische Griechenland

Der Krieg und die Freiheit

2016. 368 Seiten mit 12 Abbildungen und 7 Karten. Klappenbroschur

Beck Paperback Band 6152

Peter Scholz

Der Hellenismus

Der Hof und die Welt

2015. 352 Seiten mit 17 Abbildungen, 10 Karten und 14 Herrscherlisten. Klappenbroschur

Beck Paperback Band 6153

Wolfgang Blösel

Die römische Republik

Forum und Expansion

2015. 304 Seiten mit 8 Abbildungen und 10 Karten. Klappenbroschur

Beck Paperback Band 6154

Armin Eich

Die römische Kaiserzeit

Die Legionen und das Imperium

2014. 304 Seiten mit 10 Karten. Klappenbroschur

Beck Paperback Band 6155

Rene Pfeilschifter

Die Spätantike

Der eine Gott und die vielen Herrscher

2014. 304 Seiten mit 6 Abbildungen und 8 Karten. Klappenbroschur

Beck Paperback Band 6156

Verlag C.H.Beck München